わからないをわかるにかえる

BUNRI

入試によく出る！

歴史②

中世から近世の日本

12世紀から19世紀前半の日本

1 12世紀，平泉を拠点に奥州藤原氏が力を伸ばした。

▲中尊寺金色堂

2 元が２度日本に攻めてくる（元寇）。ほうびが少なく，鎌倉幕府に対する信頼が弱まった。

▲元寇（文永の役）のようす

3 金閣を建てた足利義満のころの文化は北山文化。

5 銀閣を建てた足利義政のころの文化は東山文化。

▲銀閣（慈照寺）

----は現在の県境

平泉　大阪　京都　鎌倉　江戸

4 沖縄に琉球王国が誕生。東アジア・東南アジアとの中継貿易で栄える。

▲首里城　※2019年の火災で焼失する前の写真

6 種子島にポルトガル人が鉄砲を伝えた（1543年）。

のちに長篠の戦いで→織田信長が効果的に使う。

7

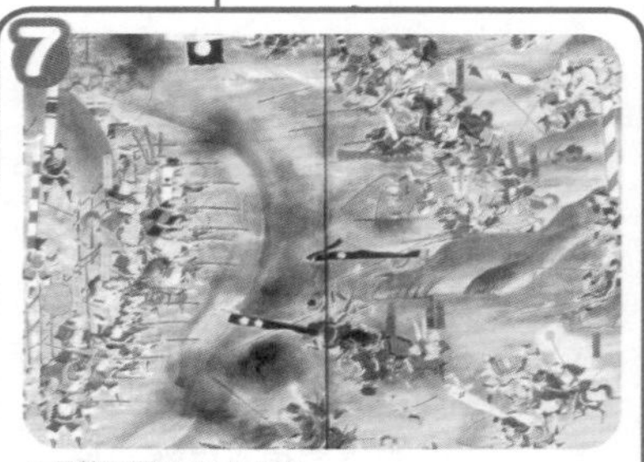

▲長篠の戦いのようす

17～18世紀初めにかけて上方で発展した元禄文化と区別しよう！

8 江戸の町人を中心とした化政文化が発展。多色刷りの浮世絵である錦絵が流行。

▲葛飾北斎「富嶽三十六景」

1 2 3 4 5 6 7 8

（平安）　鎌倉　室町　（戦国）　安土桃山　江戸

1200　1300　1400　1500　1600　1700　1800

主な人物：平清盛　源頼朝　後鳥羽上皇　北条時宗　後醍醐天皇　足利尊氏　足利義満　足利義政　織田信長　豊臣秀吉　徳川家康　徳川家光　徳川綱吉　徳川吉宗　田沼意次　松平定信　水野忠邦　ペリー

日本

世界：↑モンゴル統一　元→　明→　↑宗教改革　清→　↑名誉革命　独立戦争↑　↑フランス革命

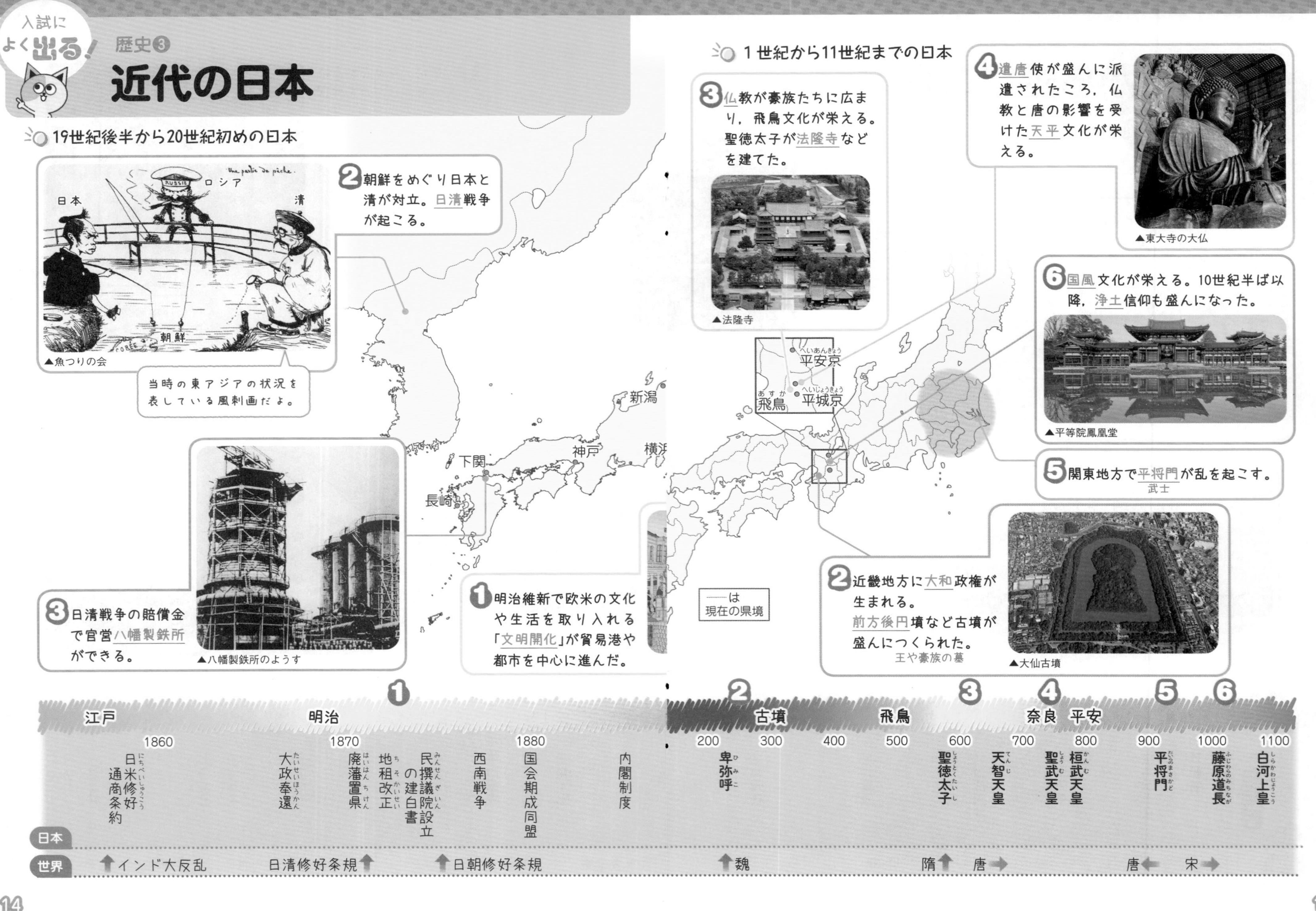

入試によく出る！

歴史③

近代の日本

19世紀後半から20世紀初めの日本

▲魚つりの会

当時の東アジアの状況を表している風刺画だよ。

②朝鮮をめぐり日本と清が対立。日清戦争が起こる。

③日清戦争の賠償金で官営八幡製鉄所ができる。

▲八幡製鉄所のようす

①明治維新で欧米の文化や生活を取り入れる「文明開化」が貿易港や都市を中心に進んだ。

1世紀から11世紀までの日本

③仏教が豪族たちに広まり，飛鳥文化が栄える。聖徳太子が法隆寺などを建てた。

▲法隆寺

④遣唐使が盛んに派遣されたころ，仏教と唐の影響を受けた天平文化が栄える。

▲東大寺の大仏

⑥国風文化が栄える。10世紀半ば以降，浄土信仰も盛んになった。

▲平等院鳳凰堂

⑤関東地方で平将門が乱を起こす。
武士

②近畿地方に大和政権が生まれる。前方後円墳など古墳が盛んにつくられた。
王や豪族の墓

▲大仙古墳

時代	年	日本	世界
江戸	1860	日米修好通商条約（にちべいしゅうこうつうしょうじょうやく）	↑インド大反乱
明治		大政奉還（たいせいほうかん）	日清修好条規↑
①	1870	廃藩置県（はいはんちけん）／地租改正（ちそかいせい）／民撰議院設立の建白書（みんせんぎいん）	↑日朝修好条規
		西南戦争	
	1880	国会期成同盟／内閣制度	
② 古墳	200	卑弥呼（ひみこ）	↑魏
	300 / 400 / 500		
飛鳥 ③	600	聖徳太子（しょうとくたいし）	隋↑ 唐→
④ 奈良	700	天智天皇（てんじ）／聖武天皇（しょうむ）	
平安	800	桓武天皇（かんむ）	
⑤	900	平将門（たいらのまさかど）	唐←
⑥	1000	藤原道長（ふじわらのみちなが）	宋→
	1100	白河上皇（しらかわじょうこう）	

入試によく出る！

歴史1

原始から古代の日本と世界

古代文明と文字

楔形(くさびがた)文字
…メソポタミア文明

甲骨(こうこつ)文字
…中国文明

象形(しょうけい)文字
…エジプト文明

インダス文字
…インダス文明

時代と場所をざっくり結びつけておくと年表や地図から思い出しやすくなるよ。

1 弥生時代，小さな国が生まれる。このころ奴国（福岡県）の王が中国の漢から金印をもらった。

▲金印

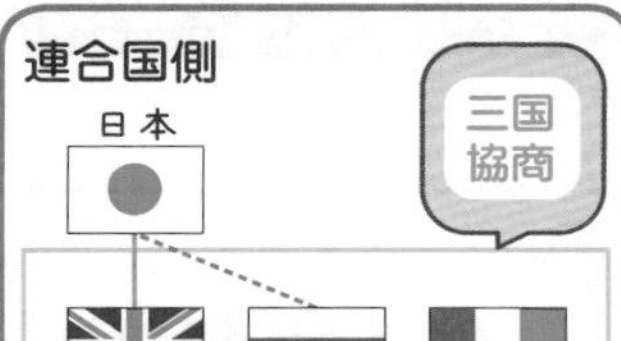

▲富岡製糸場

1「富国強兵」のもと，殖産興業政策が進められ，富岡製糸場など官営模範工場ができる。

▲岩倉使節団

1 不平等条約の改正をめざす岩倉使節団が派遣される。欧米を視察して帰国した。

▲文明開化のようす

連合国側

三国協商

日本

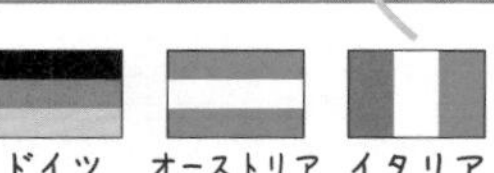

同盟国側

ドイツ　オーストリア　イタリア

4 第一次世界大戦に日本は連合国として参加。

第一次世界大戦のころの国際関係だよ。

トルコ（オスマン帝国）

三国同盟

※国旗は現在のもの

旧石器	縄文	弥生 1		2	3	大正 4

1万数千年前　前4000　前3000　前2000　前1000　0　100　1890　1900　1910　1920

中国文明
エジプト文明
メソポタミア文明
インダス文明

主な人物：シャカ　イエス

大日本帝国憲法
日清戦争
下関(しものせき)条約
義和団事件
日英同盟
日露(にちろ)戦争
ポーツマス条約
韓国(かんこく)併合
辛亥(しんがい)革命
第一次世界大戦
米騒動(そうどう)
ベルサイユ条約
国際連盟

日本

世界　殷→　秦↑漢→

入試に よく出る！

歴史④

近代から現代の日本と世界

20世紀の日本と世界

7 ベルリンの壁が壊され，その後冷戦の終結が宣言された。

▲ベルリンの壁

1 大正デモクラシーの風潮が高まるなか，普通選挙法が成立。

有権者数（万人）：4000／3000／2000／1000
全人口にしめる有権者の割合：(1.1%)　(2.2%)　(5.5%)　(20.0%)　(48.7%)

法改正年	1889	1900	1919	1925	1945
実施年	1890	1902	1920	1928	1946
性別	男	男	男	男	男女
年齢(以上)	25	25	25	25	20
税金	15	10	3	制限なし	

（総務省資料ほかより）

▲有権者数の変化

2 国際連盟が満州事変の調査を行う。「満州国」が認められなかった日本は国際連盟を脱退。

▲国際連盟のリットン調査団

▲原爆ドーム

1 2 3 4 5 6

大正　昭和

1920　1930　1940　1950　1960

- 治安維持法・普通選挙法
- 世界恐慌
- 満州事変
- 五・一五事件
- 二・二六事件
- 日中戦争
- 第二次世界大戦
- 太平洋戦争
- ポツダム宣言
- 日本国憲法
- サンフランシスコ平和条約
- 日ソ共同宣言
- 東京オリンピック

経済 →昭和恐慌　→特需景気　→高度経済成長期

いろいろな地図記号

土地の利用に関する記号

田		畑		果樹園		茶畑	
くわ畑		針葉樹林		広葉樹林		荒地	

いろいろな施設

市役所		町村役場		警察署		交番	
消防署		郵便局		小学校・中学校		高等学校	
病院		老人ホーム		図書館		博物館・美術館	
工場		発電所		神社		寺院	
史跡・名勝・天然記念物		城跡		記念碑		風車	

道路・鉄道・境界

鉄道(JR線)		鉄道(JR以外)		高速・国道		2車線道路	
都府県境界		郡・市界		町・村界			

地理④

地形図の読み方

地形図の縮尺のちがい

縮尺が異なる地図は，同じ範囲でも広さが変わる。

5万分の１の地形図

（5万分の1地形図「八王子」）

1cmの距離は，
1×50000＝50000cm
なので，500mになる！

2万5千分の１の地形図

1cmの距離は，
1×25000
＝25000cm
なので，250mになる！

（2万5千分の1地形図「八王子」）

等高線と断面図

等高線の間隔が，せまいほど傾斜が急で，広いほどゆるやかになる。

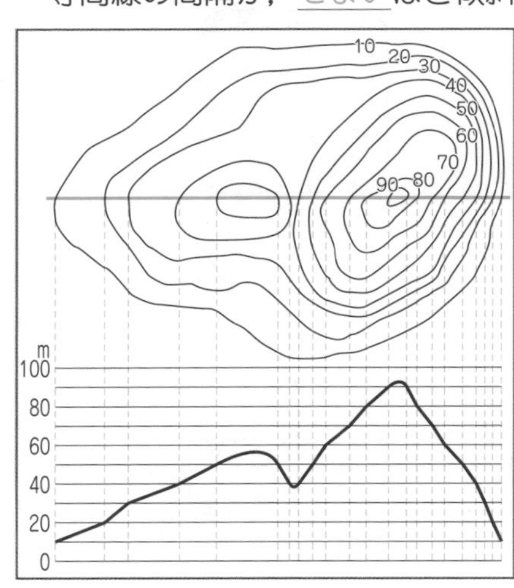

等高線の種類

種類	5万分の1	2万5千分の1	記号
計曲線	100mごと	50mごと	―――
主曲線	20mごと	10mごと	――
補助曲線	10mごと	5mか，2.5mごと	‐‐‐‐
	5mごと		‥‥‥

↑名前は覚えなくてOK。ちがいを確認！

▲東京オリンピック

6 1964年の東京オリンピックのころの日本は高度経済成長期。高い経済成長が石油危機まで続いた。

▲国際連合本部

5 1956年，日ソ共同宣言の後に日本は国際連合（発足は1945年）に加盟した。本部はニューヨーク。

3 1945年８月６日に広島，９日に長崎に原子爆弾（原爆）が投下された。

4 サンフランシスコ平和条約と同時に日米安全保障条約を結ぶ。

7

平成

1970　1980　1990　2000　2010

石油危機
日中平和友好条約
ベルリンの壁崩壊
ソ連解体
EU発足
アメリカ同時多発テロ
世界金融危機
東日本大震災

➡バブル経済　➡平成不況

入試によく出る！

公民❶

基本的人権と憲法

人権思想の発展

年	できごと
1215	マグナ・カルタ(イギリス)
1688	イギリス名誉革命
1689	権利章典 議会の権限を確立
1776	アメリカ独立宣言 基本的人権の尊重と国民主権を宣言
1789	フランス人権宣言 基本的人権の尊重と国民主権を宣言
1863	リンカン大統領の演説(アメリカ)「人民の，人民による，人民のための政治」
1889	大日本帝国憲法発布
1919	ワイマール憲法(ドイツ) 生存権(社会権)を初めて保障
1946	日本国憲法公布
1948	世界人権宣言(国際連合)
1966	国際人権規約(国際連合)

主な市民革命

順番がたいせつ！

●革命に影響を与えた啓蒙思想家

ロック(1632-1704)
「統治二論」で抵抗権を唱えた。

モンテスキュー(1689-1755)
「法の精神」で三権分立を唱えた。

ルソー(1712-78)
「社会契約論」で人民主権を唱えた。

権利章典(イギリス)

第１条　議会の同意なしに，国王の権限によって法律とその効力を停止することは違法である。（要約）

アメリカ独立宣言

…人間はみな平等につくられ，譲り渡すことのできない権利を神に与えられている。その中には，生命・自由・幸福の追求が含まれている。（要約）

フランス人権宣言

第１条　人は生まれながらに，自由で平等な権利をもつ。

第３条　主権の源は，もともと国民の中にある。（要約）

7地方区分と都道府県

名前と位置は絶対暗記だよ。県庁所在地名が県名と違うところがねらわれる！

● 県庁所在地
＊地名のない県庁所在地は，都道府県名と同じ名前

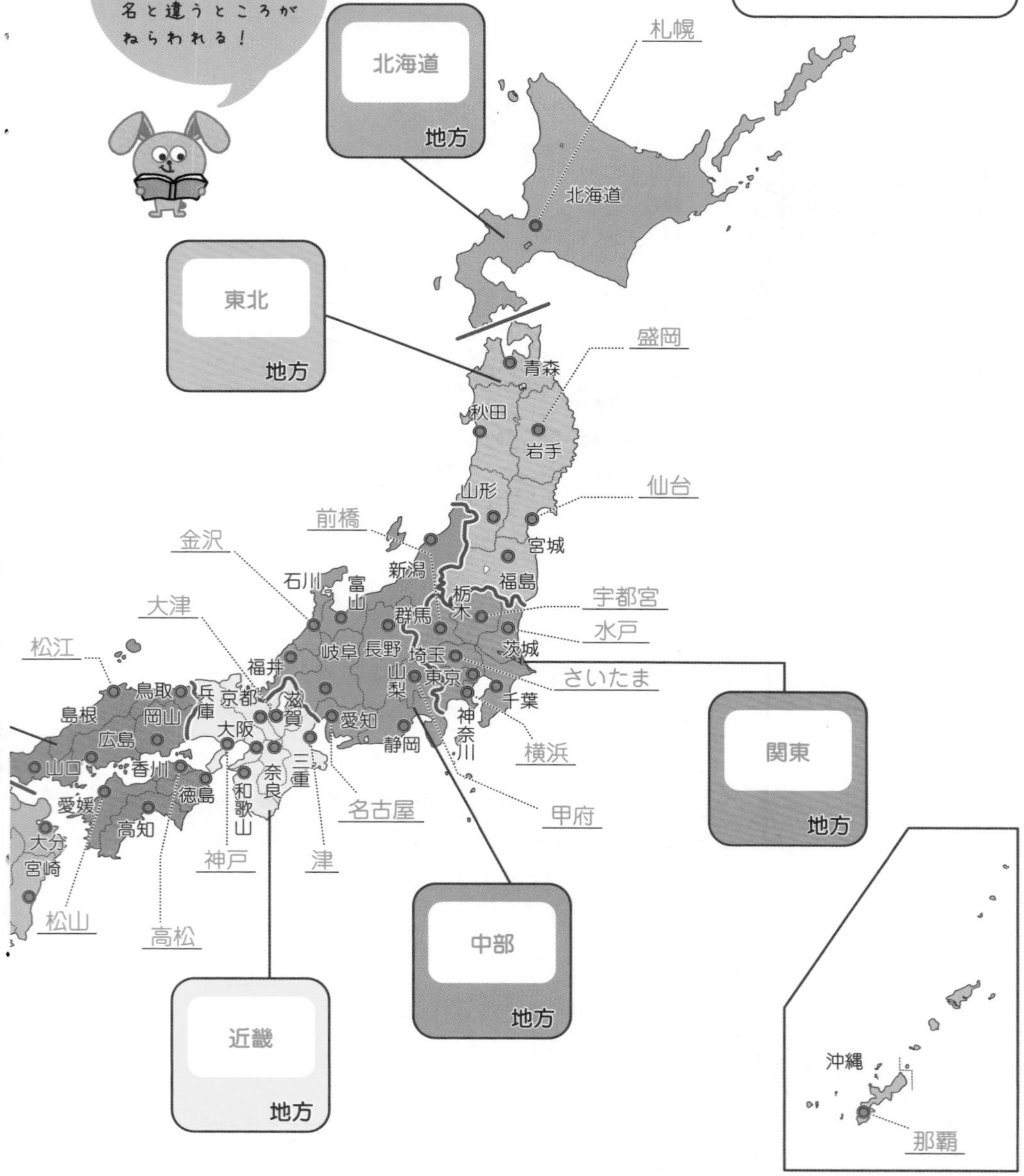

北海道 地方
東北 地方
関東 地方
中部 地方
近畿 地方

北海道　札幌
青森　秋田　岩手　盛岡　山形　宮城　仙台　福島
新潟　前橋　群馬　栃木　宇都宮　茨城　水戸　埼玉　さいたま　東京　千葉　神奈川　横浜
富山　石川　金沢　福井　長野　岐阜　山梨　甲府　静岡　愛知　名古屋
滋賀　大津　京都　大阪　兵庫　神戸　奈良　和歌山　三重　津
鳥取　島根　松江　岡山　広島　山口
香川　高松　徳島　愛媛　松山　高知
大分　宮崎
沖縄　那覇

地理③

日本のすがた

日本の山脈と河川

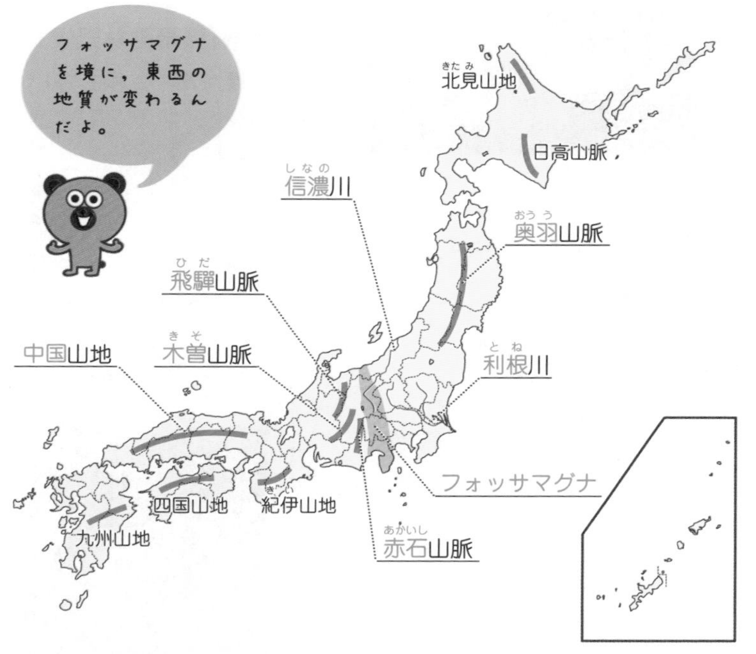

日本の気候

地域	気候区分		特徴
北海道	亜寒帯(冷帯)		冬の寒さが厳しい
日本海沿岸	温帯	日本海側の気候	冬に降雪(降水量)が多い
太平洋沿岸	温帯	太平洋側の気候	夏の降水量が多い
中央高地 山梨・長野・岐阜	温帯	内陸(中央高地)の気候	寒暖差が大きく降水量が少ない
瀬戸内海沿岸	温帯	瀬戸内の気候	夏の降水量がやや少ない
南西諸島 沖縄など	亜熱帯(熱帯に近い温帯)		年間を通して温暖

大日本帝国憲法と日本国憲法

大日本帝国憲法		日本国憲法
1889年2月11日発布	発布・公布	1946年11月3日公布
1890年11月29日	施行	1947年5月3日
天皇が定める欽定(きんてい)憲法	形式	国民が定める民定憲法
天皇がもつ	主権	国民がもつ
統治権をもつ元首	天皇	日本国と日本国民統合の象徴(しょうちょう)
「臣民(しんみん)の権利」は法律で制限される	人権	基本的人権の尊重
天皇に統帥(とうすい)権，国民に兵役の義務	軍隊	平和主義(戦争放棄(ほうき))
天皇の協賛(同意)機関	国会	国権の最高機関，唯一(ゆいいつ)の立法機関
各大臣が天皇を助ける	内閣	国会に連帯責任(議院内閣制)
天皇の名前で裁判	裁判所	司法権の独立

憲法改正の手続き

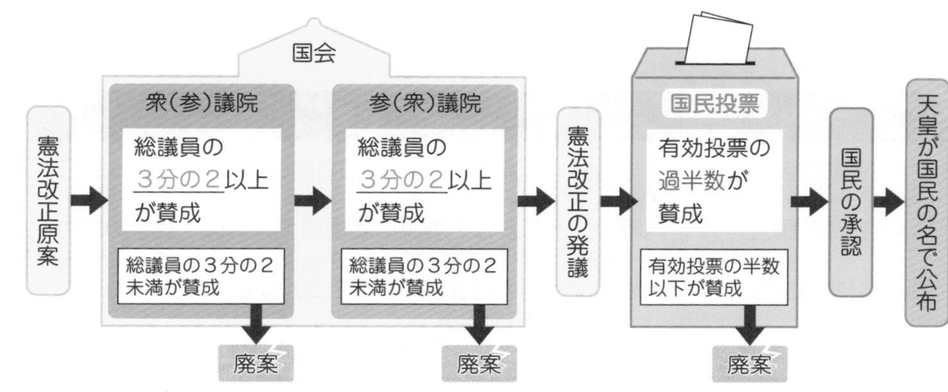

政治・地方自治と数字

衆議院と参議院のちがい

衆議院		参議院
465人	議員定数	248人
4年	任期	6年（3年ごとに半数を改選）
あり	解散	なし
25歳以上	被選挙権	30歳以上
小選挙区289人	選挙区	選挙区148人
比例代表176人		比例代表100人

※2022年7月の通常選挙から参議院の議員定数が245人から248人に増加した。

衆議院の優越

- 予算の議決などで両院協議会を開いても議決が一致しない→衆議院の議決で決定
- 法律案の議決の再可決ができる
- 予算を先に審議する
- 内閣不信任を決議できる

任期が短く，解散があるため

ある法律ができるまで（衆議院が先議をした場合）

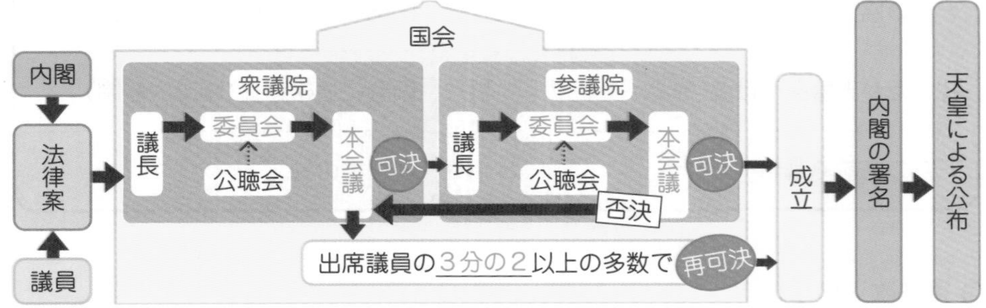

国会の種類

種類	召集
常会（通常国会）	毎年1回，1月中に召集（150日間の会期）
臨時会（臨時国会）	内閣か，どちらかの議院の総議員の4分の1以上の要求
特別会（特別国会）	衆議院解散後の総選挙の日から30日以内
参議院の緊急集会	衆議院の解散中に，緊急の必要がある場合

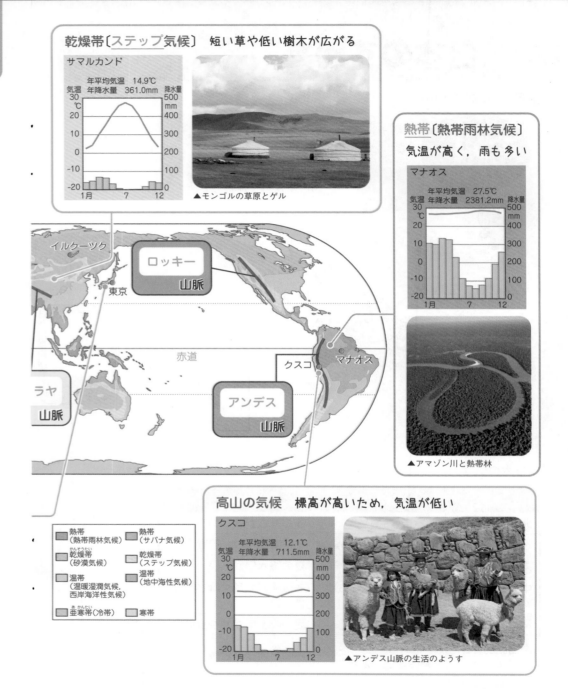

乾燥帯〔ステップ気候〕　短い草や低い樹木が広がる

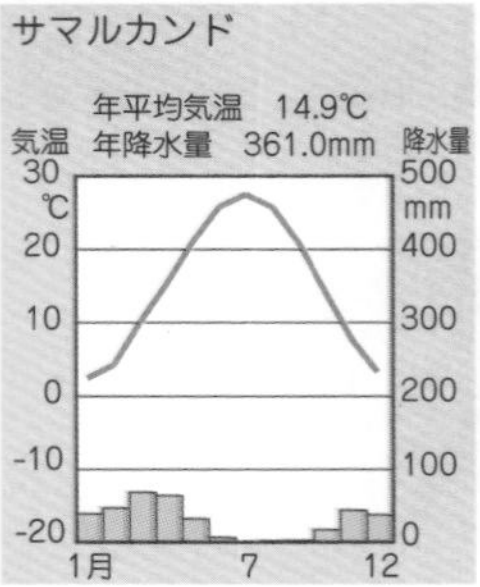

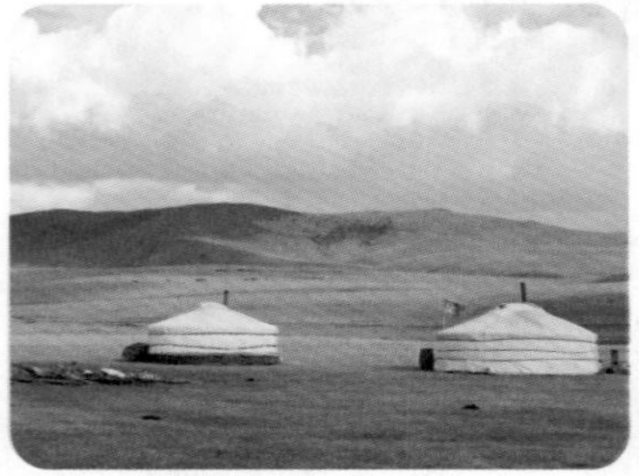

サマルカンド
年平均気温　14.9℃
年降水量　361.0mm

▲モンゴルの草原とゲル

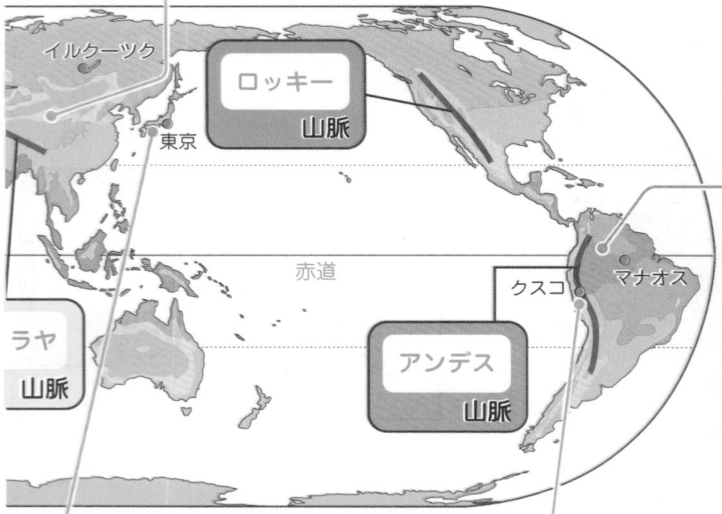

熱帯〔熱帯雨林気候〕

気温が高く，雨も多い

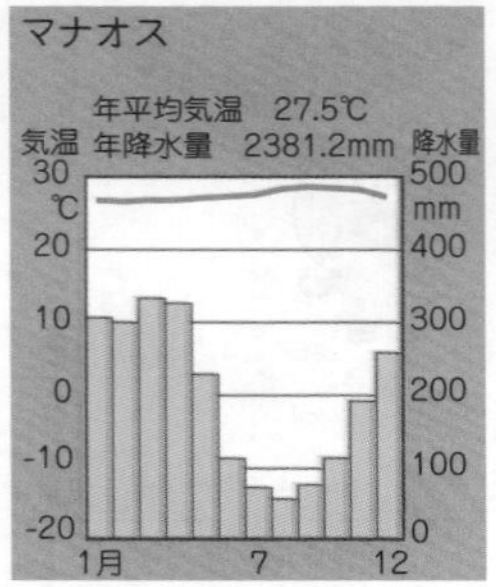

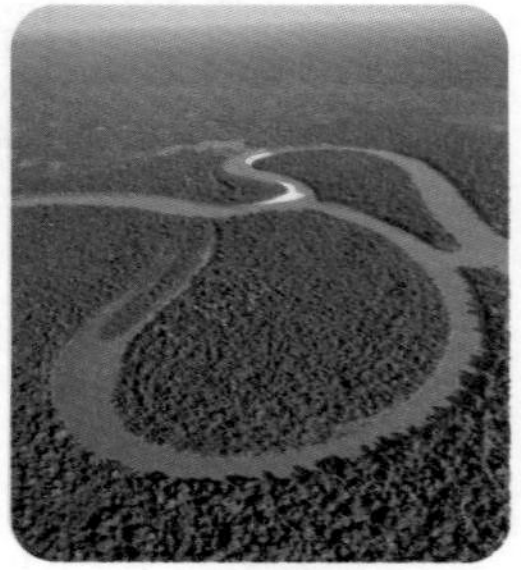

マナオス
年平均気温　27.5℃
年降水量　2381.2mm

▲アマゾン川と熱帯林

イルクーツク
東京
ロッキー山脈
赤道
クスコ
マナオス
ヒマラヤ山脈
アンデス山脈

熱帯（熱帯雨林気候）
熱帯（サバナ気候）
乾燥帯（砂漠気候）
乾燥帯（ステップ気候）
温帯（温暖湿潤気候，西岸海洋性気候）
温帯（地中海性気候）
亜寒帯（冷帯）
寒帯

高山の気候　標高が高いため，気温が低い

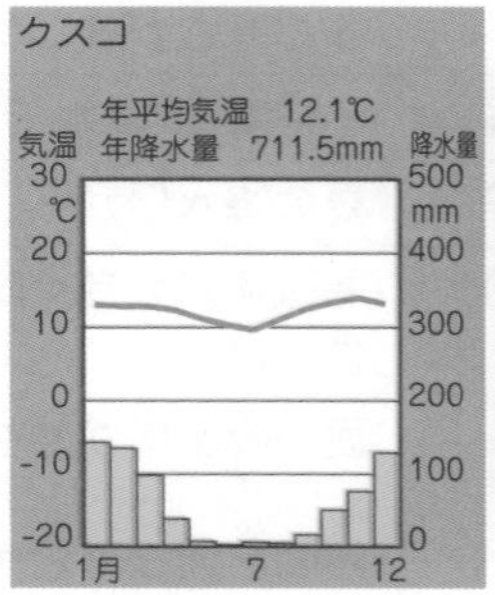

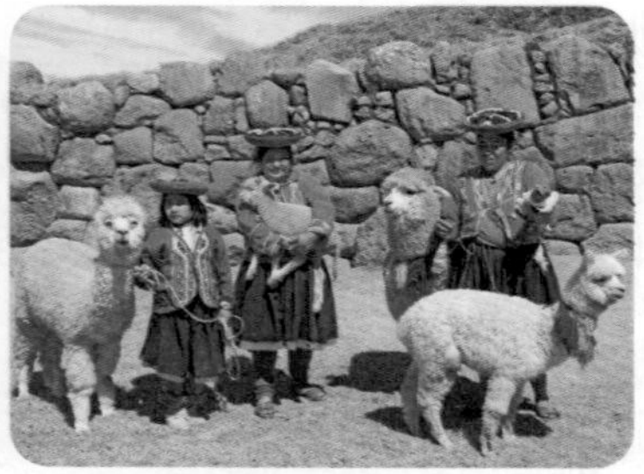

クスコ
年平均気温　12.1℃
年降水量　711.5mm

▲アンデス山脈の生活のようす

（「理科年表2022年」ほかより）

入試によく出る！

地理❷

世界の気候と自然

気候の違いと自然のようす

亜寒帯〔冷帯〕 冬の寒さが厳しい

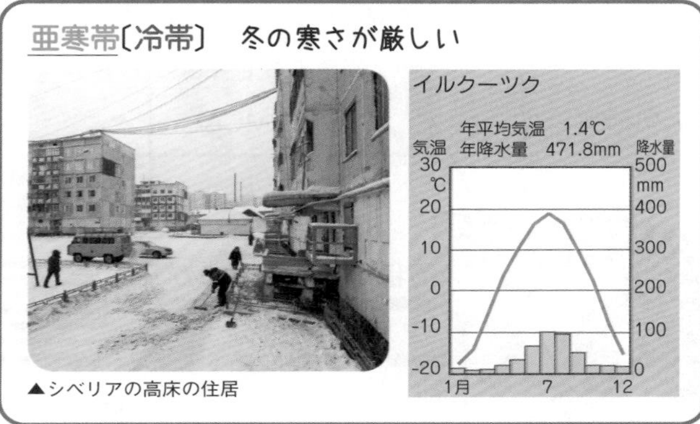

▲シベリアの高床の住居

温帯〔地中海性気候〕 夏は乾燥，冬に雨が降る

▲地中海沿岸のオリーブ畑

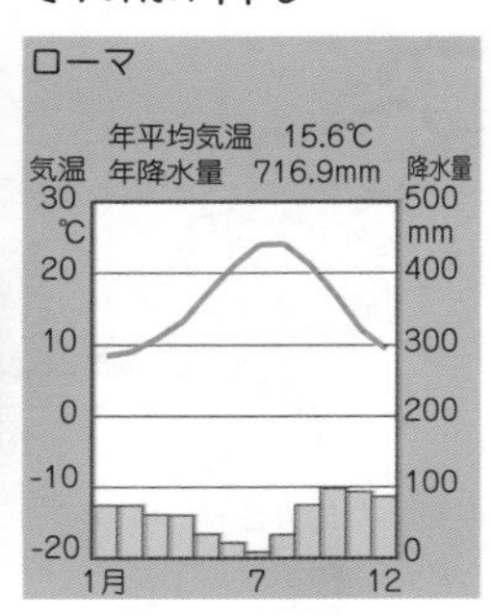

乾燥帯〔砂漠気候〕 雨がほとんど降らない

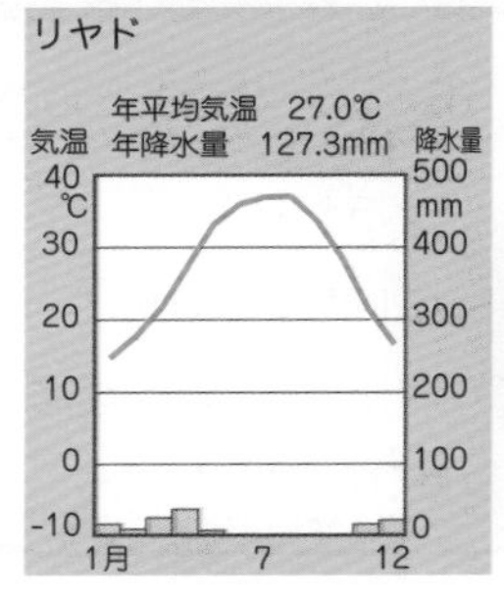

▲サハラ砂漠

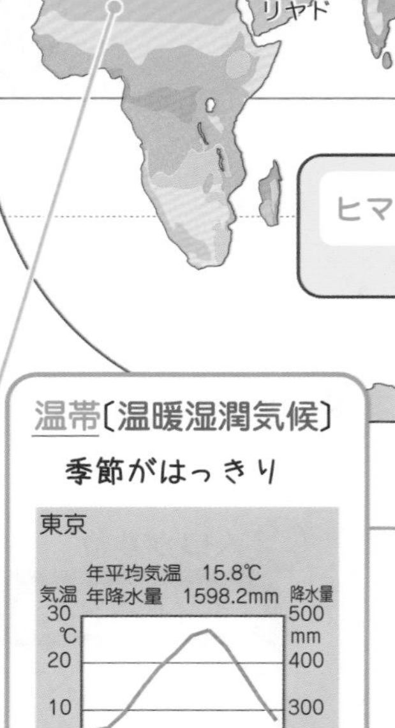

温帯〔温暖湿潤気候〕 季節がはっきり

選挙権と被選挙権

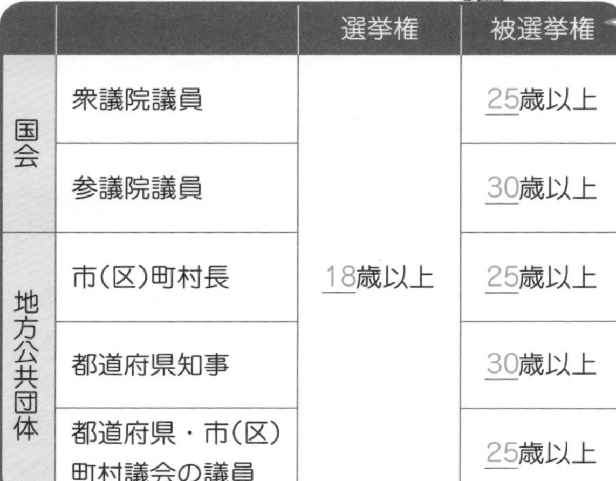

		選挙権	被選挙権
国会	衆議院議員	18歳以上	25歳以上
	参議院議員		30歳以上
地方公共団体	市(区)町村長		25歳以上
	都道府県知事		30歳以上
	都道府県・市(区)町村議会の議員		25歳以上

被選挙権：選挙に立候補する権利

地方自治の直接請求権

地方自治では，直接民主制の要素を取り入れた住民の**直接請求権**がある。

	必要な署名数	請求先
条例の制定，改正，廃止	有権者の50分の1以上	首長（都道府県知事，市(区)町村長）
事務の監査		監査委員
議会の解散	有権者の3分の1以上（有権者数が40万人以下の地方公共団体の場合）	選挙管理委員会
議員・首長の解職		
副知事・副市(区)町村長，各委員の解職		首長

議会の解散や議員・首長の解職請求のあと，住民投票を行い，有効投票の過半数の賛成で，解散または解職が決まる

総合❶

さまざまな略称

よく出るアルファベットの略称

文字数や見た目が似た語句を区別しておこう！

3文字		
略称	正式(日本語)名称	内容
EPA	経済連携協定	貿易の自由化のほか，人や資金の移動など幅広い分野の経済協力をめざす協定。TPP11もEPAの1つ。 地 公
FTA	自由貿易協定	特定の国や地域との間で，関税の撤廃(てっぱい)などの貿易の自由化をめざす協定。 地 公
GDP	国内総生産	1つの国や地域の経済活動の大きさをはかる数値。1年間で生産された財・サービスの合計を表す。 地 歴 公
GHQ	連合国軍最高司令官総司令部	太平洋戦争終結後に，日本を占領(せんりょう)した連合国軍が設置。マッカーサーを最高司令官として，日本の民主化を進めた。 歴 公
ICT	情報通信技術	コンピューターやインターネットなどに代表される技術。現在では大量の情報を高速でやりとりできる。 地 歴 公
NGO	非政府組織	国や政府の枠組みを超えて，国際社会に貢献(こうけん)することを目的に活動する民間の組織。 地 歴 公
NPO	非営利組織	利益を目的とせず，社会貢献のために活動する組織。 地 歴 公

面積が4位，人口が1位

中華人民共和国(中国)

面積(千km²)	9,600	人口(人)	14億3,932万
首都	ペキン		
特徴	●沿海部に経済特区 ●一人っ子政策で人口抑制 2015年に廃止 ●常任理事国		

面積2位

カナダ

面積(千km²)	9,985	人口(人)	3,774万
首都	オタワ		
特徴	●北部にイヌイットが生活 ●USMCA		

面積が3位，人口が3位

アメリカ合衆国

面積(千km²)	9,834	人口(人)	3億3,100万
首都	ワシントンD.C.		
特徴	●サンベルト，シリコンバレー ●企業的な農業を行う ●移民が多く生活 ヒスパニック ●常任理事国，USMCA		

人口が4位

インドネシア

面積(千km²)	1,911	人口(人)	2億7,352万
首都	ジャカルタ		
特徴	●イスラム教徒が多い ●プランテーション農業 ●ASEAN 東南アジア諸国連合の略		

面積5位

ブラジル

面積(千km²)	8,516	人口(人)	2億1,256万
首都	ブラジリア		
特徴	●ポルトガル語が公用語 ●アマゾン川流域で焼畑農業 ●さとうきびの栽培が盛ん バイオ燃料の原料になる		

(「世界国勢図会2021/22」より)

入試によく出る！

地理❶

世界の国々

世界の主な国々

面積が1位

ロシア連邦

面積(千km²)	17,098	人口(人)	1億4,593万
首都	モスクワ		
特徴	●シベリアにタイガが広がる ●鉱産資源が豊富 ●常任理事国 国際連合の安全保障理事会		

ほかにも地図に名前のある国はよく出るよ。どんな国か調べておこう！

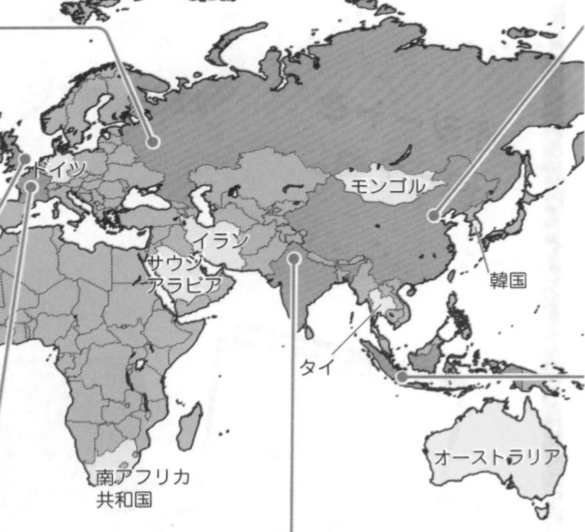

ヨーロッパの国々

イギリス

首都	ロンドン
特徴	●産業革命で近代工業が発展 ●2020年にEUを離脱 ●常任理事国

フランス

首都	パリ
特徴	●EU，ユーロを導入 ●混合農業が盛ん ●常任理事国

人口が2位※

インド

面積(千km²)	3,287	人口(人)	13億8,000万
首都	デリー		
特徴	●ヒンドゥー教徒が多い ●情報通信技術関連産業 ●米と小麦の栽培が盛ん		

（面積は2019年，人口は2020年）
※一部の国境は未確定

※2023年に中国を上回り人口が1位になると予測されている

略称	正式(日本語)名称	内容
ODA	政府開発援助	途上国の発展のために，開発の協力や経済の支援をする取り組み。資金の提供だけでなく，技術協力も行う。 地 歴 公
PKO	平和維持活動	国際連合が行う活動。紛争地域の平和の実現のために，停戦や選挙の監視などを行う。日本の自衛隊もこの活動に参加。 歴 公
WHO	世界保健機関	国際連合の専門機関。人々の健康の維持・向上が目的。発展途上国の医療や衛生の改善をめざす活動も行う。 公
WTO	世界貿易機関	国際連合の関連機関。公正な貿易のための世界的なルールを決めている。 公
4文字以上		
NIES（ニーズ）	新興工業経済地域	韓国・台湾・シンガポールなど，1960年代以降，急速な経済成長をとげた地域。 地 公
BRICS（ブリックス）	—	2000年代に急速に経済成長をとげた5か国，ブラジル・ロシア・インド・中国・南アフリカ共和国を指す。 地 公
UNHCR	国連難民高等弁務官事務所	国際連合で難民を保護する活動などを行う機関。 公
UNICEF（ユニセフ）	国連児童基金	国際連合で子どもの権利条約に基づいて，子どもの成長を守る活動をする機関。 公
UNESCO（ユネスコ）	国連教育科学文化機関	国際連合の専門機関。世界遺産などの文化財の保護などの活動を行う。 地 歴 公

入試によく出る！ 総合❷

地域の結びつき

国々の結びつきと，組織の名前

世界の国々は地域で結びつきながら，政治や経済で協力＝地域主義（リージョナリズム）

EU（ヨーロッパ連合）

ヨーロッパ州

1993年にEC（ヨーロッパ共同体）が発展して誕生した。

加盟国の一部で，共通通貨ユーロを導入。

▲ユーロ

AU（アフリカ連合）

アフリカ州

2002年発足。アフリカにある55の国と地域がすべて加盟している。

APEC（アジア太平洋経済協力）

アジア太平洋地域

日本・中国・アメリカ合衆国など，太平洋に面する国と地域が参加する会議。貿易について話し合われている。

OPEC（石油輸出国機構）

西アジアなど

サウジアラビアなど西アジアを中心とした産油国が加盟。原油の生産量や，価格を決めている。

TPP11（環太平洋経済連携協定）

アジア太平洋地域

日本・オーストラリアなど太平洋を囲む国々が関税をなくすなどで貿易の自由化をめざす協定。

正式名称はCPTPP

ASEAN（東南アジア諸国連合）

東南アジア

1967年に発足。加盟国が近年急速な経済成長をしていることでも注目。日本・中国・韓国などを加えた会議も開催されている。

USMCA(米国・メキシコ・カナダ協定)

北アメリカ州

アメリカ・カナダ・メキシコの3か国が結ぶ経済協定。従来のNAFTAに代わる新協定。

略称・正式名称・地域を関連づけて覚えよう！

わからないをわかるにかえる 高校入試

入試によく出る！

合格ミニBOOK 社会

赤シートを使ってね。

直前まで使える！

●「合格ミニ BOOK」は取りはずして使用できます。

●スマートフォンやタブレットで学習できるデジタル版には，こちらからアクセスできます。→

デジタル版は無料ですが，別途各通信会社の通信料がかかります。
対応 OS ……… Microsoft Windows 10 以降，iPad OS，Android
推奨ブラウザ… Edge，Google Chrome，Firefox，Safari

もくじ contents

1 世界の地理

イラスト：artbox，キットデザイン

写真・資料提供：秋田県立博物館，飛鳥園，アフロ，天草キリシタン，Alamy，生駒市教育委員会，Warburton-Lee，AGE FOTOSTOCK，AP，Erich Lessing / K&K Archives，近現代 PL，宮内庁三の丸尚蔵館，GRANGER.COM，玄福寺，国文学研究資料館，国立国会図書館，Colbase（https://colbase.nich.go.jp/），慈照寺，首藤光一，Super Stock，ZUMA Press，田原市博物館，中尊寺，東京国立博物館 / TNM Image Archives，東京大学史料編纂所，東京都江戸東京博物館 / DNPartcom，東阪航空サービス，© 徳川美術館イメージアーカイブ / DNPartcom，『特命全権岩倉使節一行』/ 山口県文書館，TopFoto，富井義夫，奈良文化財研究所，PIXTA，平等院，福岡市博物館 / DNPartcom，Bridgeman Images，文化庁 / 埼玉県立さきたま史跡の博物館，HEMIS，Heritage Image，毎日新聞社，前田育徳会，Mary Evans Picture Library，山口博之，米原敬太郎，ロイター

2 日本の地理

3 原始から近世までの歴史

4 近代から現代までの歴史

5 現代社会と私たち

得点力UP! 入試特集

この本の特色と使い方

1単元は，2ページ構成です。

左ページを完成させて，右ページの問題にチャレンジしよう！

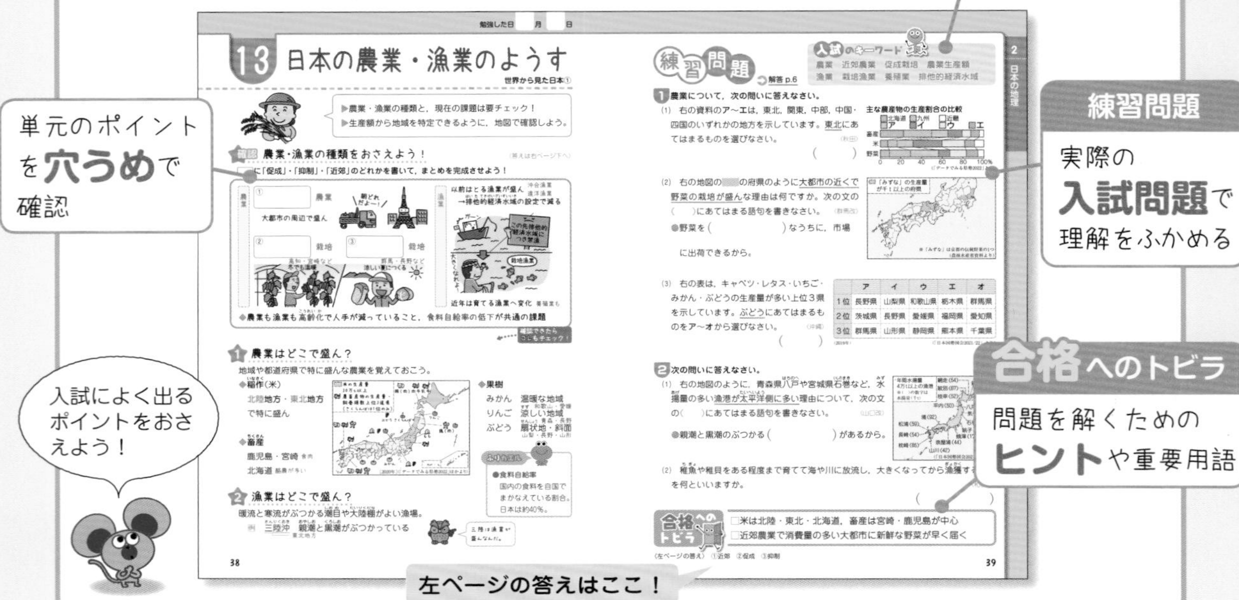

解答集は，問題に答えが入っています。

問題を解いたら，答え合わせをしよう！

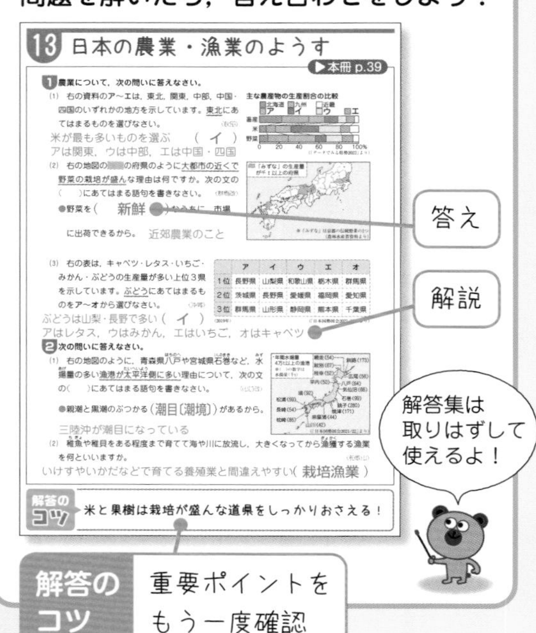

- **ポイント整理**(各章の最初)
  単元全体の内容を確認できる！
- **まとめのテスト**(各章の最後)
  テスト形式の入試問題で，実力を確認！
- **チャレンジテスト**(巻末)
  入試本番をイメージしながらチャレンジ！

入試によく出る！「合格ミニBOOK」

持ち運べる！
入試直前まで使える！
便利な赤シートつき！

世界の地理

1

地球のすがた
六大陸　三大洋
州区分

世界地図
緯線　経線
距離　方位

産業のようす
農業が盛ん
工業が盛ん

人々の暮らし
宗教　住居
服装　食べ物

16方位と地図の向き

●16方位

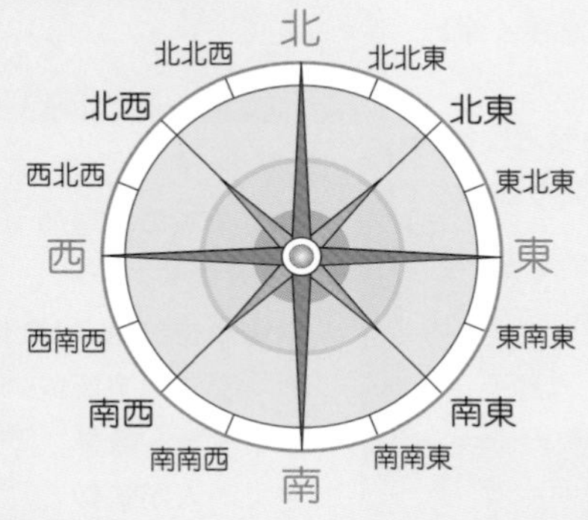

●地図の方位

地図はふつう，上が北になっています。

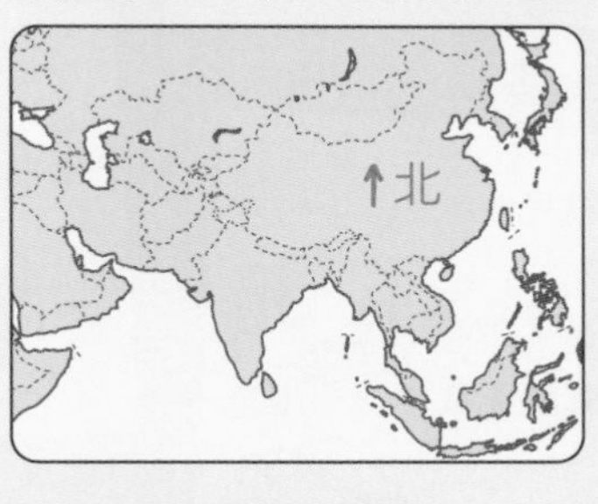

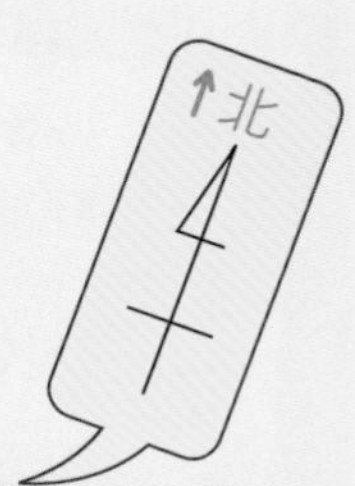

★方位記号がある場合は方位が変わるので注意！

1 世界の地理

➡ 解答 p. 2

★〔　〕から語句を選んで図をまとめよう！

まちがえた語句は解答で確認！

世界の地域区分

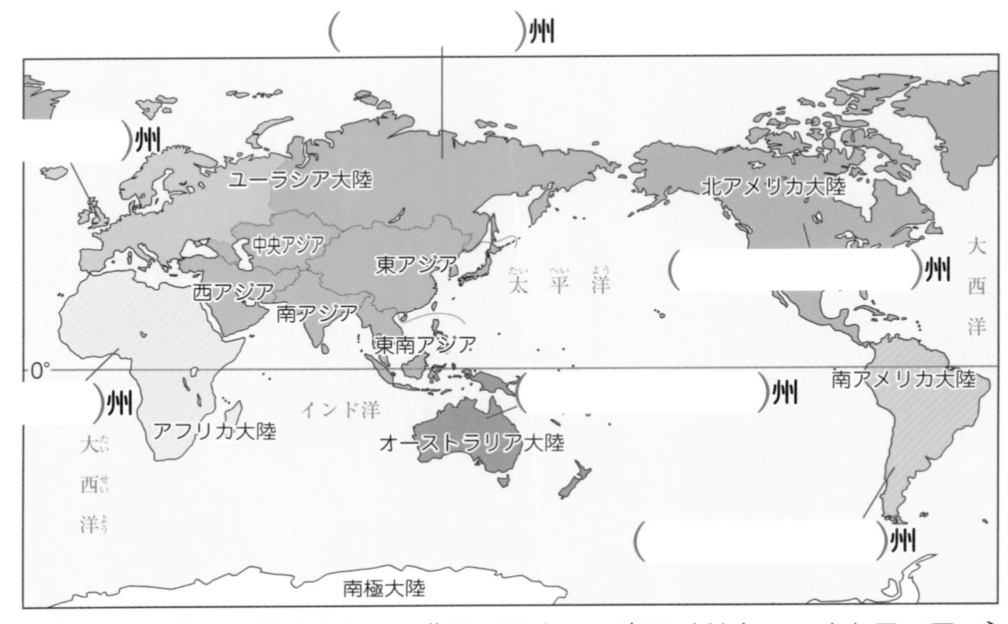

〔 アジア　ヨーロッパ　アフリカ　北アメリカ　南アメリカ　オセアニア 〕

7～10 ★世界の諸地域

ヨーロッパ州

暖流と偏西風で温暖
多くの人はキリスト教
地中海　オリーブ栽培
中部　混合農業
北部・山間部　酪農
EU　ユーロ導入

アジア州

人口が最も多い州
5つの地域がある

中央アジア

標高が高く，乾燥
石油・天然ガスなど
鉱産資源が豊富

西アジア

乾燥帯で砂漠が多い
石油（原油）を多く産出
↓
OPEC（石油輸出国機構）
多くの人はイスラム教

このあたりに
ヒマラヤ山脈

アフリカ州

ヨーロッパの旧植民地が多い
→国境が直線
プランテーション
レアメタルなど鉱産資源
モノカルチャー経済

直線

南アジア

インド　人口が増加

情報通信技術（ICT）関連産業
ガンジス川下流域の稲作
ヒンドゥー教を
多くの人が信仰

緯度と経度

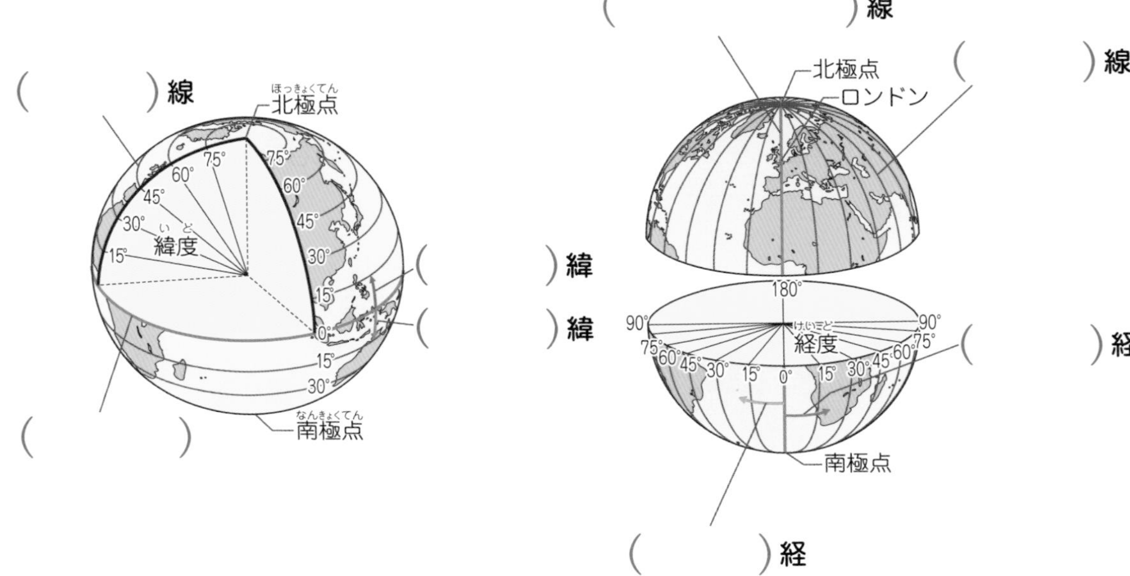

〔　緯　経　赤道　本初子午　東　西　南　北　〕

東アジア

中国　巨大な工業国

沿海部に経済特区

内陸部と経済格差

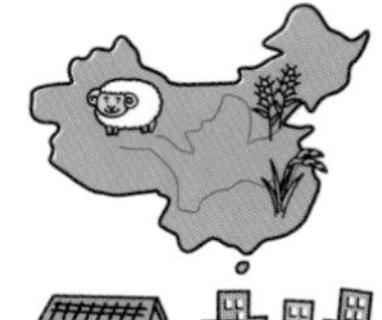

韓国・台湾　先端技術産業　→　NIES

日本は

東アジア

北アメリカ州

ロッキー山脈,

ミシシッピ川

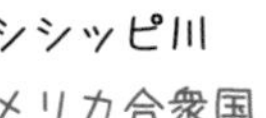

アメリカ合衆国

USMCA（アメリカ・メキシコ・カナダ協定）の中心

工業はサンベルト，シリコンバレー

農業は適地適作で企業的

東南アジア

季節風（モンスーン）の

影響が大きい

ASEAN（東南アジア諸国連合）

外国企業の誘致，

工業団地の造成

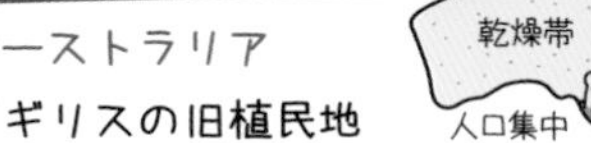

オセアニア州

オーストラリア

イギリスの旧植民地

→アジア・太平洋地域と貿易

石炭・鉄鉱石など

鉱産資源が豊富

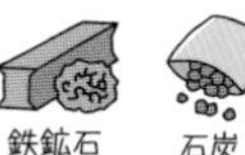

南アメリカ州

西部にアンデス山脈，アマゾン川流域で焼畑農業

スペインの

旧植民地が多い

ブラジル

ポルトガル語

日系人も多い

➡合格ミニBOOK p.2

1 世界のすがたと国々

世界のすがた①

▶大陸・海洋の名前と位置をおさえておこう。
▶州の位置と，属する国のうち，特徴的なものをチェック！

確認 大陸や州，海洋の名前をおさえよう！

p.6 〈答えは右ページ下へ〉

[　　]に「太平」・「大西」・「ユーラシア」のどれかを書いて，まとめを完成させよう！

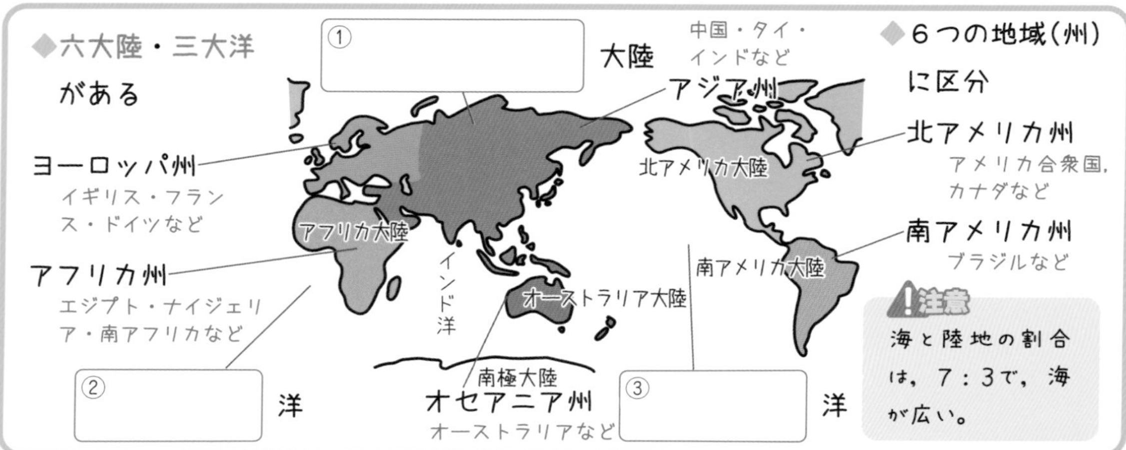

確認できたら
コレもチェック！

1 国境の決まり方をチェック！

山脈や川など自然のほか，緯線・経線が基準の国境もある。

◆内陸国

ロシア
周りも陸地
モンゴル
中国

◆島国

◆直線の国境をもつ

アフリカなどの
植民地だった国に多い

ふりカエル

●アジア州
さらに，東アジア，東南アジア，南アジア，中央アジア，西アジアに分かれる。

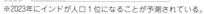

2 国の特徴をおさえておく！

面積が広い・人口が多いなど，いろいろな国の特徴を覚えておこう！

面積の広い国

1位	ロシア連邦
2位	カナダ
3位	アメリカ合衆国
4位	中国
5位	ブラジル

人口の多い国

1位	中国
2位	インド
3位	アメリカ合衆国
4位	インドネシア
5位	パキスタン

（面積は2019年，人口は2020年）

※2023年にインドが人口１位になることが予測されている。

（「世界国勢図会2021/22」より）

練習問題

解答 p.2

入試のキーワード

六大陸　大西洋　太平洋　インド洋
内陸国　島国

1 右の資料は，陸地が最も多く見える向きから見た地球を表す略地図です。次の問いに答えなさい。 〈京都改，兵庫改〉

ウランバートル

X

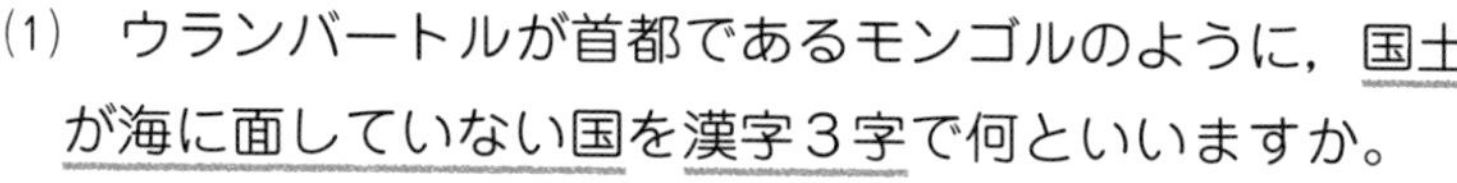

(1) ウランバートルが首都であるモンゴルのように，国土が海に面していない国を漢字３字で何といいますか。

(　　　　　　)

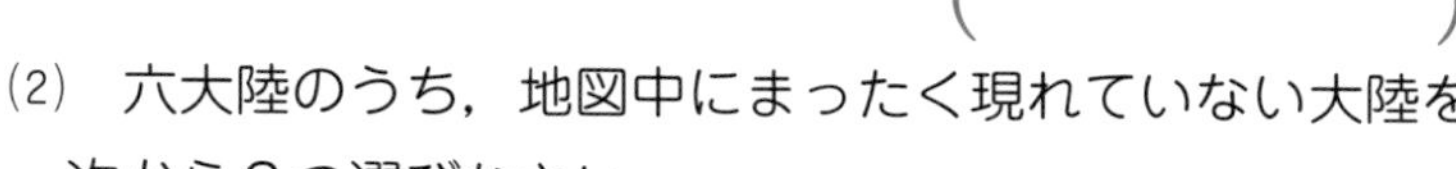

(2) 六大陸のうち，地図中にまったく現れていない大陸を次から２つ選びなさい。

(　　　　)(　　　　)

ア　北アメリカ大陸　**イ**　南アメリカ大陸　**ウ**　南極大陸
エ　ユーラシア大陸　**オ**　オーストラリア大陸　**カ**　アフリカ大陸

(3) 図中Xの大洋を何といいますか。

(　　　　　　)

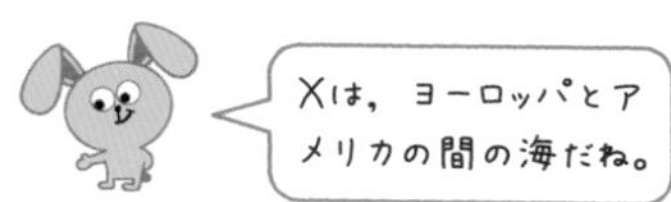

Xは，ヨーロッパとアメリカの間の海だね。

2 右の地図の▒▒は，2022年にサミットに参加した７か国(アメリカ・イギリス・イタリア・カナダ・ドイツ・日本・フランス)を示しています。世界を６つの州に区分したとき，日本以外の国が属する州の名前を２つ書きなさい。 〈石川〉

(　　　　　　)
(　　　　　　)

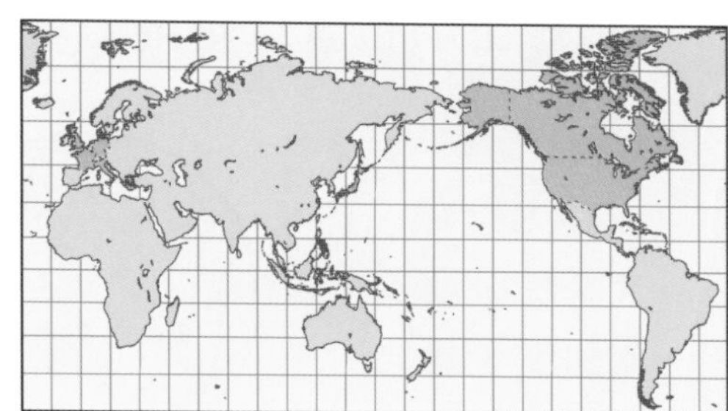

3 右の表は，世界の国の中で2019年における面積の広い国を上位５位まで示したものです。A・Bにあてはまる国を〔　〕からそれぞれ選びなさい。 〈北海道〉

A(　　　　　　)
B(　　　　　　)

順位	1位	2位	3位	4位	5位
国名	A	カナダ	アメリカ合衆国	B	ブラジル
面積(千km²)	17,098	9,985	9,834	9,600	8,516

(「世界国勢図会2021/22」より)

〔　中国　フィリピン　メキシコ　ロシア連邦　ドイツ　〕

合格へのトビラ

□ユーラシア大陸は，ヨーロッパ州とアジア州に分かれる
□日本は，アジア州のうち，東アジアに属している

〈左ページの答え〉 ①ユーラシア　②大西　③太平

2 緯度・経度といろいろな地図

世界のすがた②

▶赤道・本初子午線の位置や緯度・経度の読み方を確認！
▶距離や方位を正確に読み取ろう！

確認 考え方を例題でおさえよう！

〈答えは右ページ下へ〉

例題 右の地図は緯線(いせん)と経線(けいせん)が直角に交わった地図です。Xの地点の緯度と経度を，南緯(なんい)・北緯(ほくい)，東経(とうけい)・西経(せいけい)を含めて書きなさい。

緯度 ①　　　度

経度 ②　　　度

0°　30°　60°　90°　120°　150°　180°　150°　120°　90°　60°　30°
60°　30°　0°　30°　60°
X
赤道
本初子午線

わからなかったら ココをチェック！

1 地球上の位置は緯度と経度で表せる！

p.7

◆緯度
赤道（0度）の
北側が 北緯
南側が 南緯
各90度ずつ

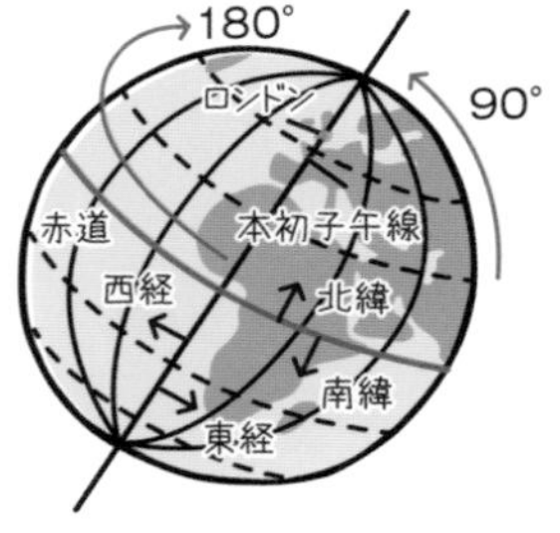

◆経度
本初子午線(ほんしょしごせん)（0度）の
東側が 東経
西側が 西経
各180度ずつ

赤道は，アフリカ・東南アジア・南アメリカを通るよ！

例題は 赤道の北側の60度，本初子午線の東側の30度！

確認できたら コレもチェック！

2 地図にはいろいろな種類がある！

地球が球体なので，目的に応じたいろいろな地図がある。
面積・距離・方位を平面１枚で表せない

地球儀(ちきゅうぎ)

面積・距離・方位がすべて正確！

一度に全部見られない…

緯線と経線が直角に交わる地図

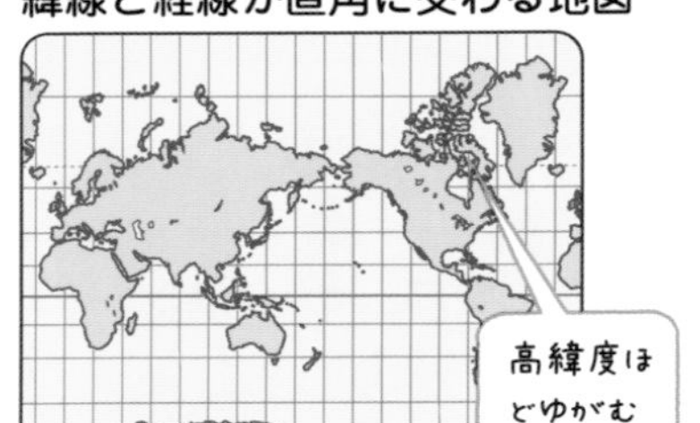

中心からの距離(きょり)と方位が正しい地図

中心以外の地点同士の距離・方位は不正確

解答 p.2

入試のキーワード
緯度　経度　赤道　本初子午線
方位　距離　位置　最短距離

1 右の地図を見て，南緯40度・西経120度を示す地点を地図中ア～エから選びなさい。

〈鳥取〉

（　　　）

2 右の資料は，東京からの距離と方位が正しく示された地図です。次の問いに答えなさい。

〈北海道改，宮崎改〉

(1) 東京から見て，Xの都市のおよその方位を漢字１字で書きなさい。（　　　）

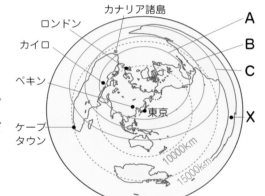

(2) 地図中ロンドン・カイロ・ペキン・ケープタウンの４つのうち，東京からの距離がほぼ同じくらいの都市を２つ書きなさい。

（　　　　　）（　　　　　）

(3) 地図中A～Cは３つの緯線を示しています。緯度０度の緯線を選び，その緯線の名前も書きなさい。

緯線（　　　）　名前（　　　　　）

(4) 地図中東京からカナリア諸島に最短距離で向かう場合の経路について，正しいものを次から選びなさい。

（　　　）

ア　東京から南南東の方向に進み，途中でアフリカ州を通過する。
イ　東京から北北西の方向に進み，途中でユーラシア大陸を通過する。
ウ　東京から10000 km以内でカナリア諸島に到達する。
エ　途中で日付変更線を通過する。

□緯度はヨコ線で90度まで，経度はタテ線で180度まで！
□中心からの距離と方位が正しい地図で最短距離・方位がわかる

〈左ページの答え〉　①北緯60　②東経30

3 時差の計算

▶経度の差と時差の関係を覚えておこう。
▶西経の都市と日本の都市の時差がよく出る！

確認 考え方を例題でおさえよう！

〈答えは右ページ下へ〉

例題 ストックホルムは，地図中Xの経線（けいせん）の経度（けいど）で標準時を定めています。東京が午前10時のとき，ストックホルムは何時になりますか。

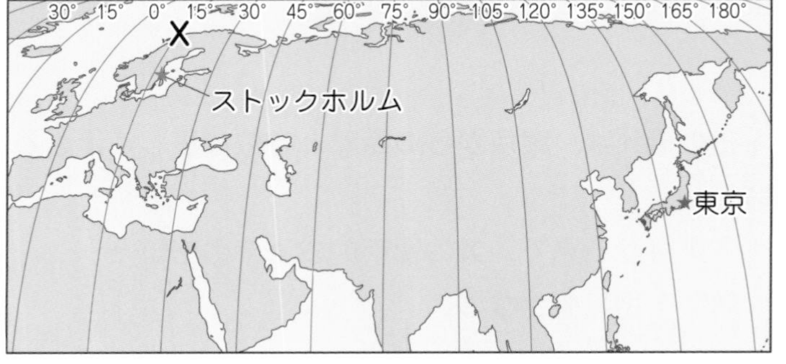

わからなかったらココをチェック！

1 まず経度の差を確認！

p.10

経度差 15度 で時差は 1時間。

➡経度差を求めれば，時差も計算できる。

例題は　東経（とうけい）135度 － 東経15度 ＝ 120度

120 ÷ 15 ＝ 8 ➡ 時差は8時間

注意

東経側と西経側の都市では，数字の和が経度の差になる。

例　日本(東経135度)とロサンゼルス(西経120度)

135 ＋ 120 ＝ 255 で経度差は255度！

ふりカエル

●本初子午線
経度０度。イギリスのロンドンを通る。

●日本の標準時子午線
兵庫県明石市を通る東経135度の経線。

●日付変更線
ほぼ経度180度にそって引かれている。

2 東はたし算，西はひき算にしよう！

求めたい都市が基準の都市から…日付変更線をこえない方向

東にある ➡ 時間は進む(＋)

西にある ➡ 時間は戻（もど）る(－)

例題は　ストックホルムは日本より西側

現地時間 ＝ 午前10時 － 8時間

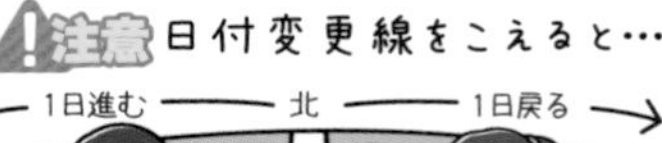

タイセツ 求める時間 ＝ 元の時間 ±(2つの都市の経度差 ÷ 15度)

解答 p.3

入試のキーワード

時差　経度　標準時　本初子午線　日時

1 右の地図中の地点Aが2月1日午前7時のとき，1月31日午後10時である地点をア～エから選びなさい。〈東京〉

(　　　)

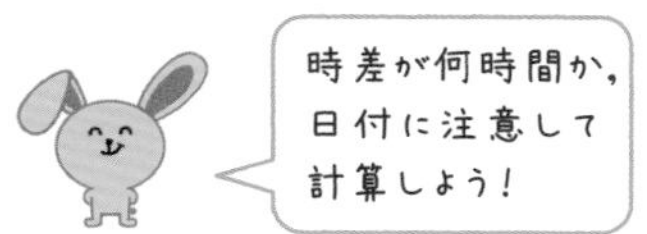

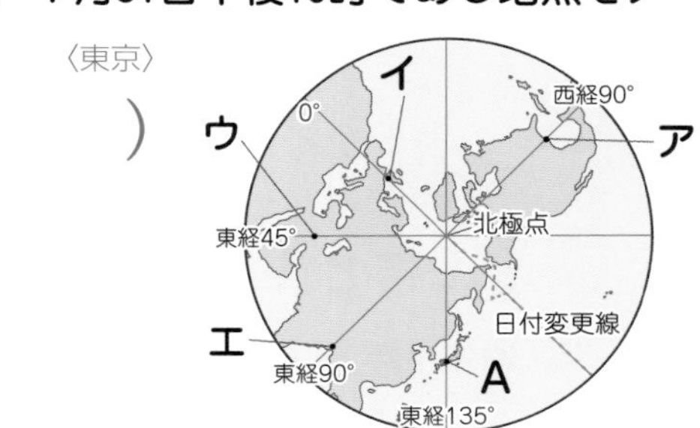

2 右の地図を見て，次の問いに答えなさい。

(1) Xの線を何といいますか。〈福井〉

(　　　　)

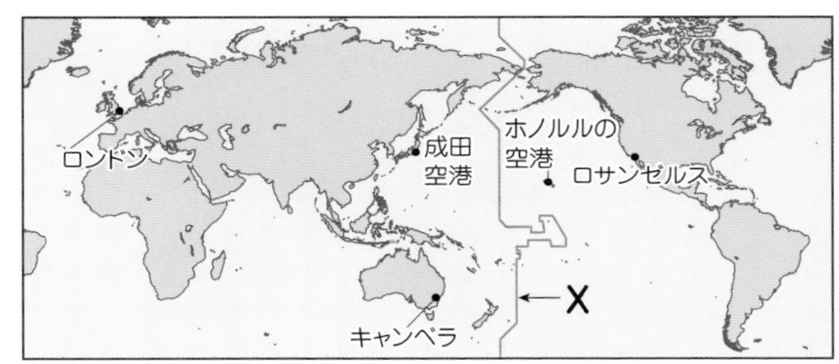

(2) ロサンゼルスは，西経120度の経線で標準時を定めています。日本が2月9日午前9時のとき，ロサンゼルスは2月何日の何時ですか。午前・午後を明らかにして書きなさい。〈千葉〉

2月(　　日　　　時)

(3) ロンドンが3月8日正午のとき，キャンベラは同日の午後10時です。キャンベラの標準時子午線の経度を，東経・西経を明らかにして書きなさい。〈山口〉

(　　　　)

(4) 右の表は，成田空港からハワイのホノルルの空港までの航空機の時刻表です。成田空港からホノルルの空港までの所要時間を書きなさい。なお，成田空港とホノルルの空港との時差は19時間とします。〈鳥取〉

航空機の時刻表

成田国際空港発	ホノルルの空港着
2月1日　午後8時	2月1日　午前8時

※時刻は現地時間

(　　　　)

□経度の差15度で，時差は1時間になる
□日本の標準時子午線の東経135度は絶対暗記！

〈左ページの答え〉　午前2時

4 世界の地形と自然のようす

世界のすがた④

▶山脈や河川を中心に世界の地形をおおまかにおさえよう。
▶地域ごとの地形・自然の特色をチェックしよう。

確認 造山帯と山脈・河川名をおさえよう！

〈答えは右ページ下へ〉

□に「環太平洋」・「アルプス・ヒマラヤ」のどちらかを書いて，まとめを完成させよう！

造山帯　山地や山脈が連なり，地震や火山の噴火(ふんか)が活発なところ。

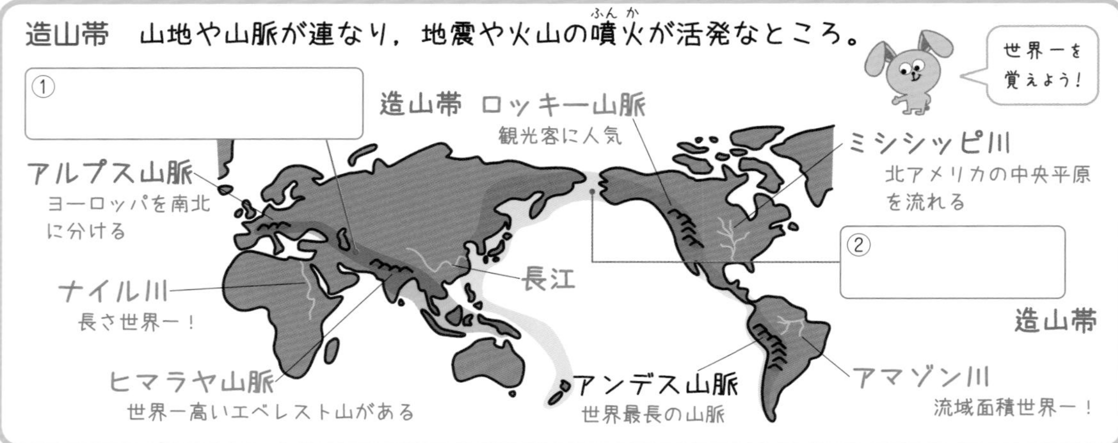

1 自然環境はヨーロッパとアメリカがよく出る！

それぞれの地域にある山脈や河川(かせん)やその周辺の地形をおさえておこう。

◆ヨーロッパ州

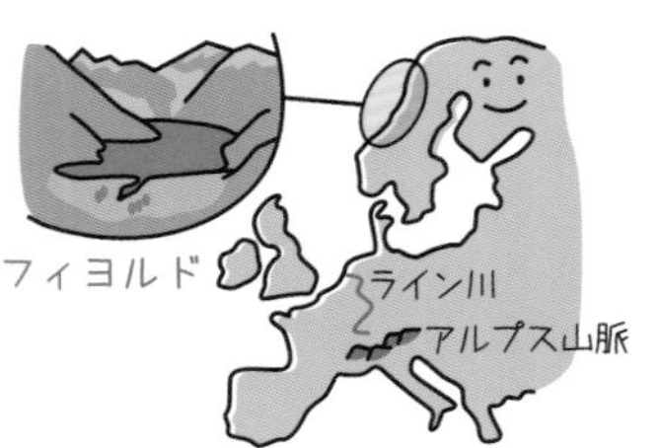

◆北アメリカ州

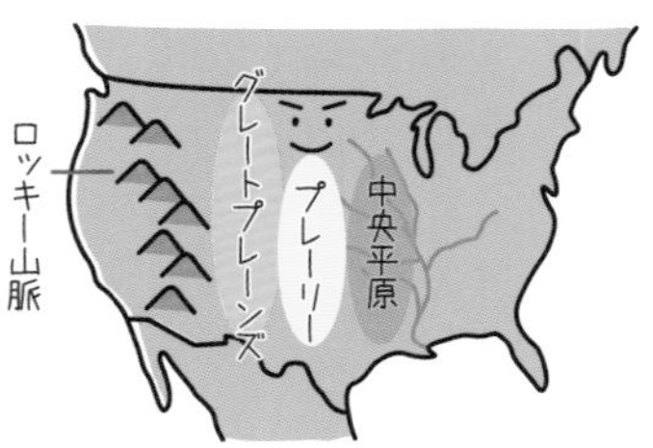

◆南アメリカ州

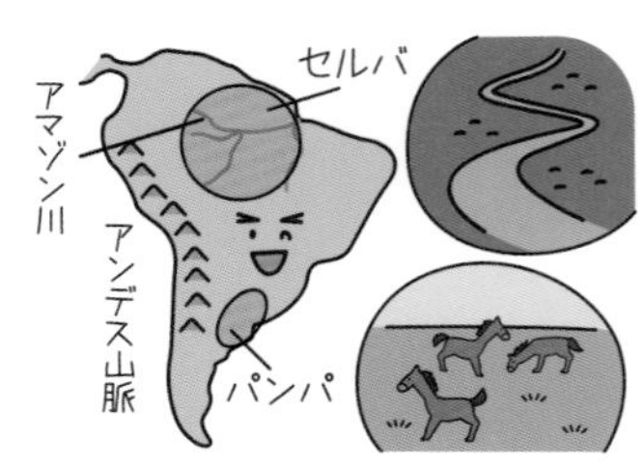

2 植物のようすを表す名前もある！

p.16

名前	タイガ	ステップ	サバナ
地域	シベリアなどの冷帯(亜寒帯(あかんたい))	中央アジア・アフリカなどの乾燥帯(かんそうたい)	アフリカなどの熱帯
ようす	針葉樹林(しんようじゅりん)が広がる	短い丈(たけ)の草原が広がる	丈の長い草原に背の低い樹木が点在

アフリカのサヘルもステップ

●海流
一定方向の海水の流れ。赤道から南北方向に流れる暖流と逆方向の寒流がある。

練習問題

解答 p.3

入試のキーワード
山脈　河川　造山帯　砂漠　海流

1 **右の地図を見て，次の問いに答えなさい。**

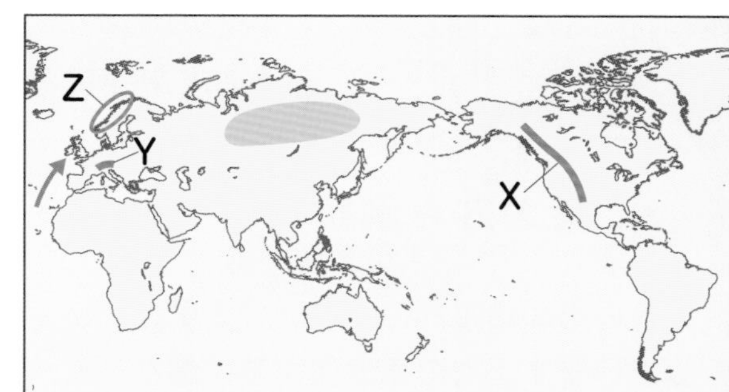

(1) 地図中Xの山脈は，日本列島と同じ造山帯に属しています。この造山帯を何といいますか。〈高知〉
(　　　　　)

(2) 地図中Yの山脈を何といいますか。〈鹿児島〉
(　　　　　)

(3) 地図中Zには，右の写真のように氷河(ひょうが)に浸食(しんしょく)された地形に海水が入りこんでできた奥行きのある湾をもつ地形が広がっています。この地形を何といいますか。〈長崎〉
(　　　　　)

(4) 地図中▒の地域には広大な針葉樹林が見られます。この針葉樹林帯の名前を，〔　　〕から選びなさい。〈愛媛改〉
(　　　　　)
〔　サバナ　　ステップ　　タイガ　　サヘル　〕

他の３つは乾燥した地域や熱帯に見られる地名や地形の名前だよ。

(5) 地図中⟶はある海流のおおよその位置を示したものです。この海流の名前と，海水温による分類の組み合わせとして正しいものを，次から選びなさい。〈新潟〉
(　　)

ア 北大西洋(きたたいせいよう)海流，寒流　**イ** 北大西洋海流，暖流
ウ リマン海流，暖流　**エ** リマン海流，寒流

2 **アフリカ大陸にある河川名と山脈名の組み合わせとして正しいものを，次から選びなさい。**〈大阪〉
(　　)

ア ライン川ーアルプス山脈　**イ** ナイル川ーアトラス山脈
ウ アマゾン川ーアンデス山脈　**エ** ミシシッピ川ーロッキー山脈

□造山帯は環太平洋造山帯とアルプス・ヒマラヤ造山帯の２つ
□長さ世界一はナイル川，流域面積世界一はアマゾン川

〈左ページの答え〉 ①アルプス・ヒマラヤ　②環太平洋

合格ミニBOOK p.4

5 世界の気候のようす

人々の生活と環境①

▶どの地域がどの気候区分にあたるのか確認しよう！
▶特に特徴的な雨温図の形は覚えておこう。

確認 考え方を例題でおさえよう！

〈答えは右ページ下へ〉

例題 右の地図は世界の気候区分を示しています。次の雨温図が示す都市の名前を地図中から選びなさい。

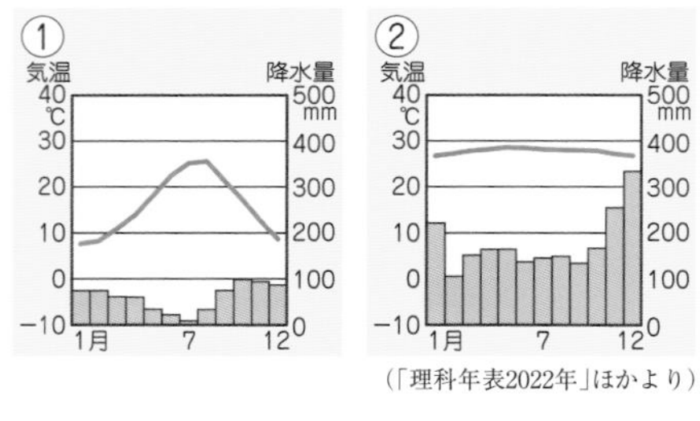

（「理科年表2022年」ほかより）

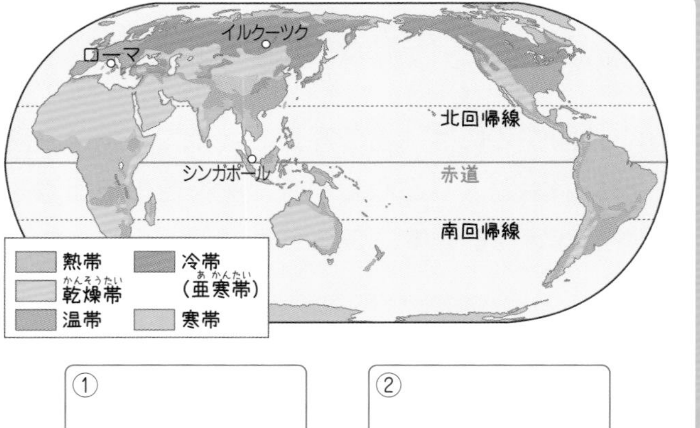

① ______　② ______

わからなかったらココをチェック！

1 気温と降水量からどの気候か予測する！

降水量（ざっくり）➡ 気温 ➡ 降水量（しっかり）の順に考えよう。

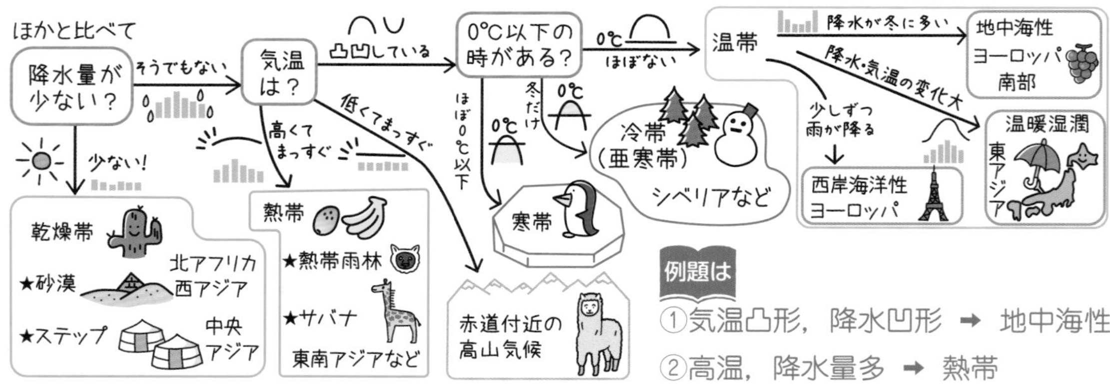

例題は
①気温凸形，降水凹形 ➡ 地中海性
②高温，降水量多 ➡ 熱帯

2 それぞれの都市の気候区分は？

都市の気候区分を確認し，雨温図と結びつけよう。

例題は ローマ ➡ 地中海性気候の地域，
シンガポール ➡ 熱帯雨林気候の地域，
イルクーツク ➡ 冷帯（亜寒帯）の地域

●偏西風
緯度約30度～60度にふく西風。

➡解答 p.3

入試のキーワード
気候　雨温図　気温　降水量　熱帯　乾燥帯
温帯　冷帯(亜寒帯)　寒帯

1 次の資料を見て，あとの問いに答えなさい。　〈長野改，富山改〉

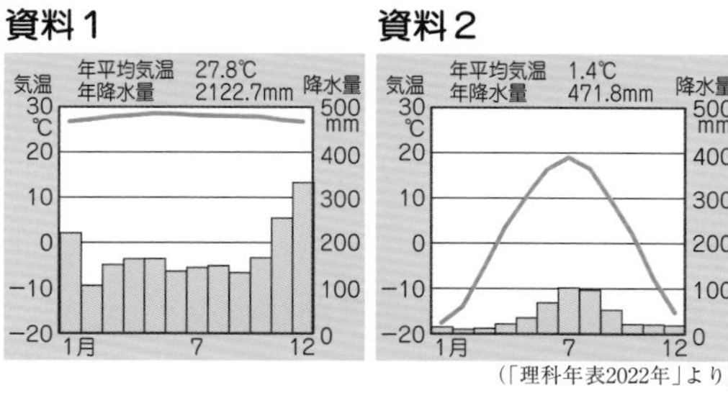

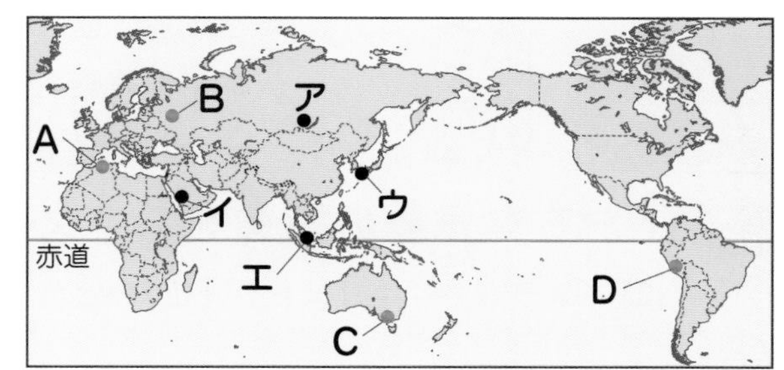

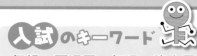

(1)　資料1の雨温図は，アジア州のある都市のものです。何という気候帯のものですか。
(　　　)

(2)　資料2の雨温図はいずれの都市の雨温図か，地図中ア～エから選びなさい。
(　　)

(3)　次の①～④の雨温図にあてはまる都市を地図中A～Dからそれぞれ選びなさい。

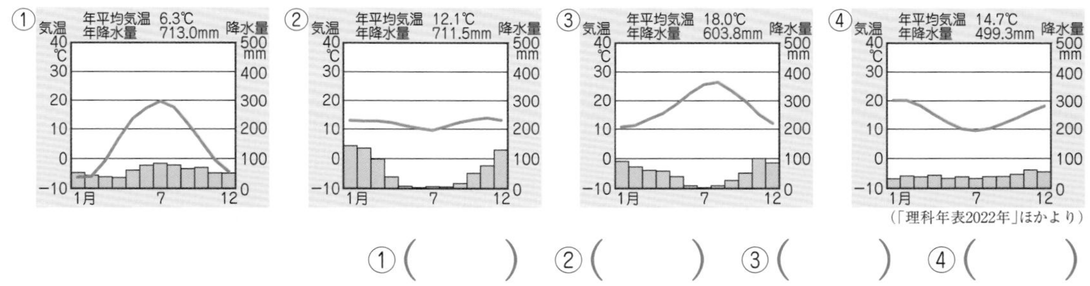

①(　　)　②(　　)　③(　　)　④(　　)

2 パリは札幌(さっぽろ)よりも高緯度(こういど)にありますが，右の資料のように，気温や降水量の冬と夏の差は札幌よりも小さくなっています。この理由について，次の文の{　}にあてはまる語句にそれぞれ○を書きなさい。　〈香川〉

●パリは，気温や降水量の冬と夏の差が，ヨーロッパの大西洋(たいせいよう)岸を流れる{ 暖流　寒流 }と{ 季節風　偏西風(へんせいふう) }の影響(えいきょう)で，札幌よりも小さい。

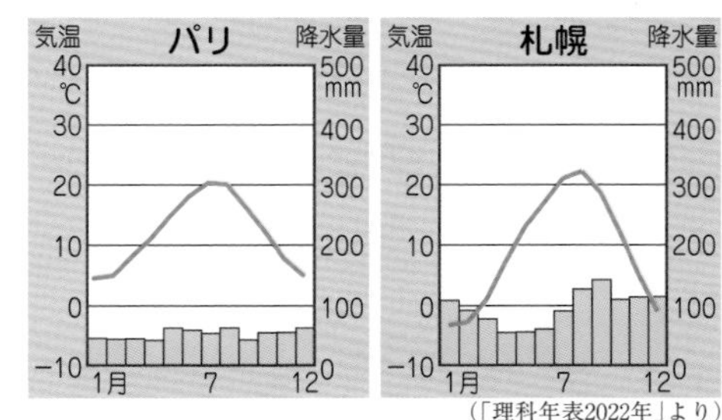

□基本的には低緯度から順に熱帯→乾燥帯・温帯→冷帯→寒帯
□南半球は夏と冬の時期が北半球と逆(＝気温は中心が凹む)

〈左ページの答え〉　①ローマ　②シンガポール

合格ミニBOOK p.4

6 世界の宗教と人々の暮らし

人々の生活と環境②

▶各地域・国で盛んな宗教とその内容をおさえよう！
▶熱帯や冷帯の暮らしや，特徴のある民族衣装もチェック。

確認 おもな宗教の特徴をおさえよう！

〈答えは右ページ下へ〉

□に「イスラム」・「キリスト」・「仏」のどれかを書いて，まとめを完成させよう！

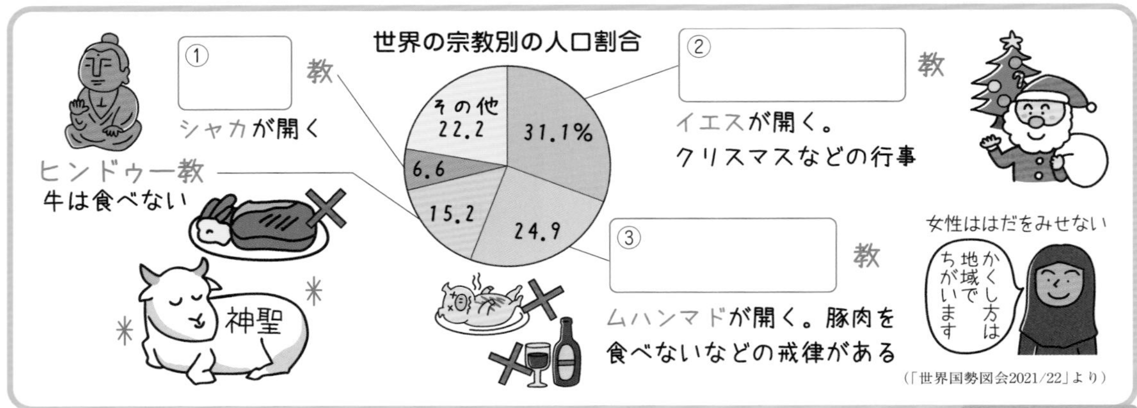

（「世界国勢図会2021/22」より）

確認できたらコレもチェック！

1 よく出る地域の盛んな宗教をチェック！

p.6

世界的な３つの宗教が盛んな地域を確認。

◆キリスト教

ヨーロッパ，南北アメリカなど　オセアニア，フィリピンも

◆イスラム教

西アジア，北アフリカ，東南アジア　インドネシアなど

◆仏教

東アジア，東南アジア
日本，中国など　タイ，ミャンマーなど

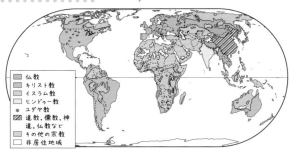

仏教
キリスト教
イスラム教
ヒンドゥー教
ユダヤ教
道教，儒教，神道，仏教など
その他の宗教
非居住地域

2 住居や服装の工夫をおさえよう！

住居や服装は気候や文化で変わる。暑い／寒い地域，イスラム教は特に問われやすい。

解答 p.3

入試のキーワード
キリスト教　仏教　イスラム教　習慣
ヒンドゥー教　住居　衣服　暮らし

1 世界の人々の暮らしについて，右の地図を見て，次の問いに答えなさい。

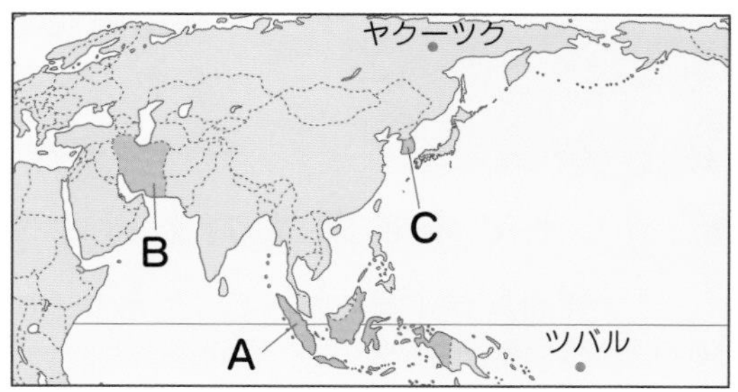

(1) 地図中A国で，最も多くの人が信仰している宗教は何ですか。〈兵庫〉

(　　　　　)教

(2) (1)教徒の決まりごとについて，誤っているものを次から選びなさい。〈大分〉

(　　)

ア　牛肉や牛の骨からとったスープなど，牛に関連したものは一切食べない。
イ　ラマダーン(ラマダン)とよばれる時期には日の出から日没(にちぼつ)まで断食(だんじき)を行う。
ウ　女性ははだや頭髪(とうはつ)をおおう衣服を着用することが多い。
エ　1日に5回，聖地メッカの方向に向かっていのりをささげる。

(3) 地図中B・C国の特色ある衣装を，右からそれぞれ選びなさい。〈熊本〉

B(　　　)
C(　　　)

(4) 右の①はツバルで見られる住居，②はロシアのヤクーツクで見られる住居です。①・②が高床となっている理由について，次の文の(　　)にあてはまる語句の組み合わせをあとから選びなさい。〈鳥取〉

①の地域は，(a)であり，住居の風通しを良くする必要があるから。
②の地域は，建物から出される熱で永久凍土(えいきゅうとうど)がとけて，(b)ことを防ぐ必要があるから。

(　　)

ア　a高温多湿　b建物が凍結する　イ　a高温乾燥(かんそう)　b建物が傾(かたむ)く
ウ　a高温多湿　b建物が傾く　エ　a高温乾燥　b建物が凍結する

□ヨーロッパ・北アメリカはキリスト教，西アジアはイスラム教
□インドネシアはイスラム教，タイは仏教，インドはヒンドゥー教

〈左ページの答え〉　①仏　②キリスト　③イスラム

7 世界の農業のようす

世界の諸地域①

▶稲作・畑作・畜産が盛んな地域をそれぞれ確認しよう。
▶アジア・ヨーロッパ・北アメリカ・南アメリカに注目！

確認 よく出る農業のようすをおさえよう！

p.6　〈答えは右ページ下へ〉

□に「混合」・「適地適作」・「二期作」のどれかを書いて，まとめを完成させよう！

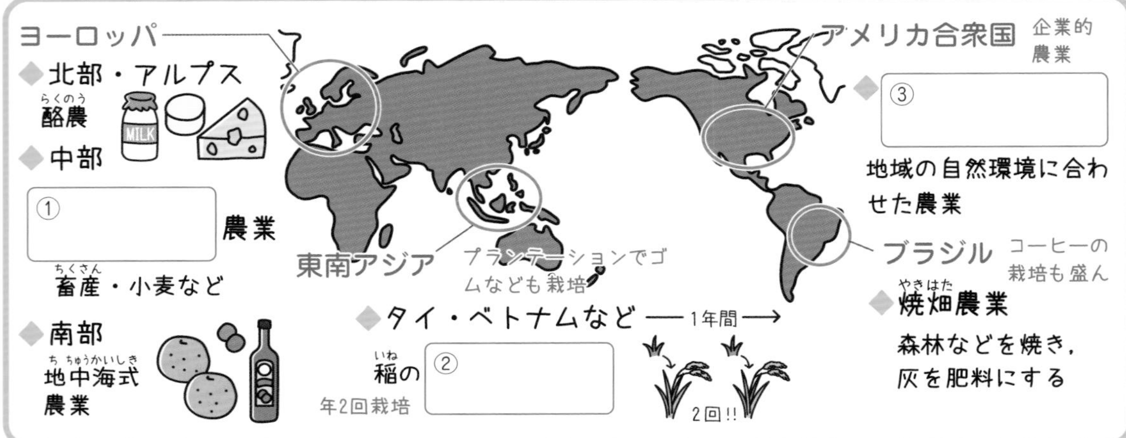

確認できたらコレもチェック！

1 アジアの農業のようすを確認！

稲作・畑作・遊牧など，盛んな農業が地域で異なる。

稲作

畑作

遊牧

●プランテーション
熱帯地域に多い大規模な農園。植民地だったころに開かれたものが多い。

2 米・小麦・とうもろこしの栽培が盛んなのは？

穀物は特にアメリカなどで盛んに生産されている。ほかの順位の高い国も確認しよう。

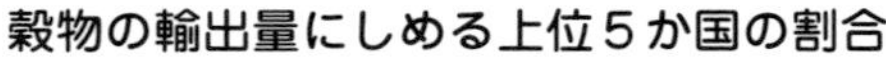

穀物の輸出量にしめる上位５か国の割合

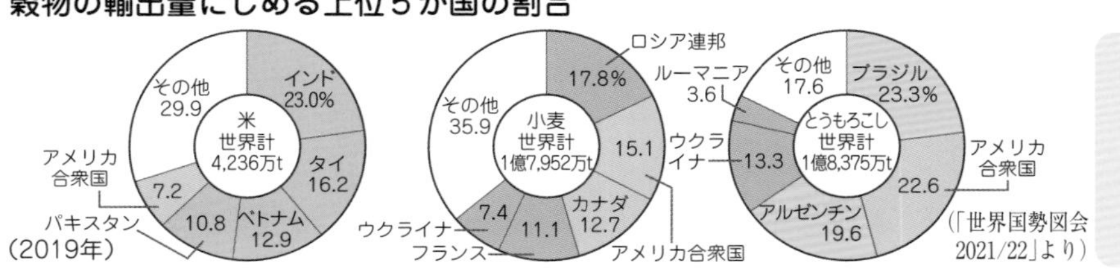

注意
穀物の生産量では中国も多いが，ほぼ国内で消費するため輸出量は少ない。

解答 p.4

入試のキーワード
農業　米　小麦　とうもろこし　混合農業
地中海式農業　適地適作　プランテーション

1 右の地図を見て，農業について答えなさい。

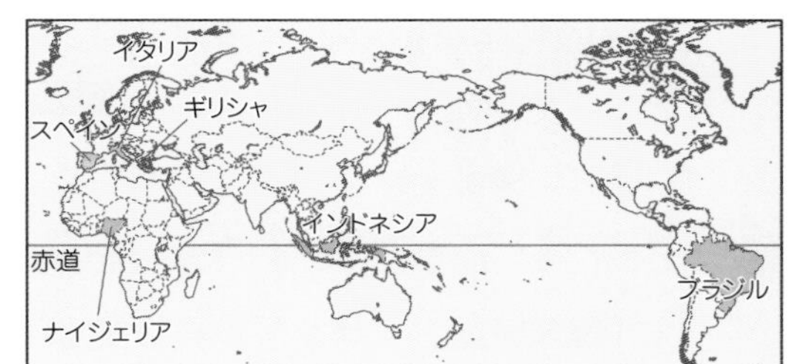

(1) ブラジルのアマゾン川流域では，森林を燃やし，その灰を肥料として作物を栽培(さいばい)する農業が伝統的に行われてきました。この農業を何といいますか。〈富山〉

（　　　　）

(2) スペイン・イタリア・ギリシャで行われている農業について，次の文の□に共通してあてはまる語句を漢字３字で書きなさい。〈千葉〉

これら３か国の□沿岸部では，夏に乾燥(かんそう)し，冬に雨が多くなるという気候の特徴(とくちょう)を生かし，オリーブや小麦などを栽培する□式農業が行われている。

（　　　　）

(3) インドネシア・ナイジェリア・ブラジルなどで見られる，ヨーロッパの植民地時代に開かれた大農園を何といいますか。〈島根改〉

（　　　　）

2 東南アジアの国々の農業について，正しいものを次から選びなさい。〈宮城〉

（　　）

ア　牛や豚(ぶた)の飼育とともに小麦などを栽培する，混合農業が盛んに行われている。
イ　稲作が盛んに行われ，米を１年に２回収穫(しゅうかく)できる地域もある。
ウ　らくだや羊を飼育しながら，草や水を求めて移動する，遊牧が盛んに行われている。
エ　標高の高い場所では，リャマやアルパカの放牧が盛んに行われている。

3 右の図はある農産物Ｘの生産量の多い上位４か国を示したものです。Ｘにあてはまる農産物を次から選びなさい。〈大阪〉

（　　）

ア　米　　イ　小麦
ウ　綿花　エ　とうもろこし

農産物Ｘの生産量にしめる国別の割合

アメリカ合衆国	中国	ブラジル	アルゼンチン	その他
30.2%	22.7	8.8	5.0	33.3

(2019年)　（「世界国勢図会 2021/22」より）

合格へのトビラ
□地中海式・混合・酪農といえばヨーロッパの農業！
□米はアジアが中心，小麦はヨーロッパ・北アメリカが中心

〈左ページの答え〉 ①混合　②二期作　③適地適作

8 世界の産業と資源・エネルギー

世界の諸地域②

▶アジアを中心に経済成長が著しい国を確認しておこう。
▶鉱産資源が豊富な国と，日本の輸入先をチェック！

確認 アジア・アメリカの産業をおさえよう！

〈答えは右ページ下へ〉

□に「経済特区」・「サンベルト」・「NIES」のどれかを書いて，まとめを完成させよう！

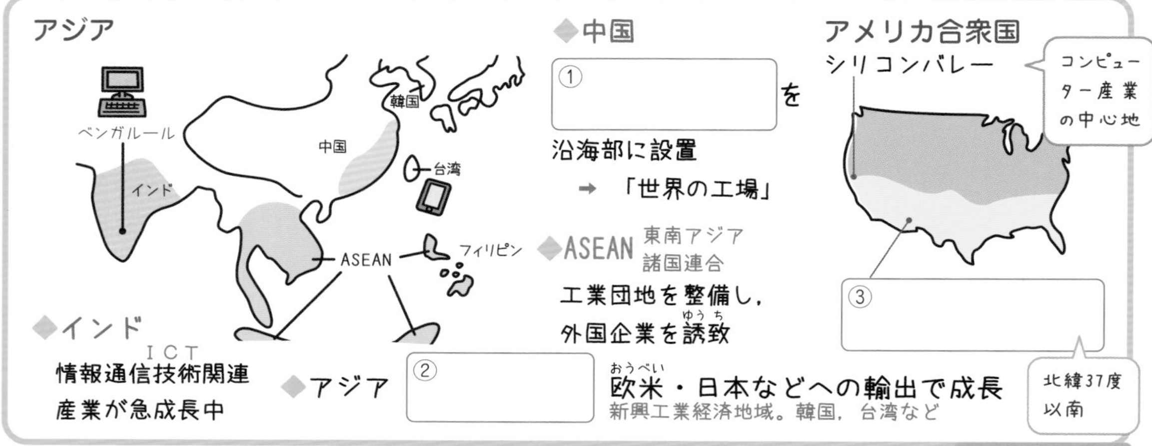

確認できたらコレもチェック！

1 アフリカの産業のようすは？

貴金属・レアメタルなど鉱産資源が豊富。

一方，輸出が特定の資源に偏り（かたよ）がちで，経済が不安定になりやすい。
モノカルチャー経済

ナイジェリア
石油の輸出に頼ってたのに！
石油
安くなりました。

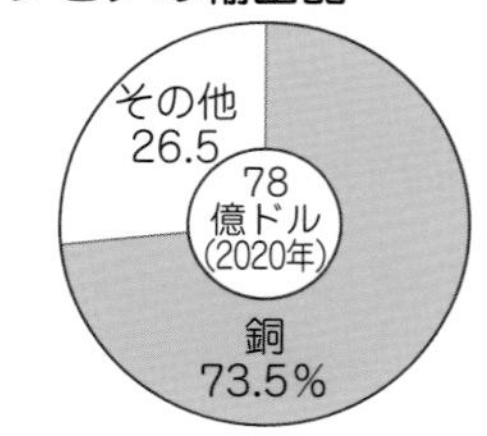

（「データブックオブ・ザ・ワールド2022」より）

タイせつ　アフリカはモノカルチャー経済の国が多い

2 資源はどこで産出されている？

石油は西アジア，石炭や鉄鉱石はオーストラリアで多く産出。

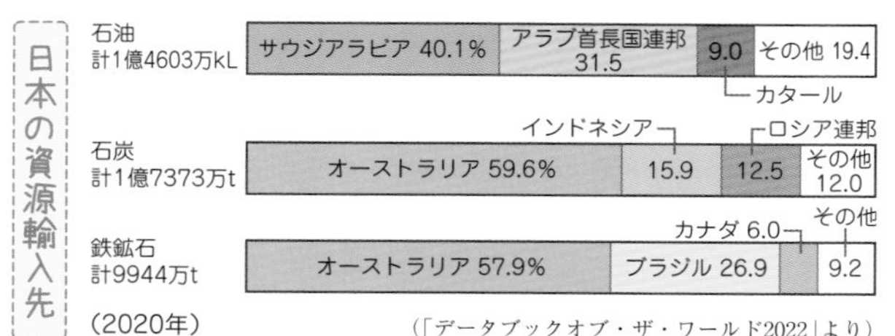

（「データブックオブ・ザ・ワールド2022」より）

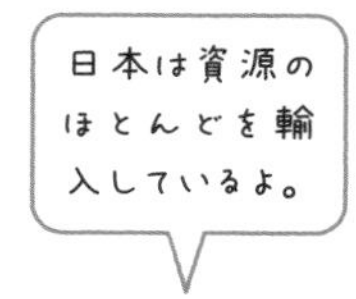

日本は資源のほとんどを輸入しているよ。

ふりカエル

●レアメタル
高度な工業製品に使われる希少金属。

●露天掘り
鉱山で，地表を削って掘り下げる方法。

解答 p.4

サンベルト　シリコンバレー　経済特区
石油(原油)　石炭　鉄鉱石　資源

1 次の問いに答えなさい。

(1) 右の地図中の地点Xは，コンピューター産業や情報通信技術関連産業の中心となっている地域を示しています。この地域を何といいますか。〈新潟〉

(　　　　　)

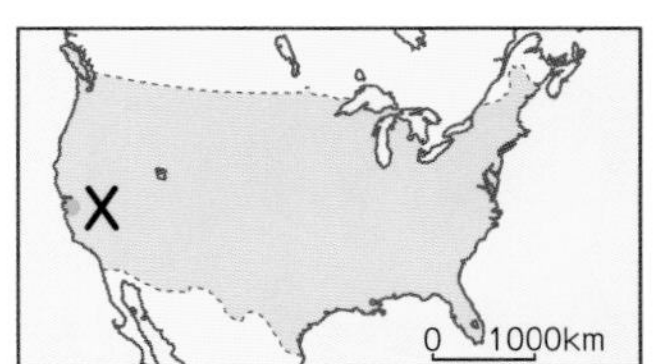

(2) タイと中国の産業の特徴(とくちょう)として正しいものを次からそれぞれ選びなさい。〈富山改〉

タイ(　　　)　中国(　　　)

ア　世界で最初に近代工業が発達した。
イ　北緯37度より南の地域はサンベルトとよばれ，先端技術産業が発達している。
ウ　沿海部に経済特区を設け，工業化を進めた結果，内陸部との経済格差が拡大した。
エ　ASEANに加盟しており，外国企業を積極的に受け入れてきた。

2 次の問いに答えなさい。

(1) アフリカなどで産出するコバルトなど埋蔵(まいぞう)量が少ない，または量はあっても経済的・技術的に取り出すことが難しい希少金属をカタカナで何といいますか。〈兵庫〉

(　　　　　)

(2) アフリカの国に多く見られる特定の品目に偏った輸出を行うモノカルチャー経済について，右の資料はこの例を示すある国の輸出統計です。Xにあてはまるものを次から選びなさい。〈栃木〉

(　　　　　)

ア　金　イ　石油製品　ウ　自動車　エ　機械類

(2019年)

X	綿花	亜鉛	カシューナッツ	その他
69.6%	10.8	4.8	2.9	11.9

(「データブックオブ・ザ・ワールド2022」より)

(3) ある資源について，資料1は日本における輸入相手国の割合を，資料2は日本における自給率を示しています。この資源を〔　〕から選びなさい。〈青森改〉

(　　　　　)

〔　石油　石炭　鉄鉱石　〕

資料1
(2020年)

オーストラリア	インドネシア	ロシア連邦	アメリカ合衆国	カナダ	その他
59.6%	15.9	12.5	5.4	5.2	1.4

総量：1億7373万t

(「データブックオブ・ザ・ワールド2022」より)

資料2

(「日本国勢図会 2021/22」ほかより)

合格へのトビラ
□ASEAN諸国は外国企業の受け入れと工業団地で急成長
□石油はサウジアラビア・ロシア・アメリカなどで多く産出

〈左ページの答え〉 ①経済特区　②NIES　③サンベルト

9 国々の結びつきと貿易

世界の諸地域③

▶州ごとによく出る機構・団体の名前をおさえよう！
▶貿易額の表・グラフから国々の結びつきを読み取ろう！

確認 地域の結びつきをおさえよう！

〈答えは右ページ下へ〉

□に「EU」・「USMCA」・「OPEC」のどれかを書いて，まとめを完成させよう！

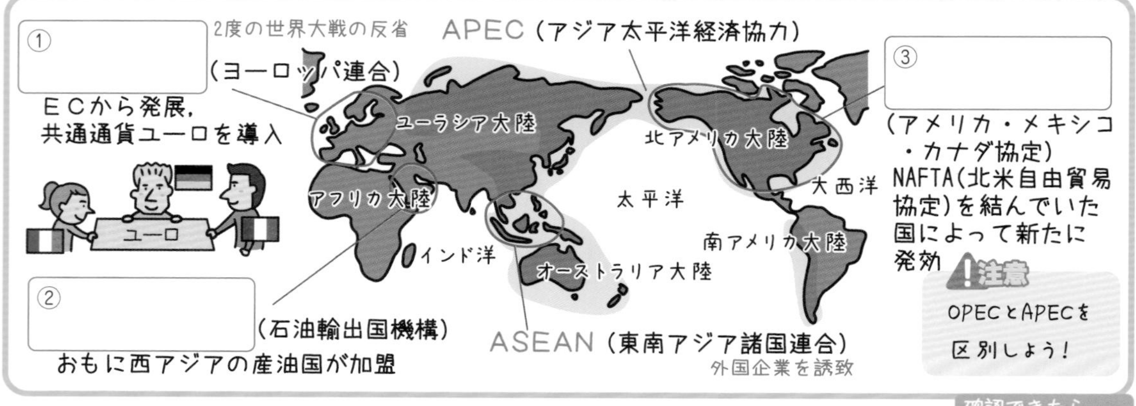

確認できたらコレもチェック！

1 貿易相手国の結びつきをおさえよう！

歴史的・政治的な背景や地理的な距離(きょり)が近い国と国が結びついている。

＝　貿易が活発

アメリカ・メキシコの貿易相手国

アメリカ合衆国 輸出入合計 4兆2767億ドル	中国 16.0%	カナダ 14.6	メキシコ 14.4	日本5.2, ドイツ 4.3	その他 45.5
メキシコ 輸出入合計 9148億ドル	アメリカ合衆国 61.3%	中国 9.9	カナダ2.7	日本2.3, ドイツ2.7	その他 21.1

(2018年)　(UN Comtradeより)

2 国と国の結びつきは変化する！

時代によって，国の結びつきは変化していく。

例　**オーストラリアの貿易相手国の変化**

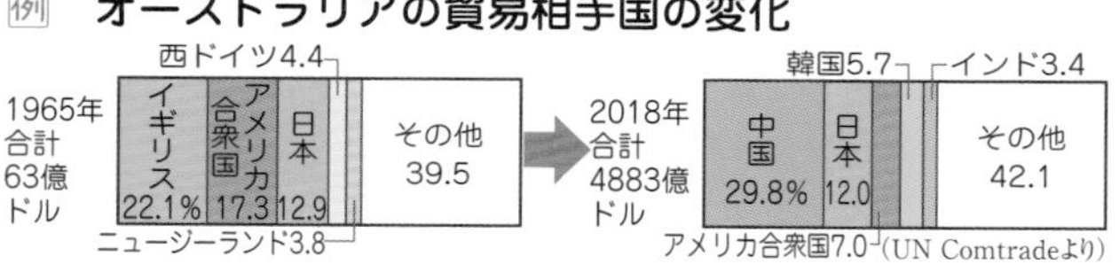

1965年 合計 63億ドル	イギリス 22.1%	アメリカ合衆国 17.3	日本 12.9	西ドイツ4.4	ニュージーランド3.8	その他 39.5
2018年 合計 4883億ドル	中国 29.8%	日本 12.0	韓国5.7	アメリカ合衆国7.0	インド3.4	その他 42.1

(UN Comtradeより)

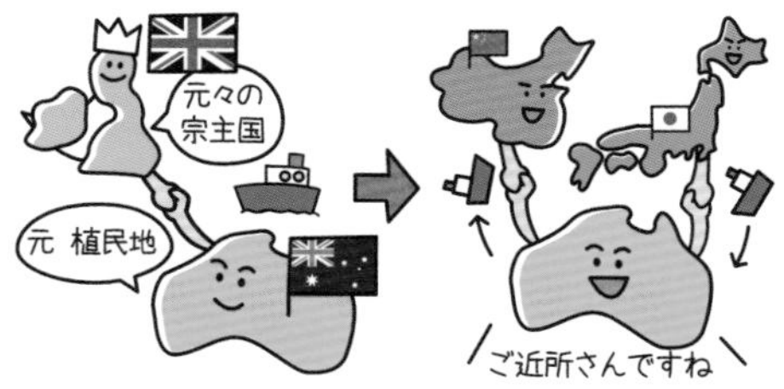

3 地域ごとの課題をおさえよう！

工業化が進んだ地域と，そうでない地域との間での**経済格差**が社会問題化。仕事を求めて労働者が移動

中国の沿海部と内陸部や，EUの西側諸国と東側諸国の間にある問題だね。

➡解答 p.4

EU　共通通貨　ASEAN　USMCA　OPEC
APEC　貿易　輸出　輸入　移動

1 次の問いに答えなさい。

(1) 右の地図の▒▒の10か国は1967年に結成された組織の加盟国です。この組織を何といいますか。〈茨城〉

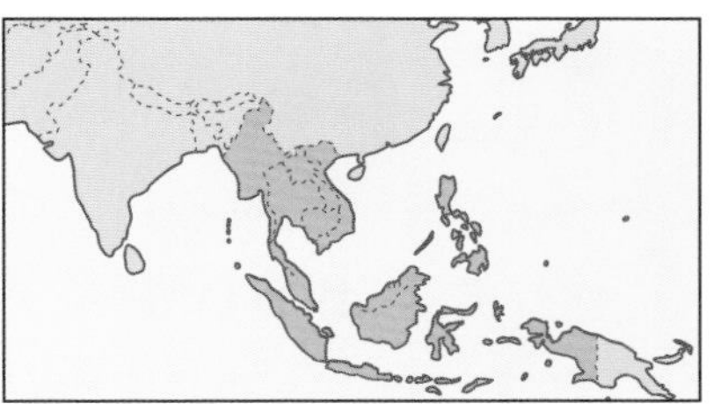

(　　　　　　　　)

(2) ヨーロッパ連合は1993年につくられ，2002年からは加盟国の多くで共通通貨(単一通貨)が使用されています。この通貨の名前をカタカナで書きなさい。〈大阪〉

(　　　　　　)

2 資料１はオーストラリアの輸出総額に占(し)める，おもな輸出相手国への輸出額の割合の変化を示しています。この表から読み取れることについて述べた，次の文の(　　)にあてはまる語句を，資料２も参考にして書きなさい。〈山口改〉

> オーストラリアはイギリスの(①)であったため，イギリスとの結びつきが強く，イギリスが最大の輸出相手国だった。しかし，近年は(②)州の国々への輸出が中心になっていることがわかる。

①(　　　　　　)　②(　　　　　　)

資料１　(「世界国勢図会2021/22」ほかより)

	1955年(%)		2019年(%)	
1位	イギリス	(36.9)	中国	(38.2)
2位	フランス	(8.3)	日本	(14.7)
3位	日本	(7.6)	韓国	(6.3)
4位	アメリカ合衆国	(6.8)	イギリス	(3.8)
	その他	(40.4)	その他	(37.0)

資料２　オーストラリアの国旗

3 右のグラフはそれぞれ韓国・ドイツ・カナダ・ブラジルのいずれかの国の輸出総額と，輸出総額に占める，中国・アメリカ合衆国・ＥＵへの輸出額の割合を示しています。カナダにあたるものを選びなさい。〈愛媛〉

(　　)

	輸出総額	中国	アメリカ合衆国	EU	その他
ア	14,894億ドル	7.2%	9.0	52.5	31.3
イ	5,426億ドル	25.1%	13.6	8.7	52.6
ウ	4,461億ドル	3.9%	75.7	4.7	15.7
エ	2,222億ドル	28.0%	13.3	14.7	44.0

(「世界国勢図会2021/22」より)

□ヨーロッパはEU，東南アジアはASEANを結成
□貿易は，距離が近い国と活発に行うことが多い

〈左ページの答え〉 ①EU　②OPEC　③USMCA

10 世界の人々と人口

世界の諸地域④

▶その地域に住む民族の名前と特徴を覚えておこう！
▶世界の人口の偏りと，日本の人口のようすを確認しよう！

確認 よく出る民族や人々の名前をおさえよう！

〈答えは右ページ下へ〉

□に「ヒスパニック」・「アボリジニ」のどちらかを書いて，まとめを完成させよう！

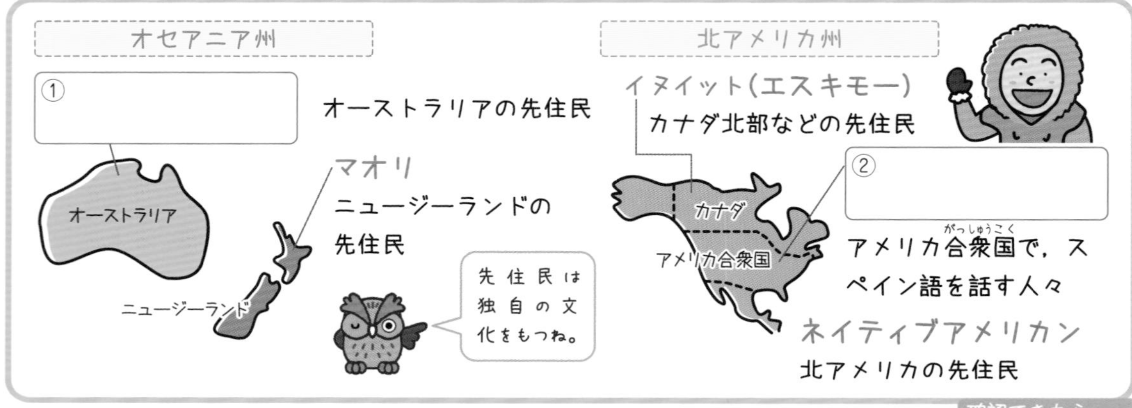

確認できたらコレもチェック！

1 人口が多いのはどこの地域？

p.8

世界の人口は，アジア・アフリカで特に多く，人口密度も高い。

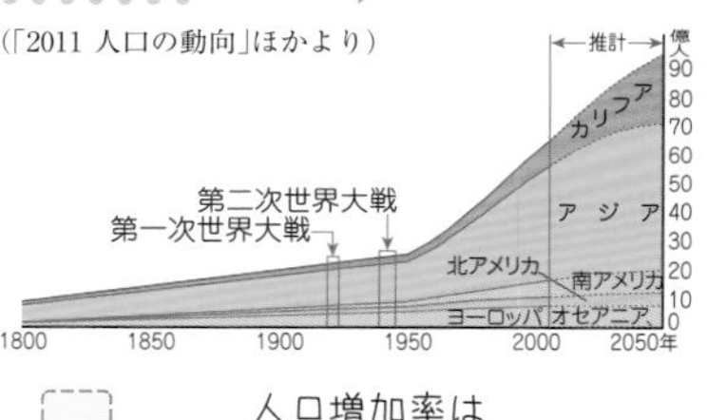

中国・インドは特に人口が多い。

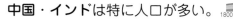

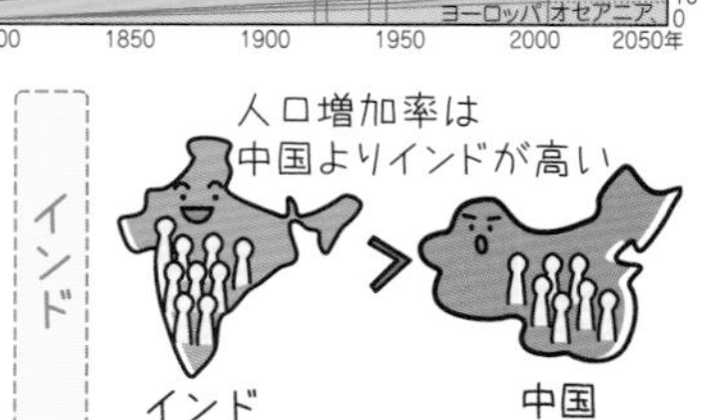

ふりカエル

●人口密度
国や地域の人口をその面積で割った値。

●一人っ子政策
中国で2015年まで行われた，子どもの数を１人に制限する政策。

2 年齢ごとの人口割合を人口ピラミッドで確認！

発展途上国(とじょうこく)は富士山(ふじさん)型，先進国はつりがね型・つぼ型になる国が多い。

富士山！

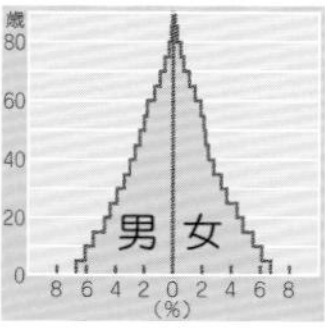

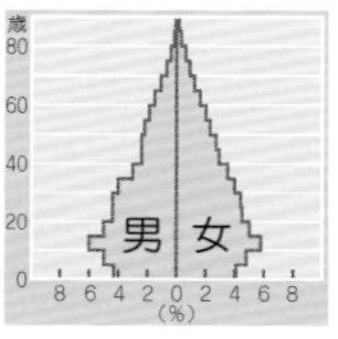

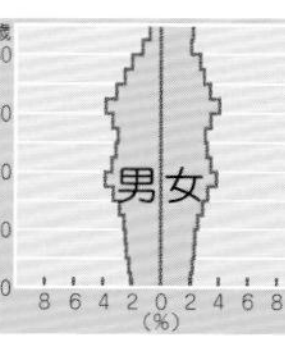

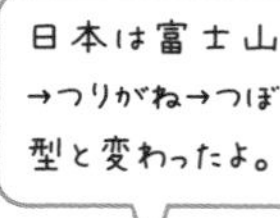

日本は富士山→つりがね→つぼ型と変わったよ。

➔ 解答 p.4

人口　民族　ヒスパニック　先住民
中国　インド　人口ピラミッド

1 次の問いに答えなさい。

(1) 右の地図中X国の人口は約３億人で世界第３位です(2020年)。人口構成では，ヨーロッパ系が多く，その次にメキシコ・カリブ諸国などのスペイン語を話す地域からの移民が増加しています。このような移民を何というか，カタカナ６字で書きなさい。〈沖縄〉

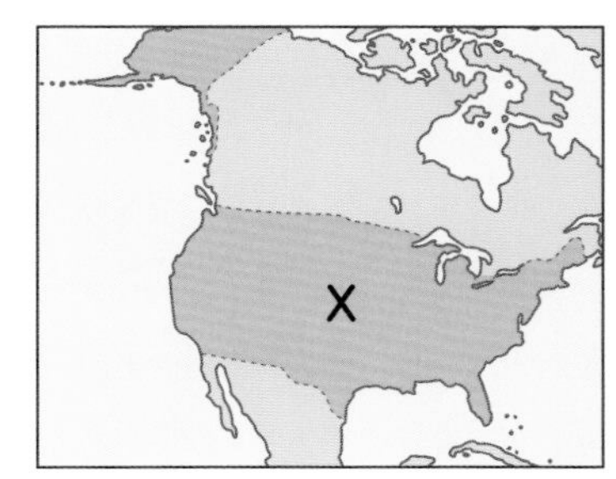

(　　　　　)

(2) ニュージーランドの先住民を，次から選びなさい。〈岐阜改〉

(　　)

ア マオリ　　**イ** イヌイット　　**ウ** アボリジニ

残りはカナダ北部やオーストラリアの先住民だよ。

2 右の資料は，世界の各州の人口と面積の割合をまとめたものです。A～Cにあてはまる州を〔　　〕からそれぞれ選びなさい。〈佐賀改〉

A (　　　　　)
B (　　　　　)
C (　　　　　)

	A州	B州	C州	ヨーロッパ州	北アメリカ州	南アメリカ州	世界全体
人口	59.5%	17.2%	0.5%	9.6%	7.6%	5.5%	78.0億人
面積	23.9%	22.8%	6.5%	17.0%	16.4%	13.4%	1.3億 km^2

(2020年)　　(「データブックオブ・ザ・ワールド2022」より)

〔　アフリカ　　アジア　　オセアニア　〕

3 インドと中国の人口の推移を示した右の資料を見て，次の問いに答えなさい。〈群馬改〉

(1) 中国のグラフを**ア**・**イ**から選びなさい。

(　　)

(2) (1)を判断できる理由を述べた次の文について，(　　)にあてはまる語句を書きなさい。

●(　　　　　　)政策によって，人口の増加がおさえられたため。

4.0 / 3.5 / 3.0 / 2.5 / 2.0 / 1.5 / 1.0
ア
イ
1950 1960 1970 1980 1990 2000 2010 2020年

※1950年のインド，中国のそれぞれの人口を1とする。
(総務省統計局資料より)

合格へのトビラ

□アメリカでスペイン語を話す人々をヒスパニックという
□人口はアジア・アフリカが多く，中国・インドが特に多い

〈左ページの答え〉 ①アボリジニ　②ヒスパニック

1 **次の資料を見て，あとの問いに答えなさい。** (5)9点，ほか7点×6(51点)〈静岡改，富山，岐阜〉

図1

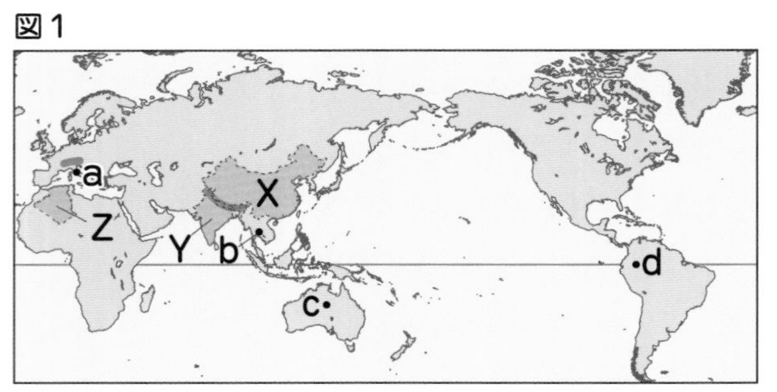

図2

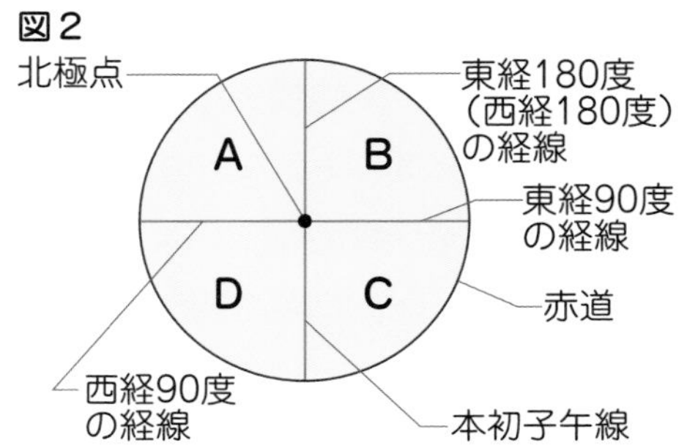

(1) 新しい造山帯の1つで，**図1**の━━で示した2つの山脈が属する造山帯を何といいますか。

（　　　　　　　　　）

(2) **図2**は北半球の模式図です。このように北半球を4つに分けたとき，東京が位置するところを**A～D**から選びなさい。（　　　）

(3) 右のグラフは，**図1**の**a～d**のいずれかの都市の気温と降水量を示したもので，写真はグラフの示す都市の近郊で見られる農作業のようすです。グラフにあてはまる都市の位置を**a～d**から，属する気候帯を〔　　〕からそれぞれ選びなさい。

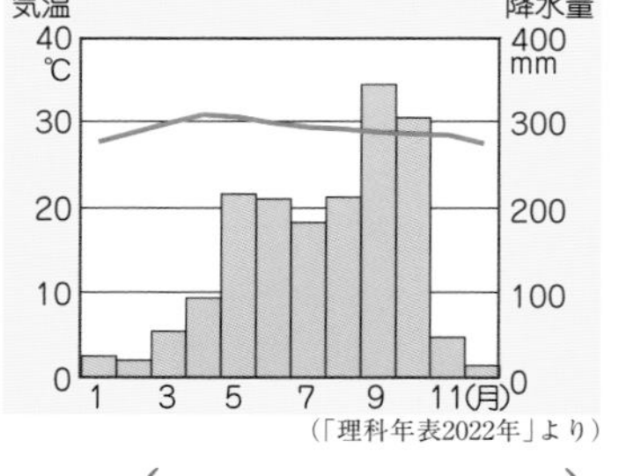

(「理科年表2022年」より)

位置（　　　）　気候帯（　　　　　）

〔　熱帯　　乾燥帯　　温帯　　冷帯　〕

(4) **図1**の**X・Y**の国について，次の文の(　　)にあてはまる語句をあとから選びなさい。

> **X**は(①)のシェンチェンやアモイなどに経済特区を設け，外国企業を受け入れて工業化を進めた。また**Y**の情報通信技術関連産業は，**Y**の全国的な公用語の1つが(②)であることを背景に欧米などの企業と結びつきながら，発展を続けている。

①（　　　）　②（　　　）

ア 沿海部　**イ** 内陸部　**ウ** 英語　**エ** スペイン語

(5) **図1**の**Z**はアルジェリアです。この国の畜産業では，牛や羊などの飼育数に比べ，豚の飼育数が少なくなっています。その理由を宗教上の視点から簡単に書きなさい。

（　　　　　　　　　　　　　　　　　　）

2 次の資料を見て，あとの問いに答えなさい。

7点×5（35点）〈山口改，福井改〉

図1

図2

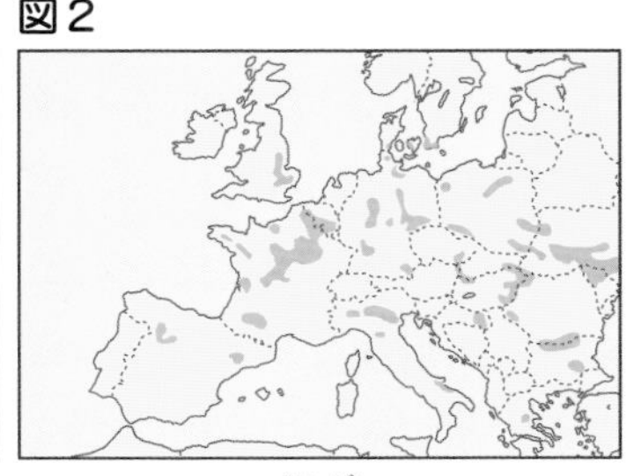

図3

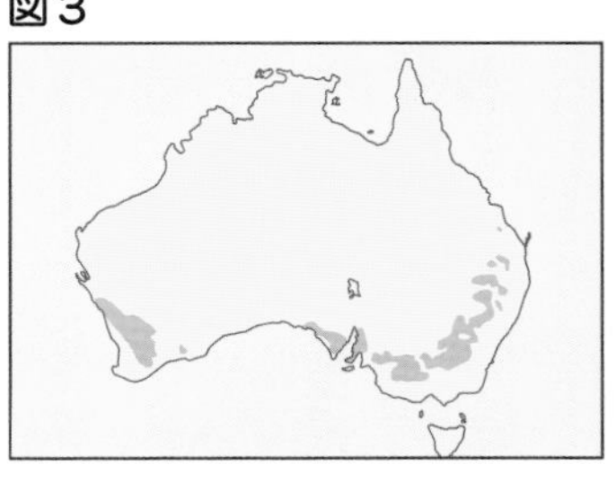

(1) 図1～3の▒▒は，ある農作物のおもな栽培(さいばい)地域を示しています。この農作物を次から選びなさい。

（　　）

ア 小麦　イ 大豆　ウ 綿花　エ とうもろこし

(2) 次のグラフの①～③が示す国・地域を〔　　〕からそれぞれ選びなさい。

①（　　）②（　　）③（　　）

〔EU　オーストラリア　アメリカ合衆国(がっしゅうこく)〕

(3) 右の表は，図1のロサンゼルス国際空港から関西(かんさい)国際空港に向かうときの運行スケジュールです。Xにあてはまる日時を書きなさい。

（　月　日　時　分）

出発時刻	飛行時間	到着時刻
ロサンゼルス国際空港 （西経120度） 12月27日午後1時10分	12時間 30分	関西国際空港 （東経135度） X

※時刻は現地の時間

3 表のア～エは，地図中A～Dのいずれかの人口・国内総生産・産業活動別国内総生産の割合を示しています。D国にあてはまるものをア～エから選びなさい。また，その国名も書きなさい。

7点×2（14点）〈福島〉

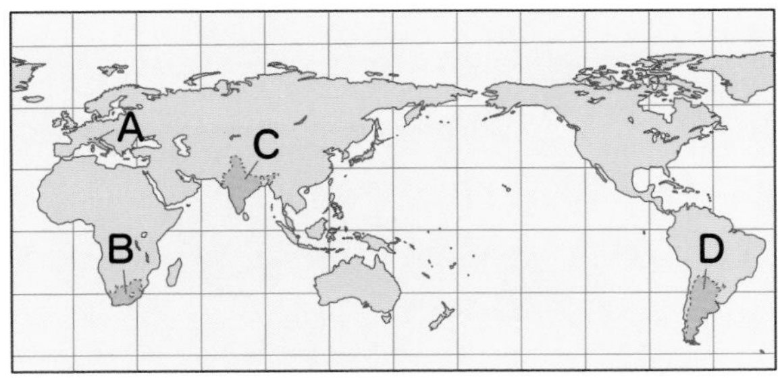

国	人口（万人）	国内総生産（百万ドル）	産業活動別国内総生産の割合（%） 第1次産業	第2次産業	第3次産業
ア	136,642	2,891,582	17.7	29.1	53.1
イ	5,856	351,431	2.1	29.2	68.7
ウ	6,055	2,003,576	2.1	23.9	74.0
エ	4,478	449,664	8.6	27.6	63.9

（2019年）　（「世界国勢図会2021/22」より）

D国（　　）　国名（　　）

ゴールを目指して解き進めよう!!

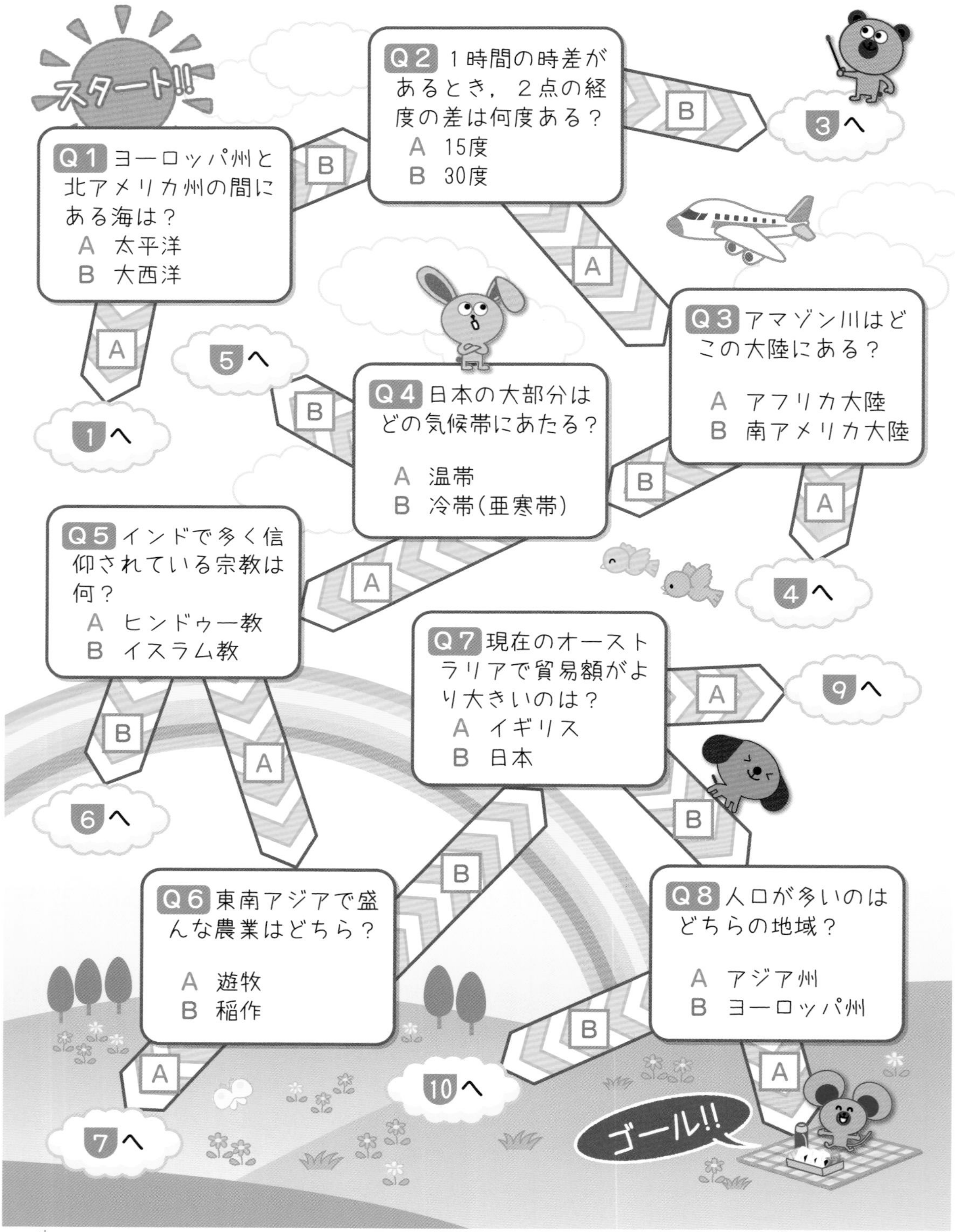

スタート!!

Q1 ヨーロッパ州と北アメリカ州の間にある海は？
A 太平洋
B 大西洋

A → 1へ / B → Q2

Q2 1時間の時差があるとき，2点の経度の差は何度ある？
A 15度
B 30度

A → Q3 / B → 3へ

Q3 アマゾン川はどこの大陸にある？
A アフリカ大陸
B 南アメリカ大陸

A → 4へ / B → Q4

Q4 日本の大部分はどの気候帯にあたる？
A 温帯
B 冷帯（亜寒帯）

A → Q5 / B → 5へ

Q5 インドで多く信仰されている宗教は何？
A ヒンドゥー教
B イスラム教

A → Q6 / B → 6へ

Q6 東南アジアで盛んな農業はどちら？
A 遊牧
B 稲作

A → 7へ / B → Q7

Q7 現在のオーストラリアで貿易額がより大きいのは？
A イギリス
B 日本

A → 9へ / B → Q8

Q8 人口が多いのはどちらの地域？
A アジア州
B ヨーロッパ州

A → ゴール!! / B → 10へ

まちがえたら，1～10の単元へもどろう！

日本の地理

日本のすがた

領域　地方区分
都道府県

日本の自然

山脈　河川
気候　災害

産業のようす

農業　工業
商業　貿易

地域のようす

地形　人口
交通　文化

グラフの読み方

●円グラフ　●帯グラフ

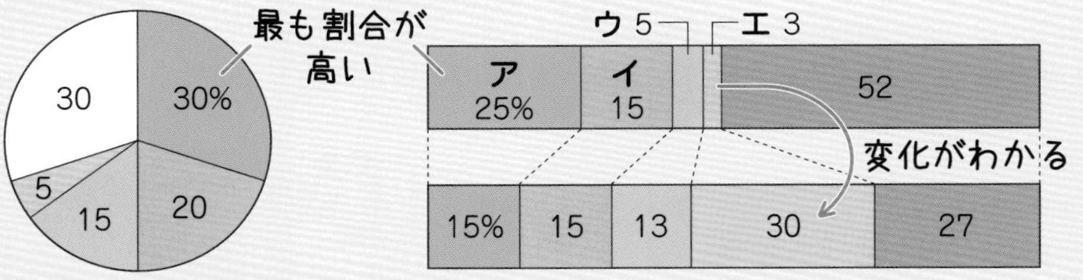

どちらも，割合を表すときに使われます。
ふつう，割合が高いものから順に示されます。

★割合が低くても，注目させたい項目をはじめに示す場合もあります。

2 日本の地理

解答 p. 5

★〔　〕から語句を選んで図をまとめよう！

まちがえた語句は解答で確認！

日本の領域

（　　　）

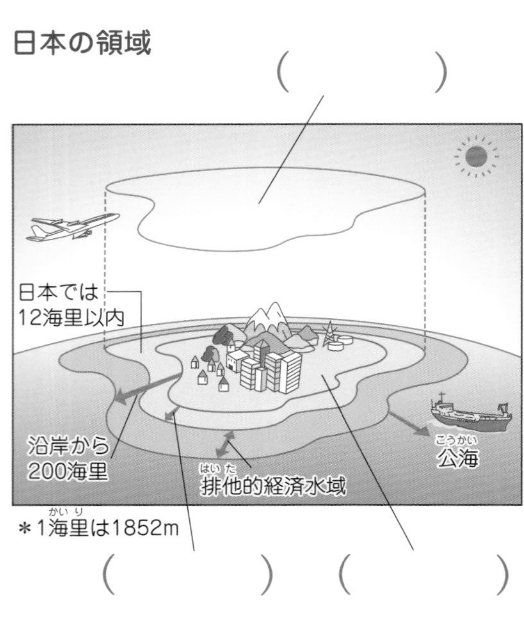

＊1海里は1852m

（　　　）（　　　）

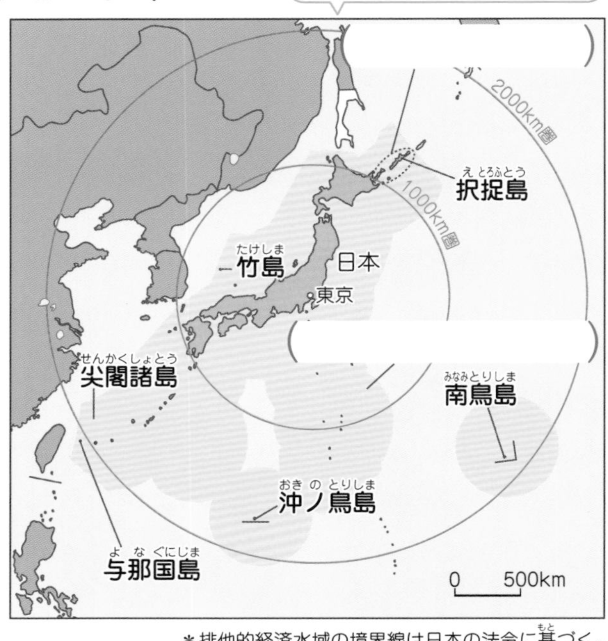

（　　　）

（　　　）

＊排他的経済水域の境界線は日本の法令に基づく。
境界線の一部は関係国と協議中。

〔 領土　　領海　　領空　　排他的経済水域　　北方領土 〕

★日本のすがたと諸地域

少子化・高齢化が進行中
大都市の過密，
地方の過疎が社会問題

16 九州地方

阿蘇山など火山活動が活発

シラス
火山の噴出物が
積もる

カルデラ　噴火のあとが凹んだ地形

野菜の促成栽培

八幡製鉄所
重化学工業が
発展

沖縄　観光業

17 中国・四国地方

山陰　冬に雨・雪が多い

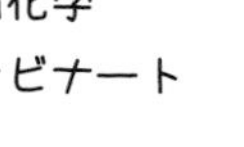

鳥取砂丘

瀬戸内　雨が少なく温暖
瀬戸内工業地域
石油化学
コンビナート

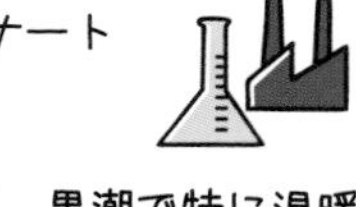

南四国　黒潮で特に温暖
野菜の
促成栽培

18 近畿地方

琵琶湖
若狭湾・志摩半島の
リアス海岸

京阪神大都市圏（京都・大阪・神戸）
阪神工業地帯　中小工場も多い
近郊農業が盛ん　内陸部

古都
京都・奈良　文化財が多い

景観条例　建物の形などを制限

日本の地形

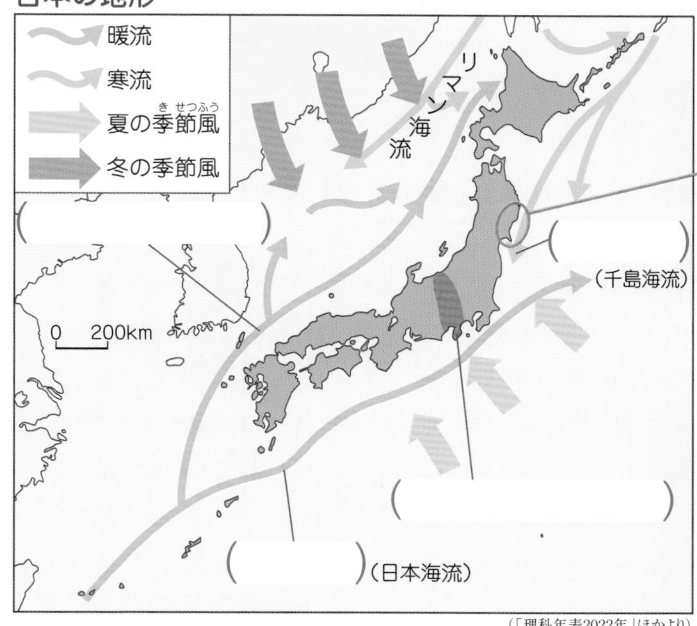

( )

( )

〔 フォッサマグナ リアス海岸 対馬海流 親潮 黒潮 扇状地 〕

19 中部地方

北陸
中央高地
東海

北陸 日本海側，冬は豪雪
稲作
冬の副業で
地場産業

中央高地 日本アルプスなど
野菜，
果樹栽培

東海
施設園芸農業
中京工業地帯・
東海工業地域

21 東北地方

中央に奥羽山脈
やませ
冷害の原因

稲作・果樹栽培が盛ん
三陸海岸 リアス海岸

伝統行事←観光資源

22 北海道地方

冷帯（亜寒帯）
太平洋側は夏に濃霧
酪農・稲作・
畑作が盛ん

アイヌの人々が
先住民族

20 関東地方

関東平野 赤土の関東ローム
東京大都市圏 日本の人口の約25%
↑近郊農業が盛ん

臨海部
京浜工業地帯，京葉工業地域
内陸 北関東工業地域←高速道路沿い

合格ミニBOOK p.6

11 日本の位置・範囲と日本の地形

日本のすがた①

▶日本の位置と範囲は，緯度・経度も合わせてチェック。
▶都道府県名と県庁所在地名など地名も覚えておこう！

確認 日本の基本をおさえよう！

〈答えは右ページ下へ〉

□に「島国」・「200」のどちらかを書いて，まとめを完成させよう！

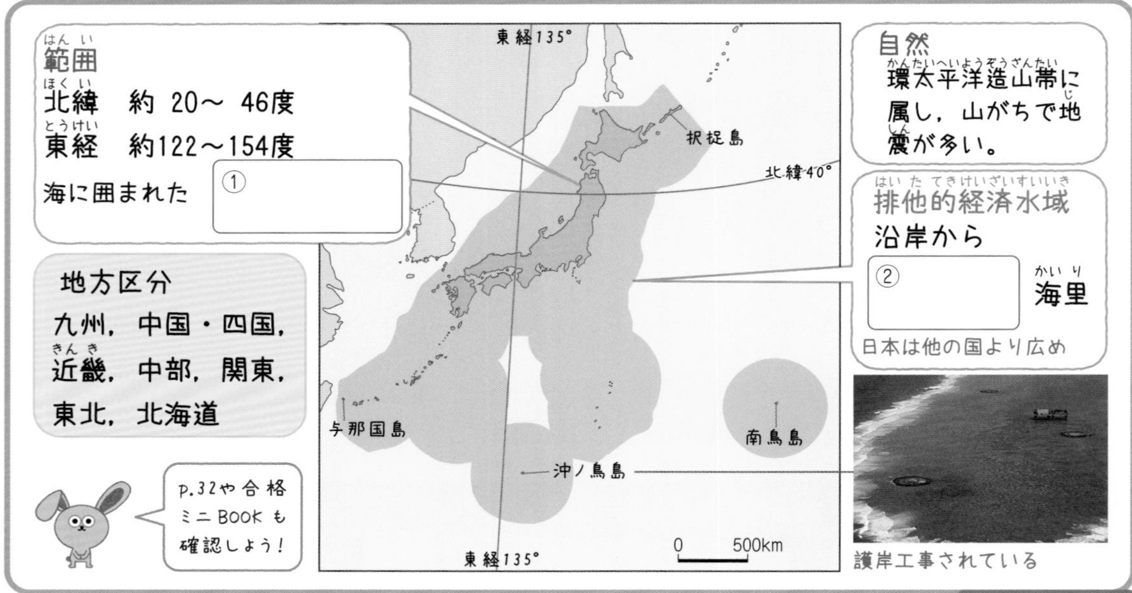

範囲
北緯　約 20～ 46度
東経　約122～154度
海に囲まれた ①
地方区分
九州，中国・四国，
近畿，中部，関東，
東北，北海道
p.32や合格ミニBOOKも確認しよう！
東経135°
択捉島
北緯40°
与那国島
南鳥島
沖ノ鳥島
0　500km
自然
環太平洋造山帯に属し，山がちで地震が多い。
排他的経済水域
沿岸から
②
海里
日本は他の国より広め
護岸工事されている

確認できたらコレもチェック！

1 国の領域はどこまで？

p.32

国の範囲は　領土・領海・領空！
（国の範囲…主権の及ぶ範囲　領海…沿岸から12海里）

◆排他的経済水域

沿岸の国が水産資源や海底の鉱産資源を利用できる水域

ふりカエル

●北方領土

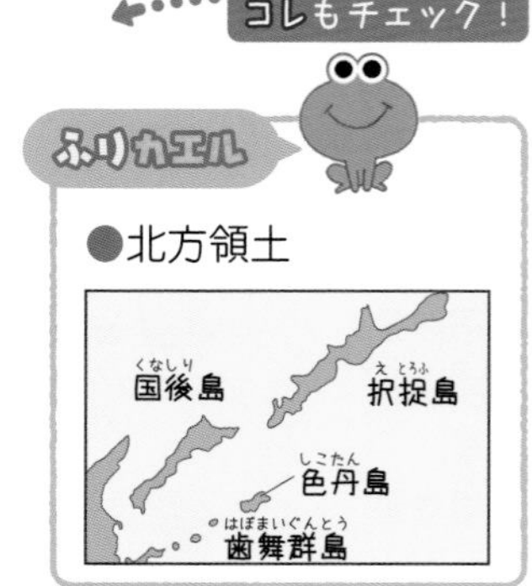

2 日本の地形をおさえよう！

山がちで，海に囲まれている　➡　川が短く流れが速い！

◆扇状地　川が山から平地に出たところにできる地形

◆三角州　川の河口に土砂が積もってできる地形

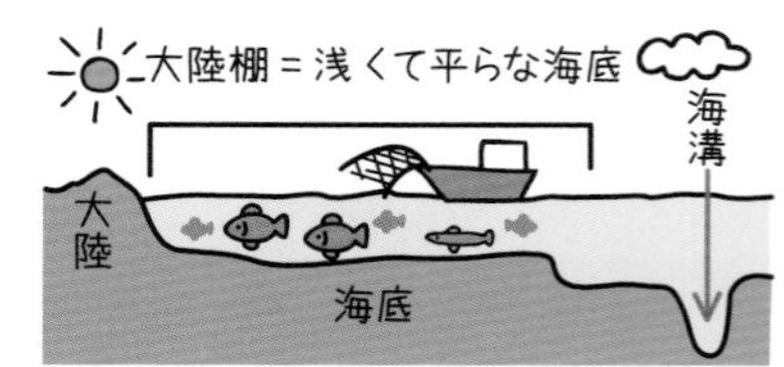

日本列島の周囲には浅くて平らな **大陸棚** が広がる。
また，**寒流**と**暖流**がぶつかる **潮目** は豊かな漁場。

解答 p.6

入試のキーワード
領土　領海　領空　排他的経済水域
地方　都道府県　海岸　河川　山地

1 右の地図を見て，次の問いに答えなさい。

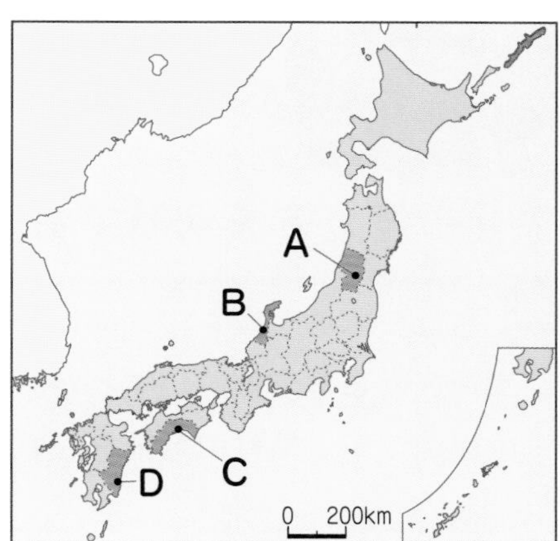

(1) 地図中▒▒の島は日本の北端（ほくたん）の島です。島の名前を〔　　〕から選びなさい。〈茨城改〉

（　　　　　　）島

〔 与那国　　択捉　　沖ノ鳥　　南鳥 〕

(2) A～Dは県庁がおかれている都市を示しています。このうち都市の名前が県の名前と異なるものを選び，その都市名を書きなさい。〈北海道改〉

（　　　　　　）

2 日本の領域について，次の資料を見て，あとの問いに答えなさい。〈静岡改〉

図1　日本の領域の模式図

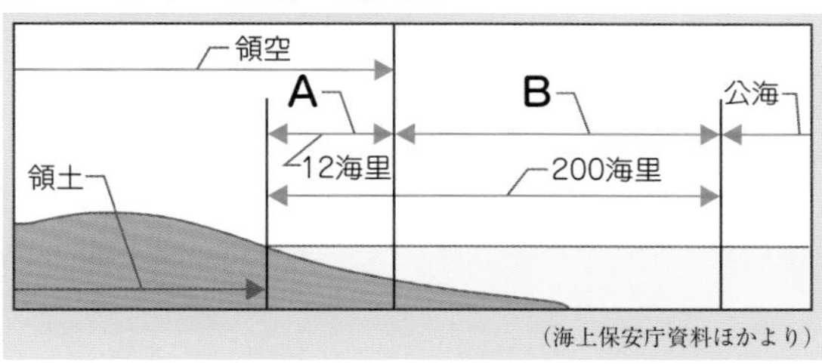

（海上保安庁資料ほかより）

図2

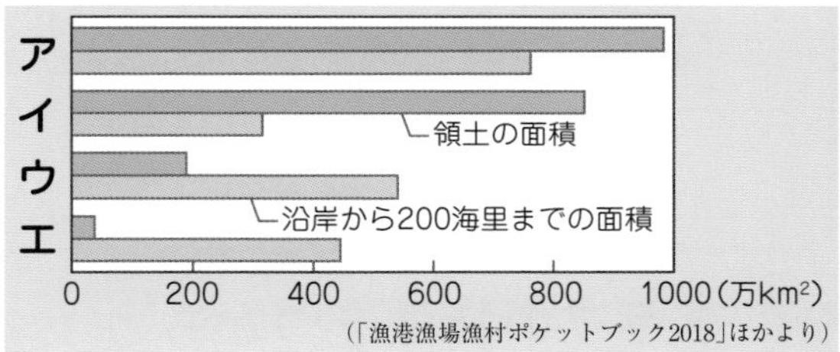

（「漁港漁場漁村ポケットブック2018」ほかより）

(1) 図1のA・Bをそれぞれ何といいますか。

A（　　　　　　）　B（　　　　　　）

(2) 図2の**ア～エ**は，日本・アメリカ合衆国（がっしゅうこく）・ブラジル・インドネシアのいずれかを示しています。日本にあてはまるものを選びなさい。

（　　　）

3 日本の地形について，次の問いに答えなさい。

(1) 日本列島に沿うようにあり，海底の鉱産資源が豊富にあると考えられている深さ200 mまでの平坦な地形を何といいますか。〈和歌山〉

（　　　　　　）

(2) 日本アルプスの東側の，本州を東西に分けるみぞ状の地形を何といいますか。〈栃木改〉

（　　　　　　）

□日本は7つの地方区分，47都道府県に分けられる
□日本は島国なので，排他的経済水域（200海里）が大きい

〈左ページの答え〉 ①島国　②200

合格ミニBOOK p.6

12 日本の気候と災害

日本のすがた②

▶気候のイメージとグラフの特徴を結びつけておこう！
▶瀬戸内の気候，日本海側の気候は特に出やすい。

確認 考え方を例題でおさえよう！

〈答えは右ページ下へ〉

例題 右は日本の気候を模式的に示した地図で，下は，瀬戸内と日本海側，いずれかの気候に属す都市の雨温図です。気候の名前をそれぞれ書きなさい。

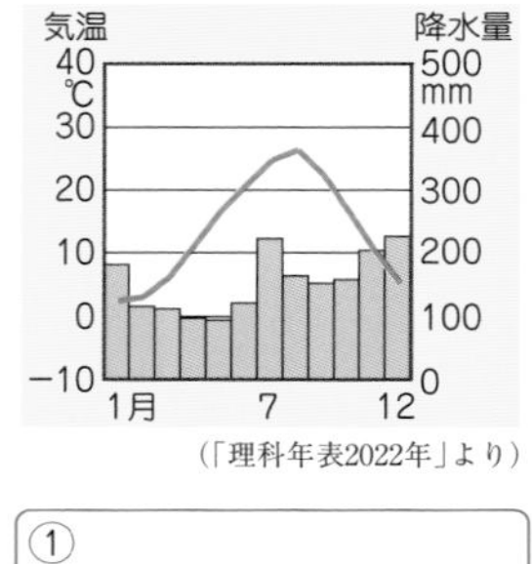

（「理科年表2022年」より）

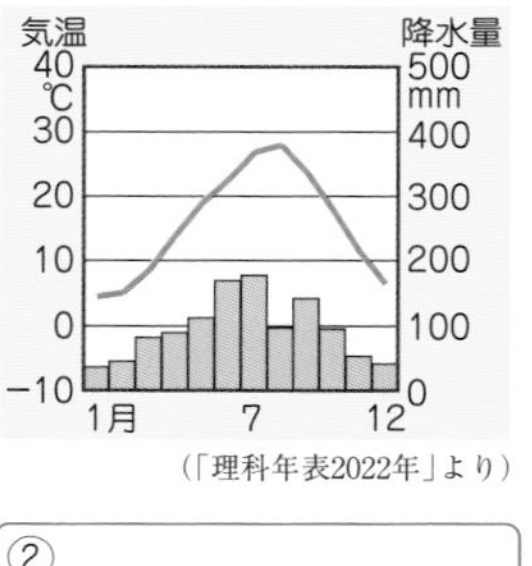

（「理科年表2022年」より）

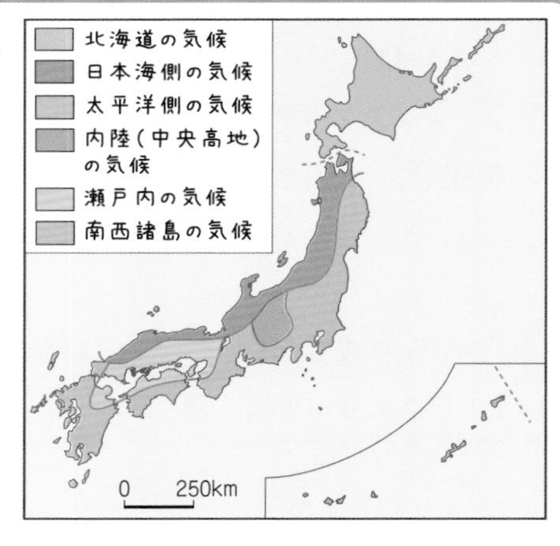

①

②

わからなかったらココをチェック！

1 グラフの特徴をつかもう！

降水量 ➡ 気温の順にそれぞれのグラフを比べる。次の図のように考えよう！

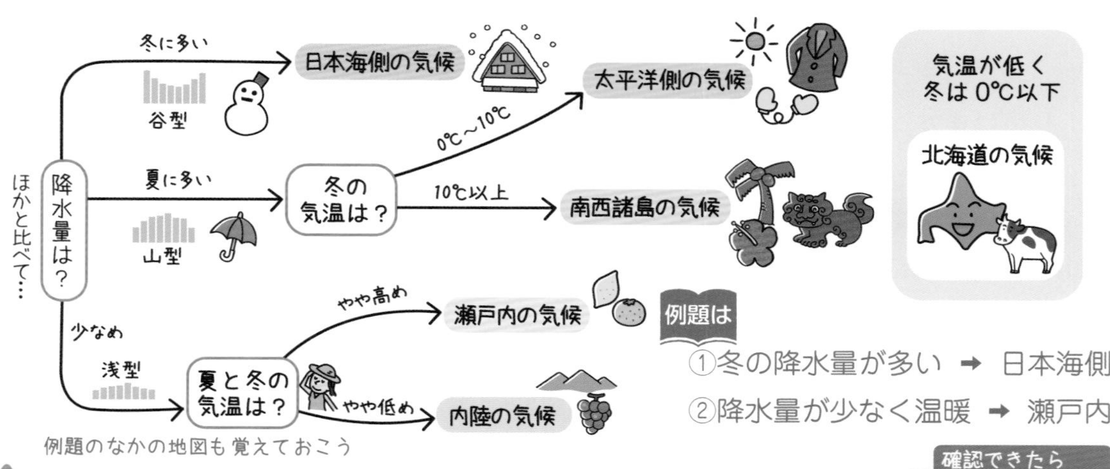

例題のなかの地図も覚えておこう

例題は
①冬の降水量が多い ➡ 日本海側
②降水量が少なく温暖 ➡ 瀬戸内

確認できたらコレもチェック！

2 日本は災害が起こりやすい！

台風・地震（じしん）・津波（つなみ）など多くの災害が起こる。

◆ハザードマップ　地域の災害情報を確認できる地図

解答 p.6

入試のキーワード
気候　雨温図　降水量　降雪　温暖　季節風
ハザードマップ　災害

1 右の地図を見て，次の問いに答えなさい。

(1)　次の①・②の雨温図が示す都市はどこですか。地図のA～Dからそれぞれ選びなさい。〈福岡〉

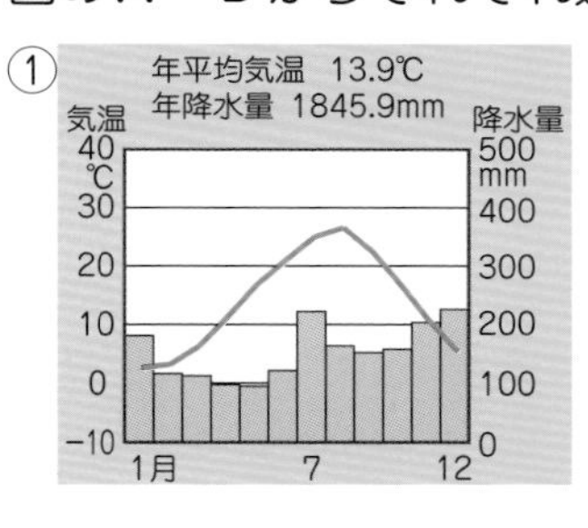

②　年平均気温　23.3℃　年降水量　2161.0mm

（「理科年表2022年」より）

①（　　　　）　②（　　　　）

A　弘前市　松本市　B　高知市　C　松山市　D

(2)　次のグラフは，［　　］の都市のいずれかにあてはまる雨温図です。松本市(まつもと)と高知市(こうち)の雨温図を次からそれぞれ選びなさい。〈山梨〉

松本市（　　　　）　高知市（　　　　）

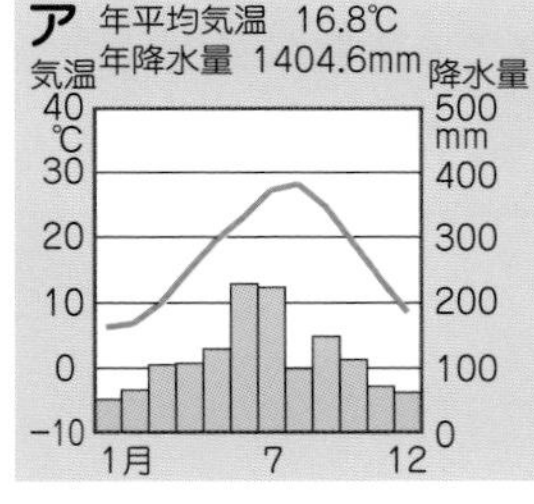

イ　年平均気温　12.2℃　年降水量　1045.1mm

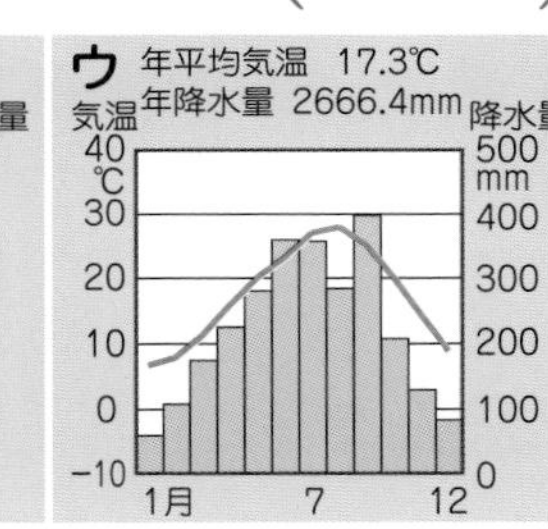

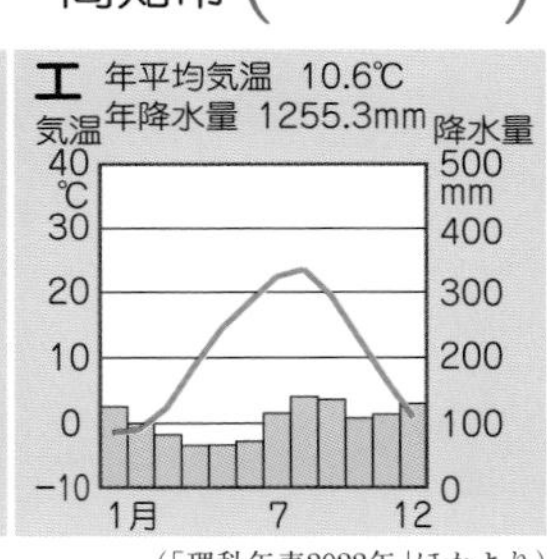

（「理科年表2022年」ほかより）

2 災害に備えて作成された右の地図を見て，次の問いに答えなさい。〈佐賀改〉

(1)　このような地図を一般に何といいますか。

（　　　　　　　　　　）

(2)　この地図からわかることを次から選びなさい。

（　　　）

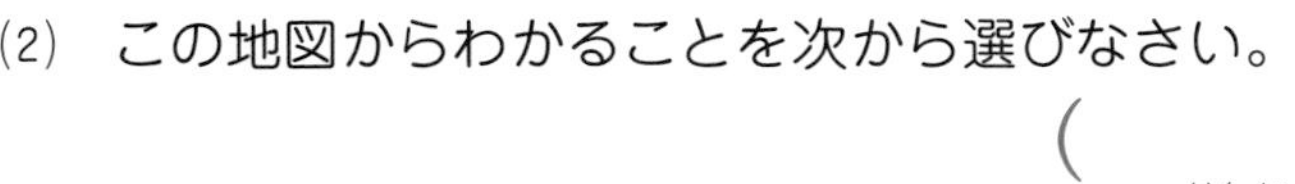

ア　避難経路と避難場所　　**イ**　津波の浸水範囲(はんい)

ウ　火山の噴出物(ふんしゅつ)の影響(えいきょう)が及ぶ範囲

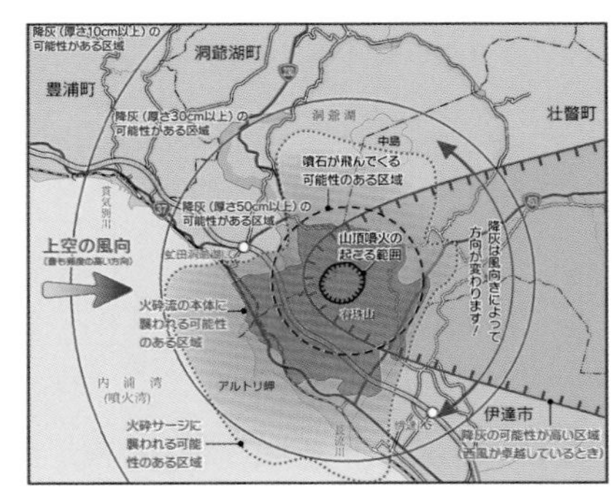

□冬の降水量が，多いのは日本海側，少ないのは太平洋側
□温暖で少雨な瀬戸内，いつも温暖な南西諸島

〈左ページの答え〉　①日本海側（の気候）　②瀬戸内（の気候）

13 日本の農業・漁業のようす

世界から見た日本①

▶農業・漁業の種類と，現在の課題は要チェック！
▶生産額から地域を特定できるように，地図で確認しよう。

確認 農業・漁業の種類をおさえよう！

〈答えは右ページ下へ〉

□に「促成」・「抑制」・「近郊」のどれかを書いて，まとめを完成させよう！

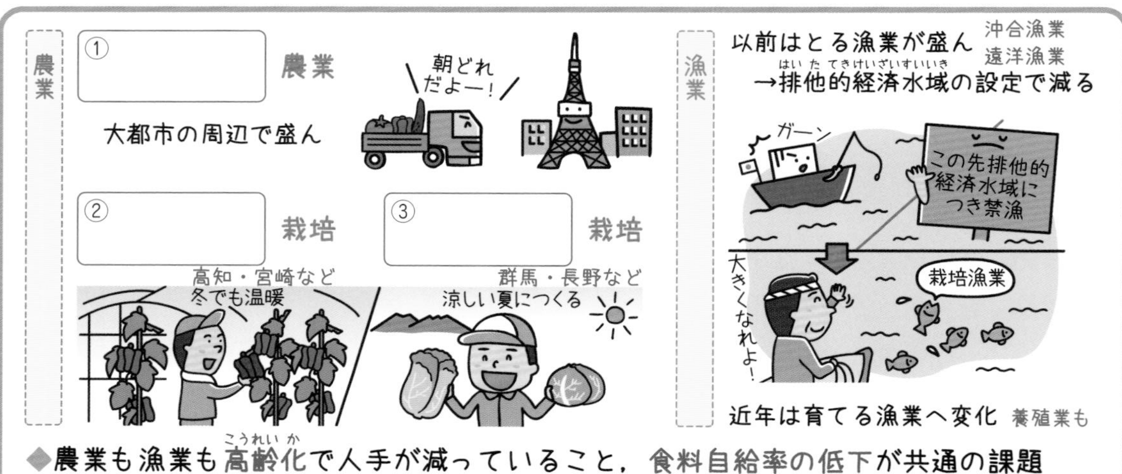

農業
① 農業
大都市の周辺で盛ん
朝どれだよー！
② 栽培
③ 栽培
高知・宮崎など
冬でも温暖
群馬・長野など
涼しい夏につくる
漁業
以前はとる漁業が盛ん
沖合漁業
遠洋漁業
→排他的経済水域の設定で減る
ガーン
この先排他的経済水域につき禁漁
大きくなれよ！
栽培漁業
近年は育てる漁業へ変化 養殖業も

◆農業も漁業も高齢化で人手が減っていること，食料自給率の低下が共通の課題

確認できたらコレもチェック！

1 農業はどこで盛ん？

地域や都道府県で特に盛んな農業を覚えておこう。

◆稲作（米）

北陸地方・東北地方で特に盛ん

◆畜産

鹿児島・宮崎 食肉

北海道 酪農が多い

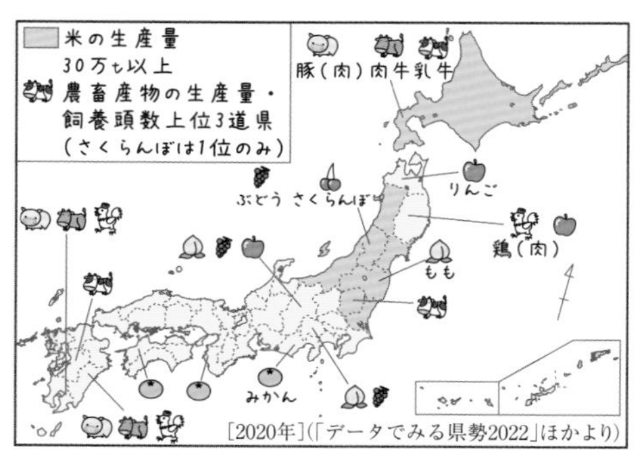

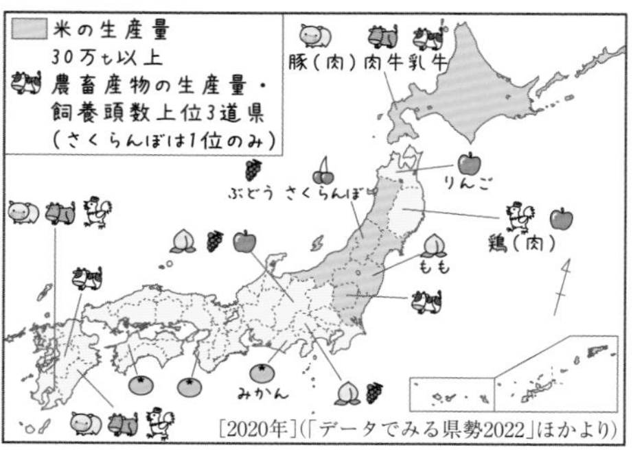

［2020年］（「データでみる県勢2022」ほかより）

◆果樹

みかん　温暖な地域　和歌山・愛媛

りんご　涼しい地域　青森・長野

ぶどう　扇状地・斜面　山梨・長野・山形

ふりカエル

●食料自給率

国内の食料を自国でまかなえている割合。日本は約40％。

2 漁業はどこで盛ん？

暖流と寒流がぶつかる潮目や大陸棚がよい漁場。

例 三陸沖（東北地方）　親潮と黒潮がぶつかっている

➡ 解答 p.6

入試のキーワード
農業　近郊農業　促成栽培　農業生産額
漁業　栽培漁業　養殖業　排他的経済水域

1 農業について，次の問いに答えなさい。

(1)　右の資料のア～エは，東北，関東，中部，中国・四国のいずれかの地方を示しています。東北にあてはまるものを選びなさい。〈秋田〉

（　　　）

主な農産物の生産割合の比較

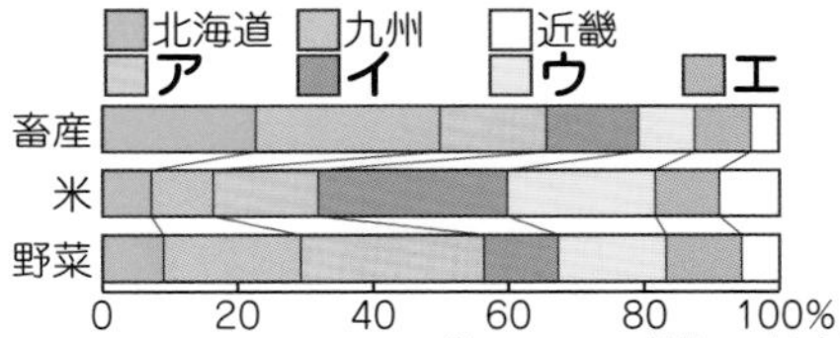

北海道　九州　近畿
ア　イ　ウ　エ

畜産
米
野菜

0　20　40　60　80　100%

(「データでみる県勢2022」より)

(2)　右の地図の[　]の府県のように大都市の近くで野菜の栽培が盛んな理由は何ですか。次の文の(　　)にあてはまる語句を書きなさい。〈群馬改〉

●野菜を（　　　　　　）なうちに，市場に出荷できるから。

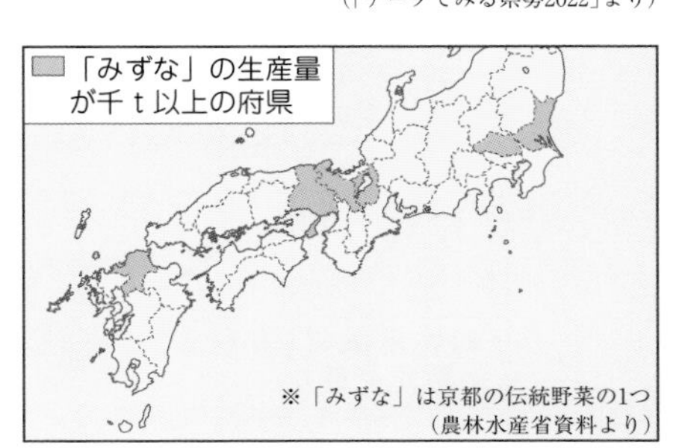

※「みずな」は京都の伝統野菜の1つ
(農林水産省資料より)

(3)　右の表は，キャベツ・レタス・いちご・みかん・ぶどうの生産量が多い上位3県を示しています。ぶどうにあてはまるものをア～オから選びなさい。〈沖縄〉

（　　　）

	ア	イ	ウ	エ	オ
1位	長野県	山梨県	和歌山県	栃木県	群馬県
2位	茨城県	長野県	愛媛県	福岡県	愛知県
3位	群馬県	山形県	静岡県	熊本県	千葉県

(2019年)　(「日本国勢図会2021/22」より)

2 次の問いに答えなさい。

(1)　右の地図のように，青森県八戸(はちのへ)や宮城県石巻(いしのまき)など，水揚(みずあげ)量の多い漁港が太平洋(たいへいよう)側に多い理由について，次の文の(　　)にあてはまる語句を書きなさい。〈山口改〉

●親潮と黒潮のぶつかる（　　　　　　）があるから。

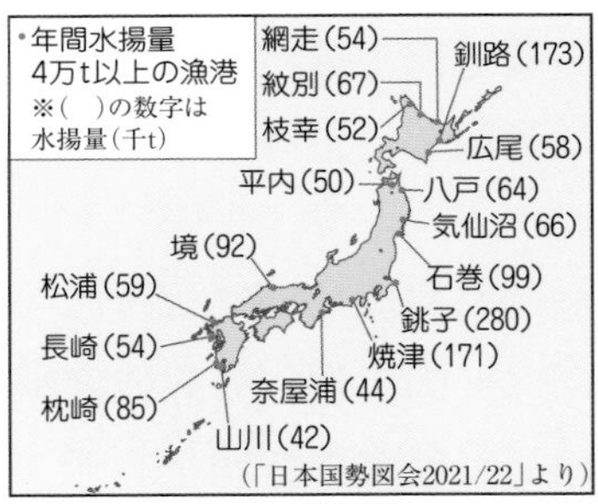

(「日本国勢図会2021/22」より)

(2)　稚魚(ちぎょ)や稚貝をある程度まで育てて海や川に放流し，大きくなってから漁獲(ぎょかく)する漁業を何といいますか。〈和歌山〉

（　　　　　）

□米は北陸・東北・北海道，畜産は宮崎・鹿児島が中心
□近郊農業で消費量の多い大都市に新鮮な野菜が早く届く

〈左ページの答え〉　①近郊　②促成　③抑制

14 日本の工業・商業のようす

世界から見た日本②

▶地域ごとの比較がよく出題される。特色をおさえよう。
▶1970年代前後と現在の産業の違いをチェック！

確認 工業地帯・工業地域の特徴をおさえよう！

〈答えは右ページ下へ〉

□に「太平洋」・「中京」・「北関東」のどれかを書いて，まとめを完成させよう！

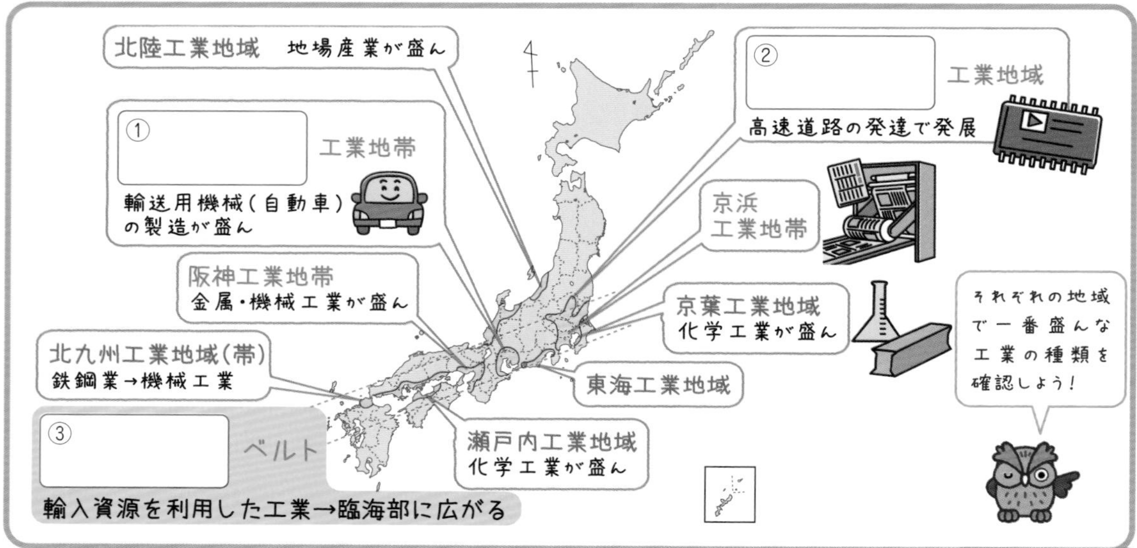

確認できたらコレもチェック！

1 工業の今と昔の違いは？

高速道路などの発達で
内陸部に工業団地ができた。

貿易摩擦（まさつ）をきっかけに
多くの工場が海外に移転
➡ 産業の空洞化（くうどうか）。

2 第３次産業が盛んになった！

現在の日本では**第３次産業**で働く人が最も多い。
特に**都市部**や，観光業が盛んな**北海道**・**沖縄**で割合が高い。

情報通信技術（ICT）産業，宅配，医療や福祉などが急成長中。

ふりカエル
- ●第１次産業
  農業・林業・漁業
- ●第２次産業
  鉱工業・建設業
- ●第３次産業
  商業・サービス業

解答 p.6

工業　工業地帯　内陸　軽工業　重工業
中京工業地帯　サービス業

1 右の地図の[　]が示す地域には，工業地帯・工業地域が帯状に形成されました。この地域の名前を何といいますか。〈埼玉16〉

（　　　　　）

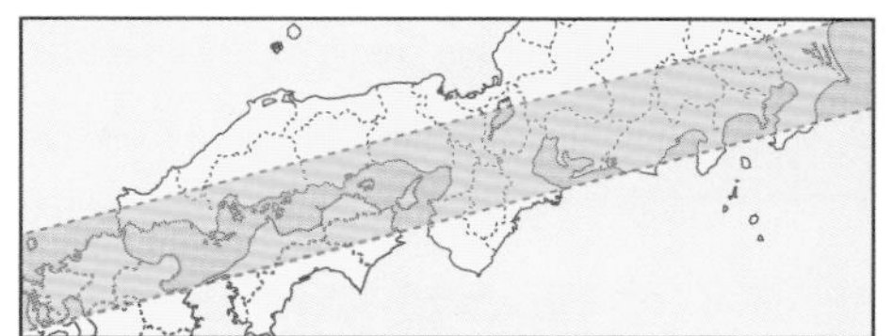

2 次のグラフは中京・瀬戸内（せとうち）・北九州の工業地帯・工業地域のいずれかの製造品出荷額の割合の変化を示しています。瀬戸内にあてはまるものを選びなさい。〈岐阜〉

（　　）

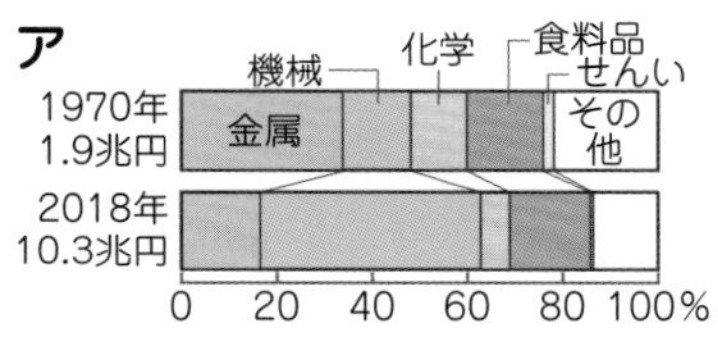

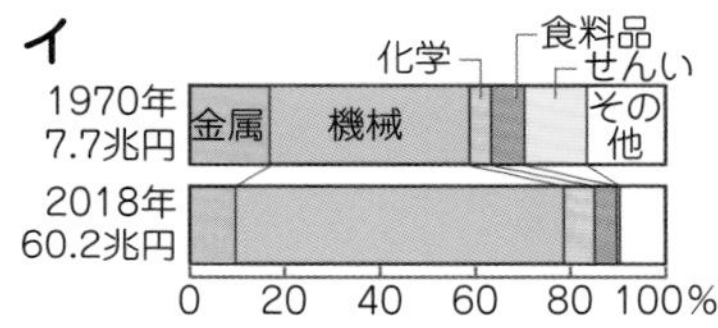

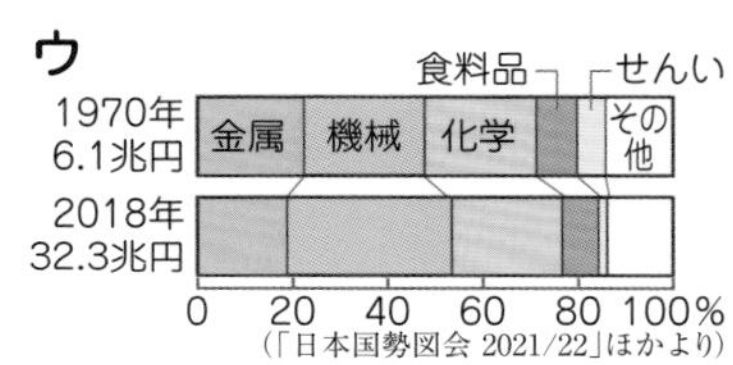

（「日本国勢図会 2021/22」ほかより）

3 右の地図を見て，次の問いに答えなさい。〈鹿児島〉

(1) 次の表は，地図中の地方の業種別製造品出荷額を示したものです。中部地方にあてはまるものを表から選びなさい。

（　　）

	石油製品・石炭製品製造業	鉄鋼業	電気機械器具製造業	輸送用機械器具製造業
ア	663	1,783	870	5,264
イ	826	3,633	6,956	33,867
ウ	2,837	4,408	4,703	7,505
エ	3,359	3,476	1,008	6,575

（2018年　単位：十億円）　（「日本国勢図会2021/22」より）

A
B
C
D
中部地方
近畿地方
中国・四国地方
九州地方

(2) 右の表は地図中A～Dのいずれかの県の産業別人口の割合を示したものです。Dにあてはまるものを表から選びなさい。

（　　）

	第１次産業	第２次産業	第３次産業
ア	2.7	26.5	70.8
イ	1.7	23.6	74.7
ウ	6.3	31.1	62.6
エ	4.0	15.4	80.7

（2017年　単位：%）　（「データでみる県勢2022」より）

合格へのトビラ

□太平洋ベルトは，輸入資源を活用した重工業が臨海部に広がる
□都市部や観光地は特に第３次産業に従事する人が多め

〈左ページの答え〉 ①中京　②北関東　③太平洋

15 日本と世界の結びつき

世界から見た日本③

▶交通網の発達が産業や社会に与えた影響をおさえよう！
▶日本と結びつきの強い地域をチェック！

確認 交通や輸送のようすをおさえよう！

〈答えは右ページ下へ〉

□に「航空」・「海上」・「高速」のどれかを書いて，まとめを完成させよう！

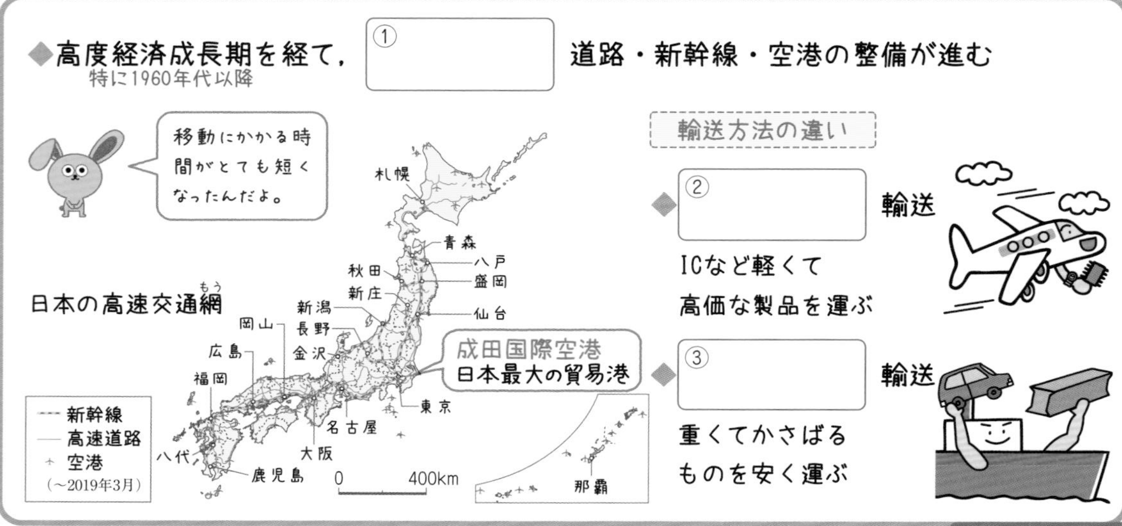

◆高度経済成長期を経て，①　道路・新幹線・空港の整備が進む
特に1960年代以降
移動にかかる時間がとても短くなったんだよ。
日本の高速交通網
札幌
青森
八戸
秋田
盛岡
新庄
新潟
仙台
岡山
長野
広島
金沢
福岡
東京
名古屋
大阪
八代
鹿児島
那覇
0　400km
成田国際空港
日本最大の貿易港
新幹線
高速道路
空港
(〜2019年3月)
輸送方法の違い
◆②　輸送
ICなど軽くて高価な製品を運ぶ
◆③　輸送
重くてかさばるものを安く運ぶ

1 運輸・通信の変化をおさえよう！

高速道路の整備で，国内輸送は人も貨物も自動車が中心に。
➡ 内陸部の工業地域の発達につながった。

通信ケーブル・通信衛星の整備 ➡ インターネットが普及

確認できたらコレもチェック！

国内輸送の変化

旅客

年度	鉄道	自動車	船	航空機
1960年度	75.8%	22.8	1.1	0.3
2017年度	30.4	62.8	0.2	6.6

貨物

年度	鉄道	自動車	船	航空機
1960年度	38.9%	15.0	45.8	0.1未満
2017年度	5.2	51.1	43.5	0.3

（「日本国勢図会2021/22」ほかより）

2 日本と世界の結びつきが変化している

高度経済成長期に，
日本は船を利用した 加工貿易 で成長。
機械などの工業製品を輸出
現在は…
◆空港の整備 ➡ 軽量な精密機械の輸出が増加
◆機械類の輸出だけでなく輸入も活発

日本は特にアジア・北アメリカと活発に貿易

●加工貿易
原料や燃料を輸入して製品を輸出する。
●WTO（世界貿易機関）
貿易問題の解決を目的とする国際機関。

➡ 解答 p.7

入試のキーワード
運輸　通信　貿易　交通　新幹線
高速道路　鉄道　輸送　貨物

1 右の資料を見て，次の文の(　　)にあてはまる語句をあとの〔　　〕からそれぞれ選びなさい。〈佐賀改〉

成田(なりた)国際空港は日本有数の“貿易港*1”である。資料１は資料２の名古屋(なごや)港と成田国際空港におけるおもな輸出品を示す。この２つの貿易港の輸出品を比較(ひかく)すると(①)は(②)に比べて，重量が(③)ものが多く取り扱われている。

資料１

貿易港	(①)	(②)
おもな輸出品	自動車，自動車部品	科学光学機器*2，金，集積回路

(「データブックオブ・ザ・ワールド2022」より)

資料２

＊１貿易が許可されている港。船舶が入港する港だけではなく，空港も含む
＊２カメラ・双眼鏡など

①(　　　　)
②(　　　　)
③(　　　　)

〔　成田国際空港　名古屋港　軽い　重い　〕

2 貿易について，次の問いに答えなさい。

(1) 貿易に関する国際機関である世界貿易機関の略称(りゃくしょう)を次から選びなさい。〈大阪〉
(　　　)

ア FAO　　イ IMF　　ウ NGO　　エ WTO

(2) 日本は，かつて原料の多くを輸入し，工業製品を輸出することを行ってきました。このような貿易を何といいますか。〈滋賀〉
(　　　　)

(3) 右の表は，日本と表中の３か国それぞれとの輸出入額と日本の輸出入総額を示しています。正しいものを次から選びなさい。〈長崎改〉
(　　　)

	貿易相手国				総額
	アメリカ	オーストラリア	中国	その他	
日本からの輸出額	126,122	12,954	150,819	394,110	684,005
日本の輸入額	74,369	38,211	174,931	390,860	678,371

(2020年　単位：億円)　(「日本国勢図会2021/22」より)

ア ３か国のうち，日本との貿易額が最大なのはアメリカである。
イ 日本から中国への輸出額は日本からオーストラリアへの輸出額の５倍以上ある。
ウ ３か国からの日本の輸入額の合計は，輸入総額の２分の１を超える。

□日本最大の貿易港は成田国際空港
□船は大きくて重いもの，航空機は軽くて高価なものを運ぶ

〈左ページの答え〉 ①高速　②航空　③海上

16 九州地方のようす

日本の諸地域①

▶各県の地形のようすを名前も合わせて覚えておこう。
▶農業と工業がよく出る。昔と今の違いもチェック！

確認 九州地方のようすをおさえよう！ p.32

〈答えは右ページ下へ〉

□に「シラス」・「カルデラ」・「促成」のどれかを書いて，まとめを完成させよう！

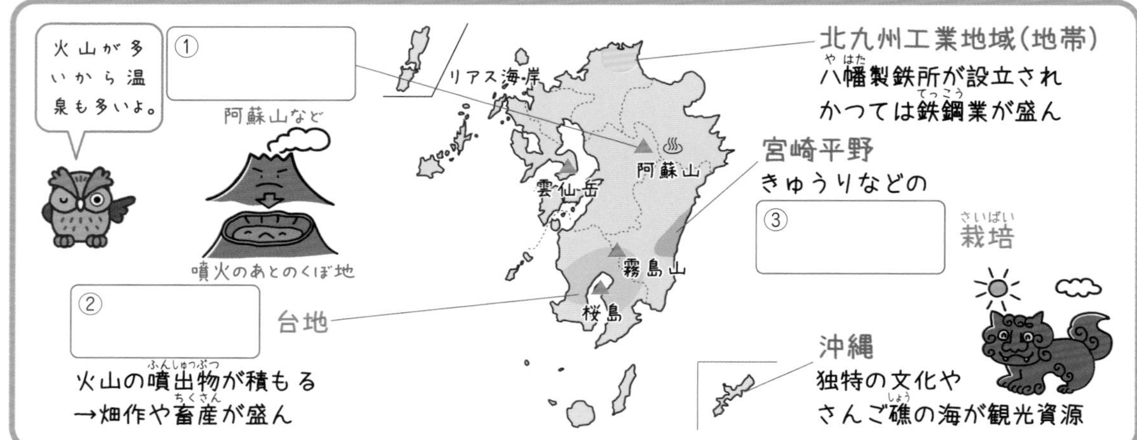

確認できたらコレもチェック！

1 九州の工業はどのように変わった？ p.40

筑豊炭田などの石炭を利用した鉄鋼業 → 機械工業中心へ。
公害の経験から，環境保全の取り組みが進められている。

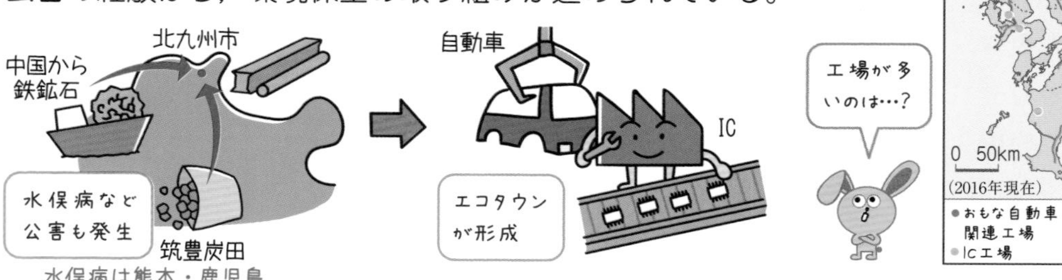

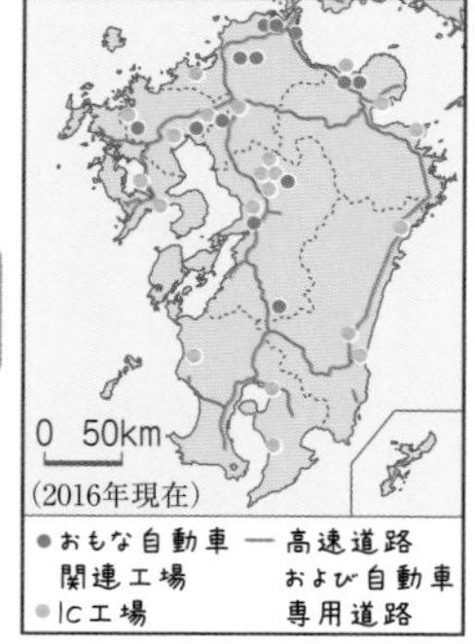

2 どんな農業が盛ん？ p.38

気候や地形を利用した野菜の促成栽培や畜産業が盛んに行われている。

◆肉牛・豚・にわとりの生産 → 宮崎・鹿児島
シラス台地

沖縄では，さとうきびやパイナップルの栽培が盛ん。
砂糖の原料

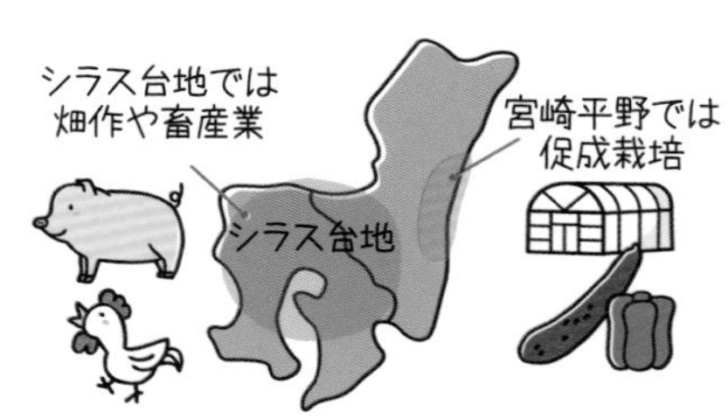

解答 p.7

火山　シラス台地　カルデラ　鉄鋼　石炭
北九州工業地域　促成栽培　畜産業　沖縄

1 **次の文を読んで，あとの問いに答えなさい。** 〈神奈川改，三重〉

九州は，北部で産出する豊富な(　　)を利用して，日本の重工業の発展に大きな役割を果たしてきた。現在では，時代の変化に対応し，火山やきれいな水などを利用して，多様な産業を発展させている。

(1) (　　)にあてはまる語句を次の〔　　〕から選びなさい。
(　　　　　　)

〔　ボーキサイト　天然ガス　石油　石炭　〕

明治時代からの鉄鋼業で，たくさん使われたよ。

(2) ――部について，熊本県にあるカルデラをもった火山の名前を次から選びなさい。
(　　　)

ア 阿蘇山(あそさん)　イ 雲仙岳(うんぜんだけ)　ウ 桜島(さくらじま)　エ 霧島山(きりしまやま)

2 **右の資料は，九州地方南部のシラスの分布を示したものです。次の文の(　　)にあてはまる語句を書きなさい。** 〈大分〉

九州地方南部には，シラスとよばれる(　　)が積もって形成された台地が広がっている。シラス台地は水はけがよく，稲作には向いていないため，畑作や畜産が盛んである。

(　　　　　　　　)

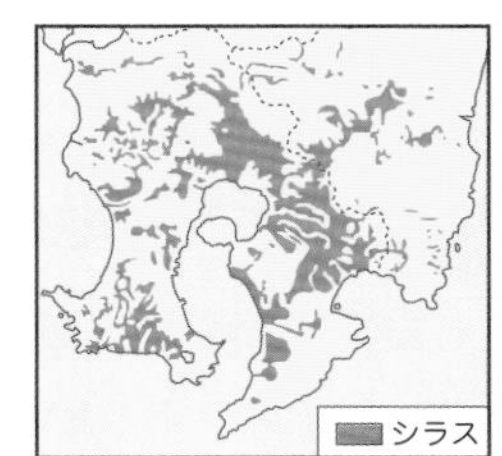

3 **九州地方の産業について，次の問いに答えなさい。**

(1) 右の資料は，北海道・秋田県・和歌山県・鹿児島県いずれかの農業産出額(がく)とその内訳を示しています。鹿児島県を示すものをA～Dから選びなさい。 〈福岡改〉
(　　　)

	農業産出額	米	野菜	畜産	果実	その他
A	4,890億円	4.3%	10.9	66.0	2.2	16.6
B	1,109億円	6.9	13.0	4.4	66.7	9.0
C	1,931億円	58.3	14.6	18.7	4.4	4.0
D	12,558億円	10.0	15.5	58.5	0.6	15.4

(2019年)　(「データでみる県勢2022」より)

(2) 九州地方で現在，空港周辺や高速道路沿いを中心に進出しているのはどのような分野の工場ですか。次から選びなさい。 〈徳島改〉
(　　　)

ア 鉄鋼　イ 石油化学　ウ IC(集積回路)　エ 造船

□温暖な気候で自然が豊かな一方，噴火や水害などの災害も多い
□北九州は日本の重工業が最初に発展した

〈左ページの答え〉 ①カルデラ ②シラス ③促成

17 中国・四国地方のようす

日本の諸地域②

▶山陰・瀬戸内・南四国で異なる気候や産業をチェック。
▶過疎や高齢化など人口に関する問題にも注意。

確認 中国・四国地方の地名をおさえよう！ p.32

〈答えは右ページ下へ〉

□に「愛媛」・「鳥取」・「広島」のどれかを書いて，まとめを完成させよう！

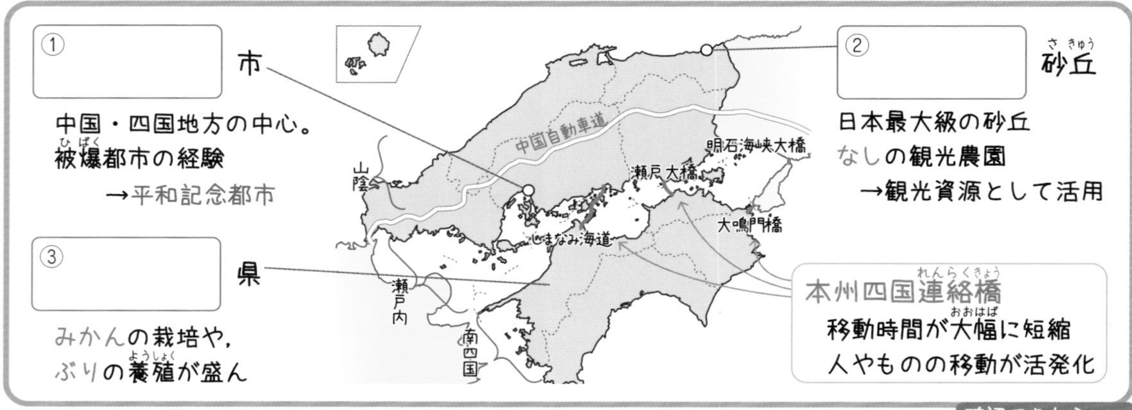

確認できたら コレもチェック！

1 ３つの地域の農業・漁業をおさえよう！ p.38

果樹栽培や，瀬戸内海を利用した養殖業・栽培漁業が盛ん。

●ため池
年間の降水量が少ない瀬戸内の讃岐平野などに見られる。

2 工業は瀬戸内が中心！ p.40

海上輸送が便利なので，重化学工業が発達した。

◆水島(みずしま)地区　石油化学コンビナートが建設される
岡山県倉敷市。鉄鋼・自動車・食料品などの工場がある

瀬戸内工業地域は化学工業や金属工業が盛ん

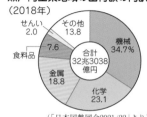

瀬戸内工業地域の出荷額の内訳
（2018年）

項目	割合(%)
機械	34.7
化学	23.1
金属	18.8
食料品	7.6
せんい	2.0
その他	13.8

合計 32兆3038億円

（「日本国勢図会2021/22」より）

3 過疎化の問題をチェック！

山間部や離島は過疎(かそ)化・高齢(こうれい)化が深刻 ➡ 地域おこし(町おこし)の取り組みが進む。
観光客・移住者を増やす！

解答 p.7

入試のキーワード
瀬戸内工業地域　石油化学工業　繊維業
養殖　栽培漁業　降水量　讃岐　連絡橋

1 中国・四国地方について，次の資料を見て，あとの問いに答えなさい。〈群馬改，富山改〉

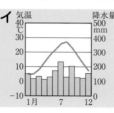

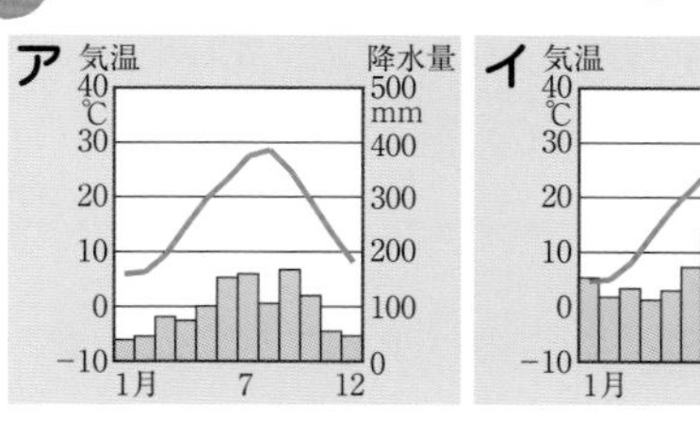

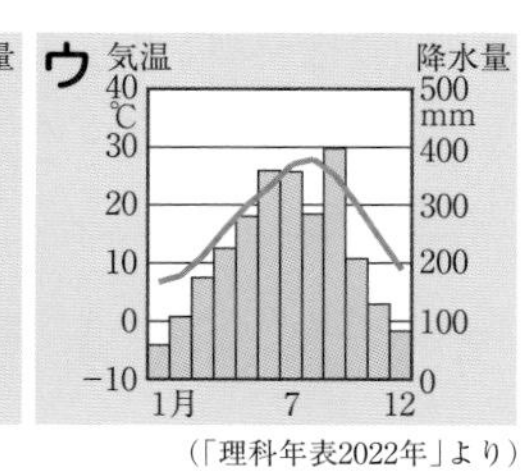

（「理科年表2022年」より）

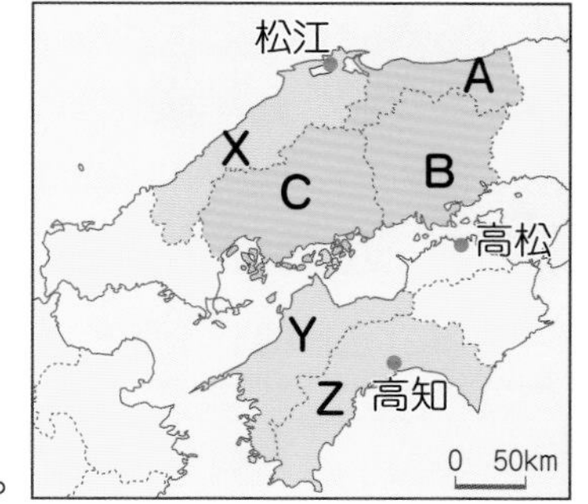

(1)　上のア～ウは地図中の松江（まつえ）・高松（たかまつ）・高知（こうち）のいずれかの気温と降水量を示しています。高松のものを選びなさい。

（　　　）

(2)　次の文は，地図中A～Cのいずれかの県の産業や都市の特徴（とくちょう）を説明したものです。①～③にあてはまるものを選びなさい。

①　海上交通の便がよい水島地区にコンビナートがつくられ工業が発展した。

（　　　）

②　国の出先機関や企業（きぎょう）の支店が集まる県庁所在地は，この地方の経済の中心である。

（　　　）

③　農業に不向きな沿岸部の土地でも作物の生産が行われ，その技術は乾燥（かんそう）地の緑化に役立てられている。

（　　　）

③ではらっきょうなどをつくっているよ。

(3)　右の資料は地図中X～Zのいずれかの県の農業産出額の割合について示したものです。Y・Zにあてはまるグラフをそれぞれ選びなさい。

Y（　　　　）
Z（　　　　）

米，野菜，果実，畜産などの農業産出額の割合

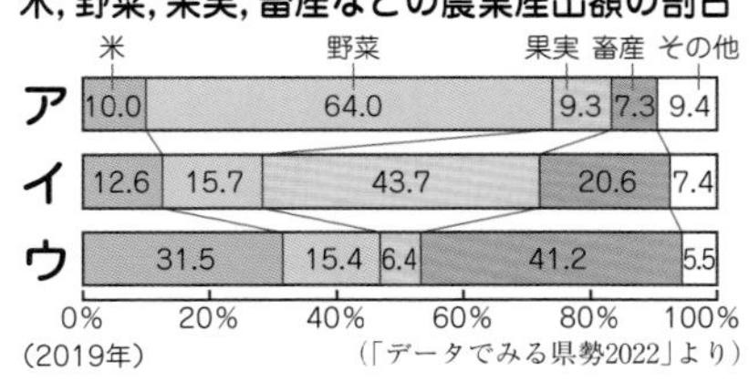

（2019年）　（「データでみる県勢2022」より）

2 1998年に完成した神戸市と淡路（あわじ）島を結ぶ橋の名前を次から選びなさい。〈徳島改〉

（　　　）

〔　因島（いんのしま）大橋　来島海峡大橋（くるしまかいきょう）　瀬戸（せと）大橋　明石海峡大橋（あかしかいきょう）　〕

合格へのトビラ

□瀬戸内は温暖で雨が少なく，果樹栽培や養殖業が盛ん
□瀬戸内工業地域は石油化学コンビナートで発展した

〈左ページの答え〉　①広島　②鳥取　③愛媛

18 近畿地方のようす

日本の諸地域③

▶大阪を中心とした人やものの結びつきをとらえよう！
▶各府県の商業・工業・農業・漁業の違いをチェック！

確認 近畿地方のようすをおさえよう！

p.32

〈答えは右ページ下へ〉

□に「伝統的」・「リアス」・「近郊」のどれかを書いて，まとめを完成させよう！

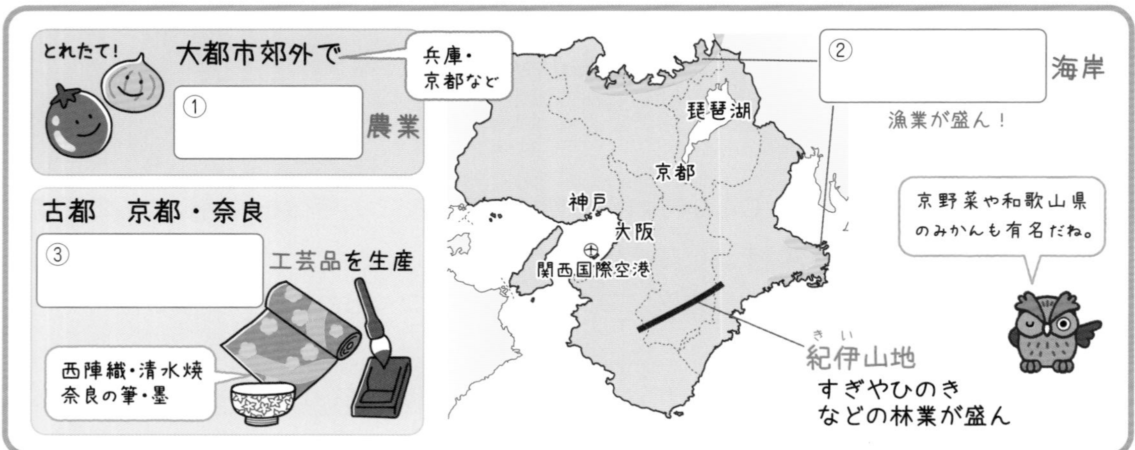

確認できたらコレもチェック！

1 京阪神大都市圏に人口が集中！

大阪を中心に，京都・神戸・奈良に鉄道や道路がのび，市街地が広がる。

◆**大阪**　商業が盛んな町。　　郊外にニュータウン

江戸時代は「天下の台所」

神戸はポートアイランドにもニュータウン

ふりカエル

●阪神工業地帯
大阪湾とその周辺。東大阪市など大阪府の東部に中小企業の工場が集まる。

2 古都　京都・奈良は文化財がたくさん！

奈良＝平城京（へいじょうきょう），**京都**＝平安京（へいあんきょう）には世界文化遺産も多数。

◆条例で，貴重な歴史的景観・町なみを守る取り組みも進む

タイセツ　景観条例で看板（かんばん）や建物の高さ・デザインを規制

文化財の数

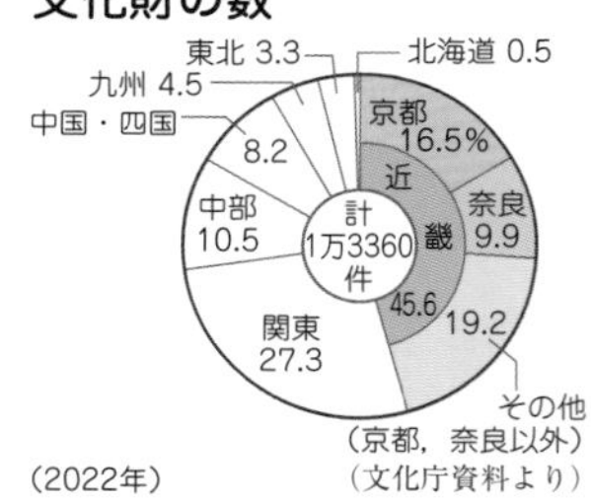

(2022年)　（文化庁資料より）

解答 p.7

入試のキーワード
京阪神　ニュータウン　林業　リアス海岸
工業地帯　近郊農業　歴史的景観　文化財

1 右の表を見て，次の問いに答えなさい。

〈長崎改，愛知改〉

(1) 表から読み取れることについて，次の文の｛　　｝にあてはまる語句に○をそれぞれ書きなさい。

●大阪府は他の３県と異なり｛ 夜間　　昼間 ｝人口が｛ 夜間　　昼間 ｝人口より多い。

	昼間人口（万人）	夜間人口（万人）	企業数（万社）
大阪府	922.4	883.9	28.7
兵庫県	529.4	553.5	15.6
奈良県	122.8	136.4	3.5
和歌山県	94.6	96.4	3.7

（「データでみる県勢2022」より）

(2) 表の和歌山県について，次の文の（　　）にあてはまる語句を〔　　〕から選びなさい。

この県は，南側を流れる（ ① ）の影響(えいきょう)を受け，気候が温暖である。また山の斜面では，温暖な気候を利用した（ ② ）の栽培(さいばい)が盛んで，生産量は全国有数である。

〔 黒潮(くろしお)　親潮(おやしお)　みかん　さくらんぼ 〕

①（　　　　　）
②（　　　　　）

2 次の表は右の地図中Ａ～Ｄの府県の農業産出額，海面漁業生産額，製造品出荷額，小売業商品販売額を示しています。Ａの府県にあてはまるものを表から選びなさい。〈福島〉

（　　　）

	農業産出額	海面漁業生産額	製造品出荷額	小売業商品販売額
ア	403	0	21,494	12,477
イ	1,106	422	107,685	19,897
ウ	320	40	172,701	103,252
エ	1,509	485	163,896	57,265

（単位：億円）　（「データでみる県勢2022」より）

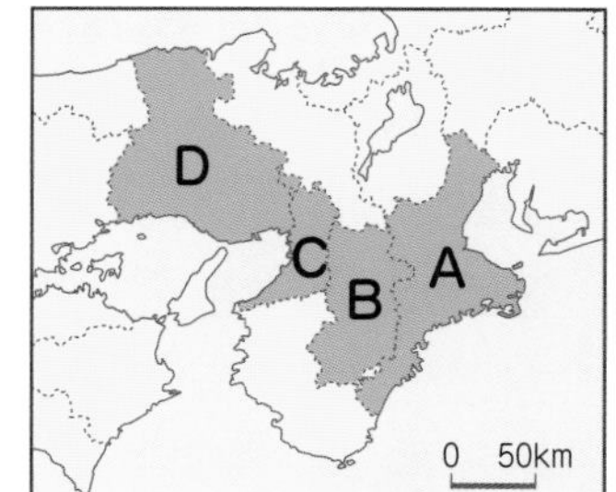

3 右の写真は，京都市で歴史的な景観を守るため，地域の特性に応じて建築物への制限や規制が加えられているようすです。制限・規制の内容について，次の文の（　　）にあてはまる語句を書きなさい。

〈静岡改〉

●建築物の（　　　　　　　）や形が制限されている。

□京阪神に人口が集中し商工業が盛ん。郊外は近郊農業が発達
□京都・奈良は文化財の数が多く，観光に生かされている

〈左ページの答え〉 ①近郊　②リアス　③伝統的

19 中部地方のようす

日本の諸地域④

▶中央部に山がそびえる地形・気候の特徴をおさえよう。
▶自然・農業・工業などの分野で問題が出やすい！

確認 中部地方のようすをおさえよう！ p.33

〈答えは右ページ下へ〉

□に「赤石」・「木曽」・「信濃」・「飛驒」のどれかを書いて，まとめを完成させよう！

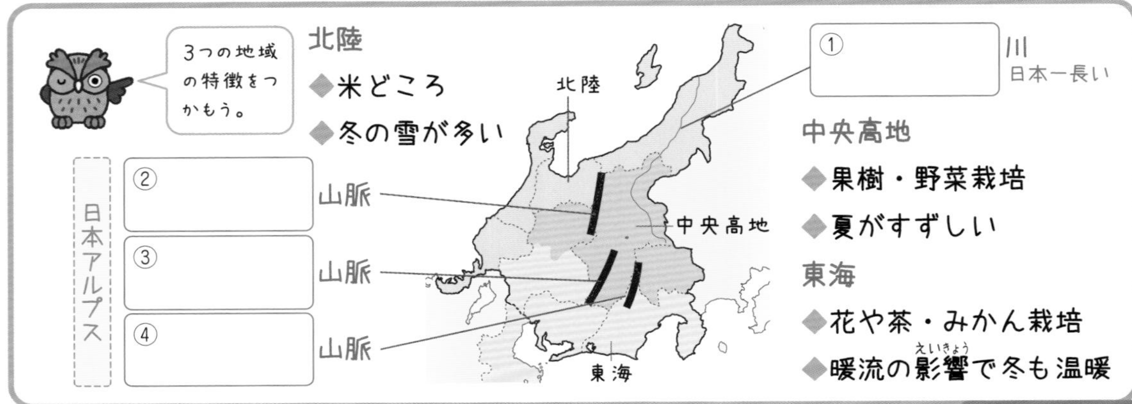

確認できたらコレもチェック！

1 東海はどんな産業が盛ん？ p.40

輸送機械などの工業が盛ん。温暖な気候を生かした農業が行われている。

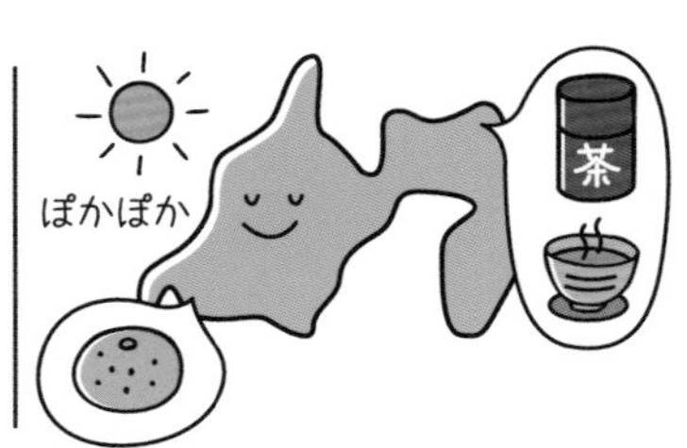

2 中央高地はどんな産業が盛ん？

高原で野菜の抑制栽培が盛ん。精密機械・電気機械工業も行う。

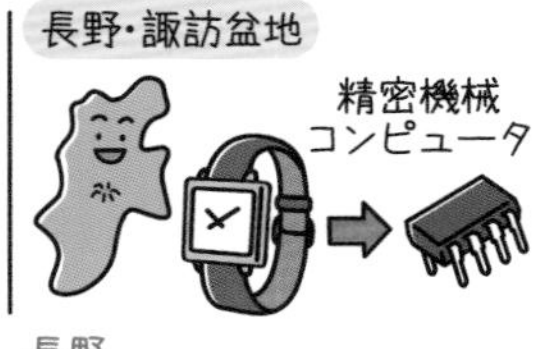

きれいな水を産業に生かしているよ。

ふりカエル
●地場産業
古くからの技術や地元の原材料を生かす工業。

3 北陸はどんな産業が盛ん？

稲作中心。銘柄米の生産も盛んに行う。
冬は雪が多い ➡ 副業として 地場産業 が発展。

解答 p.8

入試のキーワード

日本アルプス　フォッサマグナ　輸送機械
抑制栽培　地場産業　名古屋　果樹　茶

1 中部地方について，次の資料を見て，あとの問いに答えなさい。

〈兵庫改〉

県名	人口（千人）	農業産出額（億円）			製造品出荷額（億円）	
		米	野菜	果物	情報通信機械器具	輸送用機械器具
愛知	7,546	298	1,010	190	2,027	266,844
①	3,635	198	607	234	2,764	42,907
②	2,202	1,501	317	86	737	2,450
③	2,050	473	818	743	10,879	4,040
岐阜	1,980	229	323	55	994	11,596
石川	1,133	299	97	34	1,868	1,730
富山	1,036	452	56	24	77	1,584
④	810	61	110	595	1,315	1,060
⑤	767	309	81	9	88	2,016

（「データでみる県勢2022」より）

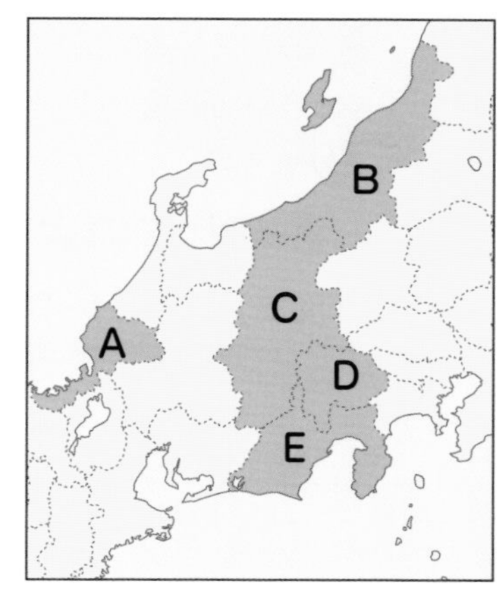

(1)　表の①〜⑤の県の位置を地図のA〜Eからそれぞれ選びなさい。

①（　　　）　②（　　　）　③（　　　）　④（　　　）　⑤（　　　）

(2)　表の①〜⑤の県にあてはまるカードを次からそれぞれ選びなさい。

①（　　　）　②（　　　）　③（　　　）　④（　　　）　⑤（　　　）

ア　中部地方で最も広く，夏の冷涼（れいりょう）な気候を利用した抑制（よくせい）栽培が盛ん。

イ　製紙工業のほか，オートバイなどの輸送機械やピアノなど楽器の生産が盛ん。

ウ　眼鏡のフレームづくりが，国内生産量の９割を占（し）める地場産業に発展した。

エ　県庁所在地は日米修好（にちべいしゅうこう）通商（つうしょう）条約で開港され，現在は政令指定都市として発展。

オ　扇状地（せんじょうち）の水はけのよさを生かして，ぶどうなどの果樹の栽培が盛ん。

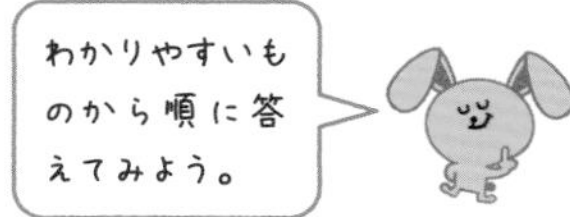

わかりやすいものから順に答えてみよう。

2 右の資料は北陸の地場産業が見られる地域を示しています。この地域で地場産業が見られる理由について，次の文の（　　）にあてはまる語句をそれぞれ書きなさい。

〈福井改〉

●（　　　　）の間は積雪で農作業が難しく，農業以外の（　　　　）業が行われるようになったため。

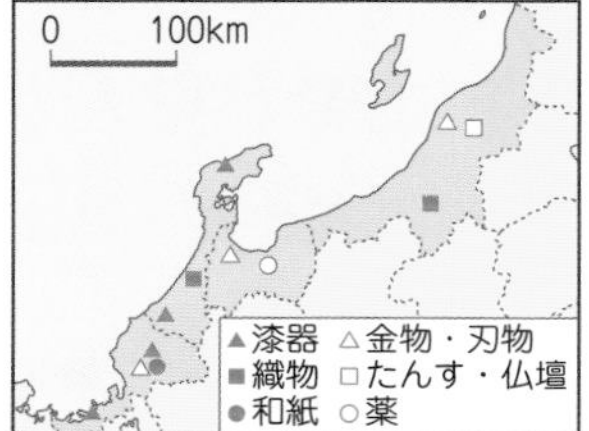

□日本アルプスの東側にフォッサマグナがある
□北陸は米，中央高地は果樹・野菜，東海（静岡）はみかん・茶

〈左ページの答え〉　①信濃　②飛驒　③木曽　④赤石

20 関東地方のようす

日本の諸地域⑤

▶平野が広がる自然や地形の特徴をおさえよう。
▶東京を中心とした都市圏の課題を考えておこう。

確認 関東地方のようすをおさえよう！

p.33

〈答えは右ページ下へ〉

□に「関東」・「近郊」・「利根」のどれかを書いて，まとめを完成させよう！

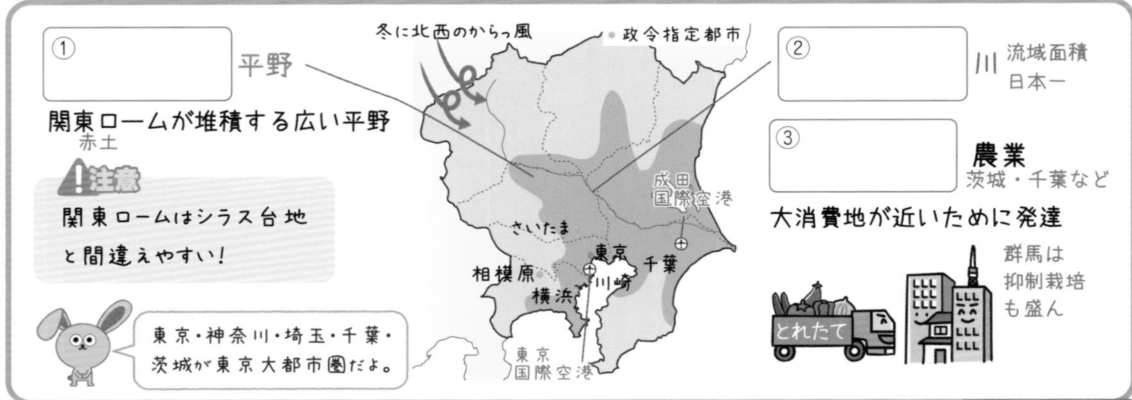

確認できたらコレもチェック！

1 東京大都市圏に人口が集中！

東京を中心に，大都市圏(けん)が形成 ➡ 都市部は**過密**(かみつ)の状態。

◆都市の問題　住宅不足，通勤ラッシュ，ごみの増加など

人・情報が集まるため，**出版**や**情報通信技術関連産業**(ICT)が盛ん。

ふりカエル
●ヒートアイランド現象
都市の中心部の気温が，周辺よりも高くなる。

東京は通勤・通学してくる人が多い ➡ 昼間人口 ＞ 夜間人口

2 工業が盛んな地域は３つ！

p.40

京浜(けいひん)工業地帯・京葉(けいよう)工業地域・北関東(きたかんとう)工業地域 それぞれ特徴(とくちょう)が異なる。

京浜工業地帯

京葉工業地域

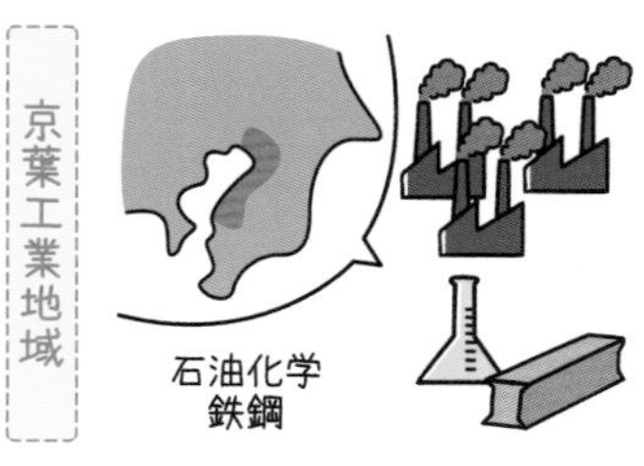

北関東工業地域

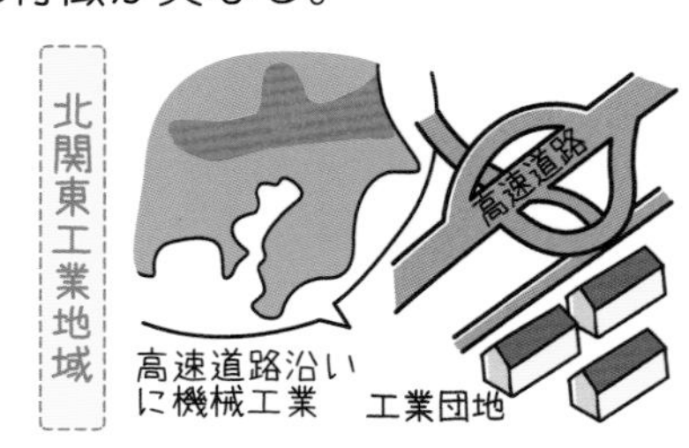

➡ 解答 p.8

入試のキーワード
関東ローム　黒潮　からっ風　京浜　京葉
北関東　人口　過密　ニュータウン　印刷

1 関東地方について，右の地図を見て，次の問いに答えなさい。〈青森〉

(1) 関東地方の台地をおおっている，火山灰が堆積(たいせき)した赤土を何といいますか。

(　　　　　　　　)

(2) 東京や横浜(よこはま)などの大都市で，都市部の気温が周辺よりも高くなる現象を何といいますか。

(　　　　　　　　　　　　　)

2 次の表は，関東地方の昼間人口と夜間人口を示しています。表から読み取れることについて，あとの文の{　　}にあてはまる語句にそれぞれ○を書きなさい。〈静岡改〉

	群馬	栃木	茨城	千葉	埼玉	東京	神奈川
昼間人口(千人)	1,970	1,955	2,843	5,582	6,456	15,920	8,323
夜間人口(千人)	1,973	1,974	2,917	6,223	7,267	13,515	9,126

(2015年)　　(「データでみる県勢2022」より)

●東京都だけが，昼間人口が夜間人口より{　多い　　少ない　}。

これは，近隣の県から通勤や通学する人が{　多い　　少ない　}からである。

3 次の問いに答えなさい。

(1) 右の表は，北海道・秋田県・群馬県・富山県の農業生産額の内訳を示しています。群馬県を示すものを表から選びなさい。〈神奈川〉

(　　　)

	米	野菜	畜産	その他	合計
ア	1,254	1,951	7,350	2,003	12,558
イ	156	912	1,058	235	2,361
ウ	1,126	281	362	162	1,931
エ	452	56	84	62	654

(2019年　単位：億円)　　(「データでみる県勢2022」より)

(2) 右のグラフは神奈川県・群馬県・千葉県の工業生産額と内訳を示しています。神奈川県を示すものを**ア**～**ウ**から選びなさい。〈岐阜〉

(　　　)

県別の工業生産額と内訳

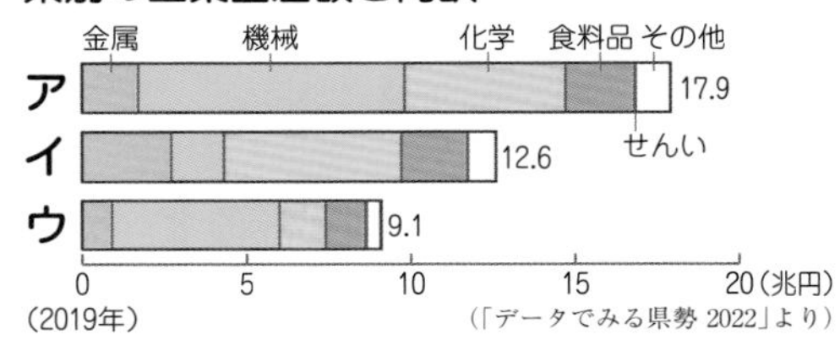

(2019年)　　(「データでみる県勢 2022」より)

合格へのトビラ
□東京を中心に人口が集中し，放射状に交通網が広がっている
□近郊農業や群馬での抑制栽培が盛ん。工業地帯・地域は３つ

〈左ページの答え〉 ①関東　②利根　③近郊

21 東北地方のようす

日本の諸地域⑥

▶地形・地名や自然のようすを覚えよう。
▶県ごとに，産業や行事の名前を結びつけておさえよう。

確認 東北地方のようすをおさえよう！ p.33

〈答えは右ページ下へ〉

□に「奥羽」・「伝統」・「リアス」のどれかを書いて，まとめを完成させよう！

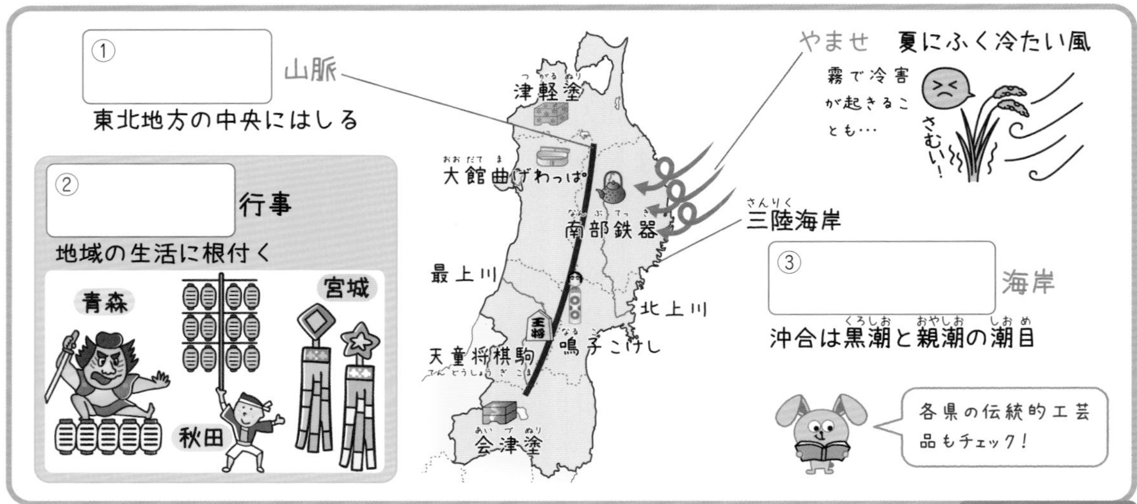

確認できたらコレもチェック！

1 稲作・果樹・漁業に注目！ p.38

平野の稲作，盆地の果樹栽培，三陸海岸の漁業のようすをおさえておこう。

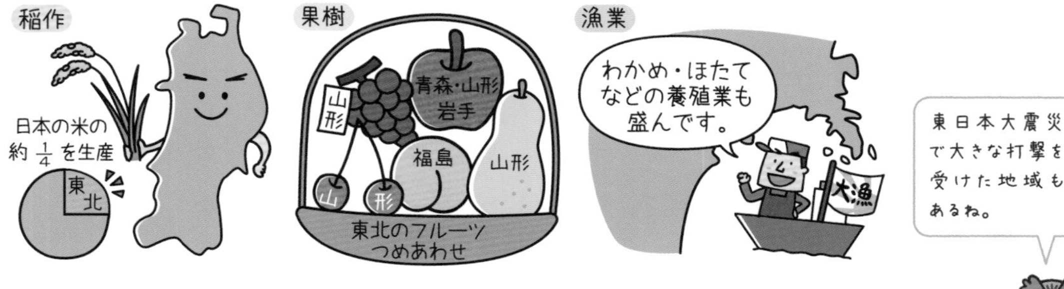

2 工業の変化と課題をおさえよう！ p.40

南部鉄器などの伝統的工芸品が，冬の副業として発展してきた。

新幹線や高速道路などの交通網の発達で，工業団地が進出

➡　機械工業が増加。

◆IC（集積回路）などの電子部品　　◆自動車の部品

解答 p.8

入試のキーワード
やませ　奥羽山脈　三陸海岸　伝統　祭り
稲作　果樹栽培　電子部品　工業団地

1 次の文を読んで，あとの問いに答えなさい。 〈栃木改，兵庫改〉

東北地方は，中央に（ ① ）山脈がはしっている。平野や盆地には人口が集中し，農業などが盛んである。三陸沖は寒流と暖流がぶつかる（ ② ）で条件の良い漁場である。近年は，［A］沿いを中心に［B］などの工業団地も形成されている。

(1) （　）にあてはまる語句をそれぞれ書きなさい。
①（　　　　　）②（　　　　　）

(2) ［　］にあてはまる語句の組み合わせを次から選びなさい。
（　　　）

最近発達した交通は…。

ア　A－鉄道，B－鉄鋼　　イ　A－高速道路，B－電子部品

2 右の地図を見て，次の問いに答えなさい。

(1) 地図の ➡ は，夏にふく北東風を示しており，この風がふくと東北地方に冷害が発生することもあります。この風を何といいますか。〈高知〉
（　　　　　）

(2) 秋田県について，正しいカードを次から選びなさい。〈三重改〉
（　　　）

ア　りんごの生産が盛ん。観光客が集まるねぶた祭も開催されている

イ　中尊寺金色堂（ちゅうそんじこんじきどう）が国宝に，南部鉄器が伝統的工芸品に指定されている

ウ　さくらんぼの生産が盛ん。天童将棋駒は伝統的工芸品である

エ　角館（かくのだて）の武家屋敷の町なみや，竿燈（かんとう）まつりが観光客に人気である

3 右の表はりんご・西洋なし・ももの収穫量の上位3県を示しています。①～③にあてはまる県を次からそれぞれ選びなさい。 〈山口改〉

①（　　　）②（　　　）③（　　　）

ア　青森県　　イ　福島県
ウ　山形県　　エ　秋田県

	りんご	西洋なし	もも
1位	①	②	山梨県
2位	長野県	新潟県	③
3位	岩手県	①	長野県

（「データでみる県勢2022」より）

□東北地方は特に米や果樹の生産が盛ん，三陸海岸は漁業
□農業と結びつく伝統行事が盛んで，観光にも生かされている

〈左ページの答え〉 ①奥羽　②伝統　③リアス

22 北海道地方のようす

日本の諸地域⑦

▶稲作・畑作・酪農がどの地域で盛んか確認しておこう。
▶観光業では，外国人観光客が多いことがよく出題される！

確認 北海道地方のようすをおさえよう！

p.33

〈答えは右ページ下へ〉

□に「石狩」・「十勝」・「酪農」のどれかを書いて，まとめを完成させよう！

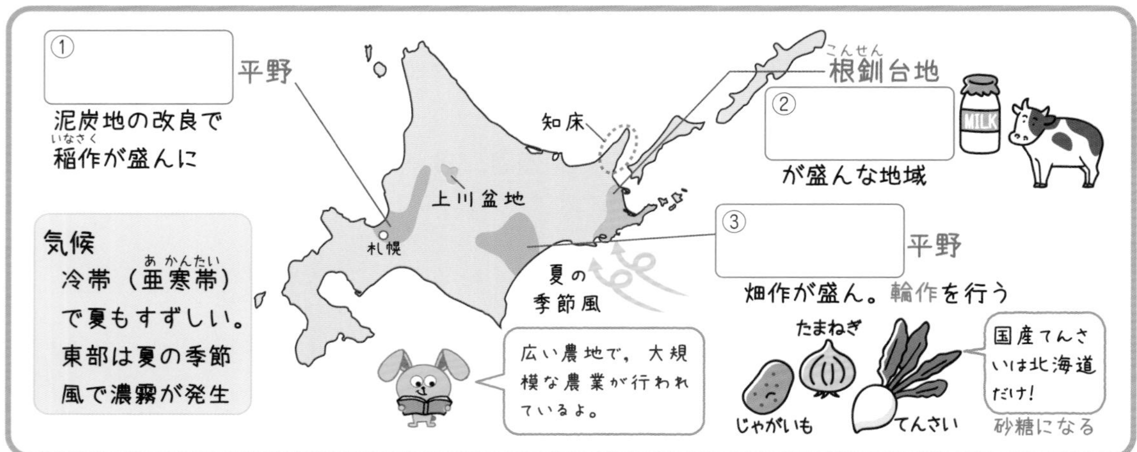

確認できたらコレもチェック！

1 明治時代から本格的に開拓された。

p.96

もともと アイヌの人々 が住んでいた北海道。
明治時代に，本格的な開拓が始まった。

◆開拓使　開拓の拠点となった役所
◆屯田兵　北方警備と開拓を担って移住

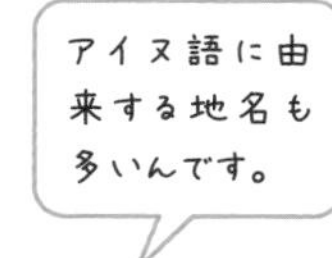

アイヌ語に由来する地名も多いんです。

●アイヌの人々
北海道にもともと住んでいた人々で，独自の文化をもつ。

2 豊かな自然が観光客に人気！

世界自然遺産の知床や，スキー場などが人気。
外国人の観光客も多く訪れている。

3 漁業がとても盛ん！

p.38

周囲を好漁場に囲まれ，漁獲量は日本一。

北洋漁業が衰退したあとは，養殖業・栽培漁業が盛ん。
└── 排他的経済水域の設定で減少

解答 p.8

入試のキーワード
オホーツク　親潮　札幌　アイヌ　屯田兵
石狩　十勝　酪農　てんさい　輪作

1 右の地図を見て，次の文の(　　)にあてはまる語句をそれぞれ書きなさい。〈群馬改〉

札幌や旭川(あさひかわ)には，道路が直交する町なみが見られ，明治以降に(①)兵などが開発したことがわかる。また，稚内の「わっかない」という地名は，先住民である(②)の人々が使用していた言語が由来となっている。

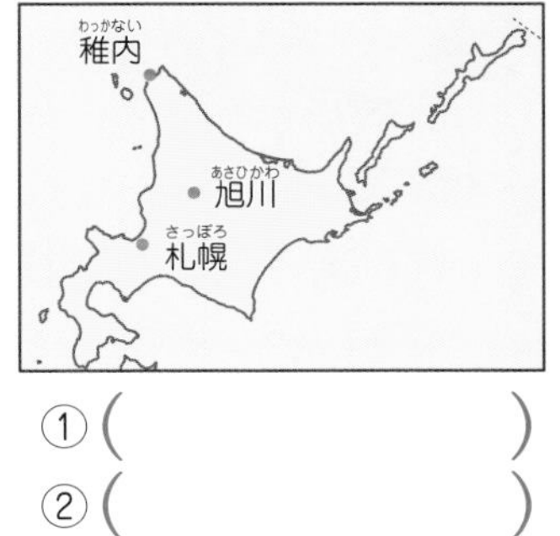

①(　　　　　)
②(　　　　　)

2 北海道の農業について，次の問いに答えなさい。〈山口改〉

(1) 右の表は，都道府県別の収穫量で北海道が上位にある農作物を示しており，A～Dはたまねぎ・じゃがいも・てんさい・米のいずれかがあてはまります。てんさいと米にあてはまるものをそれぞれ選びなさい。

てんさい(　　　)
米(　　　)

各都道府県の農作物の収穫量の割合　(%)

	A	B	C	D
1位	北海道(100)	北海道(78.8)	北海道(63.1)	新潟(8.6)
2位		鹿児島(4.0)	佐賀(10.4)	北海道(7.7)
3位		長崎(3.8)	兵庫(7.5)	秋田(6.8)
全国の収穫量(千t)	3,912	2,399	1,334	7,763

(2019年，てんさいと米は2020年)　(「日本国勢図会2021/22」より)

(2) 右の資料を見て，全国と比較(ひかく)した北海道の農業の特色について，次の文の{　　}にあてはまる語句にそれぞれ○を書きなさい。

●北海道は全国と比べると，農家の規模(きぼ)が

{ 小規模　大規模 }な割合が高い。

●全国よりも{ 畜産(ちくさん)　果樹栽培 }が盛んである。

経営耕地面積の規模別農家数の割合

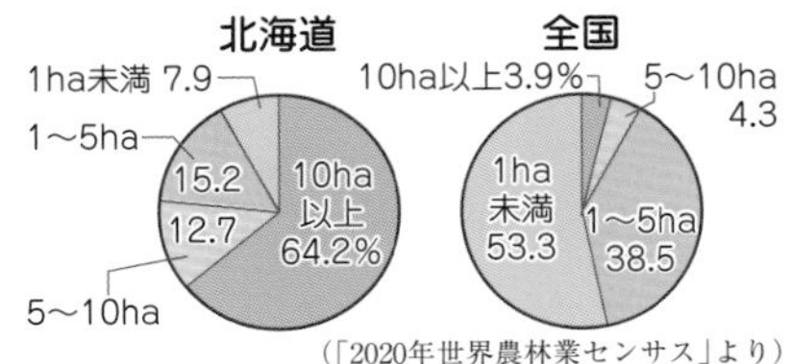

(「2020年世界農林業センサス」より)

農業産出額の割合

(「データでみる県勢2022」より)

□先住民はアイヌの人々。明治に屯田兵による開拓が進んだ
□稲作やてんさい・じゃがいもなどの畑作，酪農が盛ん

〈左ページの答え〉①石狩　②酪農　③十勝

合格ミニBOOK p.8

23 地形図の問題

身近な地域の調査

▶地形図から，実際の距離や標高を出せるようにしよう。
▶地図記号の意味と形をおさえよう。

確認 考え方を例題でおさえよう！

〈答えは右ページ下へ〉

例題 右の地形図は京都市の市街地を示す2万5千分の1の地形図です。Aの金閣寺（きんかく）からBの博物館までの地図上の長さを約3cmとすると，実際の距離（きょり）は約何mですか。

単位の換算を忘れないように！

約　　　　m

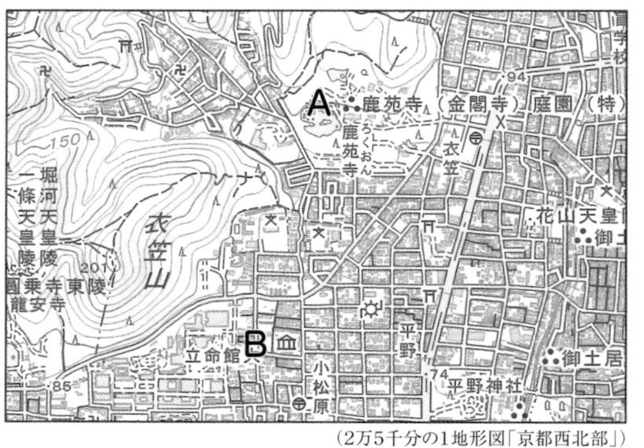

（2万5千分の1地形図「京都西北部」）

わからなかったらココをチェック！

1 長さを測って，縮尺の分母をかける！

実際の長さは，地図の縮尺の分母を，地図上の長さにかければ出せる。

例題は ＡＢ間は約３cm，縮尺の分母は25000
3 × 25000 = 75000(cm)
mなので， 75000 ÷ 100 = 750

縮尺は，「1：25000」のように書かれることもあるよ。

タイセツ 実際の距離 ＝ 地形図上の長さ × 縮尺の分母（2万5000や5万）

確認できたらコレもチェック！

2 主な地図記号をチェックしよう！

土地利用や施設（しせつ）の記号をチェックしておこう！

例題は 地形図に博物館 血 や針葉樹林 Λ がある

3 等高線の意味は？

線の間隔（かんかく）は縮尺で決まっている。 2万5000分の1なら，太い線が50mごと

◆間隔がせまい ➜ 急斜面になる
◆間隔が広い ➜ 傾斜がゆるやか

合格ミニBOOKで，詳しく確認！

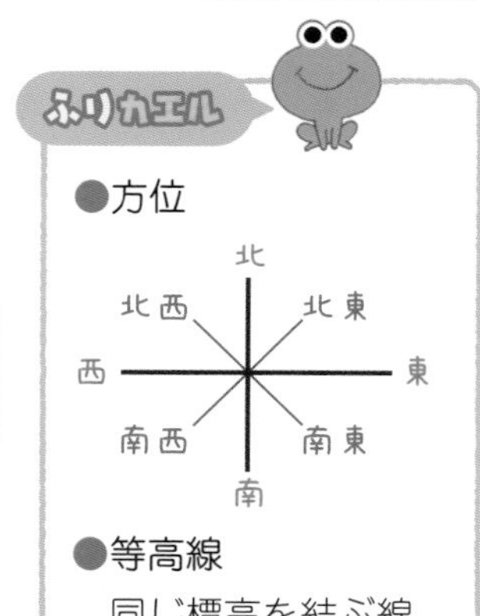

解答 p.9

地形図　距離　方位　標高　地図記号

1 右の地形図から読み取れることとして，正しいものを２つ選びなさい。〈山口〉

（　　　）
（　　　）

ア　この地形図内には碁盤目状の区画が見られる。

イ　テレビ塔のすぐ北側には消防署がある。

ウ　地形図上のＡからＢまでの長さを約３cmとすると，実際の距離は750 mである。

エ　北海道庁はＣ（札幌駅）から見ると，南東の方角にある。

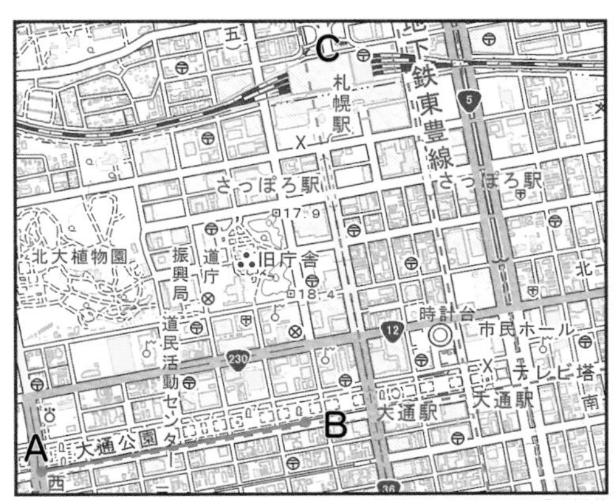

（2万5千分の1地形図「札幌」）

2 次の地形図を見て，あとの問いに答えなさい。〈長崎改〉

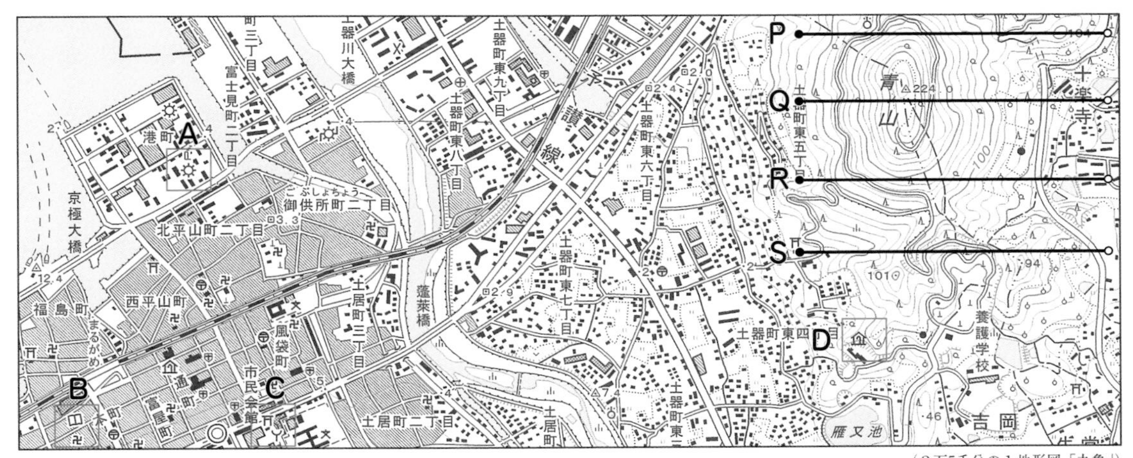

（2万5千分の1地形図「丸亀」）

(1)　□Ａ～Ｄの範囲に見られる施設の組み合わせとして，正しいものを選びなさい。

（　　　）

ア　Ａ－発電所　　イ　Ｂ－博物館　　ウ　Ｃ－消防署　　エ　Ｄ－警察署

(2)　●―○で示したＰ～Ｓに沿って断面図をかいたとき，右の図に示した断面図に最も近いものはどれですか。

（　　　）

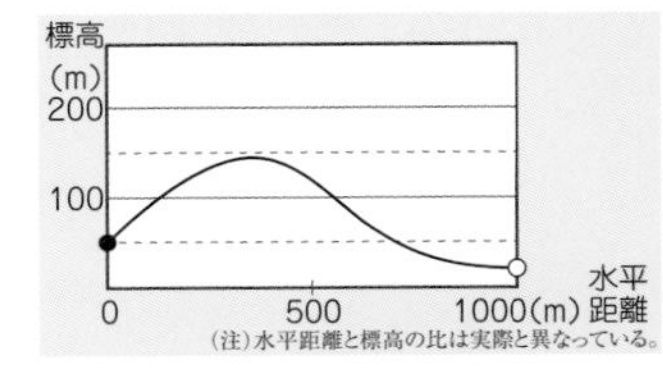

(注) 水平距離と標高の比は実際と異なっている。

□地図上の長さに縮尺の分母をかけると実際の距離がわかる

□等高線の間隔がせまいと急な斜面，広いとゆるやかな斜面

〈左ページの答え〉 750

1 右の地図を見て，次の問いに答えなさい。

8点×4（32点）〈愛媛改〉

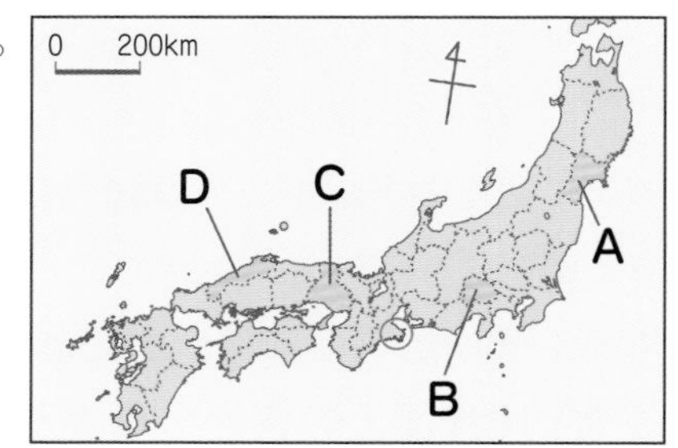

(1) 地図中A～Dのうち，近畿(きんき)地方の県を選びなさい。（　　）

(2) 地図中の○で示した地域のようすとして正しいものを次から選びなさい。（　　）

ア 海岸線が複雑に入り組んだリアス海岸がある

イ 流域面積が日本最大である川が流れている

ウ 火山の噴出(ふんしゅつ)物が堆積(たいせき)したシラスが広がっている

エ 標高3000 m前後の山々が連なる山脈(さんみゃく)がある

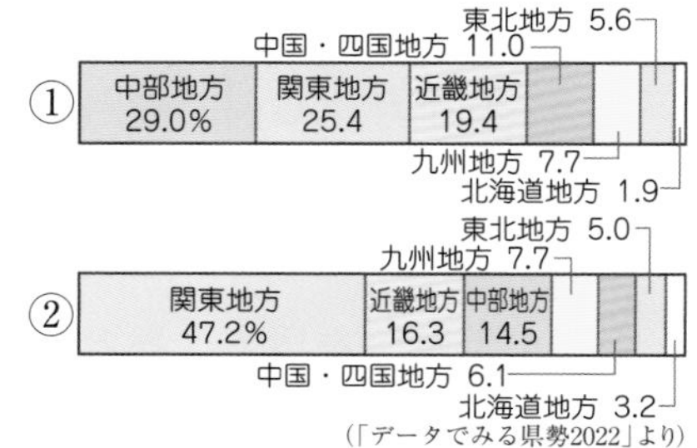

（「データでみる県勢2022」より）

(3) 右のグラフ①・②は何の地方別の割合を示していると考えられますか。次からそれぞれ選びなさい。

①（　　）②（　　）

ア 農業産出額　イ 製造品出荷額等　ウ 年間商品販売額

2 次の文を読んで，あとの問いに答えなさい。

7点×2（14点）〈愛知〉

冬には山地を越えてきた北からの乾燥(かんそう)した空気が，また，夏には山地を越えてきた南からの乾燥した空気が流れ込み，年間を通じて比較(ひかく)的（　　）。こうした気候を利用し，ぶどうやももなどの栽培(さいばい)が盛んに行われている。

(1) 上の文は，札幌(さっぽろ)市・福井市・岡山市・福岡市のいずれかの気候について述べたものです。（　　）にあてはまる文を次から選びなさい。（　　）

ア 降水量が少なく温暖である　イ 降水量が多く寒冷である

ウ 降水量が多く温暖である　エ 降水量が少なく寒冷である

(2) 上の文の都市の雨温図として適切なものを次から選びなさい。（　　）

ア 年平均気温 9.2℃ 年降水量 1146.1mm

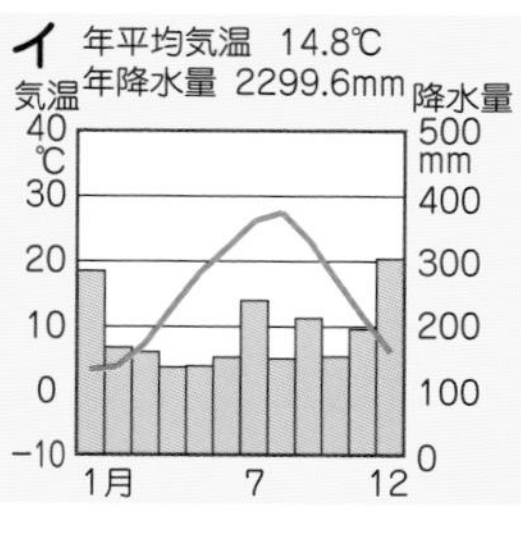

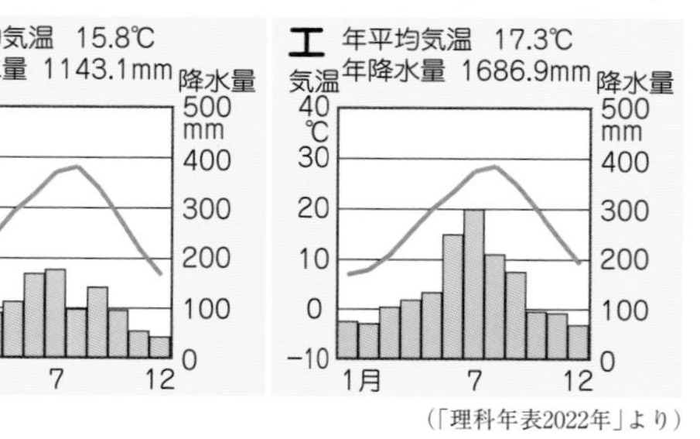

（「理科年表2022年」より）

3 次の問いに答えなさい。

8点×3(24点)〈山形〉

(1) 右の写真は静岡県で栽培される生産量が全国1位である農産物の畑のようすです。この農産物が栽培されている土地を示す地図記号を，次から選びなさい。

( )

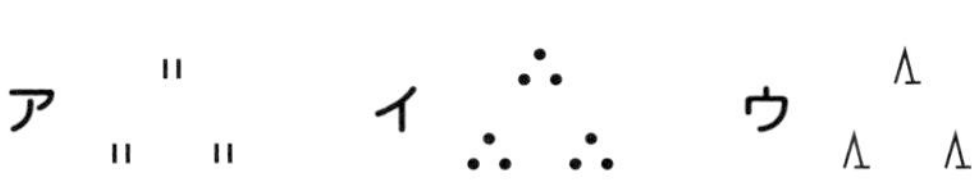

(2) 右の表のA～Eは東北，関東，中部，近畿，中国・四国のいずれかの地方を示しています。中部地方と近畿地方にあたるものをそれぞれ選びなさい。

中部地方( )

近畿地方( )

	面積(km²)	農業産出額(億円)	製造品出荷額等(億円)	鉄道による旅客輸送(百万人)
A	32,433	15,948	825,319	16,367
B	50,726	8,675	357,416	418
C	33,125	5,760	630,703	5,100
D	66,807	13,631	944,660	1,697
E	66,948	14,320	182,438	315

(2019年) (「データでみる県勢2022」ほかより)

4 次の資料を見て，あとの問いに答えなさい。

8点×2(16点)〈山梨〉

右の資料には，河川(かせん)が山間部から平野や盆地(ぼんち)に出たところにつくられる( )という地形が見られる。この地形は，つぶの大きい砂や石が堆積(たいせき)してつくられるため，□という特徴(とくちょう)があり，果樹栽培に適している。

(1) ( )にあてはまる語句を書きなさい。

( )

(2) □にあてはまる内容を，簡単に書きなさい。

( )

5 右の地形図を見て，次の問いに答えなさい。

7点×2(14点)〈大阪改〉

(1) Aの地図記号「血」が示すものを次から選びなさい。

( )

ア 博物館 イ 図書館 ウ 城跡

(2) Bは史跡を示す地図記号です。AとBの間の長さは，地形図上で約5cmあります。実際のおよその距離(きょり)として正しいものを次から選びなさい。

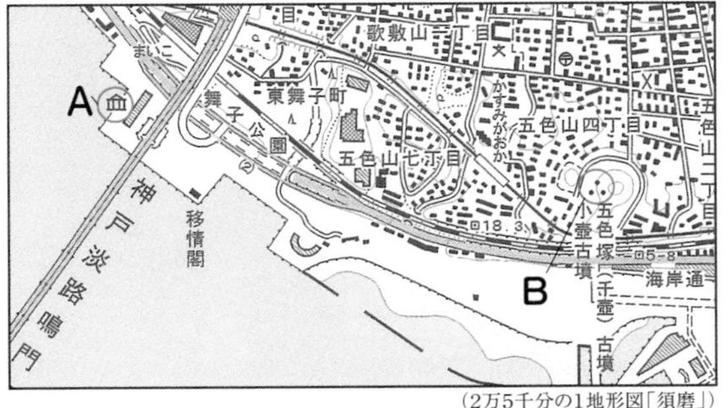

(2万5千分の1地形図「須磨」)

( )

ア 500 m イ 1,250 m ウ 5,000 m エ 12,500 m

特集 やっ得チェック ゴールを目指して解き進めよう!!

スタート!!
Q1 日本の排他的経済水域は何海里？
A 200海里
B 12海里
11へ
Q2 冬に降水量が多いのはどの地域？
A 日本海側
B 瀬戸内
12へ
Q3 温暖な気候を利用して野菜などの成長を早める栽培方法は？
A 促成栽培
B 抑制栽培
13へ
14へ
Q4 自動車など輸送用機械の生産額が最も大きいのはどこ？
A 中部地方
B 近畿地方
Q5 九州地方で，火山の噴出物が堆積してできた地形は？
A ローム
B シラス
16へ
Q7 りんごの栽培が盛んなのはどちら？
A 静岡県・愛媛県
B 青森県・長野県
21へ
Q6 人口が都市部に集中することを何という？
A 過疎
B 過密
20へ
Q8 博物館・美術館を示す地図記号はどちら？
A 🏛
B ⌂
23へ
ゴール!!

まちがえたら，11～23の単元へもどろう！

原始から近世までの歴史

政治の移り変わり

天皇　貴族　武士

外交・交易のようす

中国　朝鮮　琉球
ヨーロッパ

産業のようす

稲作　手工業
商業の発展

文化のようす

絵画　文学
彫刻　建物

西暦と世紀

●西暦

紀元前 B.C.　紀元後 A.D.

2年　1年　1年　2年

キリスト誕生？

実は西暦4年頃といわれている

イエス・キリストが生まれたとされていた年を基準に年代を表します。

●世紀

西暦の100年間を一区切りとして，年代を表します。

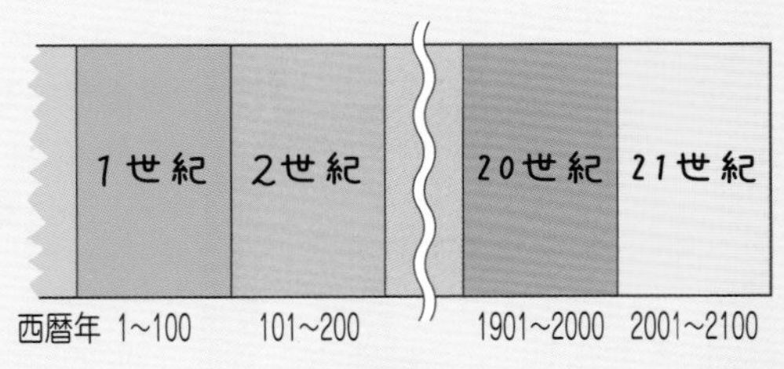

★西暦99年までとしないように！

3 原始から近世までの歴史

➡ 解答 p.10

★〔　〕から語句を選んで年表をまとめよう！

まちがえた語句は解答で確認！

時代	年	できごと	文化
縄文	約1万数千年前	縄文土器がつくられる	石器
弥生	紀元前4世紀	（　　）が伝わる	金属器
古墳	5世紀	大和政権の勢力が広がる	
飛鳥	593	聖徳太子(厩戸皇子)が摂政になる	飛鳥文化
	645	（　　）が始まる	
奈良	710	都が（　　）(奈良)に移る	天平文化
	743	墾田永年私財法が定められる	
平安	794	都が（　　）(京都)に移る	
	1016	藤原道長が摂政になる…（　　）政治	国風文化
	1086	白河上皇の院政が始まる	
	1167	平清盛が太政大臣になる	
鎌倉	1192	（　　）が征夷大将軍になる	鎌倉文化
	1232	御成敗式目が定められる	
	1274	元寇が起こる(文永の役)	
	1334	建武の新政が始まる	
室町	1392	足利義満が南北朝を統一する	北山文化
	1467	（　　）が起こる	東山文化

〔　応仁の乱　　平安京　　源頼朝　　稲作　　大化の改新　　摂関　　平城京　〕

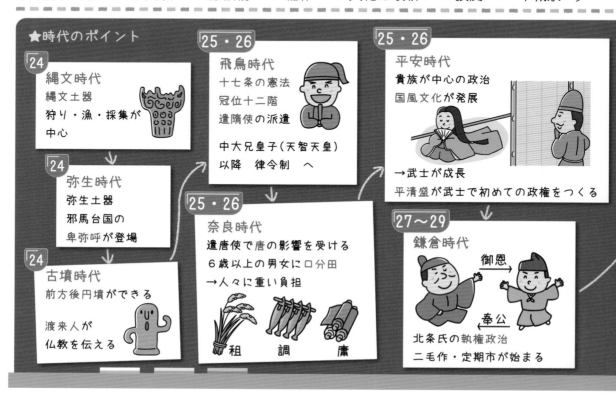

★時代のポイント

24 縄文時代
縄文土器
狩り・漁・採集が中心

24 弥生時代
弥生土器
邪馬台国の卑弥呼が登場

24 古墳時代
前方後円墳ができる
渡来人が仏教を伝える

25・26 飛鳥時代
十七条の憲法
冠位十二階
遣隋使の派遣
中大兄皇子(天智天皇)以降　律令制　へ 

25・26 奈良時代
遣唐使で唐の影響を受ける
6歳以上の男女に口分田
→人々に重い負担
租　調　庸

25・26 平安時代
貴族が中心の政治
国風文化が発展
→武士が成長 
平清盛が武士で初めての政権をつくる

27～29 鎌倉時代 
御恩
奉公
北条氏の執権政治
二毛作・定期市が始まる

時代	年	できごと
	15世紀末	ヨーロッパで大航海時代が始まる
	1543	（　　　）が種子島に伝来する
安土桃山	1577	織田信長の（　　　）安土
	1590	（　　　）の全国統一
	1600	関ヶ原の戦いで（　　　）が勝利
江戸	1603	江戸幕府ができる
	1615	武家諸法度が定められる
	1635	徳川家光が参勤交代を制度化
	1641	幕府の外交の体制「鎖国」が完成
	1716	（　　　）の享保の改革
	1772	（　　　）が老中になる
	1787	松平定信の（　　　）の改革
	1825	異国船打払令
	1841	水野忠邦の（　　　）の改革

南蛮文化　桃山文化　元禄文化　化政文化

〔　寛政　徳川吉宗　豊臣秀吉　楽市・楽座　徳川家康　鉄砲　天保　田沼意次　〕

27～29
室町時代
明と勘合貿易
明
守護大名が各地で成長
農村で惣ができる
ヨーロッパ
ルネサンス，
宗教改革
→大航海時代
戦国時代
30
安土桃山時代
南蛮貿易が盛ん
秀吉の刀狩・太閤検地で
武士と農民が分かれる（兵農分離）
31～35
江戸時代
幕府と藩による支配＝幕藩体制
武家諸法度→大名を統制
参勤交代が藩の負担…
天下の台所
京都
大阪
江戸
長崎
将軍のおひざもと
三都（江戸・大阪・京都）が繁栄
工業
問屋制家内工業→
工場制手工業へ
朱印船貿易
→貿易の窓口を４つにする
「鎖国」へ

合格ミニBOOK p.10

24 縄文時代から古墳時代までの社会

原始

▶土器の違いや銅鐸・埴輪がいつのものかおさえよう！
▶大陸の影響で社会が変化していくようすも確認。

確認 よく出る語句をまとめておこう！

p.64　〈答えは右ページ下へ〉

□に「銅鐸」・「土偶」・「埴輪」のどれかを書いて，まとめを完成させよう！

確認できたらコレもチェック！

1 大陸との関係をおさえよう！

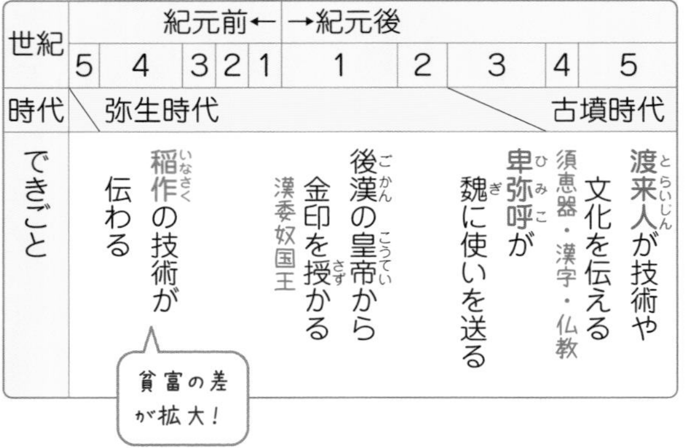

世紀	紀元前←					→紀元後				
	5	4	3	2	1	1	2	3	4	5
時代	弥生時代									古墳時代
できごと		稲作の技術が伝わる				後漢の皇帝から金印を授かる 漢委奴国王		卑弥呼が魏に使いを送る		渡来人が技術や文化を伝える 須恵器・漢字・仏教

貧富の差が拡大！

5世紀にも，日本から倭の五王がたびたび中国に使いを送ったんだ。

ふりカエル

●邪馬台国
弥生時代に女王卑弥呼が治めた国。

●大王
大和政権の王。ワカタケル（倭王武とされる）などがいる。

2 よく出る資料　大仙古墳！

現在の大阪府にある日本最大の**前方後円墳**。

5世紀～6世紀に前方後円墳が全国に広まっている

→ 大和政権 の勢力が拡大したようすを示す。
近畿地方に生まれた有力な豪族の勢力

解答 p.10

入試のキーワード
縄文　土偶　弥生　稲作　銅鐸　高床倉庫
金印　邪馬台国　古墳　埴輪　大和政権

1 次の資料を見て，あとの問いに答えなさい。 〈富山改〉

資料１
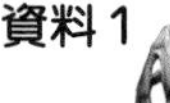

資料２　ア

イ　ウ

エ

(1) 資料１の土器を何といいますか。

(　　　　　　　　)

(2) 古墳がつくられた時代に関連するものを資料２から選びなさい。

(　　)

2 次の資料を見て，あとの問いに答えなさい。

右の資料は，弥生時代に米などの穀物をたくわえていたとされる倉庫を復元したものである。稲作が盛んになったころ日本には小さな国が生まれ，中国(ちゅうごく)に使いを送る国もあった。

(1) ――部について，このような倉庫を何といいますか。

(　　　　　　　　)

(2) このころの日本について，次の文の｛　　｝にあてはまる語句に○を書きなさい。

● 1世紀半ば，倭(わ)の奴国(なこく)の王は中国の皇帝から｛ 金印　銅鏡 ｝をあたえられた。

3 右の資料は埼玉県にある古墳(こふん)とその出土品です。次の問いに答えなさい。

(1) 資料１のような古墳が大和政権の広がりにともない，各地の豪族(ごうぞく)によってつくられました。このような古墳を，その形から何といいますか。 〈埼玉16〉

(　　　　　　　　)

資料１

資料２
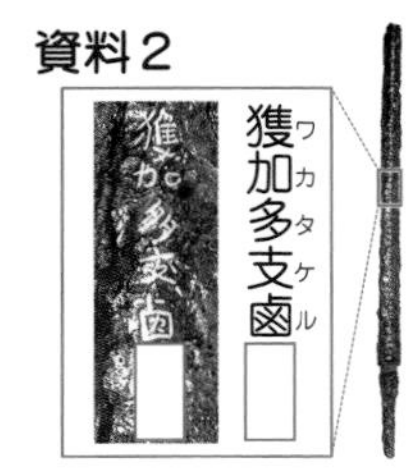

(2) 資料２は資料１から出土した鉄剣です。鉄剣に刻(きざ)まれたワカタケルの人物名に続く語句を漢字で書きなさい。 〈兵庫〉

(　　　　　　　　)

□縄文土器＝文様・厚手，弥生土器＝簡素・薄手
□渡来人が儒学・漢字・仏教などの文化をもたらした

〈左ページの答え〉 ①土偶　②銅鐸　③埴輪

➡合格ミニBOOK p.10

25 飛鳥時代から平安時代の政治と社会

古代①

▶天皇中心→律令国家→摂関政治の政治の流れをチェック。
▶土地や人々をどのように支配していたのかとらえよう！

確認 政治のようすの変化をおさえよう！

p.64 〈答えは右ページ下へ〉

□に「聖徳太子」・「摂関」・「律令」のどれかを書いて，まとめを完成させよう！

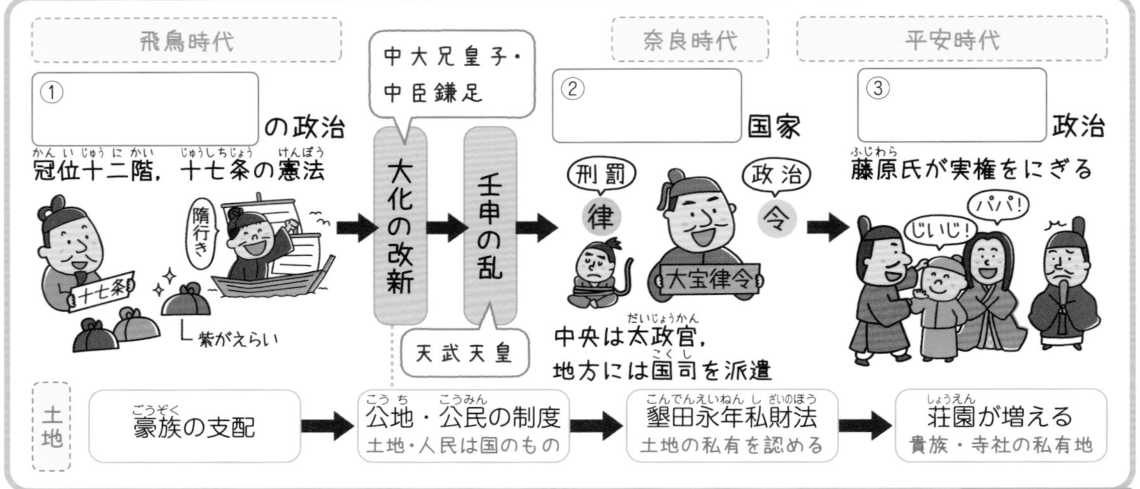

確認できたら コレも チェック！

1 奈良時代の税の負担は？

農民は班田収授法で口分田があたえられ，重い税を負担した。

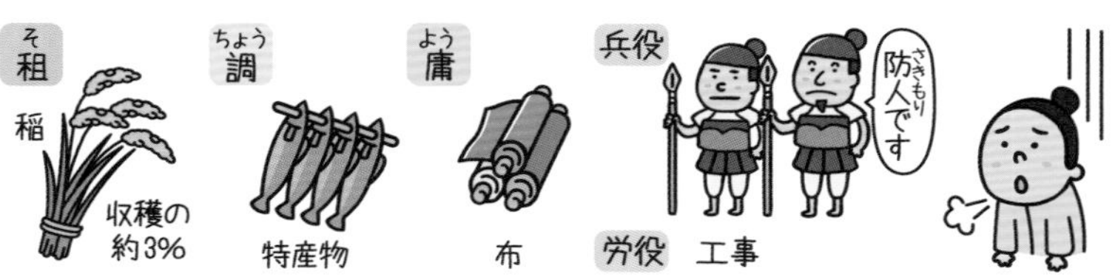

この木簡は調の荷札だね。
周防国 今の山口県
調塩二斗

2 平安時代後期の政治のようすを確認！

10世紀以降，武士が成長していき，社会のようすが変化する。（源氏・平氏など）

◆院政　天皇の位をゆずった上皇の政治　1086年，白河上皇が始める

◆平氏　保元の乱・平治の乱で台頭。源氏をおさえた。

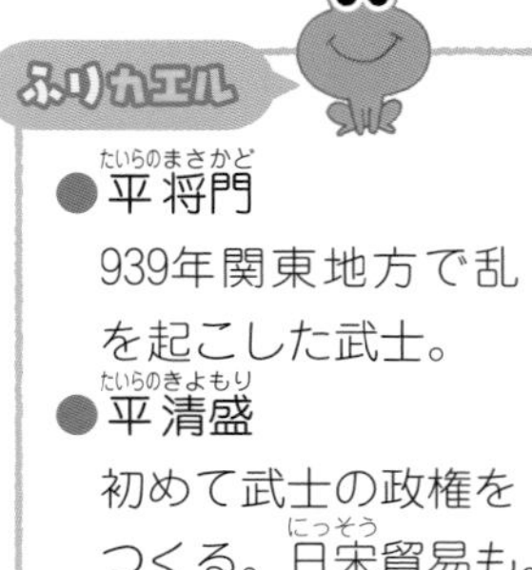

●平将門
939年関東地方で乱を起こした武士。

●平清盛
初めて武士の政権をつくる。日宋貿易も。

➡ 解答 p.10

入試のキーワード
十七条の憲法　冠位十二階　遣隋使　公地・公民
大宝律令　墾田永年私財法　摂関政治

1 聖徳太子は，家柄にとらわれず，有能な人を役人に取り立てるために，新しい制度を定めました。この制度を何といいますか。〈山形〉

(　　　　　)

2 次の文を読んで，あとの問いに答えなさい。〈福井改〉

中大兄皇子は，中臣鎌足などとともに，新しい政治のしくみをつくる改革を始めた。この改革を大化の改新という。天智天皇(中大兄皇子)の没後には，あとつぎをめぐる争いである□に勝って即位した天武天皇のもとで改革が推進された。

(1) ――部がめざした改革について，次の文の(　　)にあてはまる語句を書きなさい。
●豪族が支配する土地と人民を(　　　　　)とする方針を定め国家が直接支配するようにした。

(2) □にあてはまる語句を書きなさい。

(　　　　　)

3 次の文は，右の資料について述べたものです。①・②の税の名前を書きなさい。〈埼玉16〉

奈良時代，人々は口分田の面積に応じて(①)を負担し，国や郡などの倉庫に納めた。このほかに一般の男子は，特産物や布を(②)や庸などの税として課され，都に運んだ。木簡には，周防国(山口県)から(②)として塩二斗が納められたと記されている。

①(　　　　　)　②(　　　　　)

当時の税を読みとることができる木簡（奈良県出土）
〈解読文〉
周防国　大嶋郡　美敢郷
田部小足　②　塩二斗
（注）田部小足は人名である

4 平安時代に藤原氏が実権をにぎるためにとった方法について，次の文の(　　)にあてはまる語句をそれぞれ書きなさい。〈千葉改〉

●藤原氏は，(　　　　　)を天皇のきさきとして
その(　　　　　)を天皇の位につけることで，政治の実権をにぎった。

合格へのトビラ
□聖徳太子→大化の改新→律令国家→摂関政治と変化
□租は稲，調は特産品，庸は労役のかわりの布

〈左ページの答え〉 ①聖徳太子　②律令　③摂関

合格ミニBOOK p.10

26 飛鳥時代から平安時代の文化

古代②

▶飛鳥・奈良・平安時代それぞれの文化の特徴をチェック。
▶遣隋使・遣唐使が文化に影響していることをおさえよう。

確認 古代の文化の特色を理解しよう！

〈答えは右ページ下へ〉

□に「飛鳥」・「国風」・「天平」のどれかを書いて，まとめを完成させよう！

飛鳥時代 ①［　　　］文化

日本で最初の仏教文化

奈良時代 ②［　　　］文化　聖武天皇のころの年号に由来

遣唐使の影響を受けた，国際色豊かな文化

仏教で国を守ろう！

文学

書名	内容
「古事記」	歴史書
「日本書紀」	歴史書
「万葉集」日本最古の歌集	歌集

平安時代（中期以降） ③［　　　］文化

大陸の文化をふまえて，日本に合うよう工夫

文学

書名	作者	内容
「枕草子」	清少納言	随筆
「源氏物語」	紫式部	小説
「古今和歌集」	紀貫之など	歌集

藤原頼通
浄土信仰に基づいて建てました

確認できたらコレもチェック！

1 正倉院宝物はどこからきた？

東大寺の正倉院宝物（聖武天皇が使用した道具など）には，西アジアやインドのものもある。

➡遣唐使 が持ち帰ったと考えられている

●遣唐使
奈良時代を中心に唐に派遣。894年に菅原道真が停止した。

2 仮名文字は，国風文化のかなめ。

漢字から，日本語の音を表せる仮名文字 が生まれた。

➡感情を日本語で表現しやすく，優れた文学作品が登場（女性も活躍）

漢字から仮名文字への変化

平仮名	片仮名
安→あ	阿→ア

解答 p.11

入試のキーワード

飛鳥　法隆寺　天平　正倉院　東大寺
国風　仮名　清少納言　紫式部　平等院

1 **右の写真は法隆寺の釈迦三尊像です。次の問いに答えなさい。**　〈岐阜改〉

(1)　右の仏像に代表される日本で最初の仏教文化を何といいますか。

(　　　　　)

(2)　法隆寺について，次の文の(　　)にあてはまる語句を書きなさい。

●法隆寺の金堂・五重塔などは，
現存する世界(　　　　　)の木造建築とされている。

2 **天平文化について，次の文を読んで，あとの問いに答えなさい。**　〈鹿児島，静岡改〉

東大寺が平城京の近くに建てられ，このころ天平文化が花開いた。東大寺にある正倉院の宝物には，唐や新羅だけでなくインドなどの影響を受けたものもある。

ア　イ

ウ

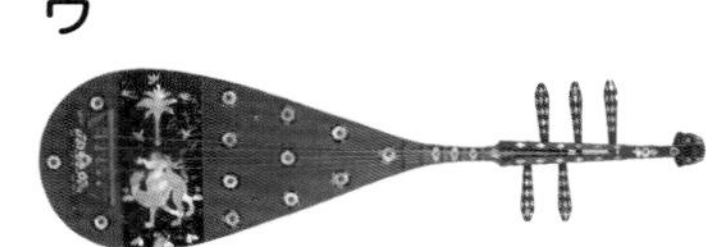

(1)　――部に最も関係の深いものを右から選びなさい。

(　　　)

(2)　聖武天皇が国ごとに国分寺と国分尼寺を，都に東大寺を建てさせた政策の目的について，次の文の(　　)にあてはまる宗教を書きなさい。

●(　　　　　)の力に頼って，国家を守ろうと考えたため。

3 **平安時代の文化について，次の問いに答えなさい。**

(1)　国風文化の特色の1つは，日本語の発音を表す文字が発達したことです。この文字の名前と，この文字を用いて紫式部が書いた長編小説名をそれぞれ書きなさい。〈静岡〉

文字(　　　　　)　長編小説(　　　　　)

(2)　右の写真の建物が建てられたころ広まった，「阿弥陀仏にすがれば死後に極楽浄土に生まれ変わることができる」という考えを何といいますか。〈石川〉

(　　　　　)

□法隆寺には，現存する世界最古の木造建築物がある
□奈良時代は天平文化，平安時代は国風文化と浄土信仰

〈左ページの答え〉　①飛鳥　②天平　③国風

合格ミニBOOK p.12

27 鎌倉時代から室町時代の政治

中世①

▶２つの幕府のしくみの似ているところと違いをチェック。
▶承久の乱や元寇など戦乱があたえた影響もおさえよう！

確認 鎌倉幕府と室町幕府の特色をおさえよう！

〈答えは右ページ下へ〉

□に「管領」・「執権」のどちらかを書いて，まとめを完成させよう！

鎌倉時代

人物
- 源頼朝　守護・地頭設置，征夷大将軍になる
- 北条泰時　執権。御成敗式目制定（貞永式目ともいう）

戦乱
- 承久の乱　幕府軍が朝廷軍に勝利 →京都に六波羅探題を設置
- 元寇　元軍との戦い 1274・1281年

室町時代

人物
- 足利尊氏　初代将軍
- 足利義満　３代将軍，南北朝統一
- 足利義政　８代将軍，応仁の乱

戦乱
- 南北朝の動乱　北朝（京都）と南朝（吉野）が対立（足利尊氏／後醍醐天皇）
- 応仁の乱　下剋上の戦国時代へ（1467年　将軍足利義政のあとつぎ争い）

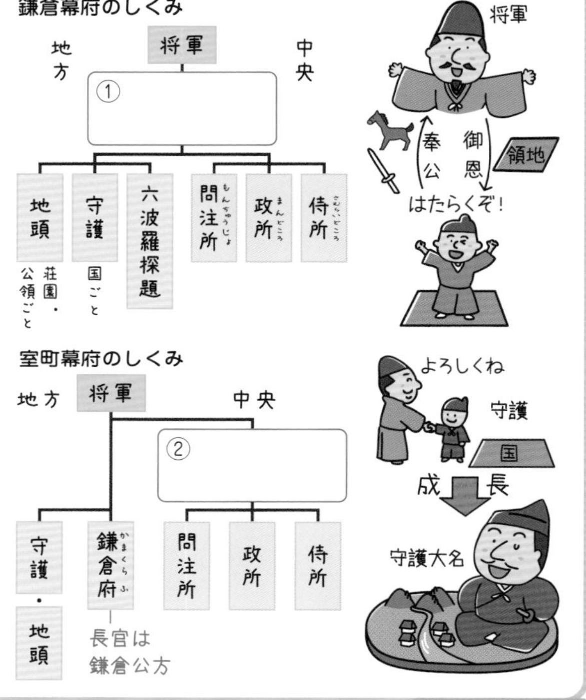

確認できたらコレもチェック！

1 よく出る資料　元寇のようす。

一騎討ちを挑む日本の武士に対し，元軍は，集団戦法で火薬を使った武器を使用している。

2 鎌倉時代と室町時代の間は？

足利尊氏らと 鎌倉幕府 をたおした後醍醐天皇がすぐに 建武の新政 を始めた。
２年ほどで新政は失敗。南北朝の動乱が起こり，足利尊氏は 室町幕府 を開いた。

➡ 解答 p.11

入試のキーワード
守護　地頭　御恩　奉公　執権　御成敗式目
建武の新政　管領　応仁の乱　下剋上

1 右の図を見て，次の①・②にあてはまる語句をそれぞれ書きなさい。〈長野改〉

中世は図のように，御家人（ごけにん）が将軍から領地の支配権を認めてもらうかわりに，領地に見合ったさまざまな働きをする①と②の関係とよばれる主従関係が成り立っていた。

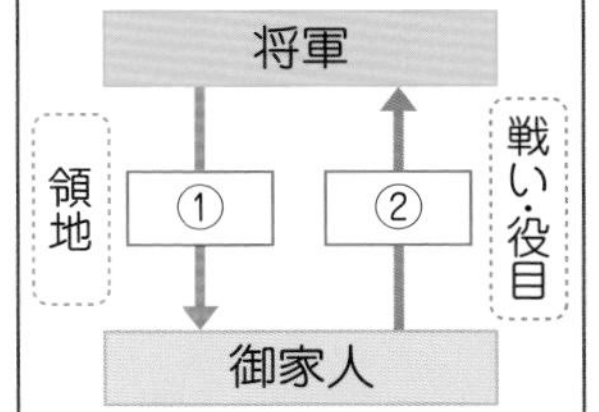

①（　　　　　　）②（　　　　　　）

2 鎌倉幕府と室町幕府について，次の問いに答えなさい。

(1) 右の資料は鎌倉幕府と室町幕府のしくみを示したものです。資料の説明として正しいものを，次から選びなさい。〈島根改〉

（　　　）

鎌倉幕府のしくみ

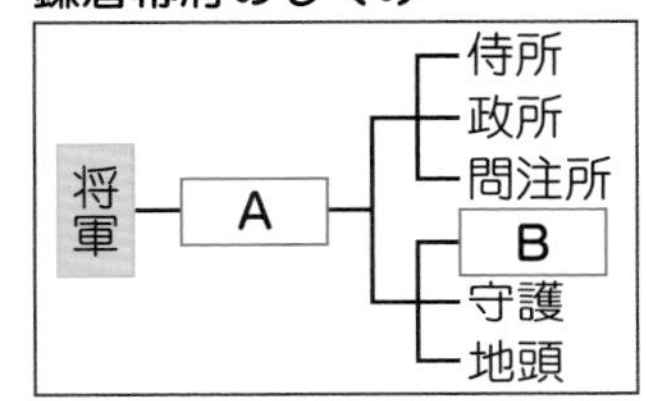

室町幕府のしくみ

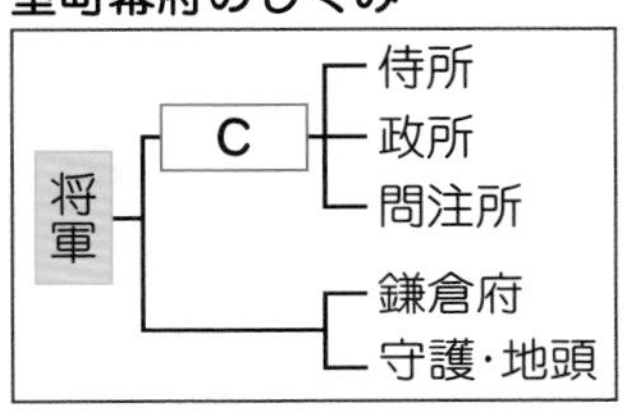

ア　Aの管領（かんれい）の地位についた北条氏は，将軍の力を弱めて幕府の実権をにぎった。
イ　Bの六波羅探題は，承久の乱のあと，朝廷（ちょうてい）の監視のために設置された。
ウ　Cの執権は将軍の補佐（ほさ）役であり，有力な守護大名（しゅごだいみょう）が任命された。

(2) この時代に起こった次のできごとを，年代の古い順に並べなさい。〈大阪改〉

（　　→　　→　　→　　）

ア　京都と吉野に２つの朝廷が並び立った　**イ**　建武の新政が始まった
ウ　鎌倉幕府が滅亡した　**エ**　源頼朝が全国に守護・地頭を置いた

3 次の文の□にあてはまる戦乱の名を書きなさい。また，Xにあてはまる内容をあとから選びなさい。〈岐阜改〉

15世紀中ごろから，実力のある者が力をのばして上の身分の者に打ち勝つ下剋上の風潮が広がった。その転機となった□は，８代将軍の足利義政のあとつぎ問題や，（ X ）などが原因であり，戦乱は京都から全国に広がった。

戦乱（　　　　　　）X（　　　）

ア　朝廷と幕府の対立　**イ**　有力な守護大名の対立　**ウ**　御家人の幕府への不満

合格へのトビラ
□鎌倉幕府は執権，室町幕府は管領
□応仁の乱のあと，下剋上の戦国時代になった

〈左ページの答え〉 ①執権　②管領

合格ミニBOOK p.12

28 鎌倉時代から室町時代の社会

中世②

▶産業の発達と，農村や都市が変化していくようすを確認
▶勘合(日明)貿易と東アジアのようすもおさえておこう！

確認 鎌倉・室町時代の社会のようすをおさえよう！

〈答えは右ページ下へ〉

□に「座」・「惣」・「問」のどれかを書いて，まとめを完成させよう！

農業と農村のようす

◆牛馬による耕作・二毛作

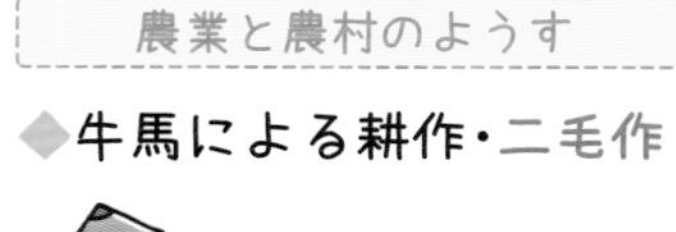

村の自治組織 ①□
寄合で村の掟を定める

手工業・商業と都市のようす

◆手工業　絹織物・陶器
◆定期市
交通の便利なところで開催

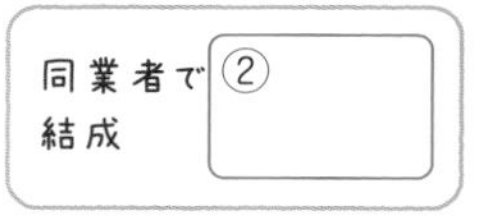

◆運送業 ③□・馬借
◆金融業　土倉・酒屋
裕福な町衆が自治を行う都市も！

確認できたらコレもチェック！

1 一揆の種類を確認しよう！

15世紀以降，力をつけた民衆が結びついてしばしば 一揆 を起こした。

土一揆	山城国一揆	一向一揆
借金の帳消しなどを求めた 土倉・酒屋をおそう	守護大名を追放。民衆の自治が行われた	一向宗(浄土真宗)の信徒が起こした

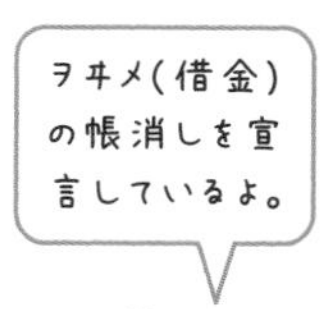

ヲヰメ(借金)の帳消しを宣言しているよ。

正長の土一揆(1428年)の碑文

正長元年ヨリサキ者，カンへ四カンカウニヲヰメアルヘカラス

2 東アジアの国々との関係をおさえよう！

足利義満が明と 勘合貿易 を始めた。
◆銅銭を大量に輸入　←定期市で使用

日明貿易

中継貿易で栄えた 琉球王国 や 朝鮮，蝦夷地の アイヌ民族 とも交易。

ふりカエル

●倭寇
東シナ海で海賊行為をした。日本人のほか中国・朝鮮人も。

タイセツ　日明貿易では，正式な貿易船の証明として 合札(勘合) が用いられた。

練習問題

➡ 解答 p.11

入試のキーワード
二毛作　定期市　馬借　問　座　惣　徳政
土一揆　一向一揆　勘合貿易　倭寇　琉球

1 **中世の社会について，次の問いに答えなさい。**　〈和歌山改，鳥取改，大阪改〉

(1)　右下の文中の(　　)に共通してあてはまる語句を書きなさい。

(　　　　　　)

この絵は，店先に商品が並び，人々が集まる(　　)のようすがえがかれています。寺社の門前や交通の要地で(　　)が開かれ，中国の銅銭を用いて商品が取り引きされていました。

(2)　(1)のころの日本の農業について，最も適切なものを，次から選びなさい。　(　　　)

ア　石包丁を使って稲(いね)の穂(ほ)をかり取っていた。
イ　備中(びっちゅう)ぐわや千歯(せんば)こきなどの新しい農具の発明により，生産力が向上した。
ウ　牛馬による耕作や，米と麦などの二毛作が広まった。

(3)　京都や奈良などで質屋や高利貸しを営んだ金融業者を，次からすべて選びなさい。　(　　　　)

ア　馬借　　**イ**　問　　**ウ**　酒屋　　**エ**　土倉

(4)　15世紀に起こった土一揆について，次の文の(　　)にあてはまる語句を書きなさい。

●土一揆の中には，(　　　　　　　　)を認める徳政令(とくせいれい)を求めるものもあった。

2 **次の問いに答えなさい。**

(1)　中国(明)との貿易について，次の文の(　　)にあてはまる語句を書きなさい。〈鳥取〉

明は，密貿易や海賊行為(かいぞくこうい)を行う(①)と区別するため，正式な貿易船に対し，右の資料の合札をあたえた。そのため，日明貿易のことを(②)貿易ともいう。

①(　　　　　　)　②(　　　　　　)

(2)　15世紀初めに尚(しょう)氏が建て，中継貿易で栄えた国を何といいますか。　〈栃木改〉　(　　　　　)

合格へのトビラ
□牛馬耕や二毛作などの農業技術が発達，各地で定期市
□農村は惣による自治。土一揆や一向一揆も起こった

〈左ページの答え〉 ①惣　②座　③問

合格ミニBOOK p.12

29 鎌倉・室町時代の文化

中世③

▶鎌倉文化は作品のほかに新しい仏教もよく出る。
▶室町文化は北山・東山・民衆の文化の特徴をおさえよう。

確認 鎌倉文化・室町文化の特色をおさえよう！

〈答えは右ページ下へ〉

□に「運慶」・「世阿弥」・「水墨画」のどれかを書いて，まとめを完成させよう！

鎌倉文化

武士の気風に合った力強い文化

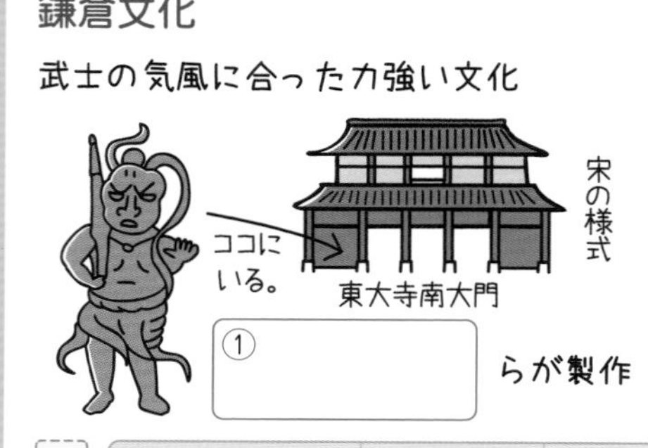

① 　　　　らが製作

文学

書名	人物	内容
「平家物語」	琵琶法師	軍記物
「徒然草」	兼好法師	随筆
「新古今和歌集」	藤原定家ら	歌集

室町文化

貴族と武士の文化が合わさった文化

◆北山文化

足利義満のころ

観阿弥と 猿楽などから発展

② 　　　　が大成

◆東山文化 禅宗が影響

足利義政のころ

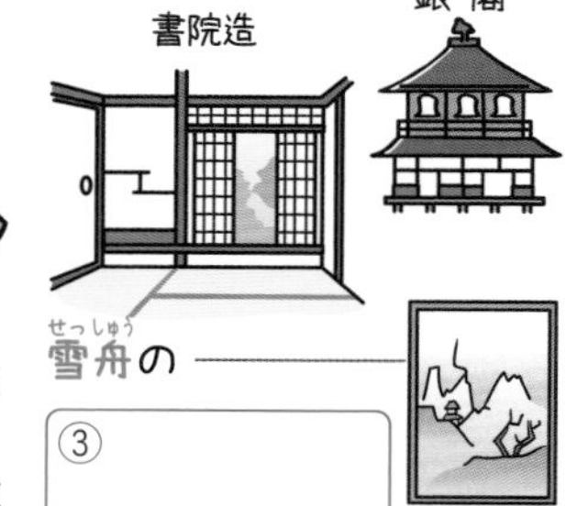

雪舟の ③ 　　　　

確認できたらコレもチェック！

1 鎌倉時代には新しい仏教がおこった！

武士や庶民の間でわかりやすい仏教が広まった。

宗派	浄土信仰から発展			日蓮宗	禅宗	
	浄土宗	浄土真宗	時宗		臨済宗	曹洞宗
開祖	法然	親鸞	一遍	日蓮	栄西（えいさい）	道元
特徴	一心に念仏を唱える	のちに一向宗ともよばれる	踊念仏	題目を唱える	座禅を組む	

2 室町時代は民衆にも文化が広まった。

茶の湯や連歌が流行。

民衆の成長とともに，文化も広まる。

◆能　合間に狂言が演じられた

◆御伽草子　絵が入った物語

「一寸法師」・「ものぐさ太郎」

ふりカエル

●連歌
和歌の上の句と下の句を次々によむ。

練習問題

解答 p.11

入試のキーワード

東大寺南大門　金剛力士像　平家物語　金閣　銀閣　書院造　能　世阿弥　水墨画　雪舟

1 次の問いに答えなさい。

(1) 宋（そう）からもたらされ，自分の力でさとりを得るという教えが武士の気風に合ったため，鎌倉幕府によって保護された仏教の宗派を，〔　〕から選びなさい。〈和歌山改〉

(　　　　)

〔　禅宗　　浄土宗　　日蓮宗　　浄土真宗　〕

(2) 琵琶法師が各地をめぐって民衆に語った「祇園精舎（ぎおんしょうじゃ）の鐘（かね）の声」で始まる軍記物語を何といいますか。〈山口〉

(　　　　)

鎌倉時代に成立した物語だよ。

(3) 右の資料は，ある人物が室町時代にかいた水墨画（すいぼくが）の「秋冬山水図」の一部です。この水墨画をかいた人物を〔　〕から選びなさい。〈香川〉

(　　　　)

〔　歌川広重　　狩野永徳　　菱川師宣　　雪舟　〕

(4) 右の資料は，猿楽（さるがく）や田楽（でんがく）から生まれた舞台芸術です。これを何といいますか。また，この舞台芸術を大成させた人物を，〔　〕から選びなさい。〈群馬〉

舞台芸術(　　　　)　人物(　　　　)

〔　世阿弥　　兼好法師　　松尾芭蕉　　出雲の阿国　〕

2 右の資料を見て，次の問いに答えなさい。〈石川〉

(1) Aの建物の建築を命じた人物はだれですか。

(　　　　)

(2) BはAと同じ敷地にある建物の内部です。このような住居の様式を何といいますか。

(　　　　)

□鎌倉時代，民衆に広まった浄土真宗，武士に広まった禅宗

□金閣は足利義満が建立。銀閣は足利義政が建立し書院造がある

〈左ページの答え〉 ①運慶　②世阿弥　③水墨画

合格ミニBOOK p.12

30 安土桃山時代の政治と文化

近世①

▶織田信長・豊臣秀吉の政策の違いをおさえよう。
▶南蛮貿易と桃山文化の特徴を確認！

確認 織田信長と豊臣秀吉の違いをおさえよう！

〈答えは右ページ下へ〉

□に「刀狩」・「太閤検地」・「楽市・楽座」のどれかを書いて，まとめを完成させよう！

織田信長 室町幕府をほろぼす
◆長篠の戦い　鉄砲を効果的に使う
◆仏教勢力と戦い，キリスト教を優遇

統一事業
①

ようこそ安土へ
無税!!
なんと！自由に商いが!!
楽市・楽座
関所も廃止しました

◆本能寺の変で自害

豊臣秀吉
◆天下統一　◆朝鮮侵略に失敗
◆キリスト教を危険視 → バテレン追放令
キリスト教の宣教師

貿易優先で不徹底

統一事業
②

回収
百姓は百姓
武士は武士

③

兵農分離が進んだ
百姓と武士の身分が分かれる

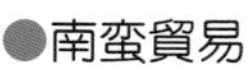
確認できたらコレもチェック！

1 鉄砲とキリスト教が伝わった。

1543年，ポルトガル人によって鉄砲が種子島に伝わる。
➡ 戦国大名に広まり，戦い方に影響。

1549年，ザビエルがキリスト教を伝える。
カトリックのイエズス会の宣教師
➡ キリシタン大名が登場。

ヨーロッパは宗教改革や大航海時代のころだよ。

ふりカエル
●南蛮貿易
スペインやポルトガルと行われた貿易。
●南蛮文化
南蛮貿易の影響を受けた文化。

2 豪華で壮大な桃山文化が栄えた。

信長・秀吉のころの文化 ＝ 桃山文化。壮大な城，茶の湯，かぶきおどりなどが流行。

千利休

天守のある城

かぶきおどり

狩野永徳の絵

練習問題

解答 p.12

入試のキーワード

楽市・楽座　長篠の戦い　検地　刀狩
兵農分離　桃山文化　狩野永徳　千利休

1 織田信長は，安土(あづち)城下の商人たちの税を免除して，自由な営業を認めました。このような政策を何といいますか。また，信長に関することとして正しいものを，次から選びなさい。〈山梨〉

政策（　　　　　　　）　信長に関すること（　　　）

ア　明(みん)と勘合(かんごう)貿易を行った。　イ　長篠の戦いで勝利した。
ウ　諸国に刀狩令(かたながりれい)を出した。　エ　武家諸法度(ぶけしょはっと)を制定した。

2 豊臣秀吉の政策について，右の資料を見て，次の問いに答えなさい。

(1)　秀吉は資料１と同じような検地(けんち)を行い，その結果，土地の収穫(しゅうかく)量を表す基準が定められました。この基準を漢字２字で書きなさい。〈青森〉

（　　　　　　）

資料１

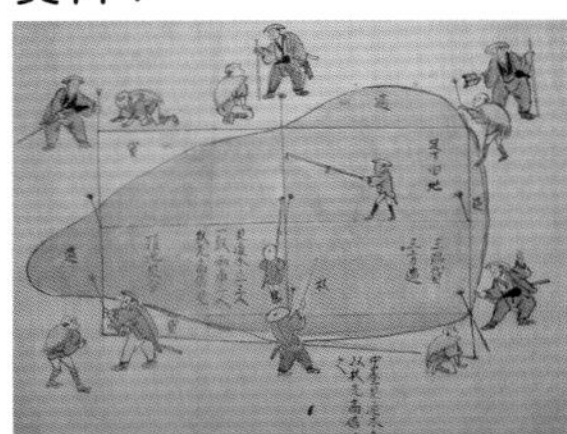

資料２

諸国の百姓(ひゃくしょう)が刀やわきざし，弓，やり，鉄砲，そのほかの武具などを持つことは，かたく禁止する。

(2)　資料２は秀吉の行った政策の一部を示しています。この政策を行った理由について，次の文の（　　）にあてはまる語句を書きなさい。〈長崎改〉

●農民の（　　　　　　）を防止するため。

(3)　資料１・２のような政策などにより，武士と百姓の身分の区別が進みました。このことを何といいますか。〈徳島改〉

（　　　　　　）

資料１は太閤検地，資料２は刀狩だね。

3 室町・安土桃山時代の文化について，次の問いに答えなさい。

(1)　キリスト教を日本に伝えた右の写真の人物は，その後２年余り，日本各地で布教活動を行いました。この人物はだれですか。〈静岡〉

（　　　　　　）

(2)　豊臣秀吉に仕えたことでも知られる，わび茶を大成した人物の名前を書きなさい。〈北海道〉

（　　　　　　）

合格へのトビラ

□信長は楽市・楽座と安土城，秀吉は太閤検地・刀狩と大阪城
□桃山文化　豪壮なふすま絵，質素なわび茶

〈左ページの答え〉 ①楽市・楽座　②太閤検地　③刀狩

➡合格ミニBOOK p.12

31 江戸幕府のしくみ

近世②

▶江戸幕府の大名を統制するための政策をおさえよう。
▶身分制度や農民支配のための政策もチェック！

確認 江戸幕府の大名統制や身分政策をおさえよう！ 〈答えは右ページ下へ〉

□に「親藩」・「外様」・「譜代」のどれかを書いて，まとめを完成させよう！

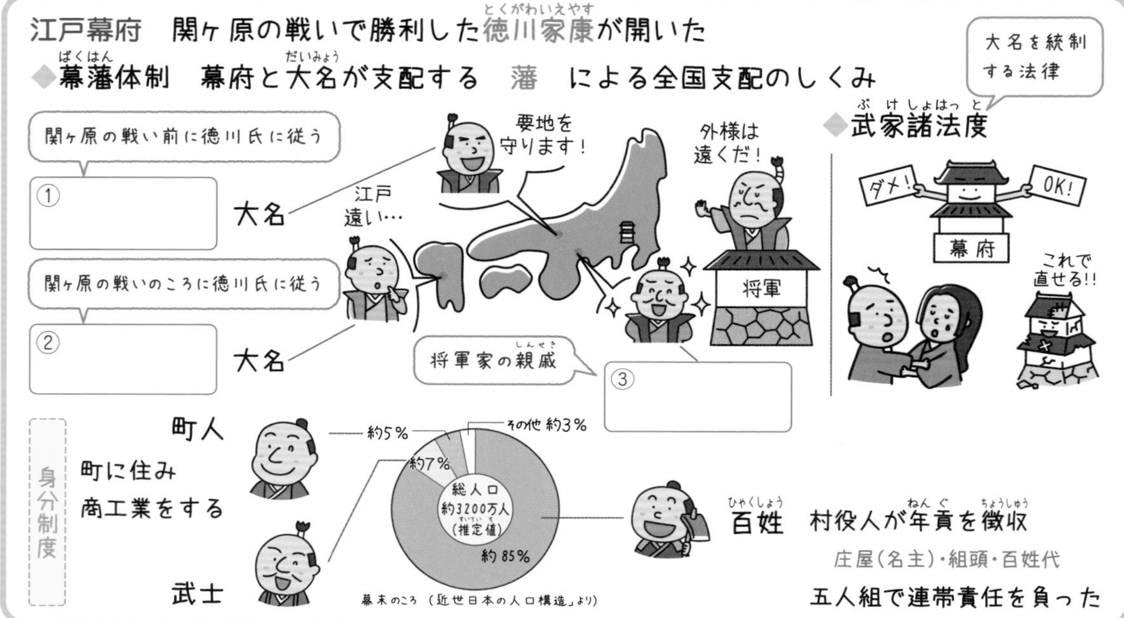

江戸幕府　関ヶ原の戦いで勝利した徳川家康が開いた
◆幕藩体制　幕府と大名が支配する 藩 による全国支配のしくみ
関ヶ原の戦い前に徳川氏に従う
① 大名
関ヶ原の戦いのころに徳川氏に従う
② 大名
将軍家の親戚
③
要地を守ります！
江戸遠い…
外様は遠くだ！
将軍
大名を統制する法律
◆武家諸法度
ダメ！
OK！
幕府
これで直せる!!
身分制度
町人
町に住み
商工業をする
武士
約5%
その他 約3%
約7%
総人口 約3200万人（推定値）
約85%
幕末のころ（近世日本の人口構造」より）
百姓　村役人が年貢を徴収
庄屋(名主)・組頭・百姓代
五人組で連帯責任を負った

確認できたらコレもチェック！

1 大名の参勤交代って？

大名が１年おきに領地と江戸を往復すること ＝ 参勤交代。

◆３代将軍の 徳川家光 が制度化

➡ 往復の費用や江戸での生活費が藩の財政負担になった。

2 江戸幕府のしくみは？

将軍を補佐する

老中を中心に政治を行う。

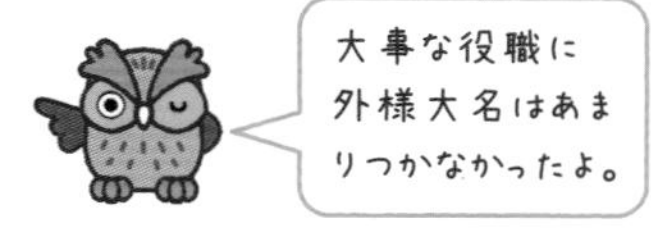

大事な役職に外様大名はあまりつかなかったよ。

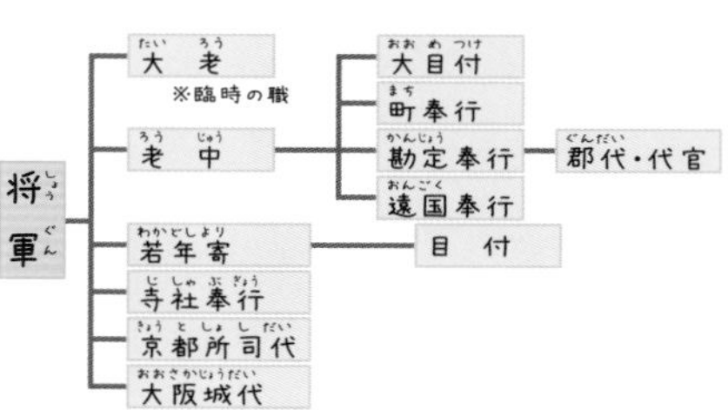

解答 p.12

徳川家康　江戸　親藩　外様　武家諸法度
参勤交代　武士　百姓　五人組

1 江戸幕府について，次の問いに答えなさい。

(1) 外様(とざま)大名について，資料を見て，次の文の(　　)にあてはまる語句を書きなさい。

外様大名は，(①)の戦いのころから新たに徳川氏に従った大名で，多くは九州や東北など江戸から(②)場所に配置された。

主な大名の配置

①(　　　　　　)
②(　　　　　　)

(2) 大名が1年ごとに江戸と領地で生活することなどを定めた制度を何といいますか。

(　　　　　　)

(3) (2)の制度が藩の財政にあたえた影響(えいきょう)について，次の文の{　　}にあてはまる語句に○を書きなさい。〈高知改〉

●多くの費用がかかり，藩の{ 財政を圧迫した　経済が活性化された }。

(4) 次の文の(　　)にあてはまる語句を，〔　　〕からそれぞれ選びなさい。〈茨城改〉

●江戸幕府は(　　　　　　)を定めて，(2)などのきまりを整え，大名を統制した。

●百姓には(　　　　　　)をつくらせて，年貢の納入や犯罪の防止に連帯で責任を負わせた。

〔 公事方御定書　武家諸法度　惣　五人組 〕

2 江戸幕府のしくみについて，右の資料中Xは，非常の時など必要に応じて置かれた職です。この職を何といいますか。〈青森〉

(　　　　　　)

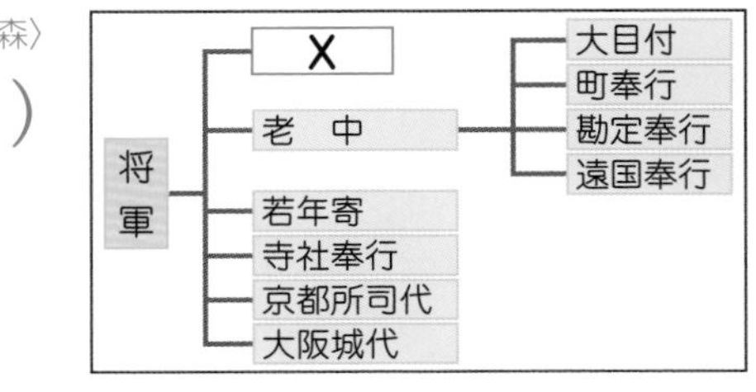

□外様大名を遠隔地に配置。参勤交代は藩の財政を圧迫した
□武家諸法度は大名を統制。百姓は五人組で連帯責任

〈左ページの答え〉 ①譜代　②外様　③親藩

➡合格ミニBOOK p.12

32 江戸幕府の外交と貿易

近世③

▶キリスト教の禁教から鎖国にいたる過程をおさえよう！
▶鎖国下の４つの窓口と，交流をもった国々もチェック！

確認 「鎖国」下の４つの窓口をおさえよう！

〈答えは右ページ下へ〉

□に「アイヌ」・「朝鮮」・「琉球」・「オランダ」のどれかを書いて，まとめを完成させよう！

確認できたらコレもチェック！

1 「鎖国」が完成するまでの流れをおさえよう！

徳川家康は初め **朱印船貿易** を進めたが，キリスト教を警戒して貿易統制を強めた。

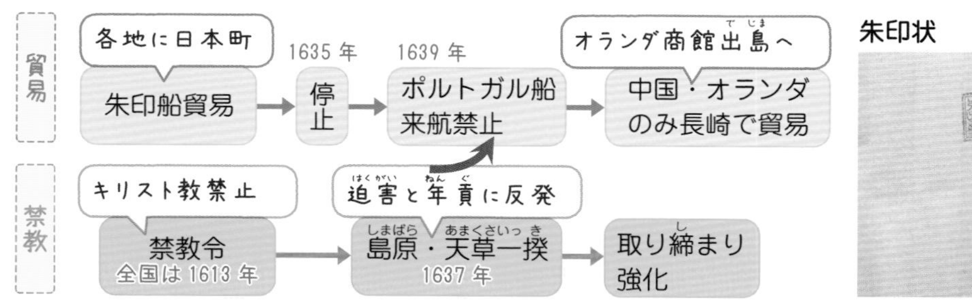

朱印状

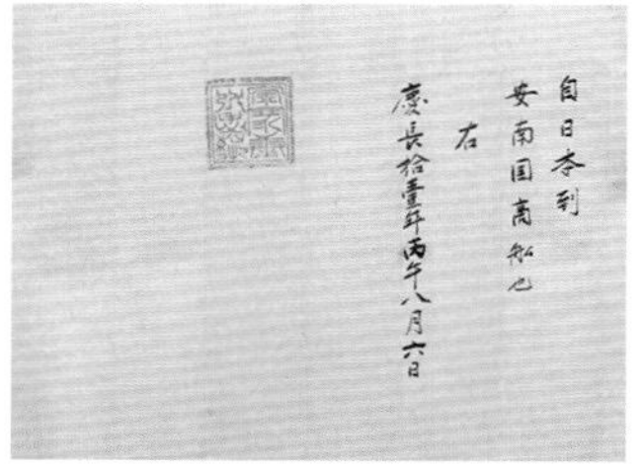

2 キリスト教の取り締まりの方法をおさえよう！

幕府は，**絵踏** でキリスト教を取り締まり，**宗門改** も行った。

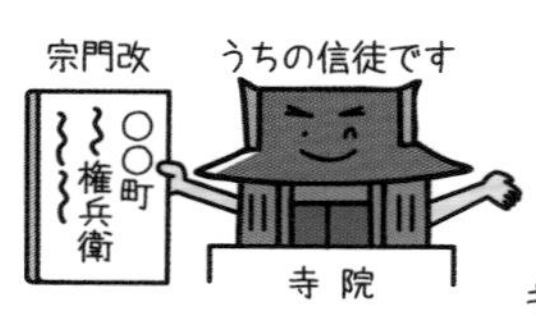

●宗門改
仏教徒であることを寺院に証明させた。

解答 p.12

朱印船貿易　日本町　禁教令　絵踏
長崎　対馬　琉球王国　蝦夷地　「鎖国」

1 江戸幕府初期のできごとについて，正しいものを次から選びなさい。〈和歌山改〉

（　　）

ア　朱印船貿易を進め，新たに来航したオランダ人やイギリス人との貿易も許可した。
イ　明の征服をめざして大軍を朝鮮に送った。
ウ　日明貿易を開始し，正式な貿易船に明からあたえられた勘合を持たせた。

2 右の資料を見て，次の問いに答えなさい。

(1)　Aは江戸時代に幕府が大軍を送って鎮圧した一揆軍の旗です。この一揆を何といいますか。〈埼玉〉

（　　）

A
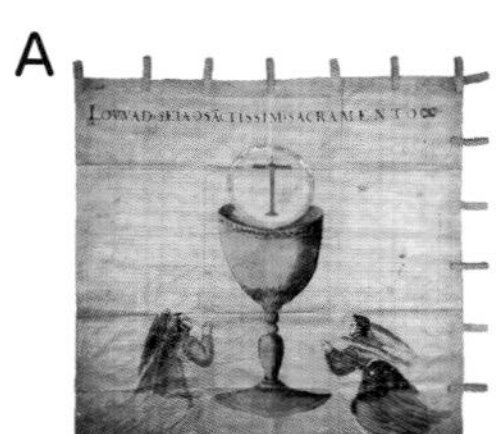

B

(2)　(1)のあと，幕府はBを使用したキリスト教の取り締まりを強化しました。この取り締まりを何といいますか。

（　　）

3 江戸時代の外交について，次の問いに答えなさい。

(1)　江戸時代に将軍の代替わりを祝うためなどに派遣された朝鮮からの使節を何といいますか。〈栃木〉

（　　）

(2)　右の図は，いわゆる鎖国の体制のもとでの結びつきを模式的に示したもので，ア～エは蝦夷地・清・朝鮮・琉球のいずれかにあたります。蝦夷地と琉球にあたる記号を選びなさい。〈愛媛改〉

蝦夷地（　　）　琉球（　　）

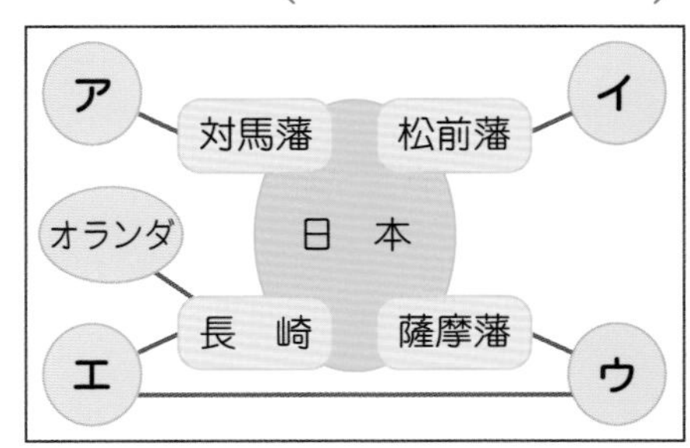

(3)　鎖国体制のもと，江戸幕府がオランダと貿易を行った，長崎にある埋め立て地を何といいますか。〈山口〉

（　　）

□朱印船貿易→禁教令→島原・天草一揆→「鎖国」が完成
□薩摩⇔琉球，対馬⇔朝鮮，長崎⇔中国・オランダ，松前⇔蝦夷地

〈左ページの答え〉　①朝鮮　②オランダ　③アイヌ　④琉球

合格ミニBOOK p.12

33 江戸時代の社会のようす

近世④

▶農業は，農具の発達と商品作物の普及をおさえよう。
▶三都が繁栄したようすと交通網の発展を確認！

確認 江戸時代の産業のようすをおさえよう！

p.65 〈答えは右ページ下へ〉

□に「工場制」・「商品作物」・「問屋制」のどれかを書いて，まとめを完成させよう！

確認できたらコレもチェック！

1 よく出る資料　農具をおさえよう！

千歯こき，唐箕，備中ぐわなど，
農具の発明で生産力が大きく上がった。

◆干鰯　いわしを原料とした肥料

2 三都が繁栄した！

江戸・京都・大阪の 三都 が繁栄。
将軍のおひざもと

「天下の台所」大阪は経済の中心地で，
諸藩の年貢米を取り引きする
蔵屋敷 が置かれた。

東海道などの五街道，樽廻船・菱垣廻船の海運など交通も発達したよ。

3 不作や物価の上昇に，人々は団結した！

貨幣経済が広まり，貧富の差が拡大。18世紀には百姓一揆・打ちこわしも起きた。
◆からかさ連判状　一揆の中心人物がわからないように署名

練習問題

➡解答 p.12

入試のキーワード

商品作物　備中ぐわ　千歯こき　蔵屋敷
天下の台所　問屋制家内工業　工場制手工業

1 江戸時代の農業について，次の文の(　　)にあてはまる語句を書きなさい。〈鹿児島〉

田畑を(①)という利点があるAの備中ぐわや脱穀（だっこく）を効率的にするBの(②)など新しい農具が広く使用されるようになって，作業の効率や生産性が上がった。

①(　　　　　　)　②(　　　　　　)

2 江戸時代の農村について，次の資料を見て，あとの問いに答えなさい。

資料1　18世紀ごろ

問屋や地主など
織機 前金 ↓ 賃金　↑ 製品
農　民
□

→

19世紀ごろ

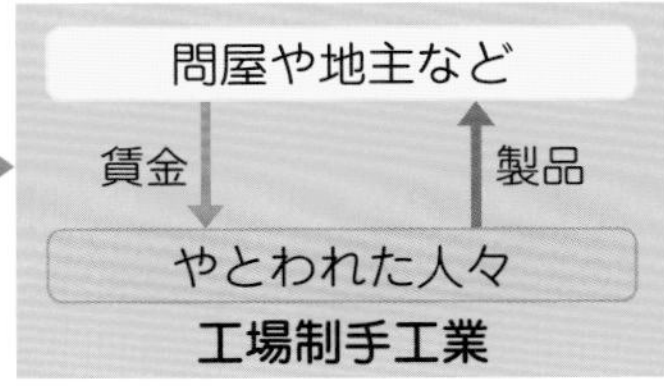

資料2
(生駒市教育委員会所蔵・写真提供)

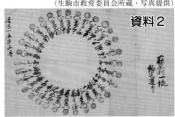

(1)　資料1は，18世紀から19世紀ごろにかけての農村において，織物業における生産の方法の変化について示したものです。□にあてはまる語句を書きなさい。〈三重〉

(　　　　　　)

(2)　資料2は，江戸時代に百姓一揆を起こす人々が署名した連判状です。人々が円形に名前を記した理由について，次の文の(　　)にあてはまる語句を書きなさい。

●一揆の(　　　　　　)を，わからなくするため。

3 右の地図を見て，江戸時代の交通や商業について，次の問いに答えなさい。

(1)　――は現在の東京から大阪を結ぶ新幹線のルートを示しています。この新幹線とほぼ同じルートを通る江戸時代の街道を次から選びなさい。〈山口改〉

(　　)

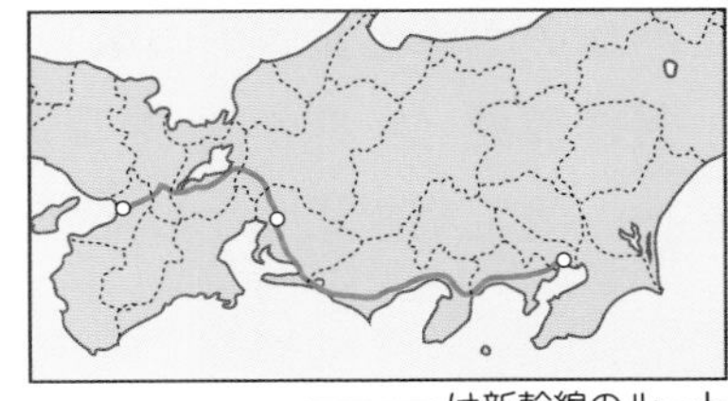

――は新幹線のルート

ア　甲州道中（こうしゅうどうちゅう）　**イ**　中山道（なかせんどう）　**ウ**　東海道（とうかいどう）

(2)　年貢米や特産物を販売するために諸藩が大阪に置いた施設（しせつ）を書きなさい。〈福井〉

(　　　　　　)

合格へのトビラ

□商品作物や工場制手工業の発達で，農村にも貨幣経済が広がる
□三都は江戸・大阪・京都。大阪は「天下の台所」

〈左ページの答え〉①商品作物　②問屋制　③工場制

合格ミニBOOK p.12

34 江戸時代の社会の変化と改革

近世⑤

▶改革は人物と共通の政策・独自の政策を結びつけよう。
▶田沼の政治がほかの改革と異なるようすを確認しよう。

確認 江戸時代中期～後期の三大改革をおさえよう！

〈答えは右ページ下へ〉

□に「寛政」・「享保」・「天保」のどれかを書いて，まとめを完成させよう！

① □ 1716年～の改革
8代将軍徳川吉宗の政治
上げ米の制，公事方御定書

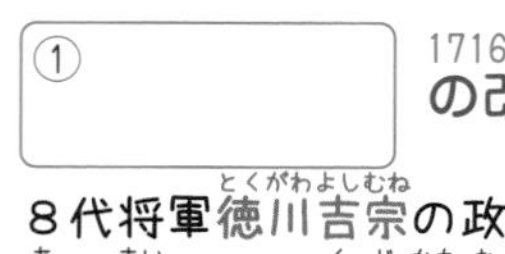

② □ 1787年～の改革
老中松平定信の政治
出かせぎの禁止，倹約令

③ □ 1841年～の改革
老中水野忠邦の政治
株仲間解散，倹約令

注意 3つの改革はすべて倹約令が共通。間違えやすいので注意。

確認できたらコレもチェック！

1 商業重視の田沼意次も忘れずに。

享保の改革と寛政の改革の間の老中が　田沼意次。

長崎貿易 や 株仲間 を奨励した。 商工業者から営業税

➡ 商工業が活発化したが，わいろも横行した…。

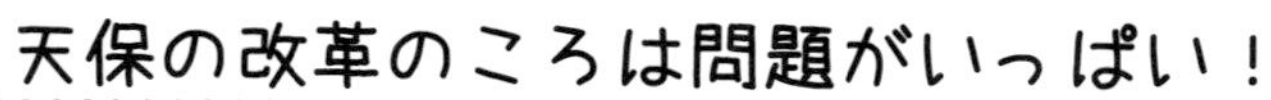

タイせつ　株仲間　田沼意次が奨励，水野忠邦が解散

2 天保の改革のころは問題がいっぱい！

1830年代，天保のききんで，百姓一揆や打ちこわしが頻発。

◆**大塩の乱**(1837年)　元役人の大塩平八郎の反乱
貧しい人々に対応しない幕府へ不満

➡ 天保の改革は，国内外の問題に対応することをめざした。

外国船に対して，1825年に異国船打払令が出されていたよ。

解答 p.13

入試のキーワード
享保の改革　公事方御定書　田沼意次　株仲間
寛政の改革　大塩平八郎　天保の改革

1 次の文の政策を行った人物を，〔　　〕からそれぞれ選びなさい。〈千葉改，島根改〉

A　百姓一揆や打ちこわしの多発，大塩の乱などに衝撃（しょうげき）を受けて，物価上昇を抑えるために株仲間を解散させたり，江戸（えど）に出ている農民を故郷の村へ帰らせたりした。

B　財政立て直しのために新田（しんでん）開発に力を入れ，米の値段の安定に努めた。また，大名（だいみょう）には，参勤交代（さんきんこうたい）で江戸に滞在する期間を半減するかわりに，米を納めさせた。

A（　　　　　）　B（　　　　　）

〔　徳川綱吉　　徳川吉宗　　水野忠邦　　田沼意次　　松平定信　〕

2 右の年表を見て，次の問いに答えなさい。

(1)　——部について，徳川吉宗が公正な裁判の基準を示すために定めた法律を何といいますか。〈愛媛改〉

（　　　　　）

(2)　次の文は，Xの期間のできごとについて述べたものです。年代の古い順に並べなさい。〈福島〉

（　　→　　→　　→　　）

年	できごと
1603	徳川家康が征夷大将軍に任命される
1716	徳川吉宗が享保の改革を始める
1858	江戸幕府が日米修好通商条約を結ぶ

（X：1716年から1858年までの期間）

ア　老中の水野忠邦は，株仲間を解散させ，江戸に流入した人々を農村に帰らせた。
イ　老中の田沼意次は，商工業者による株仲間の営業権を認めて税を納めさせた。
ウ　老中の松平定信は，商品作物の栽培（さいばい）を制限し，ききんに備え米をたくわえさせた。
エ　大阪町奉行所（まちぶぎょうしょ）の元役人の大塩平八郎は，人々の苦しい生活をみかねて乱を起こした。

3 右の狂歌のa・bが行った政治として正しいものを次からそれぞれ選びなさい。〈島根〉

a（　　　）　b（　　　）

a 白河の清きに魚の住みかねて もとのにごりの b 田沼恋しき

ア　財政難を切り抜けるため，質の悪い貨幣（かへい）を大量に発行した。
イ　凶作やききんに備えるため，米をたくわえさせた。
ウ　株仲間の結成を奨励し，営業税を納めさせ，収入の増加を図（はか）った。
エ　収入を増やすため，諸大名（しょだいみょう）から一定の量の米を幕府に献上（けんじょう）させた。

□享保・寛政・天保の改革は，倹約令と農業を重視
□田沼意次は商工業を重視し，株仲間を奨励して税を取った

〈左ページの答え〉　①享保　②寛政　③天保

合格ミニBOOK p.12

35 江戸時代の文化

近世⑥

▶2つの文化の中心地や作品の違いをおさえよう！
▶人物と作品・業績を結びつけておこう。

確認 江戸時代の2つの文化をおさえよう！

〈答えは右ページ下へ〉

□に「江戸」・「上方」のどちらかを書いて，まとめを完成させよう！

元禄文化 ①  中心の町人文化

化政文化 ②  中心の庶民の文化

◆浮世絵 ◆装飾画 ◆歌舞伎

見返り美人図
菱川師宣 作

尾形光琳 作

◆浮世絵 多色刷りの錦絵が流行

美人画　風景画

文学

人物	内容・代表作
松尾芭蕉	俳諧。「奥の細道」など
井原西鶴	浮世草子 小説
近松門左衛門	人形浄瑠璃の脚本

文学

人物	内容
与謝蕪村 小林一茶	俳諧
十返舎一九	東海道中膝栗毛 こっけい本
滝沢馬琴	南総里見八犬伝 長編小説

川柳・狂歌もこのころ流行した。

確認できたらコレもチェック！

1 朱子学・国学・蘭学とは？

幕府は，儒学の一派 朱子学 を特に奨励。18世紀には 国学 や 蘭学 も発展した。

◆国学　本居宣長が大成 古事記の研究

◆蘭学　オランダ語でヨーロッパの学問を学ぶ
杉田玄白らが「解体新書」を出版

地図をつくりました！

伊能忠敬

2 教育の広がりをおさえよう！

百姓・町人の子も，寺子屋 で
「読み・書き・そろばん」を学習。

私塾を開く学者もいたよ。

寺子屋のようす

諸藩は 藩校 を設置し，武士は儒学・武道を学んだ。

解答 p.13

入試のキーワード
上方　近松門左衛門　松尾芭蕉　浮世絵
葛飾北斎　歌川広重　国学　蘭学　解体新書

1 元禄文化と化政文化について，次の問いに答えなさい。

(1) 京都や大阪を中心に，元禄文化を代表する芸能の人形浄瑠璃の脚本家として活躍し，代表作に「曽根崎心中」などがある人物はだれですか。〈徳島〉

(　　　　　　　)

(2) 元禄文化，化政文化について適切に述べているものを，次からそれぞれ選びなさい。〈和歌山改〉

元禄文化(　　　　)　化政文化(　　　　)

ア 松尾芭蕉の俳諧や，井原西鶴の武士や町人の生活をもとにした小説など，京都や大阪を中心とする上方で，町人の文化が栄えた。

イ 雪舟の水墨画や，東求堂に代表される書院造など，武家を担い手とする簡素で気品ある文化が発展した。

ウ 喜多川歌麿の美人画や，葛飾北斎や歌川広重の風景画など，江戸を中心に町人の文化が栄えた。

(3) 元禄文化，化政文化を代表するものを，次からそれぞれ選びなさい。〈富山〉

ア

イ

ウ

元禄文化(　　　　)　化政文化(　　　　)

2 江戸時代の学問について，次の問いに答えなさい。

(1) 化政文化が栄えた時期に，ヨーロッパの知識や技術を用いて全国の海岸線を測量し，正確な日本地図の作成にあたった人物名を書きなさい。〈兵庫〉

(　　　　　　)

(2) 右の資料は，杉田玄白や前野良沢らが翻訳した書物の一部です。この書物の名前を書きなさい。〈大分〉

(　　　　　　)

□元禄文化は上方(大阪・京都)中心。化政文化は江戸中心
□幕府の公式の学問は朱子学，他に国学と蘭学がおこった

〈左ページの答え〉 ①上方　②江戸

まとめのテスト

➡ 解答 p.13

勉強した日　月　日
得点　/100点

1 次のカードは，いろいろな時代の宗教について調べ，見出しを付けたものです。これを見て，あとの問いに答えなさい。

9点×4（36点）〈香川改〉

A　巨大な大仏の完成
aの聖武天皇は都に東大寺を建て，巨大な大仏をつくらせた。

B　極楽浄土へのあこがれ
死んだあとに極楽浄土に生まれ変わることを願う信仰が広がり，bの平等院鳳凰堂が建てられた。

C　日蓮宗のはじまり
cの日蓮は，法華経の題目を唱えれば人も国家も救われるという教えを広めた。

D　キリスト教の伝来
dのフランシスコ・ザビエルは，キリスト教を広めるために鹿児島に来た。

(1)　aについて，聖武天皇の時代には，人口の増加に対してしだいに口分田が不足するようになったため，朝廷は新たに開墾した土地の私有を認めることにより，人々に開墾をすすめようとした法令を出しました。この法令を何といいますか。

（　　　　　　　）

(2)　bについて，平等院鳳凰堂が建てられたころのようすとして適切なものを，次から選びなさい。

（　　　）

ア　平清盛は，保元の乱で後白河天皇側につき勝利した。
イ　藤原氏が，天皇の幼少時には摂政，成人後は関白として政治の実権をにぎった。
ウ　源頼朝は，国ごとに守護を，荘園や公領ごとに地頭を置くことを朝廷に認めさせた。
エ　桓武天皇は，国司に対する監視を強化したり，東北地方への支配を広げたりした。

(3)　cについて，日蓮が自分の教えを広めようとしていたころに，元軍の襲来がありました。元軍の襲来よりも前に起こったできごとではないものを，次から選びなさい。

（　　　）

ア　後鳥羽上皇の命令で「新古今和歌集」がつくられた。
イ　武士の社会の慣習などをまとめた御成敗式目がつくられた。
ウ　朝廷を監視するために，京都に六波羅探題が置かれた。
エ　後醍醐天皇を中心とする政治が始められた。

(4)　dについて，ザビエルが鹿児島に来たころ，ポルトガル人やスペイン人との貿易が行われ，生糸やガラス製品などがもたらされました。この貿易を何といいますか。

（　　　　　　　）

2 右の年表は，弥生時代から江戸時代までの外交上の主なできごとを選び，時代ごとに並べたものです。次の問いに答えなさい。

(3)10点，ほか９点×６(64点)〈富山改，栃木〉

時代	外交上の主なできごと
弥生	a 邪馬台国の卑弥呼が魏より倭王の称号を授かる
古墳	百済から仏教が伝わる
奈良	遣唐使が国際的な文化をもたらす
平安	遣唐使が停止され，国風文化が生み出される ［ b ］
鎌倉	二度にわたり，元が襲来する
室町	足利義満が c 勘合貿易を始める
安土桃山	豊臣秀吉が南蛮貿易を奨励する
江戸	オランダ商館を出島に移し，d 貿易を統制する

(1) aについて，このことが記されている歴史書を何といいますか。

(　　　　　)

(2) 次の文は，bにあてはまるできごとについて説明したものです。文中の①・②のア～ウから，適切なものをそれぞれ選びなさい。

①(　　　)
②(　　　)

武士としてはじめて①{ ア 征夷大将軍　イ 太政大臣　ウ 関白 }となった平清盛は，商人の間で行われていた中国との交易に目をつけ，②{ ア 日宋貿易　イ 朱印船貿易　ウ 日明貿易 }を行った。

(3) cについて，資料１は，勘合貿易において用いられた勘合です。資料２を参考に，この勘合を用いた目的を簡単に書きなさい。

資料1

資料2

(　　　　　　　　　　　　　　　　　　　)

(4) dについて，右の地図のAとBでは，貿易を統制したあとも交易や交流が行われていました。AとBで行われた交流や交易の相手を，次からそれぞれ選びなさい。

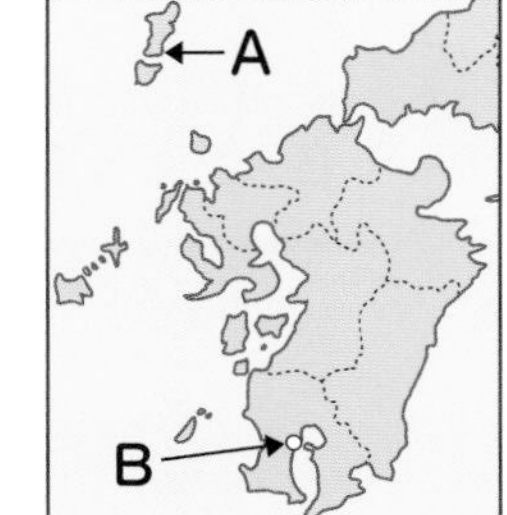

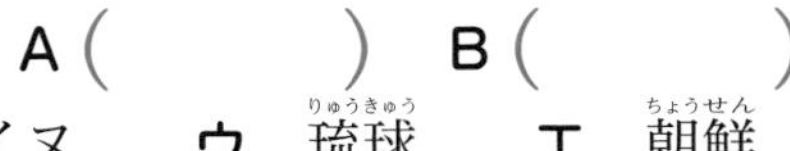

A(　　　)　B(　　　)

ア オランダ・中国　イ アイヌ　ウ 琉球　エ 朝鮮

(5) dは徳川家光のときに徹底されました。dのほかに家光が行った政策について述べているものを，次から選びなさい。

(　　　)

ア 幕府の学問所では，朱子学以外の学問を禁じて世の中の引きしめを図った。
イ ものさしやますを統一し，全国の田畑の面積や土地のよしあしを調べた。
ウ 参勤交代の制度を定め，大名が領地と江戸に１年ごとに住むことを義務づけた。
エ 株仲間をつくることを奨励し，独占的な営業権を認めるかわりに税を課した。

特集 やっ得チェック ゴールを目指して解き進めよう!!

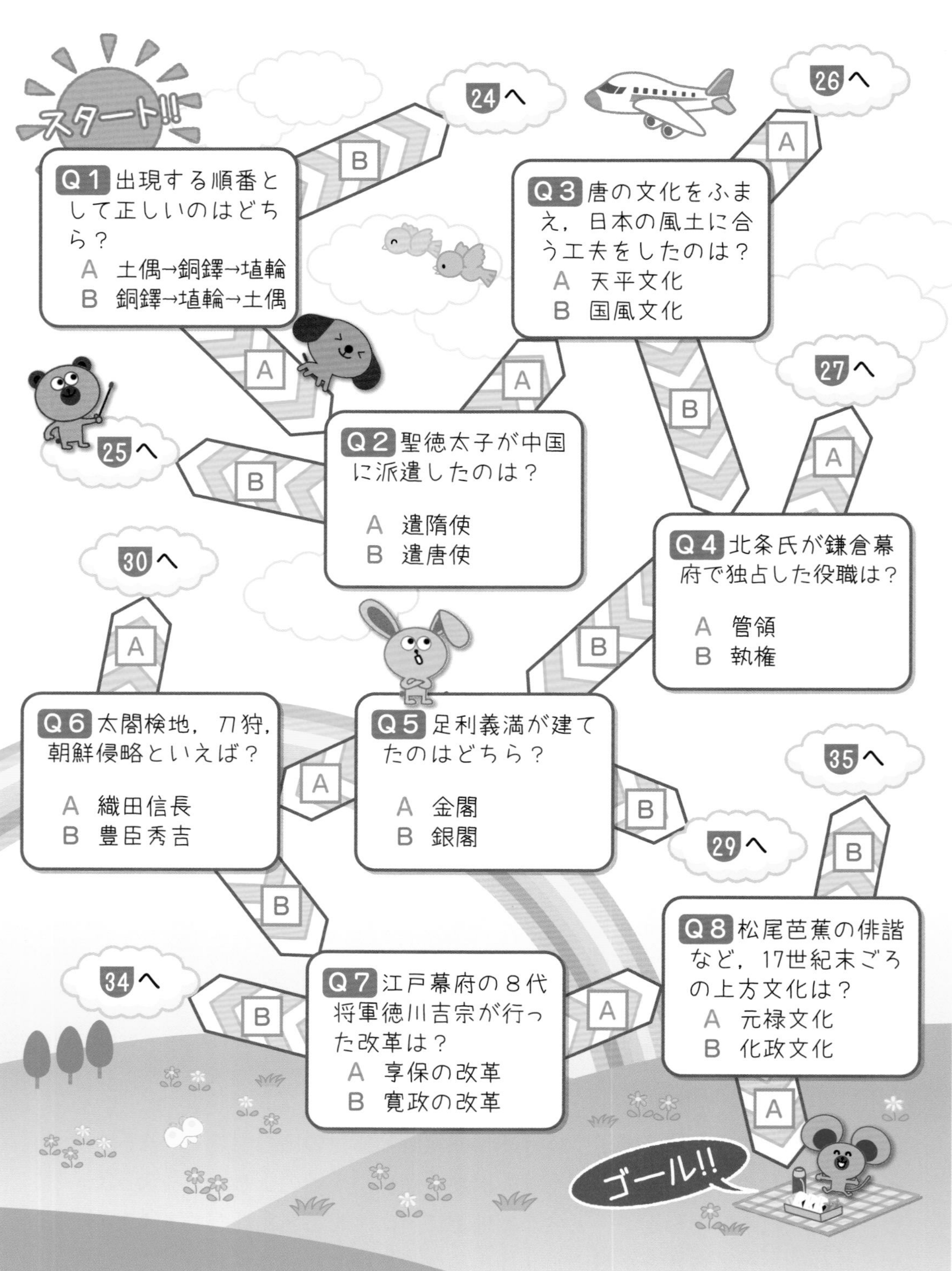

スタート!!
Q1 出現する順番として正しいのはどちら？
A 土偶→銅鐸→埴輪
B 銅鐸→埴輪→土偶
24へ
25へ
Q2 聖徳太子が中国に派遣したのは？
A 遣隋使
B 遣唐使
Q3 唐の文化をふまえ，日本の風土に合う工夫をしたのは？
A 天平文化
B 国風文化
26へ
27へ
Q4 北条氏が鎌倉幕府で独占した役職は？
A 管領
B 執権
30へ
Q5 足利義満が建てたのはどちら？
A 金閣
B 銀閣
29へ
Q6 太閤検地，刀狩，朝鮮侵略といえば？
A 織田信長
B 豊臣秀吉
35へ
34へ
Q7 江戸幕府の８代将軍徳川吉宗が行った改革は？
A 享保の改革
B 寛政の改革
Q8 松尾芭蕉の俳諧など，17世紀末ごろの上方文化は？
A 元禄文化
B 化政文化
ゴール!!

まちがえたら，24～35の単元へもどろう！

近代から現代までの歴史

明治時代
文明開化
産業革命

大正時代
大正デモクラシー
第一次世界大戦

昭和時代
第二次世界大戦
高度経済成長

平成時代
バブル経済
東日本大震災

時代の区切り方

●時代区分

原始 ➡ 古代 ➡ 中世
➡ 近世 ➡ 近代 ➡ 現代

社会の特徴で区切っています。

奈良　平安　鎌倉　室町　江戸

政治の中心が置かれた場所で区切っています。

●年号(元号)

中国にならって取り入れた時代の表し方です。

昭和　大化　応仁　承久　平成

4 近代から現代までの歴史　ポイント整理

解答 p.14

★〔　〕から語句を選んで年表をまとめよう！

まちがえた語句は解答で確認！

時代	年	できごと
江戸	1854	日米和親条約
	1858	（　　　　）条約
	1867	大政奉還
明治	1874	民撰議院設立の建白書
	1889	（　　　　）憲法の発布
	1894	日清戦争
	1904	（　　　　）戦争
	1910	韓国併合
大正	1914	第一次世界大戦
	1919	パリ講和会議　ベルサイユ条約
	1920	（　　　　）発足
	1925	治安維持法・（　　　　）法
昭和	1929	世界恐慌
	1931	（　　　　）
	1933	国際連盟脱退
	1937	日中戦争
	1939	第二次世界大戦

文明開化

自由民権運動

大正デモクラシー

昭和恐慌

〔　大日本帝国　　日露　　国際連盟　　普通選挙　　満州事変　　日米修好通商　〕

★市民革命と近代社会

- イギリス 名誉革命 ➡ 権利章典
- アメリカ 独立戦争 ➡ 独立宣言
- フランス 革命 ➡ 人権宣言

40 産業革命　18世紀後半～

資本主義が広がる
↕
社会主義のめばえ

37 明治時代② 立憲国家へ

自由民権運動　板垣退助など

最初の内閣
初代総理は伊藤博文

大日本帝国憲法 ↗

主権は天皇
大日本帝国憲法

★時代のポイント

開国シマショウ！

36 江戸時代末

日米和親条約

日米修好通商条約は不平等条約

返します
政治
大政奉還

尊王攘夷運動

倒幕へ

36 明治時代① 文明開化

近代化をめざして改革

学制の公布
徴兵令
地租改正

富国強兵
殖産興業

富岡製糸場

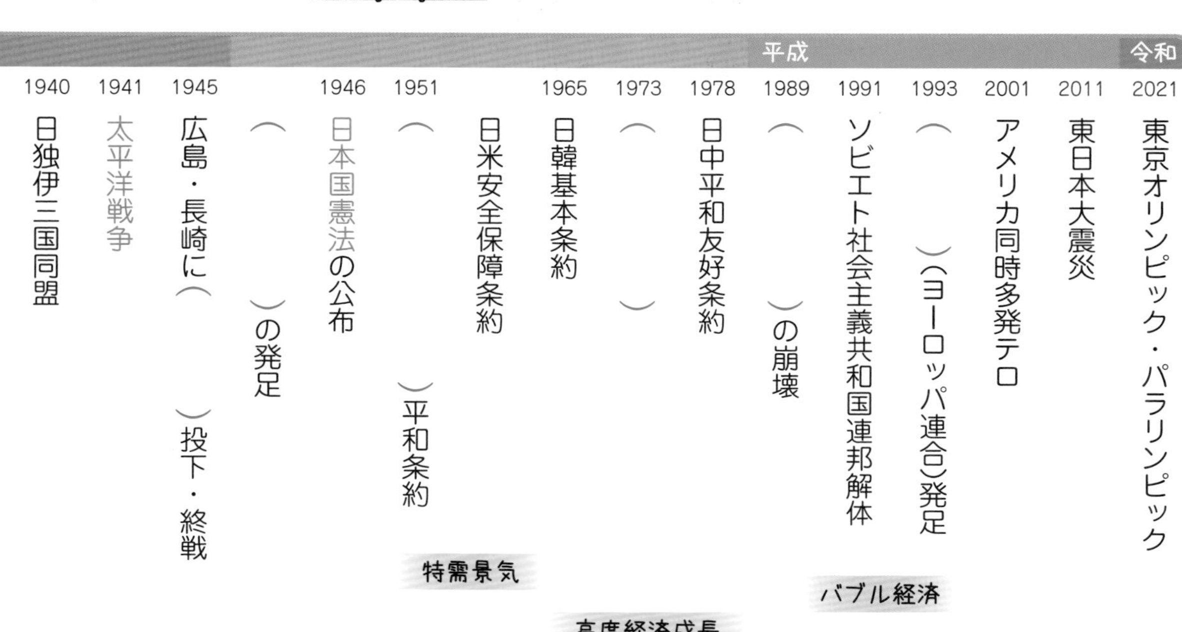

年	できごと
1940	日独伊三国同盟
1941	太平洋戦争
1945	広島・長崎に（　　）投下・終戦
	（　　）の発足
1946	日本国憲法の公布
1951	（　　）平和条約
	日米安全保障条約
1965	日韓基本条約
1973	（　　）
1978	日中平和友好条約
平成 1989	（　　）の崩壊
1991	ソビエト社会主義共和国連邦解体
1993	（　　）(ヨーロッパ連合)発足
2001	アメリカ同時多発テロ
2011	東日本大震災
令和 2021	東京オリンピック・パラリンピック

特需景気

バブル経済

高度経済成長

〔 EU　ベルリンの壁　サンフランシスコ　石油危機　原爆　国際連合 〕

合格ミニBOOK p.14

36 明治維新と文明開化

近代①

▶開国から江戸幕府滅亡までの流れをチェックしよう。
▶明治政府の政策や，社会の変化をとらえよう！

確認 幕末の流れをおさえよう！

〈答えは右ページ下へ〉

□に「修好通商」・「薩長」・「大政奉還」のどれかを書いて，まとめを完成させよう！

年	できごと
1853	ペリー来航
1854	日米和親条約
1858	日米修好通商条約
1858	安政の大獄
1860	桜田門外の変
1866	薩長同盟
1867	大政奉還
1868	戊辰戦争
	五箇条の御誓文

◆日米 ① 　　 条約

尊王攘夷運動が活発化

大老 井伊直弼 が暗殺される

◆ ② 　　 同盟

◆ ③ 　　

幕府が政権を朝廷に返した

確認できたら
コレもチェック！

1 不平等条約を結んでしまった。

日米修好通商条約は，関税自主権がない，
領事裁判権を認める など日本が不利な条約だった。

オランダ・ロシア・イギリス・フランスともほぼ同じ条約を結んだんだ。

2 明治政府の政策の内容をおさえよう！

新政府は，版籍奉還 ➡ 廃藩置県 を行い，　全国に県を設置
富国強兵，殖産興業の政策を進めていった。
群馬県に富岡製糸場を建設

◆学制　　◆徴兵令

◆地租改正　地券を発行。地価の３％を現金で納税させた。

地券

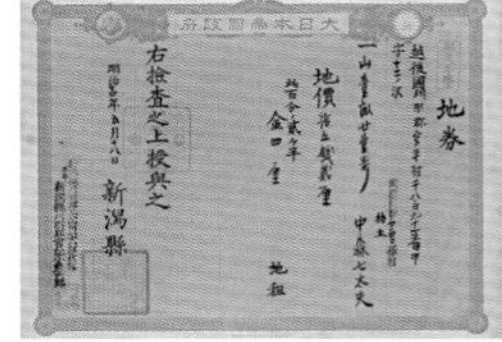

3 文明開化が始まる。

欧米の影響で，生活様式が変化。

日刊新聞の発行も始まった。

◆福沢諭吉，中江兆民など　自由や平等の思想を紹介

解答 p.14

入試のキーワード
日米修好通商条約　領事裁判権　関税自主権
版籍奉還　廃藩置県　学制　徴兵令　地租改正

1 右の年表を見て，次の問いに答えなさい。

年	できごと
1858	a 日米修好通商条約が結ばれる
1872	群馬県に（ b ）ができる
1873	c 徴兵令が出される

(1) aの条約には，日本にとって不利な内容が含まれていました。日本に関税自主権がないことのほかに，不利であった内容は何ですか。〈山形〉

（　　　　　　　　　　）

(2) aで開国したあとのできごとを，年代の古い順に並べなさい。

（　　→　　→　　→　　）

ア　桜田門外の変　　イ　大政奉還　　ウ　安政の大獄　　エ　薩英戦争

(3) bは明治政府の富国強兵政策のもと，フランスの技術や機械を導入して建設された官営模範工場で，右の写真はその一部のようすを示しています。この工場を何といいますか。〈和歌山改〉

（　　　　　）

(4) cと同じ年に，政府は土地の所有者に地価の３％にあたる額を税として現金で納めさせる税制の改革を始めました。この改革を何といいますか。〈高知〉

（　　　　　）

2 文明開化について，次の問いに答えなさい。〈滋賀改〉

(1) 右の錦絵にえがかれたものから，文明開化のようすを示す特徴的なものを２つ書きなさい。

（　　　　　　　　）
（　　　　　　　　）

(2) 文明開化のころに，欧米の「自由」や「権利」についての思想を日本に紹介し，社会に影響を与えた人物を，〔　　〕から２人選びなさい。

（　　　　　）（　　　　　）

〔　中江兆民　　吉野作造　　福沢諭吉　　吉田松陰　　小林多喜二　　本居宣長　〕

合格へのトビラ
□日米修好通商条約は関税自主権なし，領事裁判権を認めた
□学制・徴兵令・地租改正で富国強兵をめざした

〈左ページの答え〉　①修好通商　②薩長　③大政奉還

合格ミニBOOK p.14

37 自由民権運動と立憲政治

近代②

▶自由民権運動から憲法発布までの流れをおさえよう。
▶大日本帝国憲法の内容と，選挙のようすもチェック！

確認 自由民権運動の流れをおさえよう！

〈答えは右ページ下へ〉

□に「民撰議院」・「自由」・「立憲改進」のどれかを書いて，まとめを完成させよう！

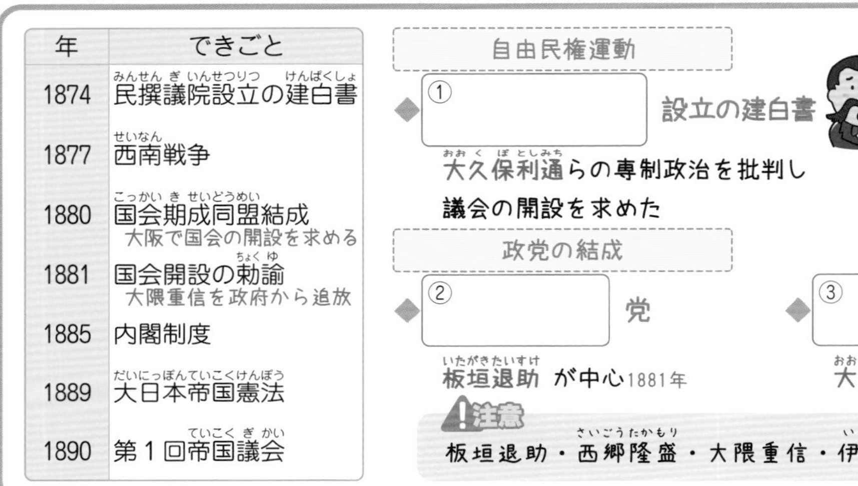

年	できごと
1874	民撰議院設立の建白書
1877	西南戦争
1880	国会期成同盟結成 大阪で国会の開設を求める
1881	国会開設の勅諭 大隈重信を政府から追放
1885	内閣制度
1889	大日本帝国憲法
1890	第1回帝国議会

自由民権運動

◆①□設立の建白書

大久保利通らの専制政治を批判し議会の開設を求めた

政党の結成

◆②□党　板垣退助が中心1881年

◆③□党　大隈重信が中心1882年

注意 板垣退助・西郷隆盛・大隈重信・伊藤博文を区別しよう。

確認できたらコレもチェック！

1 政府を離れた人の運動をおさえよう！

征韓論をめぐる対立で，武力で朝鮮を開国させようとする

板垣退助 や 西郷隆盛 は政府を離れる ➡ 政府の専制政治を批判

◆**西南戦争**　西郷隆盛を中心とした鹿児島の士族の反乱

以降，政府の批判は言論中心に。

2 大日本帝国憲法の特徴は？

ドイツ・オーストリアの憲法を参考にしてつくられた。

主権

人権

議会

帝国議会

◆貴族院・衆議院の二院制

初代内閣総理大臣の伊藤博文は，大日本帝国憲法の草案もつくったよ。

3 衆議院議員選挙に制限があった！

第1回衆議院議員選挙の選挙権には，性別や納税額の制限があった。

◆直接国税　15円以上を納める　　◆満25歳以上の男子

解答 p.14

征韓論　西南戦争　民撰議院設立の建白書
伊藤博文　大日本帝国憲法　帝国議会

1 次の歴史上の人物が話している内容について，あとの問いに答えなさい。〈青森改〉

私は，外交政策をめぐる対立から，1873年に(　　)らと政府を去り，明治政府を専制政治であると批判した。そして，国民が政治に参加できる道を開くべきだと主張し，1874年に政府に対して意見書を提出し，国会の開設を求めた。

(1) (　　)にあてはまる人物を，〔　　〕から選びなさい。

(　　　　　)

〔　伊藤博文　　木戸孝允　　西郷隆盛　　大久保利通　〕

(2) ——部について，この人物たちが政府に提出した意見書を何といいますか。

(　　　　　)

(3) この人物の行動のあと全国に広がった，議会の開設や憲法の制定を求める運動を何といいますか。

(　　　　　)

2 右の年表を見て，次の問いに答えなさい。〈熊本〉

年	できごと
1885	a 内閣制度ができる
1890	b 第１回帝国議会が開催される

(1) a について，初代内閣総理大臣はだれですか。

(　　　　　)

(2) b について，次の(　　)にあてはまる数字を書きなさい。

1890年に第１回衆議院議員総選挙が行われた。このときの有権者の資格は，直接国税(①)円以上を納める満(②)歳以上の男子のみであったため，有権者は，総人口の約１％に過ぎなかった。

①(　　　)　②(　　　)

3 次のできごとを年代の古い順に並べなさい。〈茨城改〉

(　　→　　→　　)

ア　大日本帝国憲法が発布され，法律の範囲内での自由が認められた。
イ　大隈重信を党首とする立憲改進党(りっけんかいしんとう)がつくられた。
ウ　板垣退助らが民撰議院設立の建白書を政府に提出した。

合格へのトビラ
□板垣退助の民撰議院設立の建白書で，自由民権運動が始まる
□自由党は板垣退助，立憲改進党は大隈重信

〈左ページの答え〉 ①民撰議院　②自由　③立憲改進

合格ミニBOOK p.14

38 日清・日露戦争

近代③

▶日清・日露戦争の背景と，戦争の結果を確認！
▶国際情勢をかいた風刺画がよく出題される。

確認 日清戦争と日露戦争をおさえよう！

〈答えは右ページ下へ〉

□に「日清」・「日露」・「三国干渉」のどれかを書いて，まとめを完成させよう！

年	できごと
1894	甲午農民戦争（こうごのうみん）
	日清戦争（にっしん）
1895	下関条約（しものせきじょうやく）
	三国干渉（さんごくかんしょう）
1900	義和団事件（ぎわだん）
1902	日英同盟（にちえい）
1904	日露戦争（にちろ）
1905	ポーツマス条約

①［　　　　］戦争

朝鮮（ちょうせん）をめぐって対立

◆下関条約

日本は台湾（たいわん）・遼東半島（りょうとう），
賠償金（ばいしょうきん）を得た

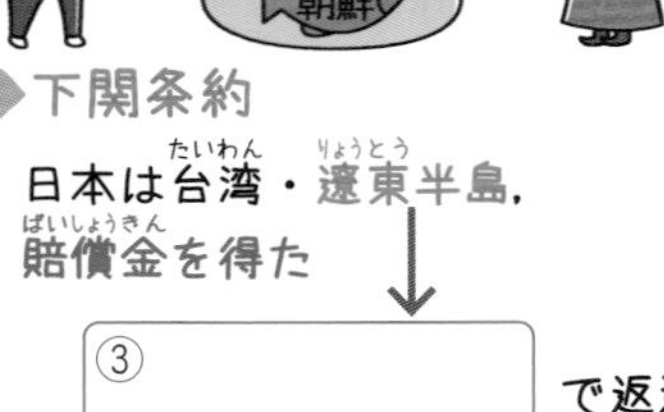

③［　　　　］で返還

ロシア・フランス・ドイツ

②［　　　　］戦争

韓国（かんこく）・満州（まんしゅう）をめぐって対立

弟よ死なないで…

韓国

与謝野晶子

◆ポーツマス条約

日本は韓国での優越権，
樺太の南半分などを得た
➡ 賠償金はなし

確認できたら コレもチェック！

1 甲午農民戦争？　義和団事件？

戦争の前に起こった事件を区別しておこう。

◆甲午農民戦争（朝鮮で起きた）　日本・清が出兵　➡　日清戦争に発展

◆義和団事件（中国で起きた）　鎮圧のために派遣されたロシア軍が満州に残る
➡　日本とロシアの対立が深まる

朝鮮は日清戦争後に独立して大韓帝国に。でも1910年，日本に併合されたよ。

2 不平等条約の改正を達成した！

p.96

政府は 欧化政策（おうかせいさく）（鹿鳴館） を進めてきたが，交渉（こうしょう）はうまくいかず，
ノルマントン号事件 で改正への機運が改めて高まる。

◆領事裁判権（りょうじさいばんけん）　1894年に撤廃（てっぱい）　日英通商航海条約

◆関税自主権（かんぜいじしゅけん）　1911年に完全に回復

領事裁判権の撤廃 → 陸奥宗光（むつむねみつ），　関税自主権の回復 → 小村寿太郎（こむらじゅたろう）

練習問題

➡解答 p.15

入試のキーワード
ノルマントン号事件　日清戦争　下関条約
三国干渉　日露戦争　ポーツマス条約

1 右の年表を見て，次の問いに答えなさい。

年	できごと
1875	樺太・千島交換条約
1883	鹿鳴館(ろくめいかん)ができる
1894	a 日清戦争
1904	日露戦争
1905	b 講和条約が結ばれる
1911	辛亥(しんがい)革命

（1883年～1911年の範囲を矢印でXと示す）

(1)　a について，日清戦争の講和条約は，結ばれた都市の名前から何といいますか。〈愛媛改〉

（　　　　　）

(2)　b について，この条約の内容として正しいものを，次から2つ選びなさい。〈和歌山改〉

（　　　）（　　　）

ア　樺太の南半分を得た。　**イ**　韓国における優越権が認められた。

ウ　樺太をゆずり，千島(ちしま)列島を領有した。　**エ**　巨額の賠償金を得た。

(3)　X の時期の外交を示した右の表の①～④には，次の**ア**～**エ**のできごとが，1つずつあてはまります。①と③にあてはまるできごとを，それぞれ選びなさい。〈秋田〉

①（　　　）　③（　　　）

ア　日英同盟　**イ**　関税自主権の確立

ウ　領事裁判権の撤廃　**エ**　三国干渉

時期		できごと
日清戦争	直前	①
	直後	②
日露戦争	前	③
	後	④

2 右の風刺画を見て，次の問いに答えなさい。

(1)　不平等条約の改正を求める世論が一層高まるきっかけとなった，資料1の事件を何といいますか。〈山口改〉

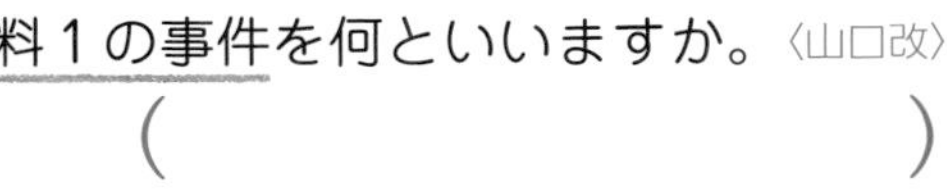

（　　　　　　　　）

(2)　下の図は，資料2にかかれた日露戦争直前の国際情勢を示したものです。図中のX・Yにあてはまる国名をそれぞれ書きなさい。〈山梨〉

X（　　　　　）　Y（　　　　　）

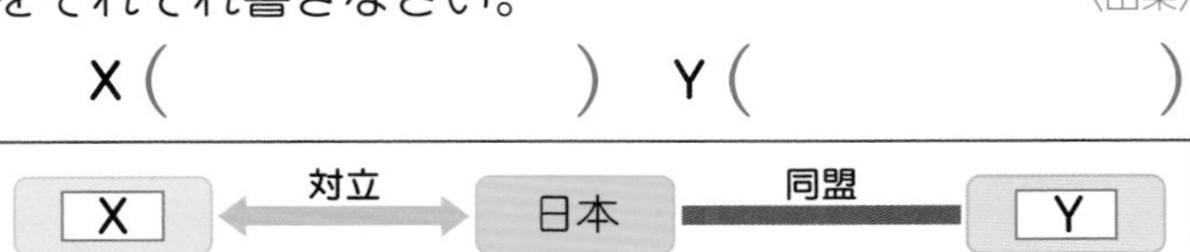

資料1

資料2

合格へのトビラ

□下関条約→三国干渉，ポーツマス条約では賠償金が得られず

□日清戦争直前に領事裁判権撤廃，日露戦争後に関税自主権回復

〈左ページの答え〉①日清　②日露　③三国干渉

合格ミニBOOK p.14

39 日本の産業革命と近代文化

近代④

▶工業の発展の流れと，公害などの社会問題もおさえよう。
▶近代文化の特徴と，代表的な人物をチェック！

確認 日本の産業革命をおさえよう！

〈答えは右ページ下へ〉

□に「軽工業」・「財閥」・「重工業」のどれかを書いて，まとめを完成させよう！

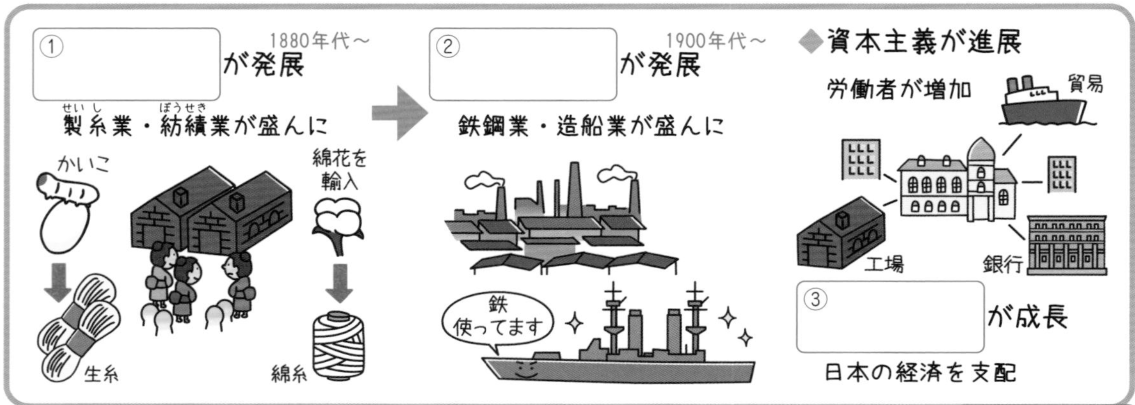

確認できたらコレもチェック！

1 産業が発展すると社会問題も起こった！

産業が発展し，生活が豊かになる一方，
労働問題や公害問題が発生した。

低賃金
長時間労働

2 農村の格差が広がる。

土地を手放し，地主の 小作人 になる農民が増加。
地主のなかには，株式に投資して 資本家 になる人もいた。

3 明治時代の文化の特徴をおさえよう！

欧米の文化を取り入れながら，新しい日本の近代文化をつくる動きが生まれる。

フェノロサと岡倉天心が
日本文化を見直す。

医学
北里柴三郎，
野口英世

文学

夏目漱石　森鷗外　樋口一葉

美術
黒田清輝の「湖畔」

日本画の横山大観も

解答 p.15

八幡製鉄所　足尾銅山　労働争議
黒田清輝　夏目漱石　ロマン主義　自然主義

1 次の問いに答えなさい。

(1)　次のグラフは，1899年の日本の輸出総額に占める品目別の割合を示しています。右の文を読んで，A・Bにあてはまる品目をあとからそれぞれ選びなさい。〈山口改〉

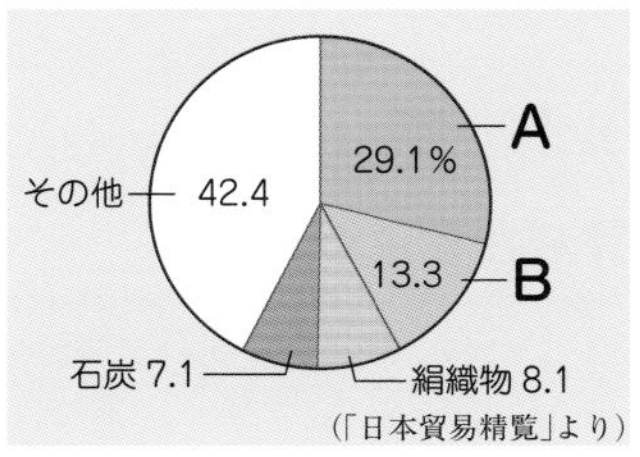

・政府は1872年に富岡に官営模範工場をつくり，欧米の技術を導入し（ A ）の増産と品質向上に努めてきた。
・（ B ）は，1890年には生産量が輸入量を上回り，日清戦争後には外国に輸出されるようになった。

A（　　　　）　B（　　　　）

ア　綿糸　　イ　機械類　　ウ　綿織物　　エ　生糸

(2)　写真は，地図中Xに設立された施設で，明治日本の産業革命を支えた文化遺産として，その一部が2015年に世界遺産に登録されました。この施設の名前を書きなさい。〈沖縄〉

（　　　　　　　）

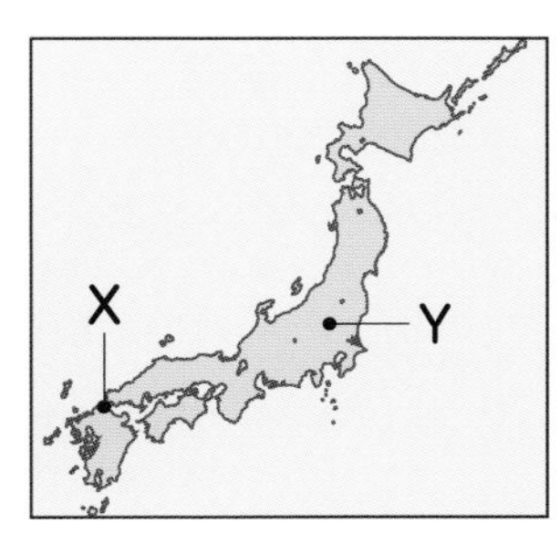

(3)　地図中Yの鉱山から流出する鉱毒の被害は，大きな社会問題となりました。この鉱山を何といいますか。〈青森〉

（　　　　　　　）

2 次の文の①にあてはまる人名を書きなさい。また，②にあてはまる人名を，あとから選びなさい。〈茨城改〉

明治時代，欧米の文化を取り入れた新しい文化が生まれ，西洋画を学んだ（ ① ）が「湖畔」などをかいた。一方，日本の伝統の価値も見直され，（ ② ）とフェノロサが協力して日本美術のよさを海外に広め，横山大観などの画家に影響をあたえた。

①（　　　　　　）　②（　　　　　）

ア　岡倉天心　　イ　菱川師宣　　ウ　大隈重信　　エ　森鷗外

□日本の産業革命は軽工業から。日露戦争後に重工業も発達
□足尾銅山鉱毒事件では，田中正造が問題の解決に努めた

〈左ページの答え〉　①軽工業　②重工業　③財閥

合格ミニBOOK p.14

40 近代の世界のようす

近代⑤

▶市民革命・産業革命を経たヨーロッパの変化をチェック！
▶ヨーロッパやアメリカと日本のようすを結びつけよう。

確認 イギリス・アメリカの動きをおさえよう！

p.94〈答えは右ページ下へ〉

□に「アヘン」・「独立」・「南北」のどれかを書いて，まとめを完成させよう！

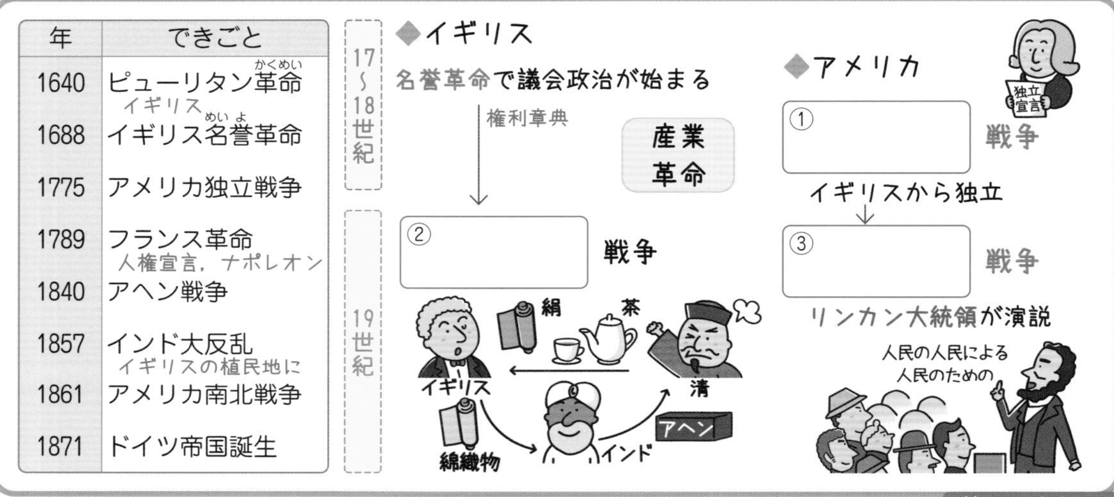

年	できごと
1640	ピューリタン革命（かくめい） イギリス
1688	イギリス名誉（めいよ）革命
1775	アメリカ独立戦争
1789	フランス革命 人権宣言，ナポレオン
1840	アヘン戦争
1857	インド大反乱 イギリスの植民地に
1861	アメリカ南北戦争
1871	ドイツ帝国誕生

確認できたらコレもチェック！

1 産業革命はイギリスで始まった。

18世紀後半，イギリスで機械を使う 産業革命 が起こる。

◆工業・交通が発展 ➡ 「世界の工場」へ

資本主義が広まるなか，
子どもの労働など，労働問題も起こった。

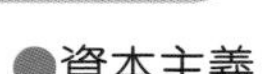

●資本主義
資本家が労働者を雇って生産。利益の拡大をめざす。
●社会主義
マルクスが提唱。労働者を中心として平等な社会をめざす。

2 中国のようすもおさえておこう！

中国（ちゅうごく）の歴史は，日本との関係をふまえて確認しておこう。

年	1840	1842	1871	1894	1895	1900	1911	1912
できごと	アヘン戦争	南京（ナンキン）条約 香港を割譲	日清修好条規（にっしんしゅうこうじょうき） 対等な条約	日清戦争	下関（しものせき）条約	義和団（ぎわだん）事件	辛亥（しんがい）革命	中華民国（ちゅうかみんこく）成立

江戸幕府が動揺（1840）　中国分割が進む（1894・1895）

辛亥革命は，三民主義を唱えた孫文が指導。

解答 p.15

入試のキーワード
名誉革命　権利章典　アメリカ独立宣言
フランス革命　人権宣言　産業革命

1 右の年表を見て，次の問いに答えなさい。

年	できごと
1688	a 名誉革命が起こる
1776	b アメリカで独立宣言が発表される
1789	（c）が始まり，人権宣言が発表される
1825	d イギリスで鉄道が開通する

(1)　a について，この革命が起こった国を次から選びなさい。また，この翌年に出された，議会と国王の関係を定めたものを何といいますか。〈茨城〉

国（　　　　）

翌年に出されたもの（　　　　　　　　）

ア　アメリカ　　イ　スペイン
ウ　イギリス　　エ　ドイツ

(2)　b のあとにアメリカで起こったできごとについて，次の文の正誤の組み合わせとして正しいものを下から選びなさい。〈長崎〉

（　　　　）

A　リンカン大統領が，奴隷(どれい)を解放しようとする政策を進めた。
B　クロムウェルらを中心としたピューリタン革命により，共和政が実現した。

ア　A＝正　B＝正　　イ　A＝正　B＝誤
ウ　A＝誤　B＝正　　エ　A＝誤　B＝誤

(3)　右の資料は，c の始まりとなったバスチーユ牢獄(ろうごく)の襲撃(しゅうげき)をえがいたものです。c の革命を何といいますか。〈青森〉

（　　　　　　　　）

(4)　d について，産業革命が進展したイギリスは，「世界の工場」とよばれるようになりました。右の資料は19世紀前半のイギリス・インド・清の貿易関係の一部を示したものです。X・Y にあてはまる商品を次からそれぞれ選びなさい。〈長崎改〉

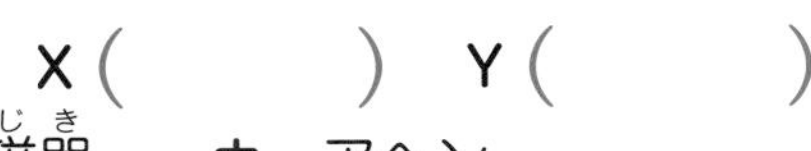
X（　　　　）　Y（　　　　）

ア　綿織物　　イ　陶磁器(とうじき)　　ウ　アヘン

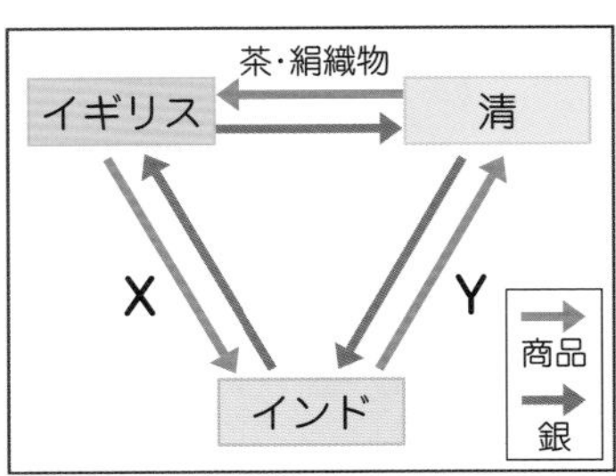

(注) イギリスが商品 X をインドに輸出し，代金として銀を受け取り，清から輸入した茶・絹織物の代金として銀を支払っていることを示す。

□市民革命は，名誉革命・アメリカ独立戦争・フランス革命
□産業革命後のイギリスは，商品の市場を求めてアジアに進出

〈左ページの答え〉 ①独立　②アヘン　③南北

合格ミニBOOK p.14

41 第一次世界大戦

近代⑥

▶第一次世界大戦前の国際関係をおさえておこう。
▶ベルサイユ条約や国際連盟の内容をチェックしておこう。

確認 第一次世界大戦の流れをおさえよう！

〈答えは右ページ下へ〉

□に「バルカン」・「ベルサイユ」のどちらかを書いて，まとめを完成させよう！

年	できごと
1914	サラエボ事件
	第一次世界大戦
1915	二十一か条の要求 日本→中国
1917	ロシア革命
1918	シベリア出兵
1919	パリ講和会議
1920	国際連盟の設立

確認できたらコレもチェック！

1 大戦中のできごとは？

日本は，連合国側で参戦。また，戦争が長引くとロシアで民衆の不満が高まった。

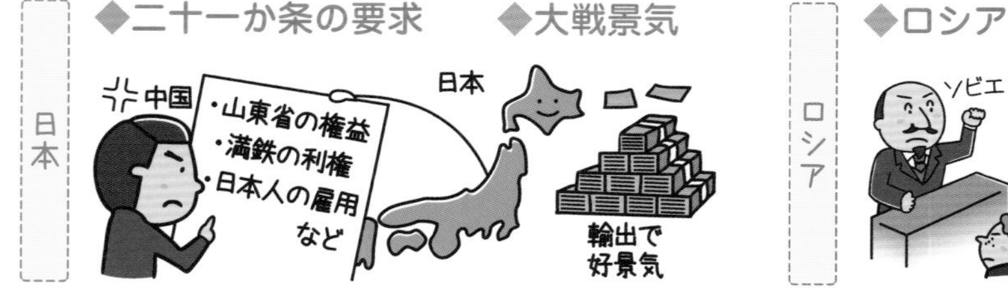

ロシア
◆ロシア革命 レーニンが主導
ソビエト万歳！！
シベリアに出兵して止めよう！

米騒動にも影響

2 大戦後の世界のようすは？

ウィルソン大統領の提案で 国際連盟 を設立。

国際協調と軍備の縮小が進んだ。

◆**ワシントン会議** 海軍の軍備を制限

アジアの**民族自決** ➡ 民族運動が活発化

アジアの民族運動

中国	五・四運動
朝鮮	三・一独立運動
インド	ガンディーが指導 非暴力・不服従の運動

解答 p.15

入試のキーワード
三国同盟　三国協商　バルカン半島
ロシア革命　ベルサイユ条約　国際連盟

1 第一次世界大戦について，次の問いに答えなさい。

(1) 右の図は，第一次世界大戦前のヨーロッパの国際情勢を示したものです。図中A・Bにあてはまる国名をそれぞれ書きなさい。〈山梨〉

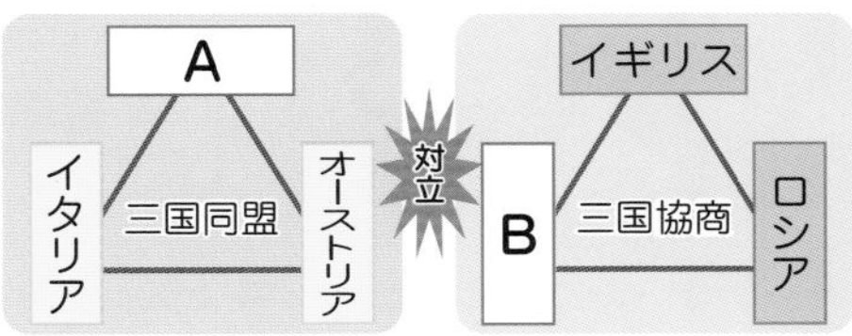

A（　　　　　）　B（　　　　　）

(2) 第一次世界大戦前のバルカン半島は，列強の利害対立と，民族や宗教の争いが複雑にからみあい紛争が絶えなかったことから，何とよばれていましたか。〈山口〉

（　　　　　）

(3) 第一次世界大戦中から戦後にかけて，ロシアでは戦争や皇帝（こうてい）の専制に対する不満などにより革命が起き，ソビエト政府が成立しました。この動きに対して，アメリカ・イギリスなどとともに，日本が軍隊を派遣（はけん）したことを何といいますか。〈岡山〉

（　　　　　）

2 次の文を読んで，あとの問いに答えなさい。〈宮城〉

1919年，第一次世界大戦で降伏（こうふく）したドイツに関することがらを中心にまとめられた条約が結ばれました。その翌年，平和のための国際組織の設立を（　　）が提案したことをきっかけとして，国際連盟が設立されました。

(1) ――線部について，この条約を何といいますか。

（　　　　　）

(2) （　　）にあてはまる人物を，次から選びなさい。（　　）

ア コロンブス　**イ** ウィルソン　**ウ** レーニン　**エ** ガンディー

3 右の資料を見て，次の文のAにあてはまる国名と，Bにあてはまる語句を漢字3字で書きなさい。

●資料の人物は，A（　　　　　）がイギリスから独立することをめざして，非暴力・B（　　　　　）の運動を行うことを主張し，独立に貢献（こうけん）した。

□三国同盟と三国協商の対立から第一次世界大戦が始まった
□中国・朝鮮・インドで民族運動が起こった

〈左ページの答え〉 ①バルカン　②ベルサイユ

合格ミニBOOK p.14

42 大正デモクラシー

近代⑦

▶社会運動の内容と，代表的な人物をおさえよう！
▶選挙権や文化の変化を明治時代と比べて確認しよう。

確認 大正デモクラシーの流れをおさえよう！

〈答えは右ページ下へ〉

□に「護憲」・「民本」・「女性」のどれかを書いて，まとめを完成させよう！

大正（たいしょう）デモクラシー　民主主義を求める社会運動が活発な風潮　第一次世界大戦後に特に活発化

年	できごと
1912	第一次護憲（ごけん）運動
1918	米騒動（こめそうどう）
	原敬（はらたかし）が内閣を組織
1922	全国水平社（ぜんこくすいへいしゃ）の結成
1923	関東大震災（かんとうだいしんさい）
1924	第二次護憲運動
1925	治安維持法（ちあんいじほう）
	普通選挙法（ふつうせんきょ）

◆① 運動
憲法に基づく政治を
守る運動
憲法
◆② 主義
影響
民衆の
意向が大切！
吉野作造
社会運動
◆全国水平社
部落解放運動
差別の
解消を！
◆③ 運動
女性は
太陽だった。
青鞜
平塚らいてう
都市で労働争議や，農村で小作争議も起きた。

確認できたら
コレもチェック！

1 米騒動のあとに政党内閣が誕生。

米の安売りを求める 米騒動 で首相が辞職。
シベリア出兵を見こした米の買い占めで高値
新たに立憲政友会の 原敬 が首相となり
初の本格的な 政党内閣 を組織した。
閣僚（大臣）の大部分が衆議院第一党の党員

米騒動

2 普通選挙法で有権者が増えた！

1925年，普通選挙法 と 治安維持法 が成立した。
◆選挙権　満25歳以上のすべての男子　女性はなし
◆治安維持法　共産主義など社会運動を取り締まる

選挙権
やったあ！
共産主義
取り締まり
そうか…

3 大衆文化が発展した！

国産映画の製作やラジオ放送が始まり，大衆文化 が発展した。
◆働く女性の増加　バスガールや電話交換手（こうかんしゅ）などで活躍（かつやく）

解答 p.16

入試のキーワード
護憲運動　民本主義　吉野作造　小作争議
平塚らいてう　全国水平社　普通選挙法

1 次の問いに答えなさい。

(1) 日本で初めての本格的な政党内閣を組織した人物はだれですか。〈大阪〉

(　　　　)

(2) 次の文の(　　)にあてはまる語句を書きなさい。〈愛媛改〉

(　　　　)

(1)が首相となった年に，日本では米の安売りを求める民衆の運動が，全国で発生した。このできごとは一般に(　　)とよばれる。

シベリア出兵を見こして，商人に米が買い占められていたよ。

2 大正デモクラシーについて，次の問いに答えなさい。

(1) 民本主義(みんぽん)を唱え，大正デモクラシーに影響(えいきょう)をあたえた人物はだれですか。〈和歌山〉

(　　　　)

(2) 部落差別に苦しんできた被差別(ひさべつ)部落の人々が，人間としての平等を求めて，1922年に結成した団体を何といいますか。〈和歌山〉

(　　　　)

(3) 1925年の普通選挙制の実現によって選挙権があたえられたのはどのような人たちですか。簡単に書きなさい。〈山形〉

(　　　　)

3 次の問いに答えなさい。

(1) 右のカードについて，青鞜社(せいとうしゃ)を結成した人物として正しいものを，次から選びなさい。〈石川〉

(　　)

ア 津田梅子(つだうめこ)　イ 平塚らいてう(ひらつか)(ちょう)　ウ 市川房枝(いちかわふさえ)

女性の地位を高めようとする動きがあるなかで，女性だけで結成された青鞜社が，雑誌「青鞜」を発行した。

(2) 都市化が進んだ大正時代のようすとして適切なものを，次から選びなさい。〈岡山改〉

(　　)

ア 映画が人気となり，ラジオ放送が始まった。
イ 電気冷蔵庫と電気洗濯機(せんたくき)が普及(ふきゅう)した。
ウ れんが造りの建物が建ち，牛鍋(ぎゅうなべ)が流行した。

合格へのトビラ
□労働争議や小作争議，社会主義の運動が活発
□選挙権は，満25歳以上の男子のみがもった

〈左ページの答え〉 ①護憲　②民本　③女性

合格ミニBOOK p.16

43 第二次世界大戦

近代⑧

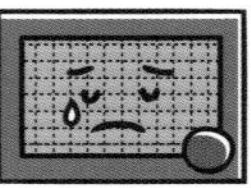

▶第二次世界大戦が起きるまでの世界の情勢をチェック。
▶1945年のできごとの時系列をおさえよう！

確認 第二次世界大戦への流れをおさえよう！

〈答えは右ページ下へ〉

□に「太平洋」・「日中」・「満州」のどれかを書いて，まとめを完成させよう！

年	できごと
1929	世界恐慌
1931	満州事変
1932	五・一五事件
1933	国際連盟脱退
1936	二・二六事件
1937	日中戦争
1939	第二次世界大戦
1941	太平洋戦争
1945	終戦

確認できたらコレもチェック！

1 世界恐慌の影響と対策は？

世界恐慌 で，世界中が深刻な不況に。各国が自国を優先し，国際協調がゆらいだ。

◆アメリカ　◆イギリス・フランス　◆ソ連　◆ドイツ・イタリア

日本はのちにドイツ・イタリアと同盟を結んだ。

2 1945年に戦争が終わった。

太平洋戦争は 勤労動員・学徒出陣 や，小学生の疎開を行うほど戦局が悪化。1945年，空襲も激しくなっていき，ついに8月，日本は降伏した。

1945年	3月	5月	7月	8月6日	8日	9日	14日	15日
できごと	沖縄戦開始	ドイツ降伏	ポツダム宣言の発表	広島に原爆	ソ連侵攻	長崎に原爆	ポツダム宣言を受け入れる	玉音放送

解答 p.16

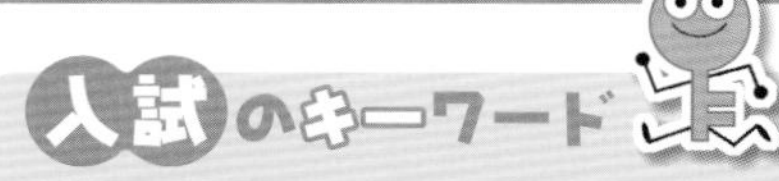

世界恐慌　ニューディール政策　ブロック経済
満州事変　日中戦争　太平洋戦争　原子爆弾

1 次の資料を見て，あとの問いに答えなさい。

社会主義国のソ連は，アメリカから広がった(①)の影響（えいきょう）をほとんど受けずに，「(②)」とよばれた計画経済を推進していた。

各国の鉱工業生産の変化

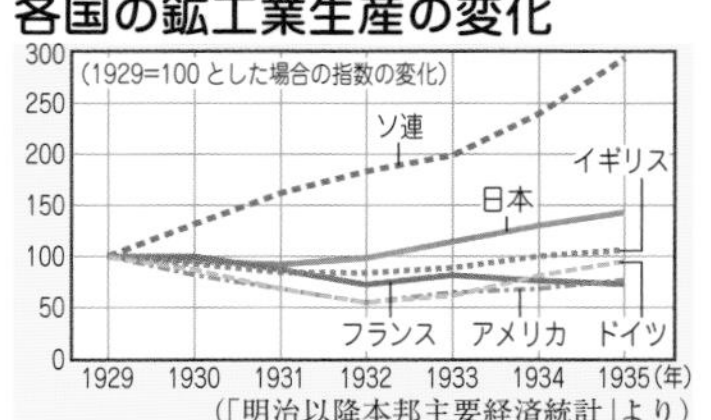

(「明治以降本邦主要経済統計」より)

(1)　上の文は1931年ごろのソ連の工業化のようすについて説明したものです。右のグラフを参考にして，(　　)にあてはまる語句をそれぞれ書きなさい。〈鳥取〉

①(　　　　　　　　)　②(　　　　　　　　)

(2)　(1)①に対応するために各国が行った政策のうち，アメリカとドイツの政策として適切なものを，次からそれぞれ選びなさい。〈富山改〉

アメリカ(　　　　)　ドイツ(　　　　)

ア　本国とインドなどの植民地との関係を密接にし，外国の商品に高い関税をかけた。
イ　農業や工業の生産量を制限して価格を調整し政府が積極的に公共事業をおこした。
ウ　民族と国家の利益を最優先する軍国主義的な独裁政治を行った。

2 右の年表を見て，次の問いに答えなさい。

年	できごと
1925	普通選挙法が公布される
1932	a 政党政治がとだえる ↑
	c
1939	b 第二次世界大戦が始まる ↓
1941	太平洋戦争が始まる

(1)　aについて，1932年に海軍の将校らが起こした事件を何といいますか。〈山形〉

(　　　　　　　　)

(2)　bについて，右の地図は第二次世界大戦が始まる前年のヨーロッパの国々を示したものです。日本が結んだ三国同盟の相手国を，地図から２つ選びなさい。

(　　　)(　　　)

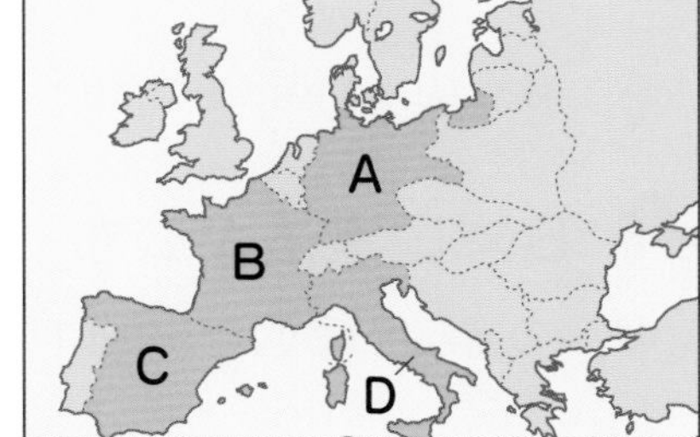

(3)　次の**ア**～**エ**は，cの時期に起きたできごとです。年代の古い順に並べなさい。〈栃木〉

(　　　→　　　→　　　→　　　)

ア　日中戦争が起こる。　　**イ**　日本が国際連盟を脱退する。
ウ　世界恐慌が起こる。　　**エ**　満州事変が起こる。

□アメリカ ニューディール，イギリス ブロック，ソ連 五か年
□五・一五事件→二・二六事件で軍部の発言力が強まった

〈左ページの答え〉　①満州　②日中　③太平洋

合格ミニBOOK p.16

44 戦後の日本

現代①

▶戦後の条約・宣言について内容と相手国を確認しよう。
▶民主化で起きた社会や経済の変化をおさえよう！

確認 戦後の国際情勢と日本の関係をおさえよう！

〈答えは右ページ下へ〉

□に「日ソ」・「日米」・「冷戦」のどれかを書いて，まとめを完成させよう！

年	できごと
1945	国際連合発足
1950	朝鮮戦争
1951	サンフランシスコ平和条約
	日米安全保障条約
1956	日ソ共同宣言
	日本が国際連合に加盟

国際連合ができたものの…

① □ 資本主義国と社会主義国が対立

◆ ② □ 安全保障条約

アメリカ軍基地を日本に置く

◆ ③ □ 共同宣言

日本が国際連合に加盟

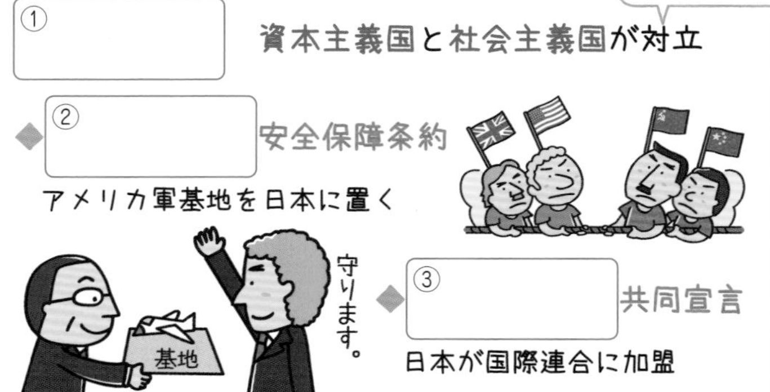

確認できたらコレもチェック！

1 日本の民主化のようすをおさえよう！

マッカーサーを最高司令官とした**連合国軍最高司令官総司令部（GHQ）**が**民主化**を主導。

財閥解体

経済に強い影響をもつ財閥を解体

農地改革

小作人の多くが，自作農になった

選挙権の拡大

女性の議員も誕生

2 日本国憲法が公布・施行。

議会の審議を経て，1946年11月 **日本国憲法** が公布された。翌年，**教育基本法** も制定。

施行は1947年5月

3 朝鮮戦争をきっかけに経済が復興した！

冷戦の対立のなか，1950年に **朝鮮戦争** が起きた。

北朝鮮と韓国の戦争

◆**特需景気**　アメリカ軍が軍需物資を日本で調達したことによる好景気。戦後の復興が早まった

➡解答 p.16

入試のキーワード
農地改革 財閥解体 日本国憲法 朝鮮戦争
サンフランシスコ平和条約　日ソ共同宣言

1 右の年表を見て，次の問いに答えなさい。

(1)　aについて，第二次世界大戦後（だいにじせかいたいせん）の農村と経済の面における民主化について，下の表のA・Bにあてはまる語句を，それぞれ書きなさい。〈長野〉

A（　　　　　　　）　B（　　　　　　　）

年	できごと
1945	a 民主的な国づくりが始まる
1951	b サンフランシスコ平和条約が結ばれる

	〈戦前〉	〈戦後の民主化〉
[農村]	地主・小作の関係	──→（　A　）の結果，自作農が大幅に増加した
[経済]	（　B　）による経済の独占	──→（　B　）が解体される

(2)　次の文はbについてまとめたものです。（　　）にあてはまる人名を書きなさい。〈埼玉16〉

（　　　　　　）

> 1951年，日本はアメリカなど48か国とサンフランシスコ平和条約を結んだ。それと同時に，アメリカと日米安全保障条約を結んだ。右の資料はサンフランシスコ平和条約の調印のようすで，中央で署名しているのは，日本の首席全権として出席した（　　）首相である。

2 次の問いに答えなさい。

(1)　第二次世界大戦後の，アメリカ合衆国を中心とする資本主義諸国(西側陣営)と，ソ連を中心とする社会主義諸国(東側陣営)の対立を何といいますか。〈山口〉

（　　　　　　）

(2)　次の文の（　　）にあてはまる語句を書きなさい。〈福井〉

●（　　　　　　）景気とよばれた朝鮮戦争に伴う好景気で活気を取り戻した日本経済は，やがて高度経済成長をむかえた。

(3)　次の文を，時期の古い順に並べなさい。〈秋田〉

（　　→　　→　　）

ア　日ソ共同宣言に調印し，ソ連との国交を回復した。
イ　国際連合への加盟が認められた。
ウ　アメリカなど48か国とサンフランシスコ平和条約を結んだ。

日本の国連加盟は，ソ連の反対がなくなったことで実現したよ。

□農地改革と財閥解体により，経済の民主化が実現した
□ソ連との国交回復により，日本の国連加盟が実現した

〈左ページの答え〉 ①冷戦　②日米　③日ソ

➡合格ミニBOOK p.16

45 現代の日本と世界

現代②

▶1989年の冷戦終結を中心に前後のできごとをチェック。
▶高度経済成長→石油危機→バブル経済の流れをおさえる。

確認 日本経済の変化のようすをおさえよう！

〈答えは右ページ下へ〉

□に「高度経済」・「石油危機」・「バブル」のどれかを書いて，まとめを完成させよう！

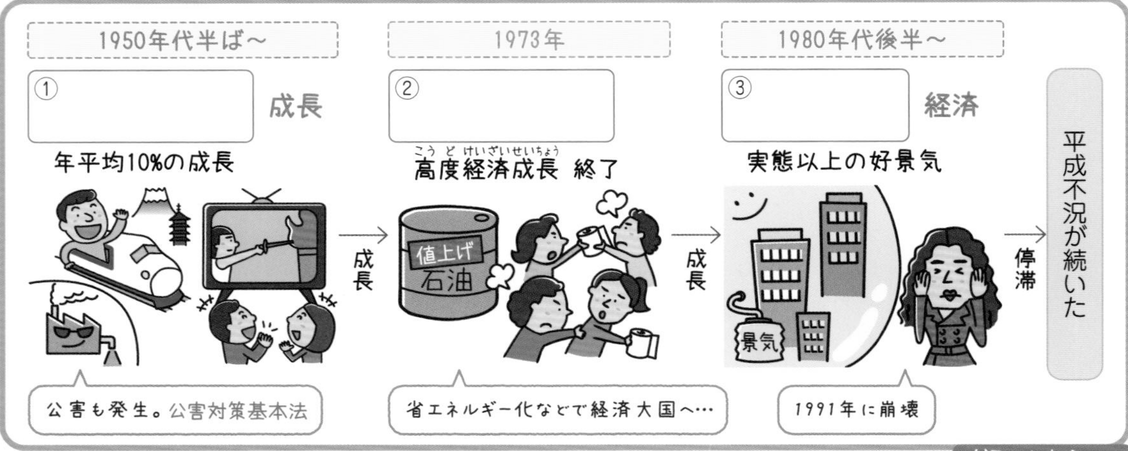

確認できたらコレもチェック！

1 日本の外交関係をおさえよう。

戦争で途絶えていた外交関係も少しずつ回復。

◆韓国　日韓基本条約　で国交正常化

◆中国　日中共同声明　で国交正常化　その後 日中平和友好条約

経済成長をとげた日本は，先進国としての役割も果たす。

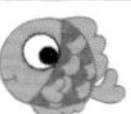
日本は主要国首脳会議（サミット）にも参加

年	できごと
1955	アジア・アフリカ会議
1964	東京オリンピック
1965	ベトナム戦争が激化
	日韓基本条約
1972	沖縄が日本に復帰　基地問題が残る
	日中共同声明
1973	石油危機
1975	第一回サミット
1978	日中平和友好条約
1989	冷戦の終結
1991	湾岸戦争
	ソ連解体
2001	アメリカ同時多発テロ

2 冷戦の関係も少しずつ変化した！

アジア・アフリカ会議やベトナム戦争の終結で緊張緩和。

東ヨーロッパ諸国の民主化運動の影響で，ベルリンの壁崩壊 ➡ 冷戦が終結。
東西ドイツ統一

◆ベルリンの壁　東西ドイツを分断し，冷戦を象徴していた

解答 p.16

入試のキーワード
高度経済成長　石油危機　日韓基本条約
日中平和友好条約　ドイツ統一　ソ連解体

1 右の年表を見て，次の問いに答えなさい。

年	できごと
1964	a 東京オリンピックが開催(かいさい)される
1975	（ b ）が初めて開催される
1989	c 冷戦の終結が宣言される

(1)　a について，この年を含む1955年から1973年までの間，日本の経済が年平均で10%程度の成長を続けたことを何といいますか。〈青森〉

（　　　　　　）

(2)　b は，日本を含む世界の主要な先進国の首脳が参加した会議で，以後，毎年１回開催され，国際協調が進められてきました。この名前をカタカナで書きなさい。〈青森〉

（　　　　　　）

(3)　c について，翌年，ヨーロッパでは東西に分かれていた２つの国がまとまって１つになりました。その現在の国名を書きなさい。〈福井〉

（　　　　　　）

(4)　c 以降に起きた世界のできごととしてあてはまるものを，次から選びなさい。〈福岡〉

（　　）

ア　国際連合(こくさいれんごう)が成立する　**イ**　石油危機が発生する
ウ　湾岸戦争が起こる　**エ**　アジア・アフリカ会議が開催される

2 次の会話文の（　　）にあてはまる条約名を，〔　　〕からそれぞれ選びなさい。〈茨城改〉

生徒：周辺の国々との国交正常化はいつごろ進んだのですか。
先生：1965年には（ ① ）を結び，国交を正常化しました。
生徒：その他の国とはどうですか。
先生：1972年には首相が相手国を訪問して共同声明に調印し，国交を正常化しました。そして1978年にはその国との間で（ ② ）に調印しました。

①（　　　　　　）　②（　　　　　　）

〔　日中平和友好条約　　日韓基本条約　　日ソ中立条約　〕

□高度経済成長は石油危機で終了　→　バブル経済へ
□ベルリンの壁崩壊で冷戦は終結。ソ連も解体した

〈左ページの答え〉 ①高度経済　②石油危機　③バブル

解答 p.17

勉強した日　月　日
得点　/100点

1 右の年表を見て，次の問いに答えなさい。

8点×6（48点）〈愛媛改〉

年	できごと
1840	（ a ）が始まり，清がイギリス軍に敗北する
1871	b 岩倉使節団が出発する
1894	c 日清戦争が始まる
1904	d 日露戦争が始まる
1912	e 大正時代が始まる
1939	f 第二次世界大戦が始まる

(1) aについて，これをきっかけに江戸幕府(えどばくふ)は異国船打払令(いこくせんうちはらいれい)をやめ，外国船に水や燃料をあたえるようになりました。aのできごとを何といいますか。

（　　　　）

(2) bについて，右の人物は不平等条約の改正を目的としたこの使節に加わり，その後，1889年に発布された憲法案の作成にも携(たずさ)わりました。この憲法を何といいますか。

（　　　　）

(3) cについて，この前後，日本では個性を重んじる考えが盛んになり，与謝野晶子(よさのあきこ)や樋口一葉(ひぐちいちよう)などの文学者が活躍(かつやく)しました。この考え（主義）を何といいますか。

（　　　　）

(4) dについて，次の文はdの背景となった，日本とロシアの対立について述べたものです。文中の（　）にあてはまる語句を書きなさい。

（　　　　）

清(しん)では，外国の勢力を排除(はいじょ)しようとする民衆が北京(ペキン)の各国の公使館を包囲する，（　　）事件とよばれる事件が起こった。

(5) eについて，この時代の日本のようすについて適切なものを，次から選びなさい。

（　　　　）

ア 子ども向けの雑誌や大衆雑誌が刊行され，ラジオ放送が始まった。
イ 日刊新聞の発行が始まり，自由民権運動(じゆうみんけんうんどう)の広まりに影響(えいきょう)をあたえた。
ウ テレビ，洗濯機(せんたくき)，冷蔵庫などの電化製品や自動車が普及(ふきゅう)した。
エ 教育への関心が高まり，町や農村で多くの寺子屋(てらこや)が開かれた。

(6) fについて，右の図は日本とアメリカ合衆国(がっしゅうこく)の戦争が始まる直前の国際関係を示しています。X・Yにあてはまる国の組み合わせとして正しいものを次から選びなさい。

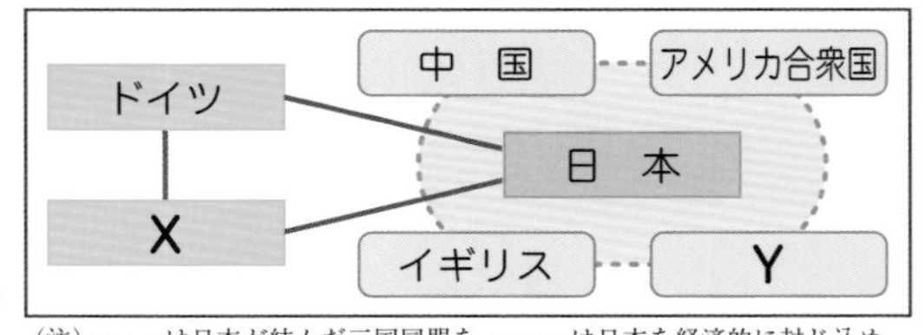

（注）――は日本が結んだ三国同盟を，- - - -は日本を経済的に封じ込めようとしたABCD包囲陣（ABCD包囲網）を，それぞれ表している。

（　　　　）

ア X：フランス　Y：オランダ　**イ** X：フランス　Y：ソ連(れん)
ウ X：イタリア　Y：オランダ　**エ** X：イタリア　Y：ソ連

2 右の年表を見て，次の問いに答えなさい。

8点×5（40点）〈栃木改〉

年	できごと	
1918	第一次世界大戦が終結する	a
1929	世界恐慌が始まる	b
1945	第二次世界大戦が終結する	c
1951	日米安全保障条約が結ばれる	d
1956	日本が国際連合に加盟する	e
1973	(　　)が起こる	f
1990	東西ドイツが統一される	g

(1)　aからbの間について，次の文の(　　)にあてはまる語句を下から選びなさい。

(　　　　)

> 第一次世界大戦後，国際連盟が設立され，ワシントン会議が開かれるなど，(　　)をめざす機運が高まった。

ア　軍備拡張　　イ　環境保護

ウ　領土拡大　　エ　国際協調

(2)　bについて，これをきっかけにイギリスやフランスなどは自国の経済を守るための経済政策をとりました。右の図中の□にあてはまるこの政策に関する語句を書きなさい。

(　　　　)

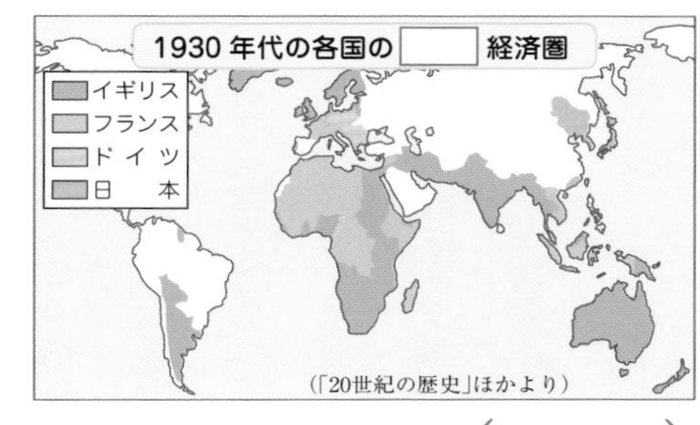

（「20世紀の歴史」ほかより）

(3)　cからdの間に始まった戦争を次から選びなさい。(　　　　)

ア　朝鮮戦争　　イ　ベトナム戦争　　ウ　日中戦争　　エ　湾岸戦争

(4)　eからfの間に，日本は急速に経済成長をとげました。この経済成長が終わるきっかけとなったfにあてはまるできごとを何といいますか。

(　　　　)

(5)　gについて，右の写真はこの前年にこわされた東西冷戦の象徴であった壁です。この壁を何といいますか。

(　　　　)

3 次の資料を見て，選挙権があたえられる条件について，あとの文の(　　)にあてはまる語句をそれぞれ書きなさい。

6点×2（12点）〈富山〉

全人口に占める有権者の割合

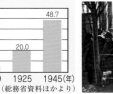

年	1889	1900	1919	1925	1945
(%)	1.1	2.2	5.5	20.0	48.7

（総務省資料ほかより）

1928年の選挙のようす

1946年の選挙のようす

①(　　　　)　②(　　　　)

> 1925年に成立した普通選挙法では，(①)に選挙権があたえられたが，1945年に選挙法が改正され，(②)に選挙権があたえられた。

特集 ゴールを目指して解き進めよう!!

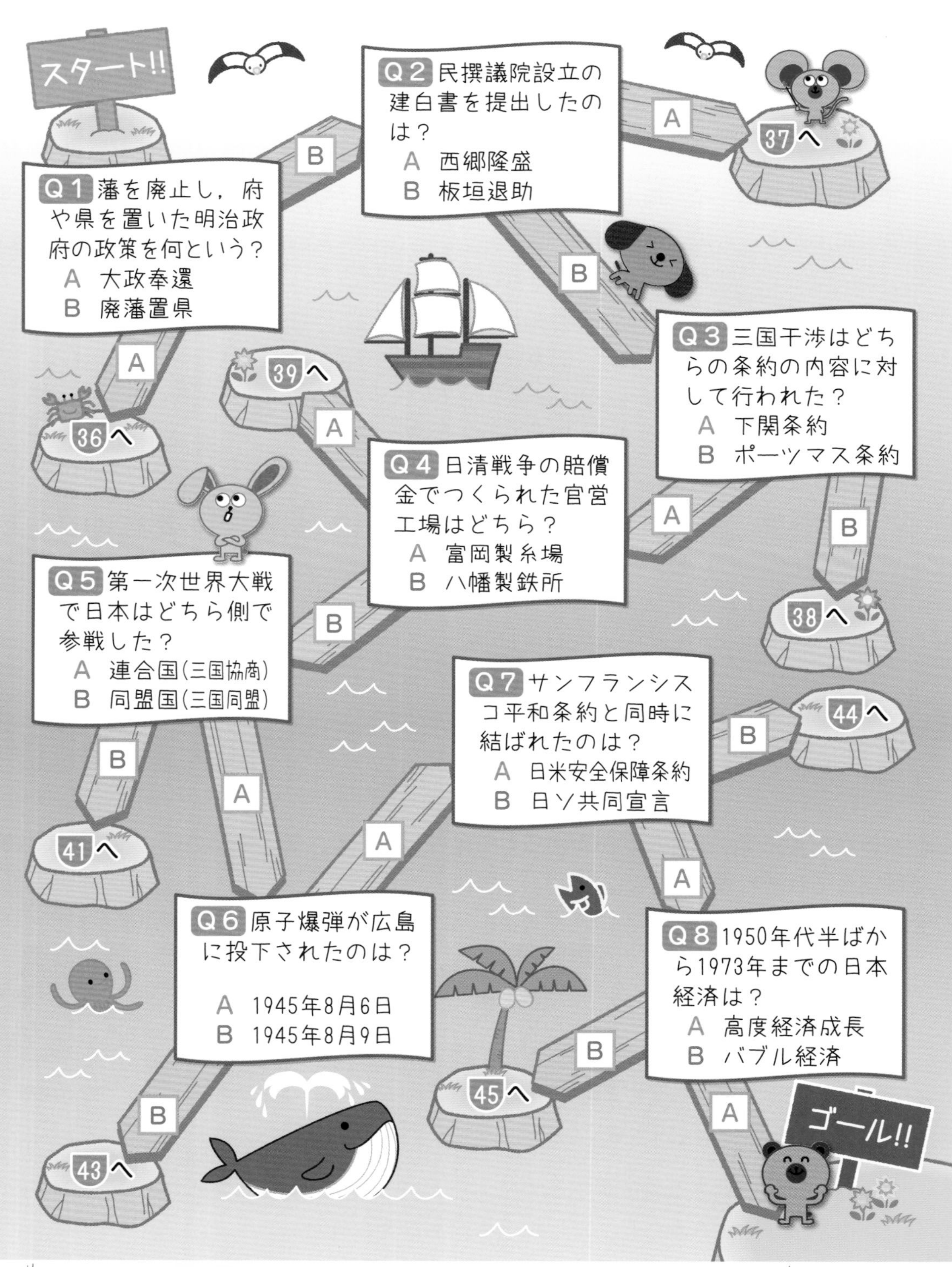

スタート!!
Q1 藩を廃止し，府や県を置いた明治政府の政策を何という？
A 大政奉還
B 廃藩置県
Q2 民撰議院設立の建白書を提出したのは？
A 西郷隆盛
B 板垣退助
Q3 三国干渉はどちらの条約の内容に対して行われた？
A 下関条約
B ポーツマス条約
Q4 日清戦争の賠償金でつくられた官営工場はどちら？
A 富岡製糸場
B 八幡製鉄所
Q5 第一次世界大戦で日本はどちら側で参戦した？
A 連合国(三国協商)
B 同盟国(三国同盟)
Q6 原子爆弾が広島に投下されたのは？
A 1945年8月6日
B 1945年8月9日
Q7 サンフランシスコ平和条約と同時に結ばれたのは？
A 日米安全保障条約
B 日ソ共同宣言
Q8 1950年代半ばから1973年までの日本経済は？
A 高度経済成長
B バブル経済
36へ
37へ
38へ
39へ
41へ
43へ
44へ
45へ
ゴール!!

まちがえたら，36～45の単元へもどろう！

現代社会と私たち

現代社会のしくみ
効率　公正
対立　合意

政治のしくみ
人権　憲法
三権分立

経済のしくみ
消費　価格
税　社会保障

持続可能な社会へ
国際協力　環境
南北問題

公民分野のキーワード

●グローバル化
国境を越えて，人やもの，お金が移動しています。

●少子高齢社会
日本の社会問題です。子どもの数が減り，高齢者の割合が増えています。

●情報化
インターネットを利用すると，一瞬で世界中の情報のやりとりができます。

5 現代社会と私たち①

ポイント整理

解答 p.17

★〔　〕から語句を選んで図をまとめよう！

まちがえた語句は解答で確認！

日本の年齢別人口割合の変化

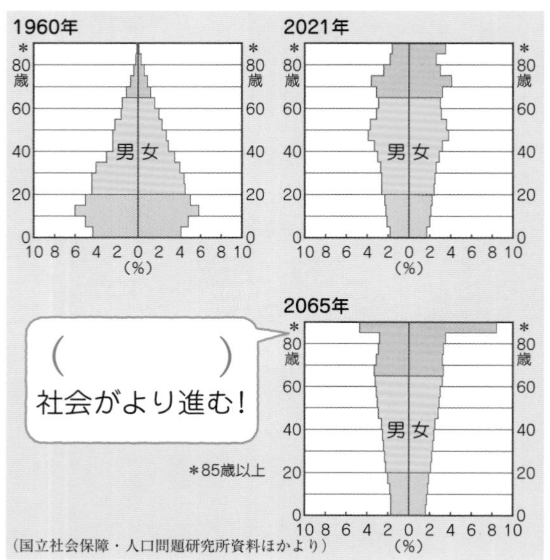

（　　　）分立

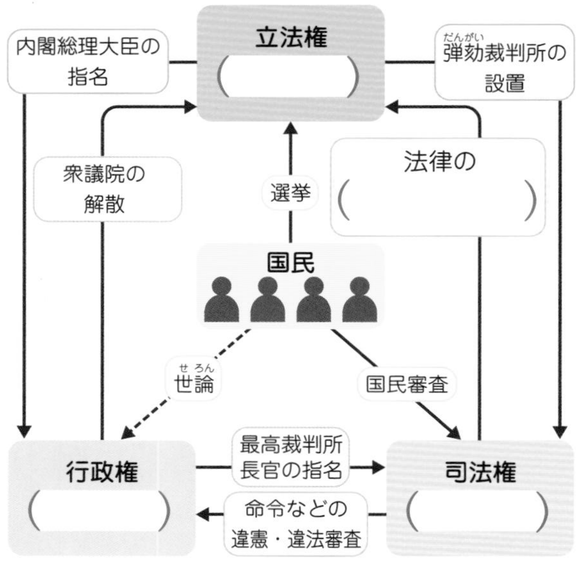

〔　国会　内閣　裁判所　違憲審査　少子高齢　三権　〕

★現代社会の特徴

少子高齢社会
子どもの数が減り，高齢者の割合が増加

グローバル化
国境を越えて物が移動
世界が一体化

情報社会
情報リテラシー・情報モラルが問われる

47 人権思想の発展

ロック
モンテスキュー　三権分立
ルソー

影響

市民革命
権利章典（イギリス名誉革命）
独立宣言（アメリカ独立戦争）
人権宣言（フランス革命）

ワイマール憲法（ドイツ）
生存権を初めて取り入れた憲法

大日本帝国憲法
主権者は天皇
人権は法律で制限

日本国憲法
1946年11月３日公布，
1947年５月３日施行
国民主権　天皇は象徴
平和主義　前文と第９条
基本的人権の尊重

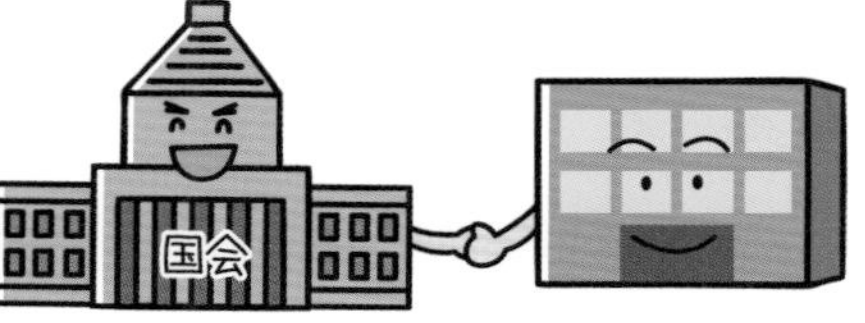

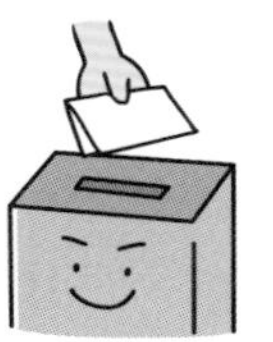

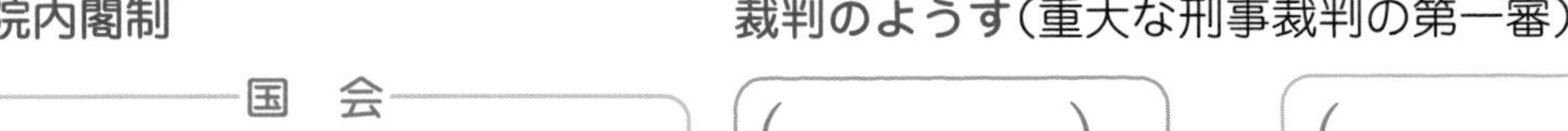

議院内閣制
裁判のようす(重大な刑事裁判の第一審)

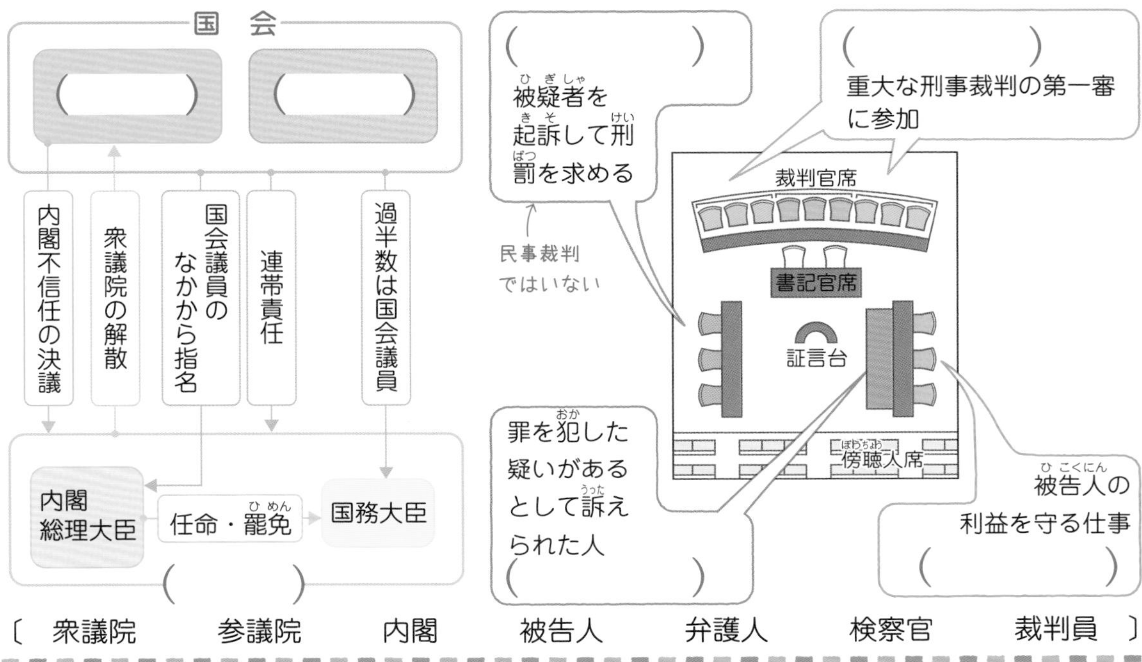

〔 衆議院　参議院　内閣　被告人　弁護人　検察官　裁判員 〕

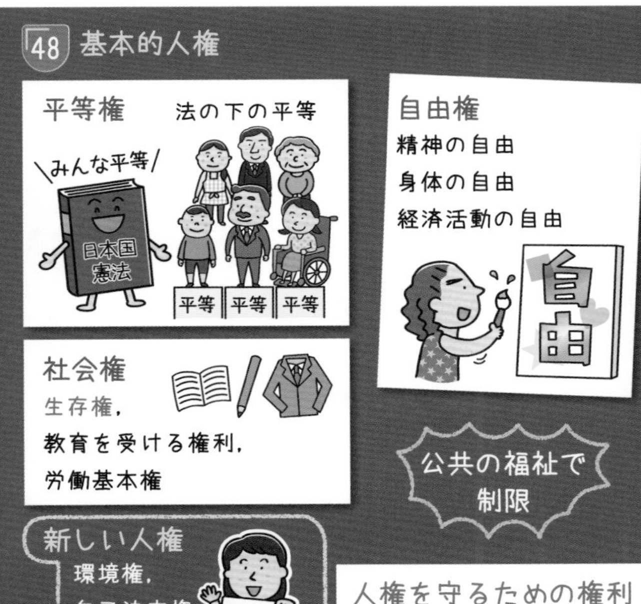

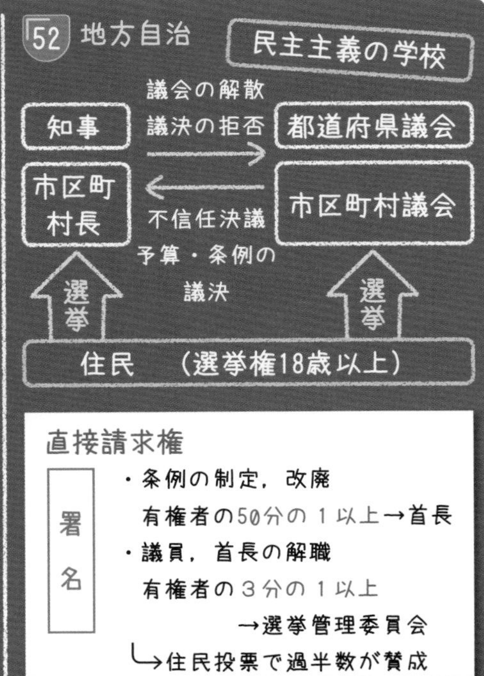

46 私たちの社会とルール

対立と合意，効率と公正

▶効率と公正の意味と考え方の違いをおさえよう！
▶全会一致と多数決の長所・短所を書けるようにしよう。

確認 考え方を例題でおさえよう！

〈答えは右ページ下へ〉

例題 ある遊園地では，人気アトラクションに長い行列ができます。そこで，１人分の空席ができたときに，１人で並ぶ人が通常の入り口に並ぶ人よりも先に乗れる入り口をつくることにしました。これは，「効率」と「公正」のどちらの考え方に基づくものですか。

わからなかったら ココをチェック！

1 「効率」と「公正」って？

トラブルを解決するためには２つの考え方がある。

◆ものや時間を**無駄**（むだ）**にしない** ➡ 効率

例 割り切れない数のおかしについて話し合って，食べる人を１人決める

◆みんなの**負担が公平**になるようにする ➡ 公正
（手続き・機会・結果の平等）

例 おかしの分け方の話し合いに全員参加する

例題は 半端（はんぱ）な空席を無駄にしないようにしている
➡「効率」の考え方が正しい。

注意
「効率」と「公正」の片方を優先しすぎると，不満が出ることも…。

確認できたら コレもチェック！

2 決まりの採決のしかたは？

トラブルを防ぐために決まりをつくる場合，話し合いでの採決のしかたは
全員が賛成(反対)する 全会一致（ぜんかいいっち） と
過半数(多数派)が賛成(反対)して決める 多数決 がある。
（少数意見が反映されにくい欠点もある）

タイセツ 多数決で採決をするときは，少数意見を尊重して慎重（しんちょう）に決める！

解答 p.18

対立　合意　効率　公正　多数決　少数意見

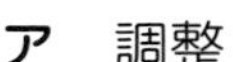

1 右の図は，現代社会をとらえる見方や考え方についてまとめたものです。Aにあてはまる語句を次から選びなさい。〈山梨〉

（　　　）

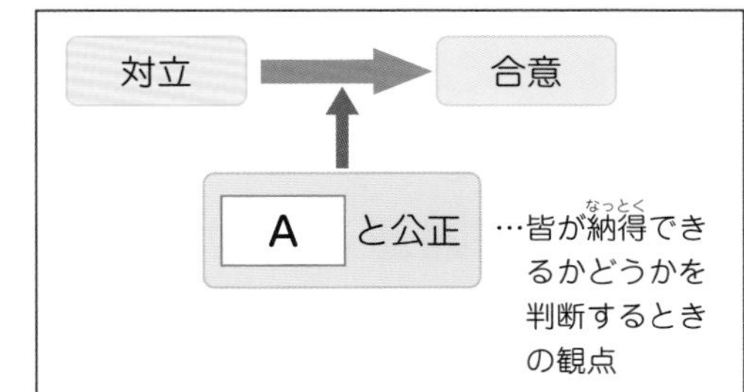

ア　調整
イ　効率
ウ　効果
エ　妥協

2 次の文は「効率」と「公正」の考え方について述べたものです。「公正」の考え方について述べた文として適切なものを2つ選びなさい。〈京都〉

（　　　）（　　　）

ア　なるべく少ない労力で利益が最大になるような合意の内容にする。
イ　一部の関係者が不当に不利益をこうむることがないような合意の内容にする。
ウ　合意に達する過程で，関係者のすべてが話し合いに参加するようにする。
エ　関係者のお金や時間を無駄なく使える内容にする。

3 次の文を読んで，あとの問いに答えなさい。〈茨城改〉

意見が対立したとき，立場などの違いによってたがいに歩み寄れないこともある。そこで，できるだけ多くの人の意思を反映するために，挙手や投票などで賛成者の多い意見を採決する□（の原理）によって最終的な決定をくだすことが多い。決定をくだす際には，事前に十分な話し合いを行うことが大切である。

(1) □にあてはまる語句を書きなさい。

（　　　　　）

多くの人の意見で採決すること！

(2) ——部の理由として，次の文の｛　｝にあてはまる語句にそれぞれ○を書きなさい。

● ｛ 少数　多数 ｝ 意見を尊重し，
その人の ｛ 義務　権利 ｝ を侵害しないようにするため。

□無駄を省く「効率」。手続き・機会・結果の「公正」
□みんなの権利を尊重し，だれもが納得できるようにする

〈左ページの答え〉 効率

合格ミニBOOK p.18

47 日本国憲法

日本国憲法と人権①

▶日本国憲法の３つの基本原理と内容を結びつけよう。
▶歴史の流れも思い出して人権思想の発展をチェック！

確認 日本国憲法とは？ p.120

〈答えは右ページ下へ〉

［　］に「基本的人権」または「国民主権」を書いて，まとめを完成させよう！

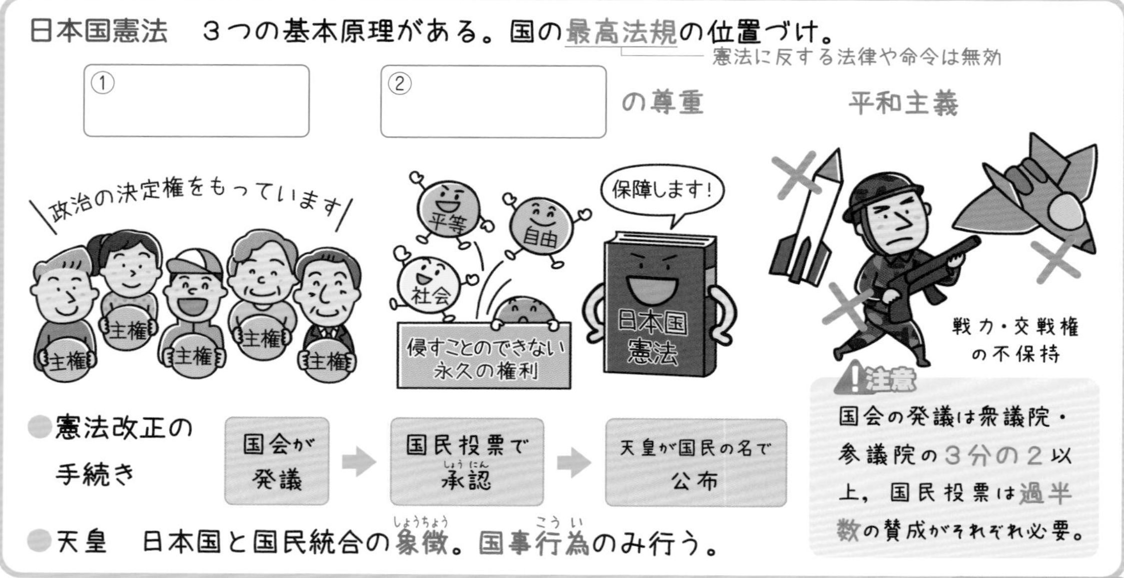

日本国憲法　３つの基本原理がある。国の最高法規の位置づけ。（憲法に反する法律や命令は無効）

① ［　　　］　② ［　　　］の尊重　平和主義

●憲法改正の手続き　国会が発議 → 国民投票で承認（しょうにん） → 天皇が国民の名で公布

●天皇　日本国と国民統合の象徴（しょうちょう）。国事行為（こうい）のみ行う。

注意
国会の発議は衆議院・参議院の３分の２以上，国民投票は過半数の賛成がそれぞれ必要。

確認できたらコレもチェック！

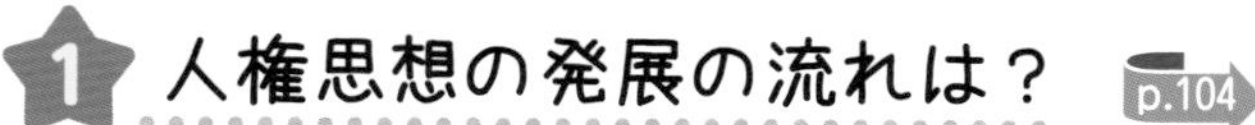

1 人権思想の発展の流れは？ p.104

ロック・ルソー・モンテスキューなどが人権思想を広め，フランス革命などの**市民革命**に影響（えいきょう）を与えた。

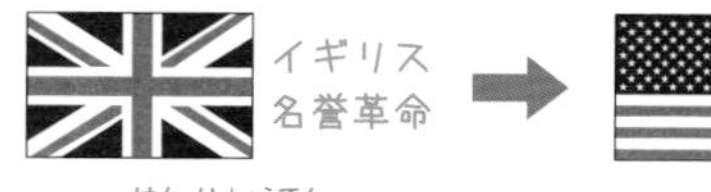

→

→ フランス革命

権利章典（けんりしょうてん）　アメリカ独立宣言　フランス人権宣言

◆**大日本帝国（ていこく）憲法**　主権は天皇にあり（天皇主権），国民の人権は法律で制限

●立憲主義
人権を守るために，憲法で政治権力を制限する考え方。

2 日本国憲法の平和主義って？

前文や第９条に戦力をもたないことを明記。

◆自衛隊　防衛のための組織。PKO（平和維持活動）で国際貢献（こうけん）もしている

◆非核（ひかく）三原則　核兵器（かくへいき）を「**持たず，作らず，持ちこませず**」という原則

解答 p.18

人権思想　立憲主義　憲法　平和主義
国民主権　基本的人権　象徴　国事行為

1 政治権力から国民の人権を守るために，憲法によって政治権力を制限するという考えを何といいますか。〈岩手改〉

（　　　　　）

2 日本国憲法について，次の問いに答えなさい。〈大阪改〉

(1) 日本国憲法の基本原理について，「基本的人権の尊重」と「国民主権」のほか，あと１つは何ですか。

（　　　　　）

(2) 人権に関わるできごとをまとめた次のカードを年代の古い順に並べなさい。

ア　国際連合が発足して，世界人権宣言が採択(さいたく)された。	イ　フランス革命が起こり，フランス人権宣言が発表された。	ウ　第一次世界大戦後，ドイツでワイマール憲法が制定された。

（　　→　　→　　）

(3) 次の文は，日本国憲法の改正の手続きについての条文を説明したものです。（　　）にあてはまる語句をそれぞれ書きなさい。

　憲法の改正は，各議院の総議員の（ A ）以上の賛成で，国会が国民に対して発議を行う。改正案について，国民投票で（ B ）の賛成が得られると憲法は改正される。

A（　　　　　）　B（　　　　　）

3 次の問いに答えなさい。

(1) 日本国憲法において，天皇が内閣の助言と承認に基(もと)づいて行う儀礼的な仕事を何といいますか。〈山口〉

（　　　　　）

(2) 日本がかかげてきた，核兵器を「持たず，作らず，持ちこませず」という原則を何といいますか。〈北海道〉

（　　　　　）

合格へのトビラ

□国民主権・基本的人権の尊重・平和主義が日本国憲法の原理
□天皇は，大日本帝国憲法では主権者。日本国憲法では象徴

〈左ページの答え〉 ①国民主権　②基本的人権

48 基本的人権の尊重

日本国憲法と人権②

▶基本的人権の種類と具体的な内容を結びつけよう。
▶新しい人権の例もよく出題されるよ。

確認 人権の種類を分類しよう！

p.121

〈答えは右ページ下へ〉

□に「社会」・「平等」・「自由」のどれかを書いて，まとめを完成させよう！

基本的人権 だれもが生まれながらにもつ権利

- ①［　　］権
  性別・年齢（ねんれい）・出身などで差別されない
- ②［　　］権
  精神の自由　何を信仰しても考えてもよい
  身体の自由　手続きなしに逮捕（たいほ）されない
  経済活動の自由　住む場所・職業を自由に選択（せんたく）
- ③［　　］権　ワイマール憲法が最初に保障
  生存権　健康で文化的な最低限度の生活を営む権利
  ほか，教育を受ける権利，勤労の権利など
  労働基本権
- 人権を守るための権利
  参政権　選挙権，国民投票権，国民審査権など
  請求権（せいきゅう）　裁判を受ける権利，国家賠償請求権，刑事補償請求権
- 新しい人権
  環境権（かんきょう）　良好な環境を求める
  知る権利　国や地方の情報公開制度
  プライバシーの権利　私生活を公表されない

平等権

生き方を自由に決める自己決定権も新しい人権だね。

確認できたら コレもチェック！

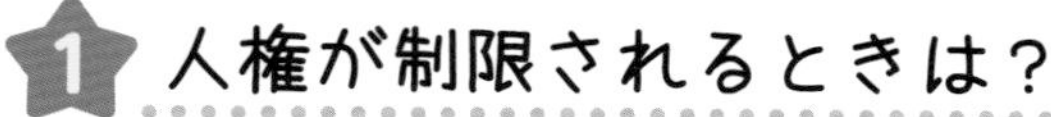

1 人権が制限されるときは？

人権が，他の人の人権を侵害（しんがい）するおそれがあるときだけは，人権が制限されることがある　➡　公共の福祉。

例　資格がないと，医師や弁護士になれない
職業選択の自由を制限

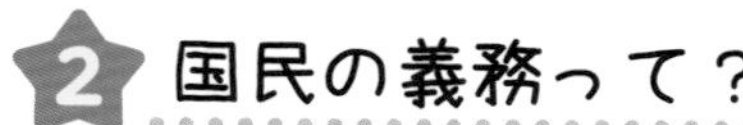

2 国民の義務って？

普通（ふつう）教育を受けさせる義務，**勤労**の義務，**納税**の義務の３つ。

解答 p.18

自由権　社会権　平等権　参政権　環境権
自己決定権　知る権利　プライバシー

1 次のカードは日本国憲法の基本的人権に関する条文の一部をまとめたものです。自由権・社会権に関係の深いカードを，それぞれ２枚ずつ選びなさい。〈愛知改〉

A
何人も，公共の福祉に反しない限り，居住，移転及び職業選択の自由を有する。（第22条）

B
勤労者の団結する権利及び団体交渉その他の団体行動をする権利は，これを保障する。（第28条）

C
財産権は，これを侵してはならない。（第29条）

D
すべて国民は，健康で文化的な最低限度の生活を営む権利を有する。（第25条）

E
何人も，抑留又は拘禁された後，無罪の裁判を受けたときは，法律の定めるところにより，国にその補償を求めることができる。（第40条）

F
すべて国民は，法の下に平等であって，人種，信条，性別，社会的身分又は門地により，政治的，経済的又は社会的関係において，差別されない。（第14条）

自由権（　　　）（　　　）　社会権（　　　）（　　　）

2 右の図は，人権が制限を受ける例を示しています。次の問いに答えなさい。〈岩手改〉

(1) 私たちが社会生活を営むために，他人の人権を侵害しないように人権を一部制限する原理を何といいますか。
（　　　　）

(2) 図の例で制限されている人権を次から選びなさい。
（　　）

ア　労働基本権　　イ　表現の自由　　ウ　財産権の保障

本当のことも ×　週刊○×　○○氏のプライバシー　悪口書いちゃえ!!
他人の名誉を傷つける行為

3 右の資料にその考え方が反映されている新しい人権の名前を，〔　　〕から選びなさい。〈群馬改〉

（　　　　）

〔　自己決定権　プライバシーの権利　知る権利　環境権　〕

臓器提供意思表示カード
ドナー情報用全国共通連絡先 0120-22-0149

□すべての人が生まれながらにもつ権利を基本的人権という
□自由権・平等権・社会権・人権を守る権利のほか新しい人権も

〈左ページの答え〉 ①平等　②自由　③社会

合格ミニBOOK p.20

49 政治のしくみと選挙

国民主権と政治①

▶どのような選挙制度が何の選挙で採用されているのか確認しよう。選挙制度の課題についてもチェック！

確認 選挙の原則をおさえよう！

〈答えは右ページ下へ〉

□に「秘密」・「平等」・「普通」・「直接」のどれかを書いて，まとめを完成させよう！

◆日本は，間接民主制（議会制民主主義）。４つの原則の下，選挙を行う。

① □ 選挙

満18歳（さい）以上のすべての男女が選挙権をもつ。

② □ 選挙

１人１票をもつ。

③ □ 選挙

代表を直接選ぶ。

④ □ 選挙

だれに投票したのか知られない。

確認できたらコレもチェック！

1 どんな選挙制度があった？

小選挙区制	大選挙区制	比例代表制
１つの選挙区で１人だけ選ぶ	１つの選挙区で２人以上を選ぶ	政党の得票数に応じた議席数を，各政党に割り振る
衆議院議員選挙など	参議院議員選挙など	衆議院議員・参議院議員選挙の両方

ふりカエル

●政党
政治で同じ考えをもつ人々の団体。政権を担うのが与党。それ以外が野党。

●世論
多くの人が共有する意見。

2 選挙の課題を確認しよう！

◆一票の格差　議員１人あたりの有権者数（選挙権をもつ人）が，選挙区によって違う　➡　法の下（もと）の平等に違反する。
当選するのに必要な票数が変わってしまう！

◆棄権（きけん）（投票に行かない）が多い　＝　投票率が低い
一部の人たちの意見で政治が決まってしまう。

→期日前投票制度がある

解答 p.18

民主主義　間接民主制　選挙　被選挙権
投票　小選挙区制　比例代表制

1 次の文が説明する選挙の原則を何といいますか。また，(　　)にあてはまる数字を書きなさい。〈東京改〉

> 選挙権は，かつては納税額や性別によって制限されていたが，現在は一定の年齢(ねんれい)以上のすべての国民に保障されている。2015年の公職選挙法の改正により，選挙権年齢が満(　　)歳以上に引き下げられた。

選挙の原則（　　　　　）
数字（　　　）

2 右の図はある衆議院議員選挙で使用された投票用紙を模式的に示したものです。次の問いに答えなさい。〈愛知改〉

(1)　Aを利用する選挙制度について，次の文の{　　}にあてはまる語句にそれぞれ○を書きなさい。

●各選挙区の当選者数は {　1人　　複数　} であるため，一般(いっぱん)にほかの選挙制度と比べて {　少数派　　多数派　} が形成されやすい。

(2)　Bを利用する選挙制度を何といいますか。

（　　　　　）

A

候補者氏名

○ 注意
一 候補者の氏名は、欄内に一人書くこと。
二 候補者でない者の氏名は、書かないこと。

B

政党その他の政治団体の名称又は略称

○ 注意
政党その他の政治団体の名称又は略称は、欄内に一つ書くこと。

3 次の問いに答えなさい。

(1)　次の文の(　　)にあてはまる語句をそれぞれ漢字１字で書きなさい。〈北海道〉

●一般に，内閣を組織して政権を担当する政党を（　　　）党，
政権を担当しない政党を（　　　）党という。

(2)　右の資料は，参議院の選挙区で議員１人あたりの有権者数が最も多い選挙区と最も少ない選挙区を示しています。ここからわかる選挙の課題を何の格差といいますか。〈佐賀改〉

（　　　　　）の格差

第25回参議院議員選挙（2019年）

選挙区	(人)
宮城	971,259
福井	323,488

（総務省ホームページより）

□衆議院議員選挙は小選挙区制と比例代表制で行われる
□一票の格差や，若者の投票率の低さが選挙の課題

〈左ページの答え〉 ①普通　②平等　③直接　④秘密

合格ミニBOOK p.20

50 国会と内閣のしくみ

国民主権と政治②

▶国会と内閣の地位や，仕事の内容がよく出る。語句と意味をしっかりおさえておこう！

確認 国会・内閣のしくみをおさえよう！

p.121　〈答えは右ページ下へ〉

□に「立法」・「行政」・「二院」のどれかを書いて，まとめを完成させよう！

国会　国権の最高機関で，唯一(ゆいいつ)の ① □ 機関

構成
- ◆ ② □ 制で慎重(しんちょう)に審議(しんぎ)
- 衆議院　任期４年，解散あり
  - 被選挙権(立候補できる権利)は25歳以上
- 参議院　任期６年，解散なし
  - 被選挙権は30歳以上

仕事
- ◆法律の制定，条約の承認(しょうにん)
- ◆予算の審議・議決
- ◆内閣総理大臣の指名
  - 国会議員の中から選ぶ

本会議の採決の前に委員会で審議

種類
- ◆常会　毎年１月に召集(しょうしゅう)　予算審議が中心
- ◆臨時会
- ◆特別会　内閣総理大臣の指名が目的

内閣　実際に政治を行う ③ □ 機関

構成
- ◆内閣総理大臣と国務大臣
  - 過半数は国会議員
- →閣議で方針を決定

仕事
- ◆政策実行，法律案・予算作成
- ◆天皇の国事行為への助言と承認

確認できたらコレもチェック！

1 衆議院の優越とは？

衆議院は解散があって任期も参議院より短い ➡ 衆議院と参議院の議決が違うと，一部で 衆議院の優越(ゆうえつ) が認められる。

両院協議会で協議することも

条約の承認，予算の議決，内閣総理大臣の指名，法律案の議決など

注意
法律案の再可決は衆議院の出席議員３分の２以上の多数で成立。過半数は×。

2 議院内閣制とは？

国民に選ばれた**国会の信任**で内閣が成立し，
内閣は国会に対して連帯責任を負う。

衆議院で内閣不信任の決議が可決されると
内閣は必ず10日以内に衆議院を解散するか，総辞職！

→解答 p.19

入試のキーワード
国会　衆議院　参議院　議院内閣制
国会議員　内閣総理大臣　国務大臣

1 次の問いに答えなさい。

(1) 国会について，（　　）にあてはまる語句をそれぞれ書きなさい。〈静岡〉

●国会は，国権の（　　　　　　　）機関であって，
国の唯一の（　　　　　　　）機関である。

(2) 予算の審議・議決以外の国会の仕事を次からすべて選びなさい。〈福岡改〉

（　　　　　　　）

ア 法律の違憲審査（いけんしんさ）　**イ** 内閣総理大臣の指名
ウ 条約の承認　**エ** 最高裁判所長官の指名

2 次の問いに答えなさい。

(1) 国会の信任に基（もと）づいて内閣が組織され，国会に対して連帯して責任を負う制度を何といいますか。〈栃木〉

（　　　　　　　）

(2) 内閣の仕事としてあてはまるものを次からすべて選びなさい。〈和歌山改〉

（　　　　　　　）

ア 憲法改正の発議　**イ** 裁判官の弾劾（だんがい）裁判　**ウ** 最高裁判所長官の指名
エ 天皇の国事行為への助言　**オ** 法律の違憲審査

3 右の図は法律ができるまでの流れを示したものです。次の問いに答えなさい。〈富山改〉

(1) Xにあてはまる語句を書きなさい。

（　　　　　　　）

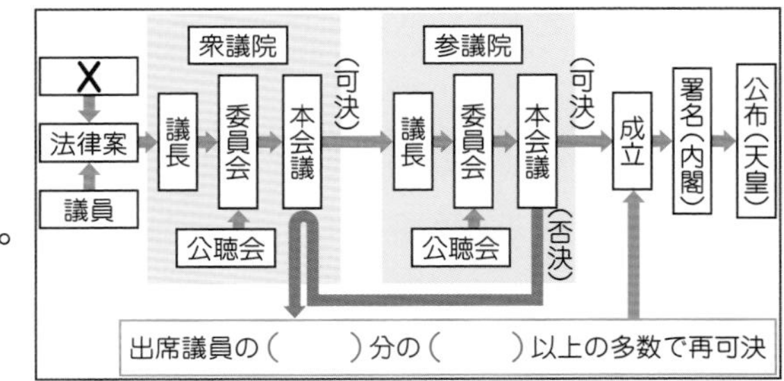

(2) （　　）にあてはまる数字を書きなさい。

（　　　　）分の（　　　　）以上

(3) 衆議院と参議院の議決が異（こと）なるときに，▭のように衆議院の優越が認められます。これは衆議院議員の任期が参議院より短いほかに衆議院に何があるからですか。

（　　　　　　　）があるから。

□解散があるのが衆議院。任期が長いのが参議院
□衆議院は内閣不信任の決議，内閣は衆議院の解散ができる

〈左ページの答え〉 ①立法　②二院　③行政

51 裁判所のしくみと三権分立

国民主権と政治③

▶裁判のしくみと種類をチェックしよう。
▶国会・内閣・裁判所がもつ権限・仕事を整理しよう！

確認 裁判のしくみをおさえよう！

p.121

〈答えは右ページ下へ〉

□に「司法」・「最高」・「高等」のどれかを書いて，まとめを完成させよう！

① □ 権の独立　裁判官は，自らの良心と憲法・法律にのみ拘束。

構成

◆最高裁判所と下級裁判所４つ

高等裁判所　地方裁判所
家庭裁判所　簡易裁判所

種類

◆民事裁判　個人の争いを解決

◆刑事（けいじ）裁判　検察官が起訴

犯罪について，被疑者を被告人（ひこくにん）として有罪・無罪，刑罰（けいばつ）の重さを決定（被疑者：犯罪を犯したと疑われる人）

被告人は弁護人を依頼（いらい）できる

◆裁判員　重大な刑事裁判に参加（第一審に参加）

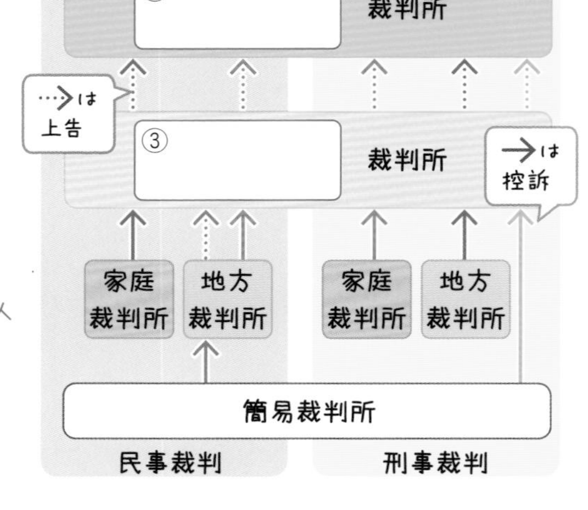

確認できたら コレもチェック！

1 誤審を防ぐしくみは？

えん罪を防ぎ，人権を守るために慎重（しんちょう）に裁判が行われる。

◆三審制（さんしんせい）　１つの事件につき３回まで裁判を受けられる

◆再審　判決の確定後も，新証拠があれば裁判をやり直せる

第一審に不服なら控訴，第二審に不服なら上告ができるんだね。

2 三権分立って？

p.120

国の権力を３つ（立法・行政・司法）に分けて，たがいに抑制（よくせい）しあうしくみが 三権分立。（権力の濫用を防ぐ）

◆違憲審査権（いけんしんさけん）　裁判所が，国会のつくる法律や内閣の命令が，憲法に違反していないか判断。

最高裁判所　＝　憲法の番人（違憲かどうか最終判断）

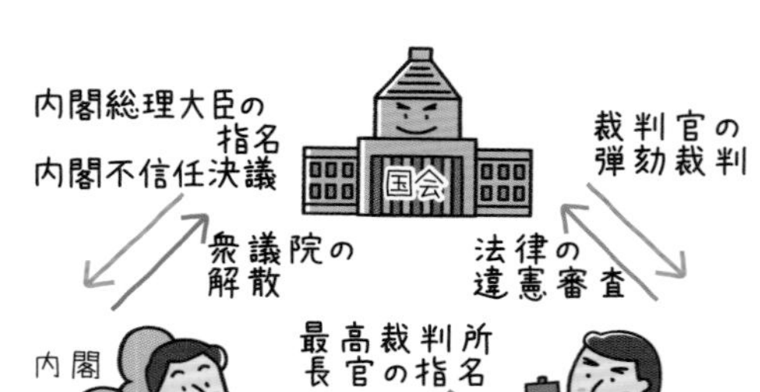

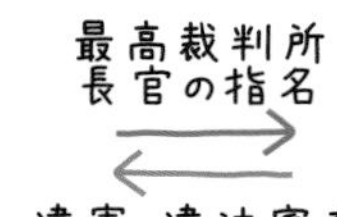

解答 p.19

入試のキーワード
裁判　三審制　刑事　民事　法廷　違憲
国民審査　立法　司法　行政　三権分立

1 次のカードは，司法についてまとめたものです。司法権の独立に関するカードを選びなさい。 〈愛媛〉

ア	イ	ウ	エ
1つの事件について3回まで裁判を受けられる三審制がとられている。	裁判官が出す令状がなければ，原則として警察は逮捕(たいほ)することができない。	裁判所は，裁判に関して，国会や内閣などから干渉(かんしょう)されない。	一部の刑事裁判では，裁判員制度が取り入れられている。

(　　)

2 裁判について，次の問いに答えなさい。

(1) 裁判を慎重に行い，人権を守るため，同一の事件について3回まで裁判を受けることができるしくみを何といいますか。 〈三重〉

(　　)

(2) 右の図は，ある裁判の法廷(ほうてい)のようすを示しています。罪を犯(おか)した疑いがあるとして訴(うった)えられたXの人を何といいますか。また，この裁判にあてはまるものを，次から選びなさい。 〈埼玉16〉

X(　　)
裁判(　　)

ア　民事裁判の第一審　　イ　民事裁判の第二審
ウ　刑事裁判の第一審　　エ　刑事裁判の第二審

3 右の図は日本の政治のしくみを示したものです。次の問いに答えなさい。 〈山口〉

(1) 図のようにそれぞれの権力を抑制し，均衡(きんこう)を保つしくみを何といいますか。

(　　)

(2) 法律の違憲審査を示すものを図のア～エから選びなさい。

(　　)

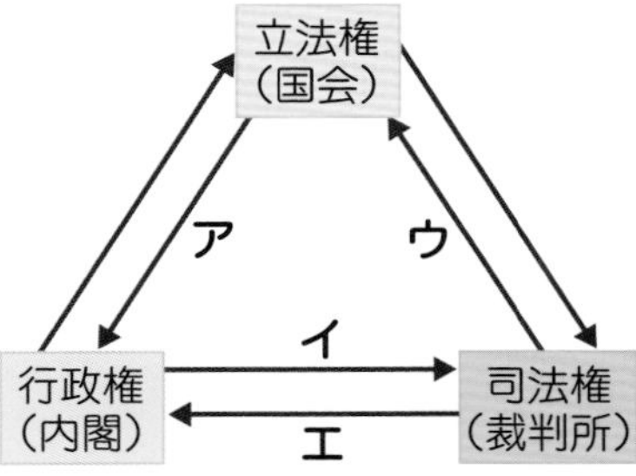

合格へのトビラ
□民事裁判と刑事裁判があり，3回まで裁判を受けられる
□三権分立とは，3つの権力が抑制しあい，均衡を保つこと

〈左ページの答え〉 ①司法　②最高　③高等

合格ミニBOOK p.20

52 地方自治のしくみ

国民主権と政治④

▶地方自治のしくみを国の政治との違いもおさえて確認。
▶地方自治は，行政と住民の距離が近いのが特徴だよ。

確認 地方自治のしくみをおさえよう！

p.121　〈答えは右ページ下へ〉

□に「直接請求」・「首長」・「条例」のどれかを書いて，まとめを完成させよう！

地方自治　住民が直接参加できる機会が多く，「民主主義の学校」とよばれる
地方公共団体　都道府県，市町村，特別区など。生活に関係する仕事を行う

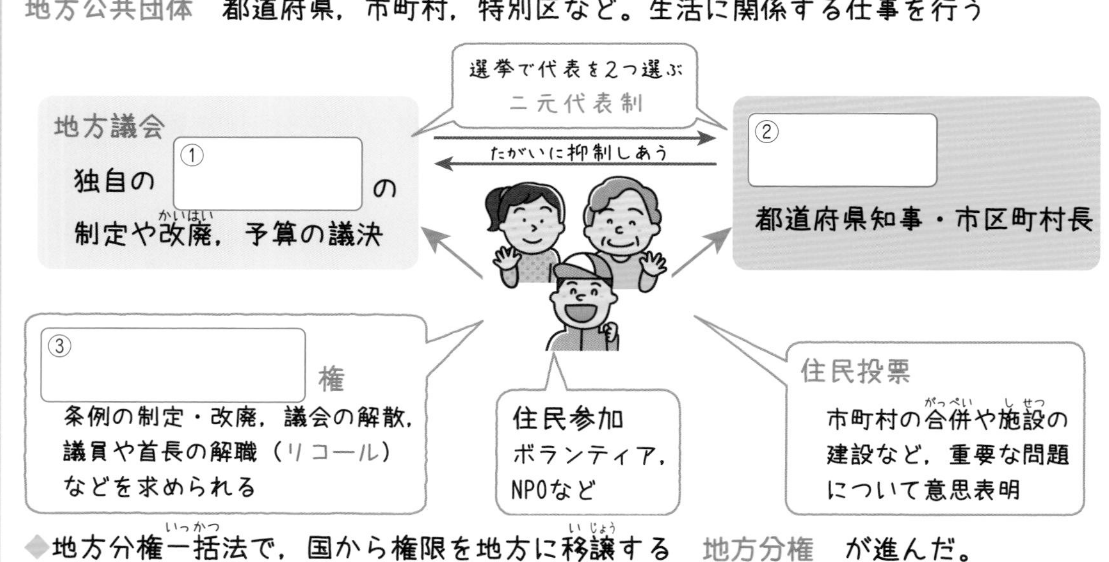

◆地方分権一括法で，国から権限を地方に移譲する 地方分権 が進んだ。

確認できたら コレもチェック！

1 地方財政に課題あり！

自主財源 ＜ 依存財源 の地方公共団体が多い。
（自主財源：地方税など）

◆依存財源　国からの補助金や地方債（地方公共団体の借金）
地方交付税交付金　財政格差を埋めるために国が支給
国庫支出金　特定の費用を国が負担したお金

東京都と秋田県の歳入とその内訳

	地方税	地方交付税交付金	国庫支出金	地方債	その他
東京都 8兆1,129億円	70.7%	0	4.4	1.7	23.2
秋田県 5,916億円	19.2	32.3	15.8	14.7	18.0

(2019年度)　（「データでみる県勢2022」より）

2 市町村の数が減っている！

地方公共団体の仕事の効率化と，財政の安定化を目的に市町村合併が進み，市町村の数が減った。

行政を監視するオンブズマン制度がある地域もあるよ。

➡ 解答 p.19

地方自治　地方公共団体　市　町　村
条例　直接請求権　地方交付税交付金

1 次の文の□にあてはまる語句を漢字４字で書きなさい。 〈沖縄〉

地方自治は，住民が身近な地域の問題解決に主体的に参加することができるため，私たちの意思を行政に反映することを学ぶ場でもある。このことから「地方自治は□の学校」とよばれる。

（　　　　　）

2 次の問いに答えなさい。 〈栃木〉

(1) 地方公共団体が独自に制定できる法を何といいますか。

（　　　　　）

(2) 地方公共団体の住民の政治参加について，正しいものを次から選びなさい。

（　　）

ア 地方議会の議員を選ぶ選挙権年齢は，満20歳(さい)以上と定められている。
イ 地方議会の解散は，有権者の３分の１以上の署名により，首長(しゅちょう)に請求(せいきゅう)する。
ウ 都道府県知事の被(ひ)選挙権年齢は，満25歳以上と定められている。
エ 事務の監査(かんさ)請求には，有権者の50分の１以上の署名が必要である。

3 資料を見て，次の問いに答えなさい。

(1) 資料１は，ある年の徳島県と東京都の歳入(さいにゅう)の内訳を示しています。①～③にあてはまる語句を次からそれぞれ選びなさい。 〈徳島改〉

①（　　　　）　②（　　　　）
③（　　　　）

〔　地方税　　国庫支出金　　地方交付税交付金　〕

(2) 資料２について，次の文の（　　）にあてはまる語句を書きなさい。 〈長崎改〉

● 全国の市町村数が変化した要因は，国からの後おしもあって，全国的に（　　　　　）が行われたためと考えられる。

資料1

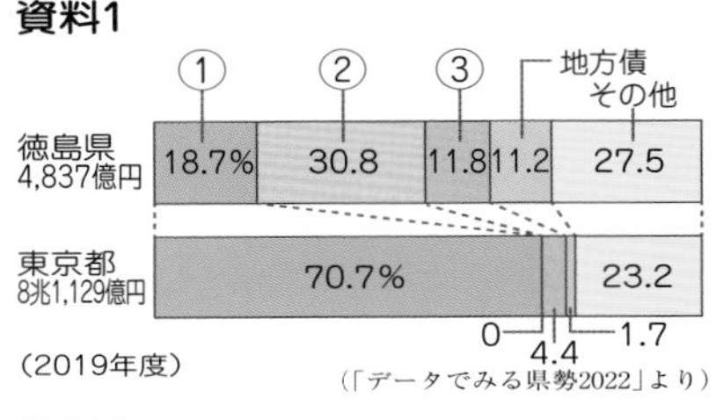

資料2

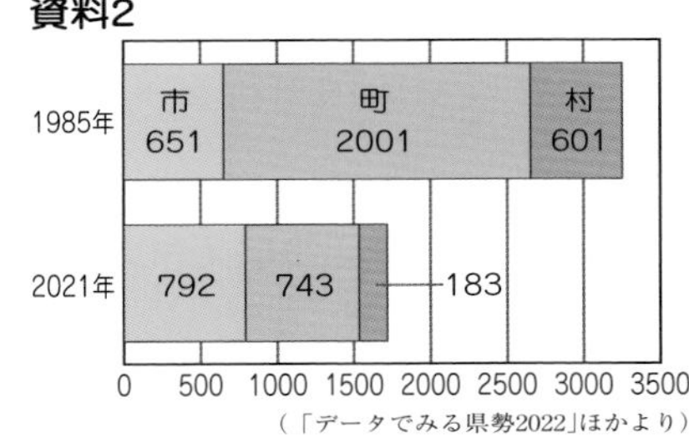

合格へのトビラ

□住民が直接参加できる地方自治は「民主主義の学校」
□地方公共団体間の格差を減らす地方交付税交付金

〈左ページの答え〉 ①条例　②首長　③直接請求

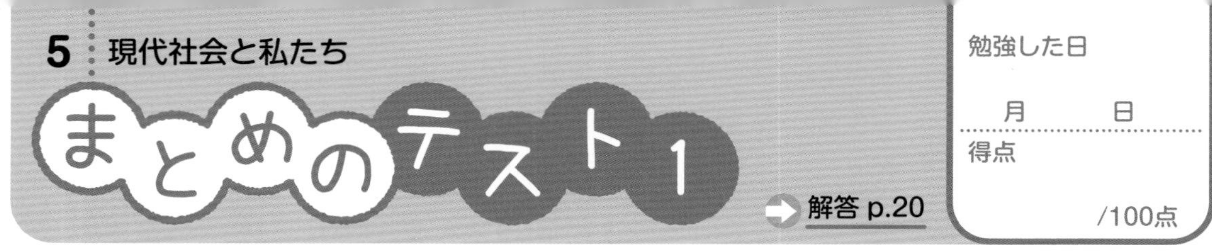

1 次の文を読んで，あとの問いに答えなさい。

7点×5（35点）〈宮城〉

人権宣言と日本の民主主義

a 人権宣言には，人は生まれながらに自由で平等な権利をもつことや，b 国民主権，c 権力の分立などが記されており，それらは現在の d 日本国憲法にも生かされています。また，日本の民主主義においては，e 直接民主制や代表者による間接民主制を通して，公正な社会の実現をめざしています。

(1) 下線部 a は18世紀にヨーロッパで起きたできごとのさなかで出されました。このできごとを何といいますか。

（　　　　　）

図　日本国憲法の３つの原則（原理）

国民主権　平和主義　□

(2) 下線部 b について，右上の図の□にあてはまる語句を書きなさい。

（　　　　　）

(3) 下線部 c について，現在の日本では行政権・立法権・司法権の３つの権力が分立しています。行政権の執行（しっこう）にあたり，政府の方針を定めるために行われる，原則として内閣総理大臣とその他の国務大臣で構成される定例の話し合いを何といいますか。

（　　　　　）

(4) 下線部 d が定める自由権にあてはまるものを次から選びなさい。

（　　）

ア　生存権　　イ　教育を受ける権利　　ウ　団結権　　エ　財産権

(5) 地方自治について，下線部 e の考え方を取り入れた直接請求（せいきゅう）権があります。住民が自分の住む地域で行使できる直接請求権として，正しいものを次から選びなさい。

（　　）

ア　条例の制定や改廃（かいはい）　　イ　国政の調査
ウ　天皇の国事行為（こうい）への助言と承認（しょうにん）　　エ　内閣不信任の決議

2 右のグラフについて，次の文の（　　）にあてはまる整数を書きなさい。

（6点）〈岐阜改〉

夫婦のみの割合と一人ぐらしの割合がともに増加しており，1980年には合わせて約（　　）割だったのが2019年には過半数をこえている。

（　　　）

家族形態別に見た65歳以上の高齢者の割合

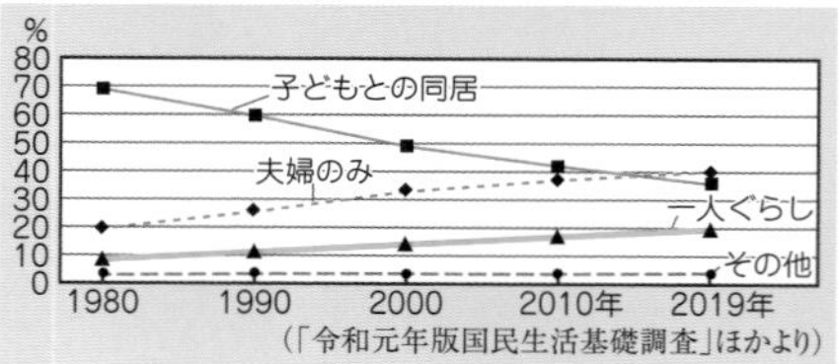

%（0〜80）
子どもとの同居
夫婦のみ
一人ぐらし
その他
1980　1990　2000　2010年　2019年
（「令和元年版国民生活基礎調査」ほかより）

3 次の問いに答えなさい。 7点×3(21点)

(1) 右の資料は，社会権のなかの何という権利を保障していますか。〈長野〉

(　　　　　)

> 日本国憲法第25条
> すべて国民は，健康で文化的な最低限度の生活を営む権利を有する。

(2) 高齢者や障がいのある人などが社会のなかで安全・快適に暮らせるよう，身体的・精神的・社会的な障壁を取り除こうという考え方を次から選びなさい。〈福島〉

ア ユニバーサルデザイン　**イ** フェアトレード　(　　　)

ウ バリアフリー　**エ** インフォームド・コンセント

(3) 日本国憲法に明記されていない新しい人権を次から選びなさい。〈大阪改〉

ア 財産権　**イ** 請願権　**ウ** プライバシーの権利　(　　　)

4 日本の政治制度について，次の問いに答えなさい。 6点×4(24点)〈高知改〉

(1) 右の資料は，選挙制度についてまとめたものです。(　　)にあてはまる数字をそれぞれ書きなさい。

①(　　　)　②(　　　)

	選挙権	被選挙権
衆議院議員	満18歳以上	満25歳以上
参議院議員	満18歳以上	満(②)歳以上
都道府県知事	満(①)歳以上	満30歳以上

(2) 国会と内閣の関係について，誤っている文を次から選びなさい。

(　　　)

ア 衆議院は，内閣不信任の決議を行うことができる。

イ 国会は，内閣総理大臣を必ず衆議院議員のなかから指名しなければならない。

ウ 内閣総理大臣は，国務大臣の過半数を国会議員のなかから任命する。

(3) 右の資料中の地方交付税交付金は，国から地方公共団体に配分されるものです。これはどのような目的で配分されたものですか。「地方税」の語句を用いて簡単に書きなさい。

(　　　　　　　　　　)

神奈川県と高知県の歳入総額と項目別の割合

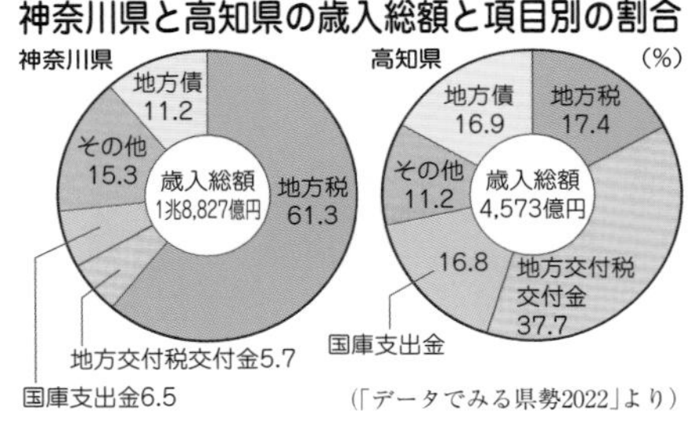

(「データでみる県勢2022」より)

5 右の資料を見て，次の問いに答えなさい。 7点×2(14点)〈大分〉

(1) Xは，国民が最高裁判所の裁判官に対して行うものです。Xにあてはまる語句を書きなさい。

(　　　　　)

(2) 三権を分立させる理由を「集中」の語句を用いて簡単に書きなさい。

(　　　　　　　　　　)

日本の三権と国民の関わり

国会
選挙
国民
内閣
世論
X
裁判所

5 現代社会と私たち②

➡ 解答 p.20

★〔　〕から語句を選んで図表をまとめよう！

まちがえた語句は解答で確認！

経済活動のしくみ

（　　　　）　労働力・資金 →　（　　　　）
← 賃金（ちんぎん）・利子
財・サービス →
← 代金

公共事業のための補助金（ほじょきん）
代金
財・サービス
税金
労働力
賃金
社会保障などの公共サービス
税金

（　　　　）
（国や地方公共団体）

価格の決まり方

需要（じゅよう）＞供給 → 価格は（　　　　）

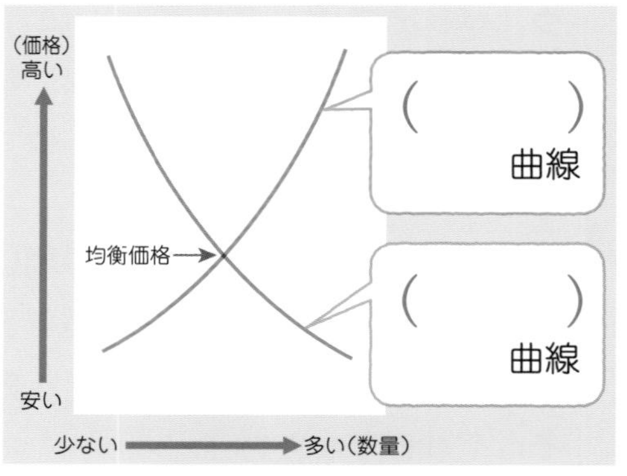

供給＞需要 → 価格は（　　　　）

〔　企業　　政府　　家計　　供給　　需要　　上がる　　下がる　〕

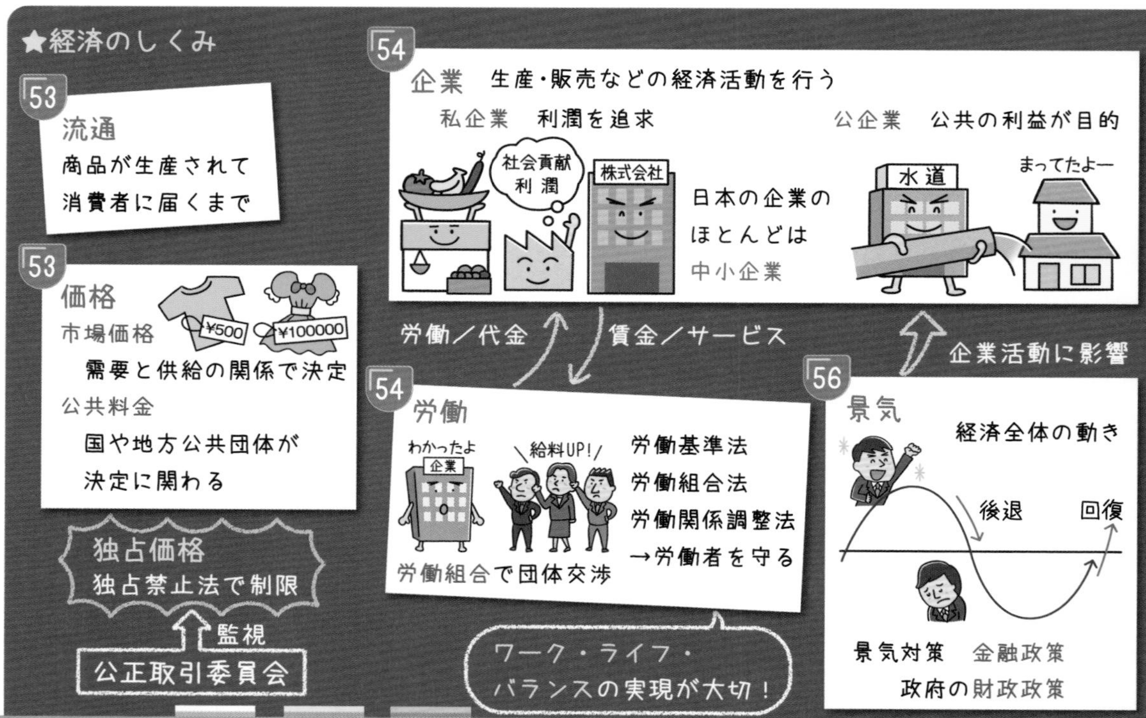

★経済のしくみ
53
流通
商品が生産されて
消費者に届くまで
53
価格
¥500
¥100000
市場価格
需要と供給の関係で決定
公共料金
国や地方公共団体が
決定に関わる
独占価格
独占禁止法で制限
監視
公正取引委員会
54
企業　生産・販売などの経済活動を行う
私企業　利潤を追求
社会貢献
利潤
株式会社
日本の企業の
ほとんどは
中小企業
公企業　公共の利益が目的
水道
まってたよー
労働／代金
賃金／サービス
企業活動に影響
54
労働
わかったよ
企業
給料UP!
労働基準法
労働組合法
労働関係調整法
→労働者を守る
労働組合で団体交渉
ワーク・ライフ・
バランスの実現が大切！
56
景気
経済全体の動き
後退
回復
景気対策　金融政策
政府の財政政策

（　　　　　）の役割

安全保障理事会

平和と安全を守る
常任理事国はアメリカ・イギリス・フランス・中国・ロシアの５か国

（　　　　　）
（平和維持活動）
日本の自衛隊も貢献

地域主義

組織	参加国
（　　　　　）（ヨーロッパ連合）	フランス・ドイツ・イタリアなど，ヨーロッパの国々
（　　　　　）（東南アジア諸国連合）	タイやインドネシアなど，東南アジアの国々
（　　　　　）（アジア太平洋経済協力）	日本やアメリカなど，太平洋をとりまく国々

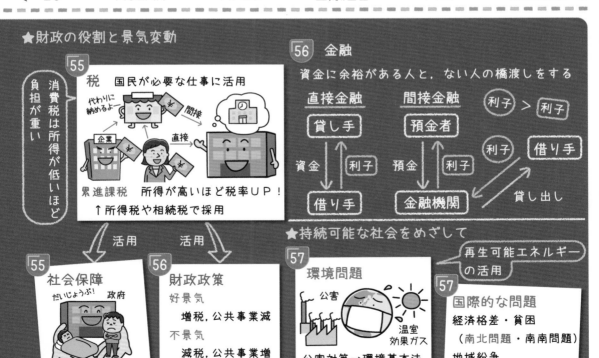

地球温暖化のしくみ

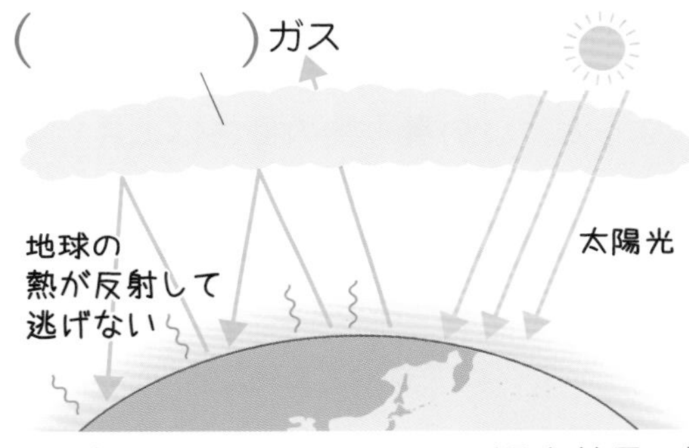

〔 EU　ASEAN　APEC　国際連合　PKO　温室効果 〕

★財政の役割と景気変動

55 税　国民が必要な仕事に活用

消費税は所得が低いほど負担が重い

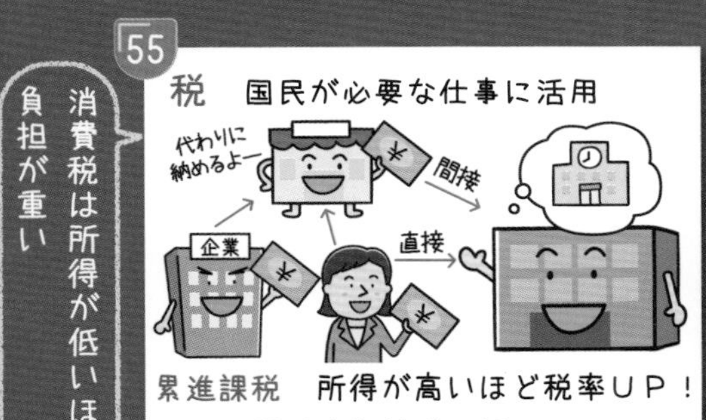

累進課税　所得が高いほど税率ＵＰ！
↑所得税や相続税で採用

活用　活用

55 社会保障

56 財政政策

好景気
増税，公共事業減
不景気
減税，公共事業増

56 金融

資金に余裕がある人と，ない人の橋渡しをする

直接金融：貸し手 →資金→ 借り手，借り手 →利子→ 貸し手

間接金融：預金者 →預金→ 金融機関，金融機関 →利子→ 預金者；金融機関 ⇄ 借り手（貸し出し，利子）

利子 ＞ 利子

★持続可能な社会をめざして

57 環境問題

公害対策→環境基本法

再生可能エネルギーの活用

57 国際的な問題

経済格差・貧困
（南北問題・南南問題）
地域紛争

53 消費生活と流通

暮らしと経済①

▶商品ができてから買うまでの流れをチェック。
▶ふだんの買い物のようすやトラブルも思い浮かべよう。

確認 考え方を例題でおさえよう！

p.138

〈答えは右ページ下へ〉

例題

商品の市場(しじょう)価格は，消費者が商品を買いたい量(需要(じゅよう)量)と生産者が売ろうとする量(供給量)の関係で決まります。

右のようにある農作物の収穫(しゅうかく)量が例年より少なくなると，この農作物の価格は上昇(じょうしょう)しますか，下落しますか。

答え

!注意
物だけでなくサービスも商品。

わからなかったらココをチェック！

1 需要と供給の関係って？

買いたい人・売りたい人の気持ちを想像して価格を考える。

需要量 ＞ **供給量** のとき ➡ 高くても買いたい！
需要量 ＜ **供給量** のとき ➡ 安くても売りたい！

例題は　需要＞供給になるので　価格は上昇する！

タイセツ　需要と供給が一致(いっち)したときの価格 ＝ 均衡(きんこう)価格

ふりカエル
●公共料金
水道など国や地方公共団体が管理する。
●独占
企業間の競争のない状態。独占禁止法で禁止。

2 消費のしくみをおさえよう！

家庭の経済活動が 家計。支出のほか貯蓄(ちょちく)もしている。

◆支出　現金，**クレジットカード**，**電子マネー**などで支払(しはら)う。
消費支出と税金・社会保険などへの支出

消費者の権利を守る制度や法律として　ケネディ大統領が4つの権利を提唱

◆制度・機関　クーリング・オフ，消費者庁
└一定の期間内なら無条件で特定の取り引きの契約を解除できる

◆法律　消費者基本法，製造物責任法，消費者契約(けいやく)法など

流通のしくみ

解答 p.21

入試のキーワード
市場価格　需要　供給　均衡価格　独占
消費　支出　貯蓄　家計　流通

1 価格の決まり方について，次の問いに答えなさい。

(1) 右の図を見て，次の文の(　　)にあてはまる語句を〔　　〕からそれぞれ選びなさい。〈長野改〉

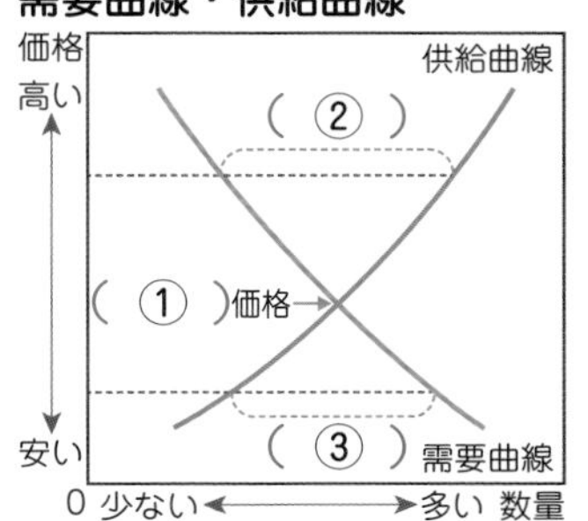

需要量と供給量が一致するときの価格を(①)価格という。市場の価格が(①)価格より高ければ，商品は(②)の状態となる。また，市場の価格が(①)価格より低ければ，(③)の状態となる。

①(　　　　)　②(　　　　)　③(　　　　)

〔　公共　売れ残り　均衡　寡占（かせん）　品不足　〕

(2) 商品の生産・販売（はんばい）において企業（きぎょう）間の競争を避（さ）ける取り決めをすることは法律で禁じられています。公正で自由な競争を促（うなが）すこの法律名を〔　　〕から選びなさい。〈長崎改〉

(　　　　)

〔　消費者基本法　独占禁止法　製造物責任法　消費者契約法　〕

2 右の資料のA・Bにあてはまる経済活動を次からそれぞれすべて選びなさい。〈滋賀〉

A(　　　　)
B(　　　　)

ア　労働　**イ**　サービス　**ウ**　賃金
エ　税金　**オ**　代金

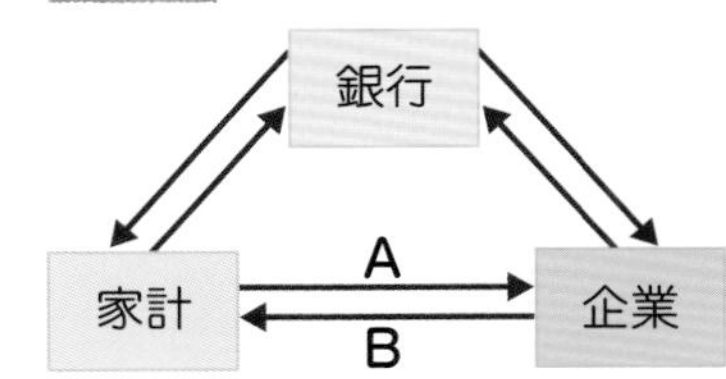

3 次の問いに答えなさい。〈茨城〉

(1) 商品が生産者から消費者に届くまでの一連の流れを何といいますか。

(　　　　)

(2) 商品につけられているバーコードから情報を読み取り，本部で商品の在庫などを管理するしくみを次から選びなさい。

(　　　　)

(1)の合理化のために導入されているよ。

ア　クレジットカード　**イ**　クーリング・オフ
ウ　電子マネー　**エ**　POSシステム

□価格は，需要増で上がり，供給増で下がる
□お金は家計・企業・政府の間を循環している

〈左ページの答え〉　上昇する

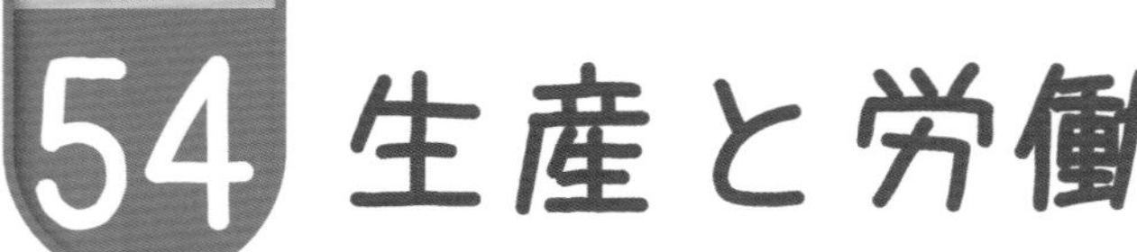

54 生産と労働

暮らしと経済②

▶企業のしくみとそこで働く労働者のすがたをとらえよう。
▶企業と労働者の関係は最新のニュースにも気を配ろう。

確認 企業の役割と分類をおさえよう！

p.138

〈答えは右ページ下へ〉

□に「公」・「私」・「株式会社」のどれかを書いて，まとめを完成させよう！

企業（きぎょう）　生産・販売（はんばい）などの経済活動を行う。さまざまな社会的責任も担（にな）う。

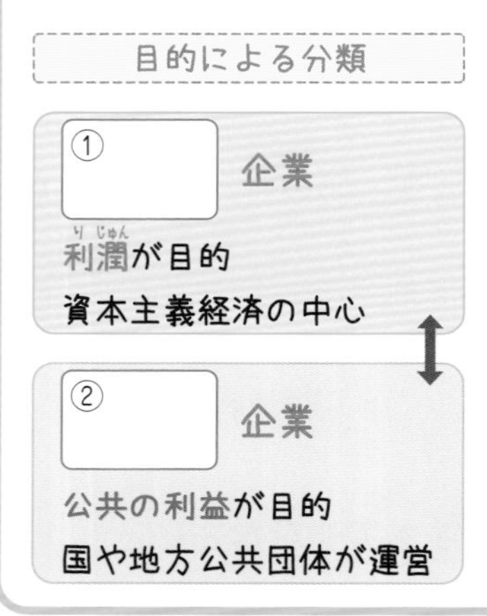

目的による分類
①　企業
利潤（りじゅん）が目的
資本主義経済の中心
②　企業
公共の利益が目的
国や地方公共団体が運営

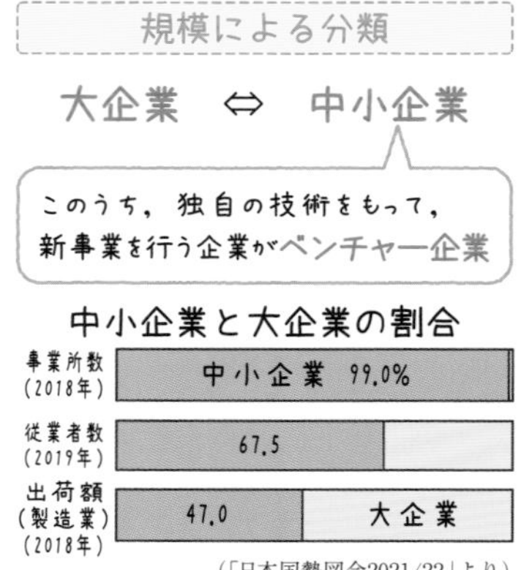

1 労働者を守るしくみって？

立場の弱い労働者は 労働組合 を結成して，使用者と交渉（こうしょう）ができる。

労働三法
- 労働基準法　労働条件の最低基準を定める（1日８時間まで，週休１日）
- 労働組合法　労働基本権を保障
- 労働関係調整法　労働者と使用者の対立を調整

ふりカエル
●労働基本権（労働三権）
団結権，団体交渉権，団体行動権。

2 労働環境が変わってきている！

終身雇用（こよう） ➡ 転職や起業する人， 非正規労働者 の増加（アルバイト，派遣労働者）

年功序列賃金（年齢が上がると賃金も上がる） ➡ 能力主義，**成果主義**

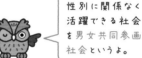

女性労働者も増加 ➡ 男女雇用機会均等法，育児・介護（かいご）休業法

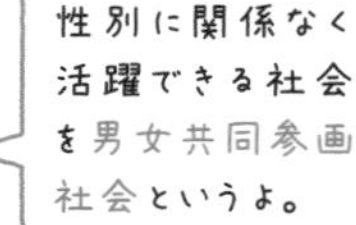

性別に関係なく活躍できる社会を男女共同参画社会というよ。

タイセツ　ワーク・ライフ・バランス（仕事と家庭生活の両立）の実現が大切。

解答 p.21

入試のキーワード
企業　株式　生産　雇用　利潤　配当
社会的責任　労働組合　労働基本権

1 次の問いに答えなさい。

(1) 企業の説明として，誤っているものを次から選びなさい。〈大分〉

(　　　)

ア　国や地方公共団体が経営する企業を公企業という。
イ　企業間の競争が弱まると，商品の価格や質は低下する。
ウ　日本の大多数の企業は，中小企業である。
エ　資本主義経済では，私企業の生産活動が中心となっている。

(2) 新たな技術や高度な知識で，革新的な事業を行う中小企業を何といいますか。〈栃木〉

(　　　　　　)

(3) 右の図は，株式会社のしくみを示したものです。株主は，持っている株式の数に応じて株式会社の利益の一部を受け取ることができます。このことを示す**X**にあてはまる語句を次から選びなさい。〈山梨〉

(　　　)

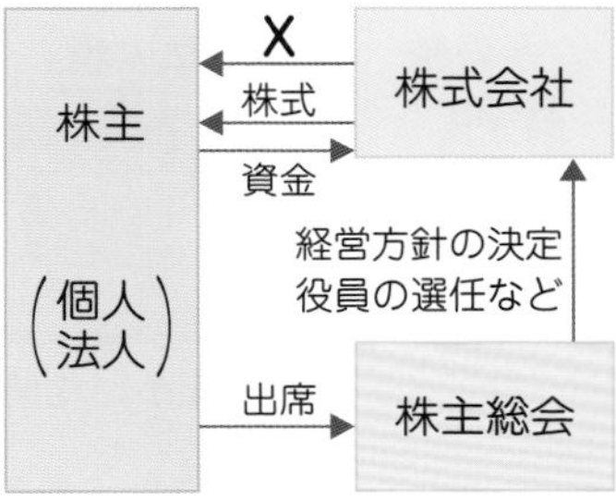

ア　賃金　　**イ**　貯蓄（ちょちく）　　**ウ**　利子　　**エ**　配当

株主（個人・法人）←X― 株式会社
株主 ←株式― 株式会社
株主 ―資金→ 株式会社
株主 ―出席→ 株主総会
株主総会 ―経営方針の決定 役員の選任など→ 株式会社

2 労働について，次の問いに答えなさい。

(1) 資料1の文は，ある法律の内容の一部をまとめたものです。この法律を何といいますか。〈兵庫〉

(　　　　　　)

資料1

1日の労働時間は8時間以内，1週間の労働時間は40時間以内，1週間で最低1日は休日としなければならない。

(2) 労働者が労働条件の改善等について集団で交渉できるように制定された法律を何といいますか。〈愛媛改〉

(　　　　　　)

(3) 資料2は，ある授業で作成した「つくってみたい企業」の企画書の一部です。(　　)にあてはまる仕事と生活の両立という意味の語句を書きなさい。〈山口改〉

(　　　　　　　　)

資料2

労働環境　(　　)の実現のために，以下の取り組みを実施する。
① 労働時間の短縮。
② 男女とも育児休業や介護休業をとりやすくする。

合格へのトビラ
□企業は私企業⇔公企業，大企業⇔中小企業に分類できる
□労働基準法・労働組合法・労働関係調整法が労働三法

〈左ページの答え〉 ①私　②公　③株式会社

55 財政のしくみと社会保障

暮らしと経済③

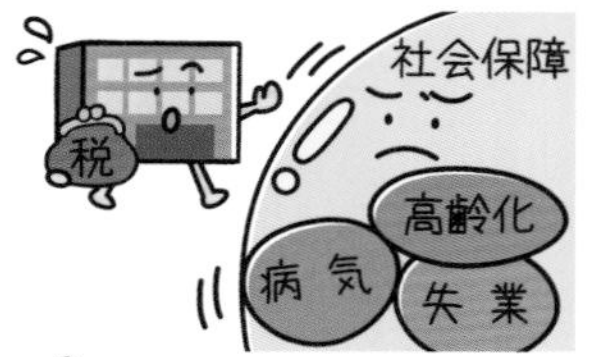

▶税の違いや，最近の歳入・歳出の特徴がよく出る。
▶少子高齢社会や人権との関わりもおさえておこう！

確認 税金の種類をおさえよう！

p.139

〈答えは右ページ下へ〉

□に「公債」・「直接」・「間接」のどれかを書いて，まとめを完成させよう！

◆財政の収入　税金（租税）と ① 金（借金）が中心。
国税と地方税に分かれる

② 税　負担する人と納める人が同じ

③ 税　負担する人と納める人が違う

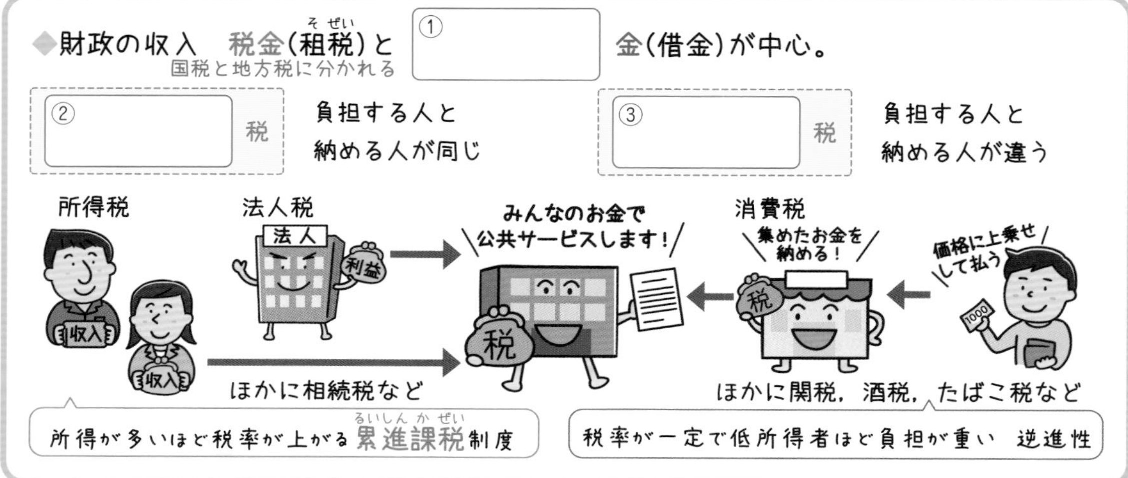

所得が多いほど税率が上がる累進課税制度

税率が一定で低所得者ほど負担が重い　逆進性

確認できたらコレもチェック！

1 国の財政の課題は？

歳入・歳出それぞれの内訳から課題がわかる。

①歳入　税収の不足を補う**公債金**が多い　将来の負担増

②歳出　社会保障関係費，国債費 が多い
高齢化の影響　公債の返済金

➡ 財政赤字 が深刻な課題！
消費税の増税なども…

国の予算

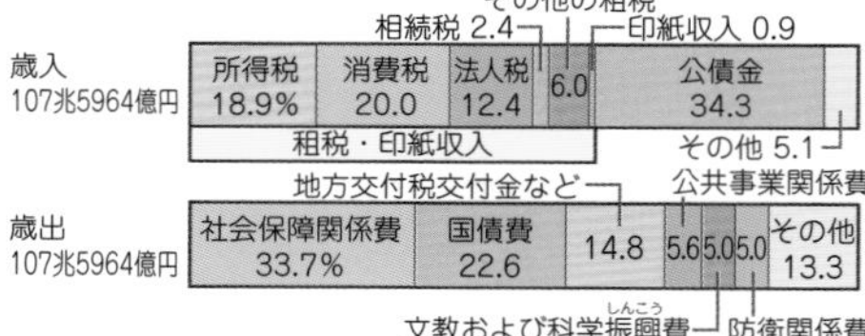

［2022年度　当初予算］（財務省資料より）

2 社会保障の4つの柱をおさえよう！

社会保障制度　個人で解決が難しい事情がある人の生活を，社会全体の負担で支える。
病気・けが，障がい，老齢，失業など

いろいろな事情をもつ，私たち一人ひとりの生活

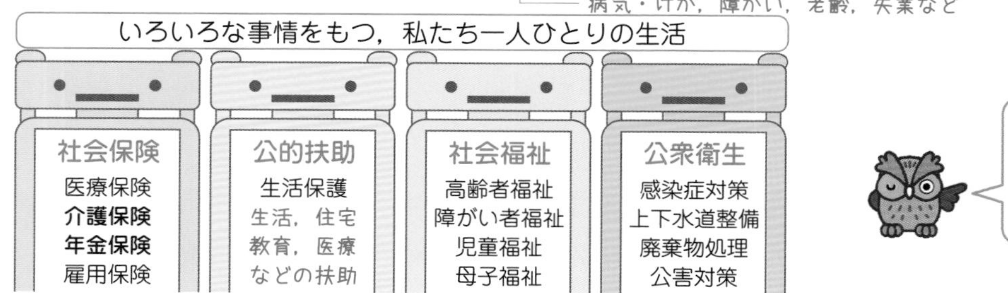

憲法第25条の生存権の規定から整備されているよ。

解答 p.21

入試のキーワード
財政　税金（租税）　歳出　歳入　公債金
社会保障費　国債費　社会保険　介護

1 日本の税について，次の問いに答えなさい。〈静岡改，埼玉16〉

(1) 右の表は，所得税の税率を示したものです。このように，所得が上がるにつれて税率が上がる制度を何といいますか。

（　　　　　　）

課税される所得額			税率
	～	195万円以下	5％
195万円超	～	330万円以下	10％
330万円超	～	695万円以下	20％
695万円超	～	900万円以下	23％
900万円超	～	1,800万円以下	33％
1800万円超	～	4,000万円以下	40％
4000万円超	～		45％

(2022年現在)　(国税庁資料より)

(2) 消費税の特徴（とくちょう）について，所得全体に占（し）める税負担の割合に着目して，次の文の｛　　｝にあてはまる語句に○を書きなさい。

●低所得者ほど，所得に対する税負担の割合が｛ 低く　　高く ｝なる。

(3) 次のうち，間接税にあたるものをすべて選びなさい。

（　　　　　　）

ア 所得税　　イ 法人税　　ウ 消費税　　エ 酒税　　オ 公債金

2 右のグラフは政府の一般会計予算のうち，歳出の内訳を示したものです。X・Yにあてはまる項目を次からそれぞれ選びなさい。〈大阪改〉

X（　　　）
Y（　　　）

ア 国債費　　イ 社会保障関係費
ウ 公共事業関係費　　エ 防衛関係費

X 33.7%
Y 22.6
地方交付税交付金など 14.8
その他 28.9

[2022年度当初予算]
(財務省資料より)

3 次の図は日本の社会保障制度の概要（がいよう）を示しています。A～Cにあてはまる語句を〔　　〕からそれぞれ選びなさい。〈神奈川改〉

A	B	公的扶助	公衆衛生
・医療（健康）保険 ・C ・介護保険　など	・在宅サービスの提供 ・施設サービスの提供 ・子育ての支援　など	・生活保護制度　など	・感染症予防 ・公害対策 ・廃棄物処理　など

(厚生労働省「戦後社会保障制度史」より)

A（　　　　）　B（　　　　）　C（　　　　）

〔　社会福祉（ふくし）　　社会保険　　年金保険　〕

□直接税は所得税や法人税，間接税は消費税や関税
□高齢化の影響による社会保障費の増大が課題

〈左ページの答え〉 ①公債 ②直接 ③間接

56 景気と金融のしくみ

暮らしと経済④

▶過度な景気変動をおさえるための対策を覚えておこう。
▶為替相場は，影響のほか計算問題もよく出る！

確認 景気変動と対策をおさえよう！

p.138　〈答えは右ページ下へ〉

[　　]に「インフレーション」か「デフレーション」を書いて，まとめを完成させよう！

景気変動　好景気（好況）・不景気（不況）を繰り返す状態 ➡ 状況に応じた財政政策（政府）・金融（きんゆう）政策（日本銀行）

好景気　市場（しじょう）のお金を減らす対策をする　　不景気　市場のお金を増やす対策をする

① [　　　　] が起こりやすい（物価が上がり続ける）　　② [　　　　] が起こりやすい（物価が下がり続ける）

◆財政政策　増税，公共事業を減らす　　◆財政政策　減税，公共事業を増やす
◆金融政策　国債（こくさい）などを売る→通貨量減　　◆金融政策　国債などを買う→通貨量増

確認できたらコレもチェック！

1 一般の銀行と日本銀行の違いは？

銀行は，預金の利子より高い利子でお金を貸す金融機関。

日本銀行 は，日本の 中央銀行 で特別な役割がある。

◆発券銀行（紙幣）　◆政府の銀行　◆銀行の銀行
◆公開市場操作などの金融政策（一般の銀行との間で国債などを売買）

ふりカエル
●金融
お金を貸し借りする。
●間接金融
金融機関からお金を調達する⇔直接金融。

2 為替相場もおさえよう！

日本の「円」と外国の通貨の交換（こうかん）比率 ＝ 為替相場（かわせそうば）

円高　円の価値が高くなる　　　円安　円の価値が安くなる

輸入・海外旅行　日本より安い！　　輸出

注意
円安と円高を逆に考えないように気をつけよう。
例 1ドル＝100円→1ドル＝80円は円高。

解答 p.21

入試のキーワード
景気　好景気(好況)　不景気(不況)　金融
財政政策　日本銀行　利子　為替

1 右の図は一般的な景気変動のようすを模式的に示したもので，A，Bは好景気または不景気のどちらかです。次の文の{　　}にあてはまる語句に○を書きなさい。〈福岡改〉

● Bのときは，一般的に所得や消費が低迷して物価が{ 上昇(じょうしょう)　下落 } し続ける状況になりやすく，政府は公共事業などの歳出(さいしゅつ)を { 減らす　増やす } 政策を行う。

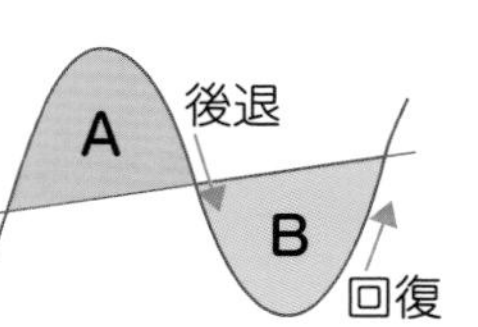

2 お金の流れについてまとめた右の図を見て，次の問いに答えなさい。〈宮崎改〉

(1) Aの日本の中央銀行を何といいますか。
(　　　　　)

(2) X，Yのうち利子率が高いのはどちらですか。
(　　　)

(3) 図の金融政策について，次の文の□にあてはまる語句は「売る」，「買う」のどちらですか。

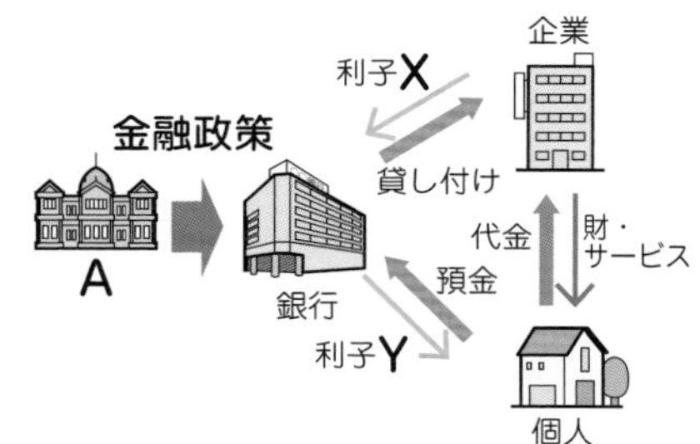

Aは一般の銀行などの金融機関と国債などを売買することで，金融機関の資金量を増減させようとする。例えば，景気が悪いときに，Aは国債を□。

(　　　　　)

3 次の問いに答えなさい。

(1) 異(こと)なる通貨と通貨を交換する比率を何相場(レート)といいますか。〈千葉改〉
(　　　　　)

(2) 右の図は日本の通貨とアメリカの通貨の(1)を示しています。A～Dにあてはまる語句や数字を〔　　〕からそれぞれ選びなさい。〈青森改〉

A(　　　　　)　B(　　　　　)
C(　　　　　)　D(　　　　　)

〔　円安　円高　60　90　〕

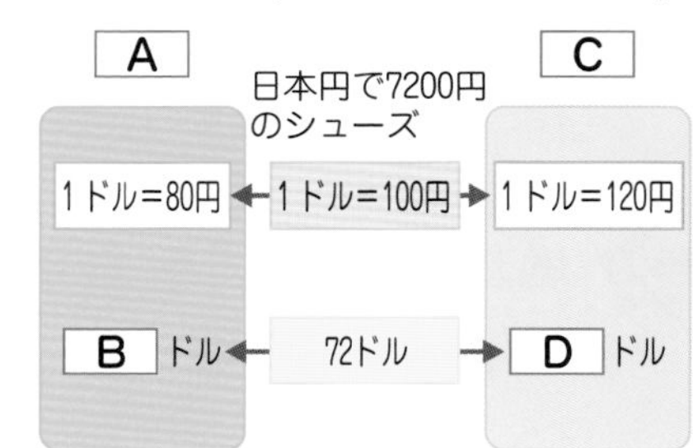

合格へのトビラ
□好景気ではインフレ，不景気ではデフレが起こりやすい
□日本銀行は日本の中央銀行。公開市場操作で金融政策

〈左ページの答え〉 ①インフレーション　②デフレーション

国際社会のしくみと環境

国際社会，環境問題

▶組織のアルファベットの略称をしっかりおさえよう！
▶国際的な課題に対する日本の取り組みがよく出るよ。

確認 国際社会の枠組みをおさえよう！ p.139

〈答えは右ページ下へ〉

□に「国際」・「安全」・「地域」・「総会」のどれかを書いて，まとめを完成させよう！

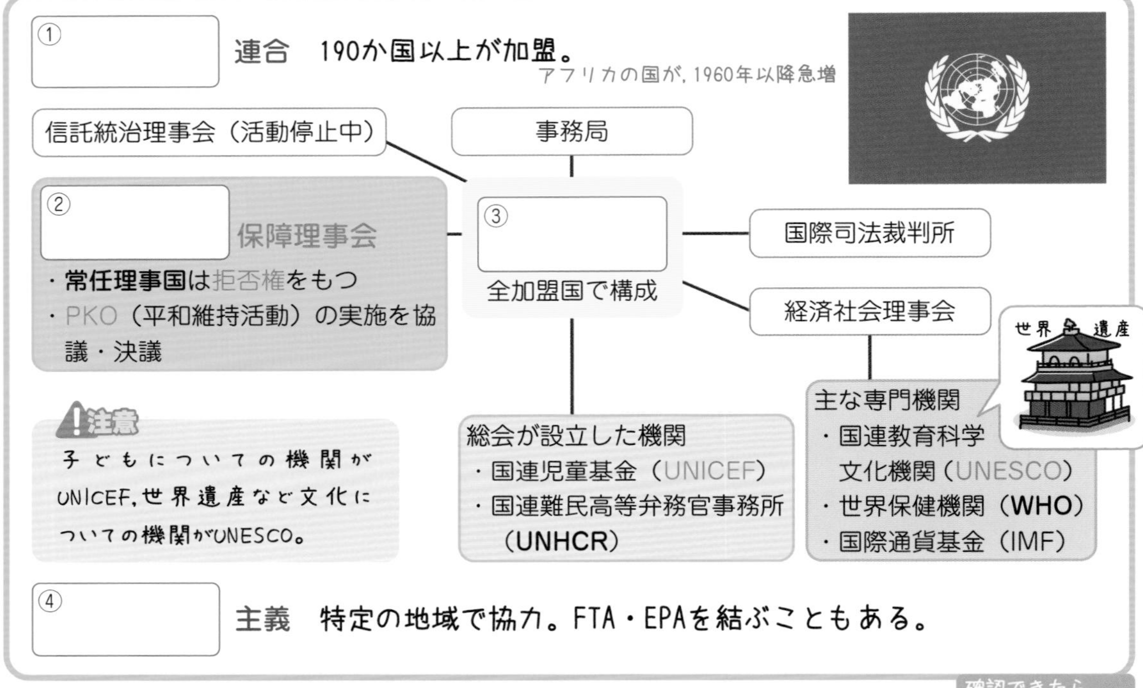

確認できたらコレもチェック！

1 国際社会の問題って？

南北問題・南南問題などの**経済格差**や難民などの解決が課題。
└ 先進工業国と発展途上国 └ 発展途上国間

◆日本　政府開発援助（ODA）や非政府組織（NGO）で貢献（こうけん）

●難民
地域紛争や差別などの理由で他国に逃れた人々。

2 地球環境問題をおさえよう！ p.139

化石燃料の使用で出る 温室効果ガス の削減（さくげん）が国際的な課題。

◆日本　高度経済成長期の 公害 を受けて取り組む
環境基本法（かんきょう），環境省など。持続可能な開発目標（SDGs）（エスディージーズ）への取り組み
└「持続可能な開発のための2030アジェンダ」（2015年）

低炭素社会・循環型社会の取り組み ➡ 持続可能な社会の実現

解答 p.22

入試のキーワード
国際連合　安全保障理事会　拒否権
地域主義　地球温暖化　温室効果ガス

1 国際連合について，次の問いに答えなさい。

(1) 右の表は，安全保障理事会である決議案が否決された採決（さいけつ）の結果です。否決されたのは常任理事国が何をもっているからですか。〈愛媛改〉

(　　　　　)

賛成 13か国	内訳	常任理事国３か国 非常任理事国10か国
反対 ２か国	内訳	常任理事国２か国

(2) 右のグラフの b にあてはまる州を〔　　〕から選びなさい。〈福岡改〉

(　　　　　)

〔 南北アメリカ州　アジア州　アフリカ州 〕

国際連合の加盟国数の変化

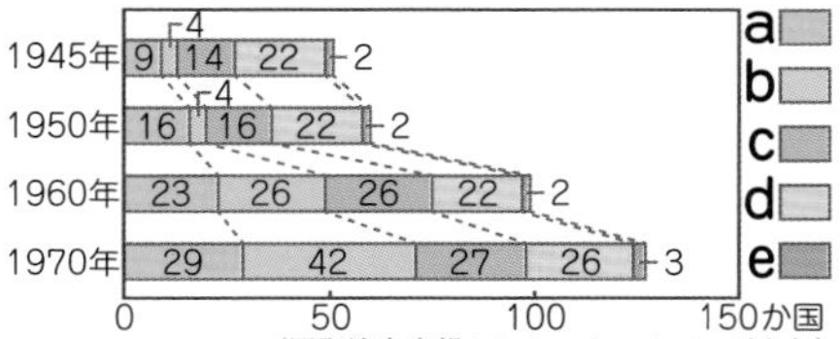

年	a	b	c	d	e
1945年	9	4	14	22	2
1950年	16	4	16	22	2
1960年	23	26	26	22	2
1970年	29	42	27	26	3

0　50　100　150か国

（国際連合広報センターホームページより）

(3) 次のうち，子どもの権利に関する条約に基づいて，子どもたちの命と健やかな成長を守るために活動している機関を選びなさい。〈富山改〉

(　　　　　)

ア 国連教育科学文化機関(UNESCO)　**イ** 国連児童基金(UNICEF)
ウ 世界保健機関(WHO)　**エ** ヨーロッパ(欧州)連合(EU)

2 右の図は，国際的な協定，会議・機構に参加している国や地域をまとめたものです。

□にあてはまる協定・会議または機構の略称をアルファベット大文字でそれぞれ書きなさい。〈北海道〉

① (　　　　　)
② (　　　　　)

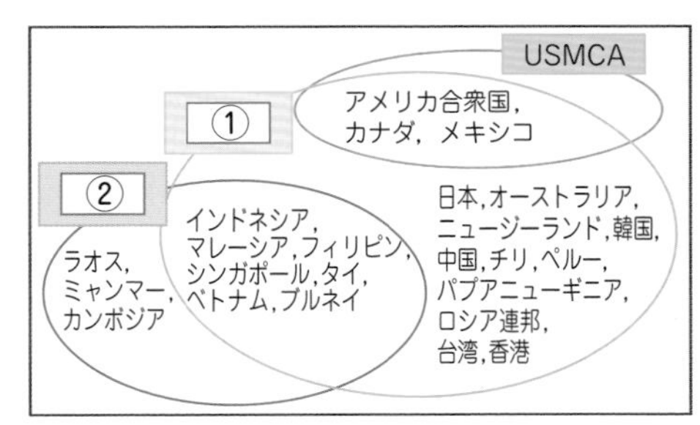

3 環境問題について，次の問いに答えなさい。

(1) 二酸化炭素など，地球温暖化の原因とされる気体をまとめて何といいますか。〈栃木改〉

(　　　　　)

(2) 持続可能な社会について，次の文の(　　)にあてはまる語句を書きなさい。〈岐阜改〉

◆資源を繰り返し活用し，廃棄物を減らす社会を(　　　　　)社会という。

□安全保障理事会の常任理事国は拒否権をもつ
□東南アジアはASEAN，ヨーロッパはEUで協力

〈左ページの答え〉 ①国際　②安全　③総会　④地域

まとめのテスト2

解答 p.22

勉強した日　月　日
得点　/100点

1 次の問いに答えなさい。

(3)は10点，他は７点×６(52点)

(1) 商品の独占・寡占が進むと消費者が不当な高価格で商品を購入させられることがあります。これを防ぎ自由な競争を促すための法律と，その運用にあたる機関を〔　〕からそれぞれ選びなさい。〈岡山改〉

法律(　　　　)
機関(　　　　)

〔 独占禁止法　製造物責任法　公正取引委員会　経済社会理事会 〕

(2) 入荷量によって野菜などの価格が変わることについて，右の資料を見て，次の文の(　)にあてはまる語句をあとからそれぞれ選びなさい。〈岡山〉

しゅんぎくは，秋から冬にかけて旬をむかえる。8月に価格が上昇しているのは(A)が(B)したため，10月から価格が下落しているのは，(A)が(C)したためと考えられる。なお，11月に比べて12月の価格が上昇しているのは，しゅんぎくが旬をむかえたため，(A)とともに(D)も(C)したためと考えられる。

A(　　) B(　　) C(　　) D(　　)

ア 需要量　イ 供給量　ウ 増加　エ 減少

しゅんぎくの月別平均価格・入荷量

平均価格(円／kg)，入荷量(kg)

月	平均価格	入荷量
1	995	270,030
2	536	230,589
3	441	199,591
4	670	106,423
5	495	100,947
6	522	81,963
7	759	58,739
8	1,277	31,229
9	1,089	66,752
10	623	161,779
11	482	287,801
12	873	313,188

(東京都中央卸売市場Webページより)

(3) 日本では，所得税に累進課税方式が適用されています。累進課税とはどのような課税方法か，「税率」の語句を用いて簡単に書きなさい。〈熊本〉

(　　　　　　　　　　)

2 為替相場についての新聞記事を見て，次の問いに答えなさい。

６点×３(18点)〈群馬改〉

(1) Aにあてはまる数字を書きなさい。

(　　　　)

(2) B・Cにあてはまる語句を次からそれぞれ選びなさい。

B(　　　　)
C(　　　　)

ア 輸入　イ 輸出
ウ 上昇　エ 下落

20XX年×月×日（×曜日）　●●新聞

円安進行　国内に影響

ここ3か月あまりで15円の円安が進み，1ドルが100円から（A）円となったことで，日常生活にもさまざまな影響が出始めている。
国内の自動車メーカー各社は（B）が好調で利益が増加している。
また，国内の牛丼チェーン各社は，円安による輸入牛肉価格の（C）を理由に相次いで価格改定を発表した。

3 次の文は日本の諸課題についてまとめたものです。あとの問いに答えなさい。

6点×3(18点)〈沖縄改，大分〉

景気を良い状況にするために，a 財政政策がとられている。一方，ますます進む少子高齢化のため，b 社会保障の充実も求められている。

正社員以外の c 非正規雇用(非正規労働者)は3分の1にのぼり，その割合は増加する傾向にある。また d 女性の雇用環境を整備する制度も必要とされている。

(1) 下線部aについて，不景気(不況)のときにとられる財政政策として正しいものを次から選びなさい。 (　　　)

ア 道路や橋をつくる公共事業を増やす　イ 日本銀行は国債を売る

ウ 増税して消費をおさえる　エ 日本銀行は市場に出回るお金の量を減らす

(2) 下線部bについて，右の2人が話している社会保険を次から選びなさい。 (　　　)

ア 医療保険　イ 年金保険

ウ 介護保険　エ 雇用(失業)保険

オ 労働者災害(労災)補償保険

(3) 下線部c・dについて，右の**資料1**のA・Bは1996年と2016年のいずれか，**資料2**のC・Dは1996年と2016年のいずれかのグラフです。2016年のグラフの組み合わせとして正しいものを次から選びなさい。 (　　　)

ア AとC　イ AとD

ウ BとC　エ BとD

資料1　日本の正規雇用者と非正規雇用者の割合

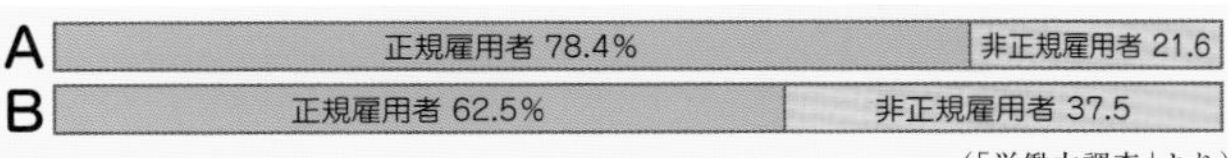

(「労働力調査」より)

資料2　日本における女性の年齢階級別の労働力人口比率

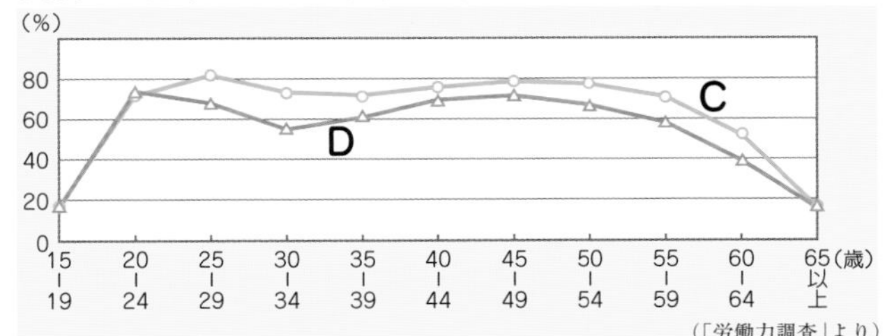

(「労働力調査」より)

4 次の問いに答えなさい。

6点×2(12点)〈兵庫改〉

(1) 発展途上国の貧困問題の解決のための取り組みを次から選びなさい。 (　　　)

ア 生産者の自立を支援するため，農産物や製品を適正な価格で取り引きする

イ 経済成長を促すために，工場を建設し，児童の労働を積極的に支援する

ウ 資源が不足しているので，再生可能エネルギーである化石燃料の開発を支援する

エ 飢餓が深刻化しているので，衛生環境の整備を進めて人口増加を支援する

(2) 経済格差や環境問題など，国際的な問題の解決をめざす取り組みを進める非政府組織の略称を，アルファベットで書きなさい。 (　　　　　)

特集 やっ得チェック ゴールを目指して解き進めよう!!

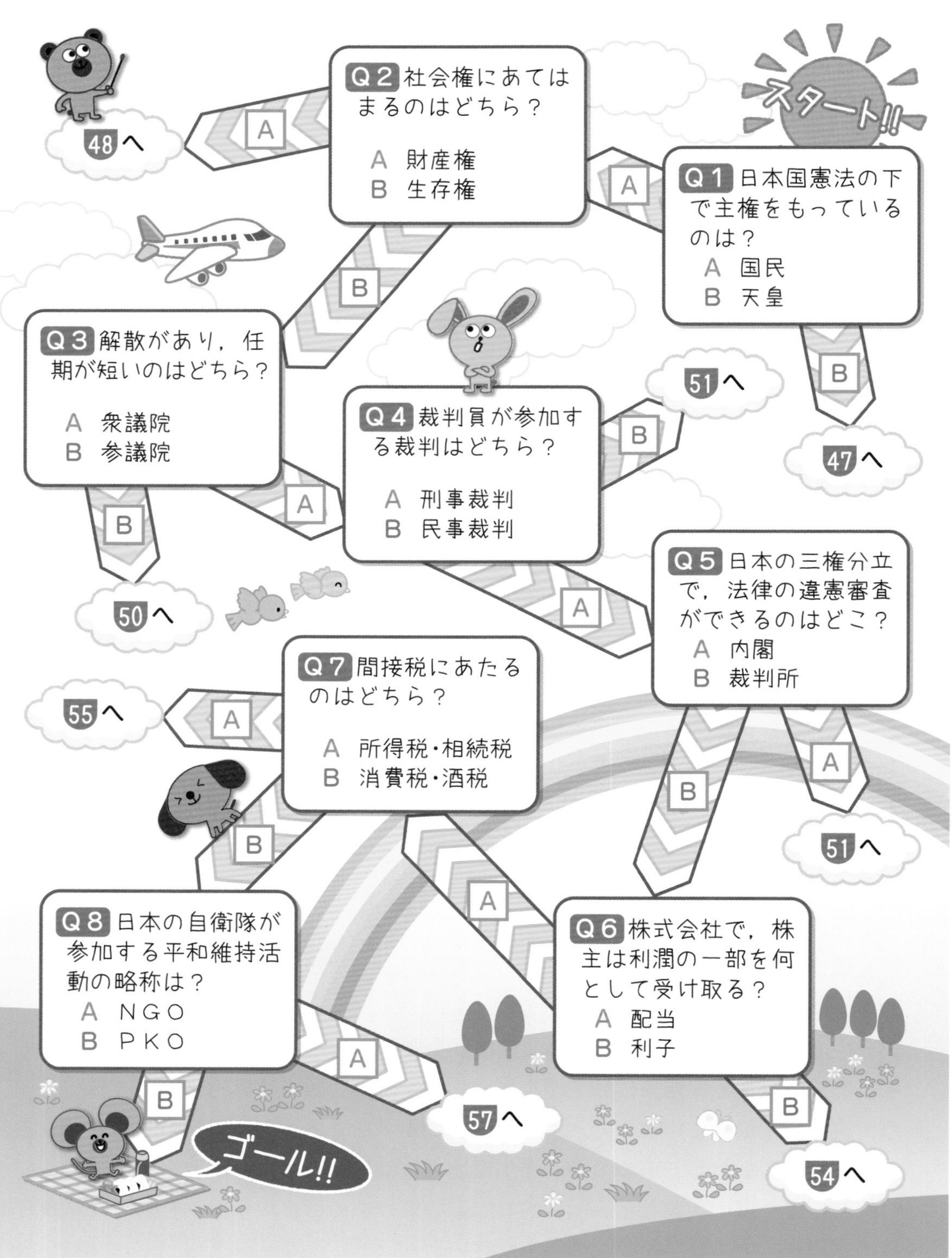

スタート!!
Q1 日本国憲法の下で主権をもっているのは？
A 国民
B 天皇
47へ
Q2 社会権にあてはまるのはどちら？
A 財産権
B 生存権
48へ
Q3 解散があり，任期が短いのはどちら？
A 衆議院
B 参議院
50へ
Q4 裁判員が参加する裁判はどちら？
A 刑事裁判
B 民事裁判
51へ
Q5 日本の三権分立で，法律の違憲審査ができるのはどこ？
A 内閣
B 裁判所
51へ
Q6 株式会社で，株主は利潤の一部を何として受け取る？
A 配当
B 利子
54へ
Q7 間接税にあたるのはどちら？
A 所得税・相続税
B 消費税・酒税
55へ
Q8 日本の自衛隊が参加する平和維持活動の略称は？
A NGO
B PKO
57へ
ゴール!!

まちがえたら，47〜57の単元へもどろう！

得点力UP!
入試特集

ねらい　実際の入試だと思って，総合問題にチャレンジ！

1 すべての問題をざっと見て，解けそうなものを探そう!

難しそうな問題は，あと回しにしましょう。

2 問題文をじっくり読んで，キーワードを見つけよう!

見つけたキーワードには，印をつけておきましょう。

3 問題を解こう！

答え方が正しいか確認しましょう。

記号?
語句?
数字?

4 余った時間で難しい問題にもチャレンジ!

解いた問題の見直しも忘れないようにしましょう。

解答と解説で答え合わせをして，入試本番に備えよう!

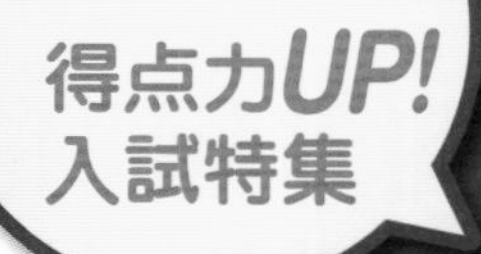

時間 30分

勉強した日　　月　　日

得点　　/100点

チャレンジテスト①

解答 p.23

1 右の地図は，緯線と経線が直角に交わったもので，緯線と経線はそれぞれ30度の間隔でかかれています。次の問いに答えなさい。　8点×2(16点)〈岩手〉

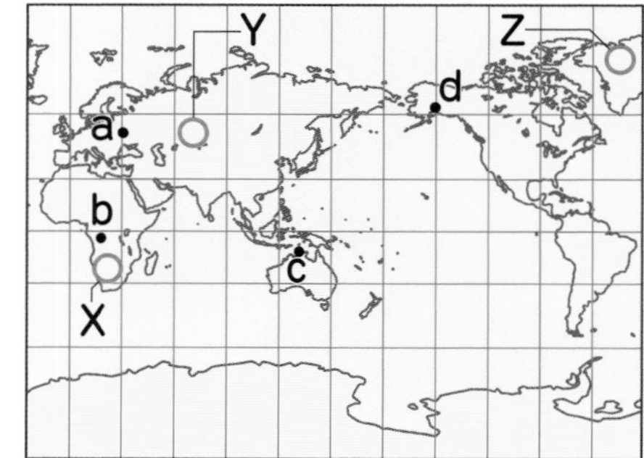

(1) 地図中a～dの都市のうち，本初子午線との経度の差が最も小さい都市を選びなさい。（　　）

(2) 地図中X～Zは，図面上での面積が等しくなっています。X～Zの実際の面積について述べた正しい文を次から選びなさい。（　　）

ア　実際の面積は，範囲Xが最も大きい。
イ　実際の面積は，範囲Yが最も大きい。
ウ　実際の面積は，範囲Zが最も大きい。　エ　実際の面積はいずれも等しい。

2 次の問いに答えなさい。　9点×5(45点)〈北海道改〉

(1) 右の表は，世界の6つの州のうち，ある州についてまとめたものの一部です。(　　)にあてはまる州を書きなさい。（　　　　）

	(　　)州
面積	約2305万 km^2
人口	約7億4800万人
自然	アルプス山脈があり，ライン川が流れている
政治・経済	1993年にEUが発足した。多くの国でユーロという共通の通貨が使われている
生活・文化	パスタやパン，ピザがよく食べられる

(2) 東大寺について述べた次の文を読んで，あとの問いに答えなさい。

> 東大寺は，平城京に都が置かれていた(a)時代に建てられた。その後，平安時代の終わりごろに始まった源氏と(b)氏との争乱のなかで焼けたが，鎌倉時代に再建され，南大門には運慶らによってつくられた像が置かれた。

① (　　)にあてはまる語句をそれぞれ書きなさい。ただし，bについては漢字1字で書きなさい。　a（　　　　）　b（　　）

② ――部を何といいますか。次から選びなさい。（　　）

ア　阿弥陀如来像　イ　釈迦三尊像　ウ　金剛力士像

(3) 人権思想に関わる次のできごとを年代の古い順に並べなさい。（　　→　　→　　）

ア　生命，自由，幸福の追求の権利を示したアメリカ独立宣言が出された。
イ　三権分立を主張したフランスの思想家モンテスキューが「法の精神」を発表した。
ウ　基本的人権の尊重を基本原理(三大原則)の1つとする日本国憲法が公布された。

3 右の地図を見て，次の問いに答えなさい。　６点×３(18点)

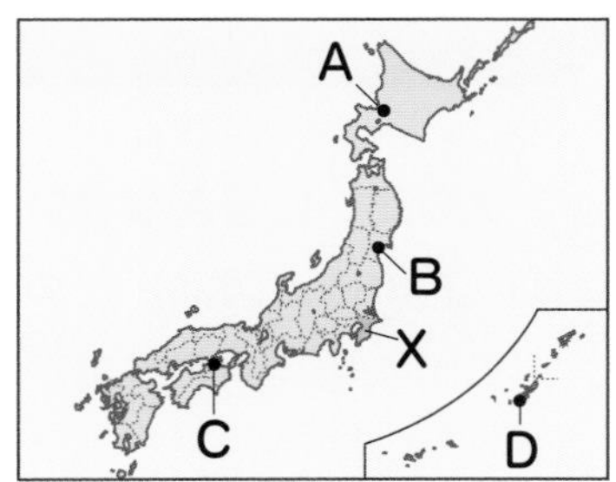

(1)　関東地方の県で，東北地方との境界のみに接する県２つのうち，１つの県の県庁所在地名を書きなさい。〈福岡〉

(　　　　　　)

(2)　次のグラフは，地図中A～Dで示したいずれかの都市の雨温図です。Cの都市の雨温図を選びなさい。　〈三重〉

(　　　　)

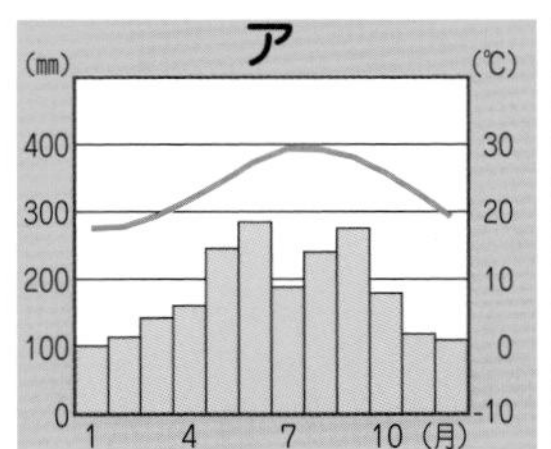

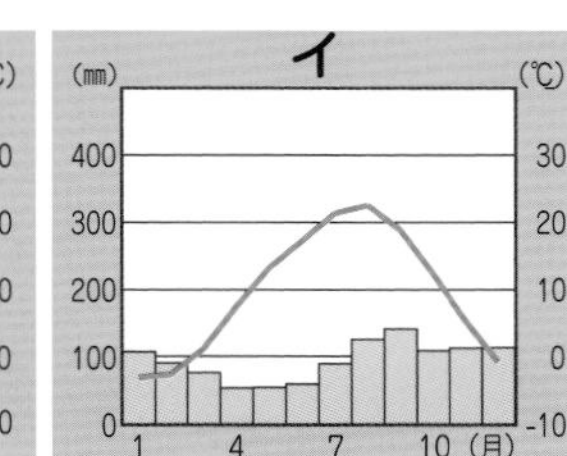

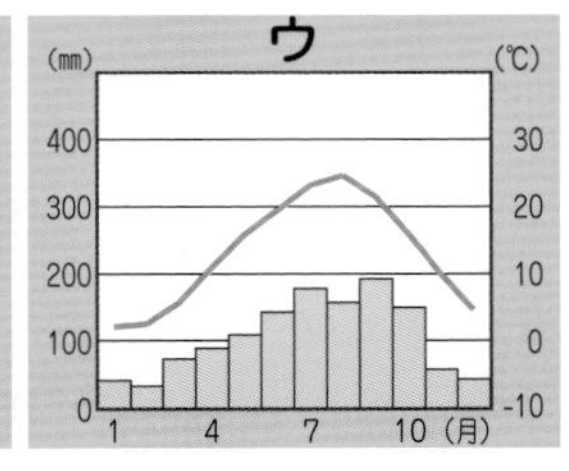

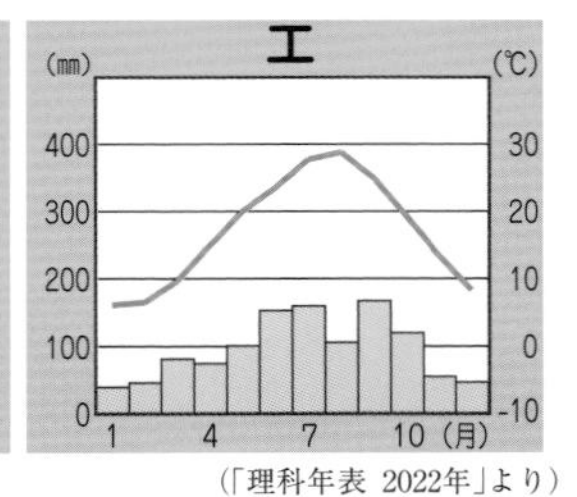

(「理科年表 2022年」より)

(3)　地図中Xの県で行われる，都市向けに野菜を出荷する農業を何といいますか。〈福井〉

(　　　　　　)

4 次の問いに答えなさい。　７点×３(21点)　〈千葉〉

(1)　次の文は，マレーシアが含まれる地域における，国家間の協力関係を推進する動きについて述べたものです。(　　)に共通してあてはまる語句を５字で書きなさい。

(　　　　　　)

　(　　)では，1967年に地域内での発展や協力をめざした組織である(　　)諸国連合が設立され，経済・政治・安全保障などの分野で協力が進められている。また，日本，中国，韓国などを加えた会議も開催されている。

(2)　アメリカ合衆国について，次の文はこの国に移り住んできた移民について述べたものです。(　　)にあてはまる語句をカタカナ６字で書きなさい。(　　　　　　)

　メキシコなどの国々からアメリカ合衆国に移り住んできた，スペイン語を話す移民およびその子孫は(　　)とよばれる。

(3)　日本と外国との交流に関する歴史上のできごとについて，次の文を年代の古い順に並べなさい。　(　　→　　→　　)

ア　岩倉具視(いわくらともみ)を大使とする使節団とともに津田梅子らの少女が欧米諸国に派遣された。

イ　中国の進んだ制度を取り入れることなどを目的に，遣隋使として小野妹子らが派遣された。

ウ　キリシタン大名の大友氏らにより，４人の少年がローマ教皇のもとに派遣された。

時間 30 分

チャレンジテスト②

勉強した日　　月　　日
得点　　/100点

解答 p.23

1 次の問いに答えなさい。

(3)は10点，ほか７点×２(24点)　〈茨城〉

(1) 右の雨温図は，どの地点のものですか。地図中**ア**～**エ**から選びなさい。

(　　　)

気温 ℃ / 降水量 mm
（「理科年表2022年」より）

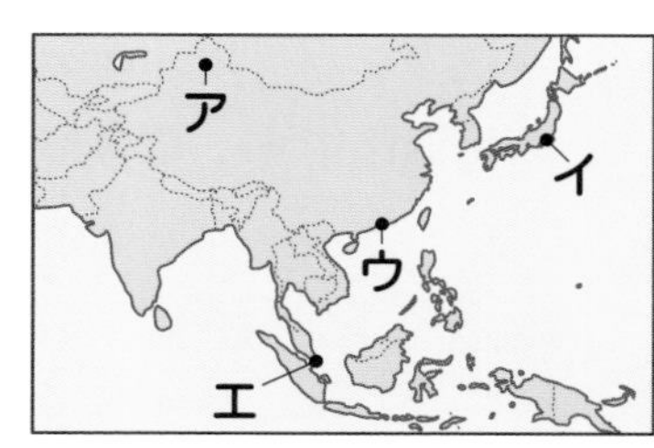

(2) 次の**A**～**C**は，1950年，1980年，2021年の日本の人口ピラミッドを示したものです。古い順に並べたものを右から選びなさい。

(　　　)

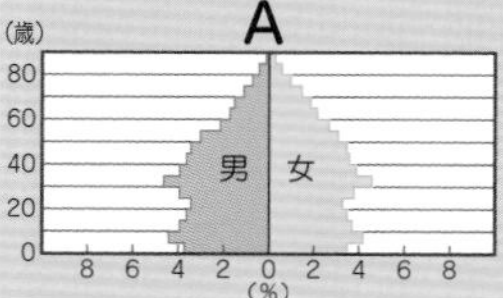

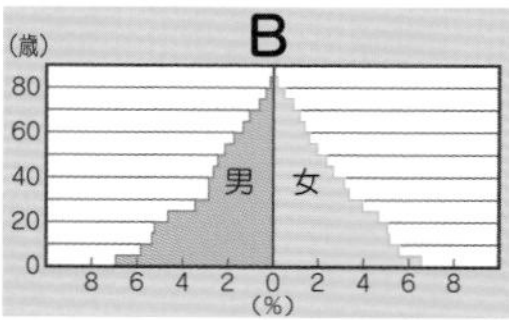

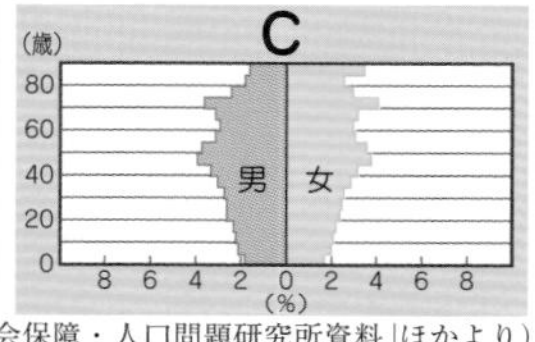

（「国立社会保障・人口問題研究所資料」ほかより）

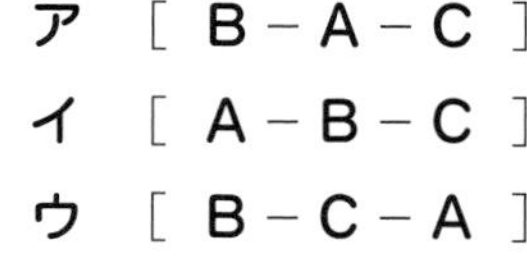

ア　［ B － A － C ］
イ　［ A － B － C ］
ウ　［ B － C － A ］
エ　［ C － A － B ］

(3) 「20歳未満」の語句を用いて，(2)の記号を選んだ理由を簡単に書きなさい。

(　　　　　　　　　　)

2 次の問いに答えなさい。

９点×２(18点)　〈東京改〉

(1) 次の文は，権力者がその力を示し維持するために布を用いたようすについて述べたものです。年代の古い順に並べなさい。

(　　→　　→　　→　　)

ア　推古天皇の摂政となった聖徳太子は，隋に学び，天皇中心の政治体制を整えるため，絹製の衣服と冠の色で役人の位を区別する冠位十二階の制度を制定した。

イ　平治の乱に勝利した平清盛は，宋との貿易を本格的に始め，財政基盤を整えるために瀬戸内海の航路の整備や大輪田泊の修復を行い，宋銭や絹の布を輸入した。

ウ　30ほどのクニを治めていた邪馬台国の女王卑弥呼は魏の皇帝に絹の布などを貢ぎ物として贈り，皇帝から「親魏倭王」の称号と金印を授けられた。

エ　文武天皇が唐の律令を手本とした大宝律令を制定し，戸籍に登録された男子に一定の長さの麻の布を都まで運ばせて納税させた。

(2) 大正時代のできごとを次から選びなさい。

(　　　)

ア　白黒テレビ・電気洗濯機・電気冷蔵庫などの電化製品が家庭に普及した。

イ　日中戦争が長期化し，国家総動員法が制定され，衣服が配給制になった。

ウ　モダンガール・モダンボーイが現れ，大衆文化を広めるラジオ放送が始まった。

エ　内閣制度がつくられるなか，不平等条約改正のために鹿鳴館が建てられた。

3 日本のさまざまな地域について，次の問いに答えなさい。　９点×４(36点)〈沖縄〉

(1) 日本は弓のような形で細長くつらなった島国です。その西端にあたる島を次から選びなさい。　(　　　)

ア 南鳥島　**イ** 与那国島　**ウ** 沖ノ鳥島　**エ** 択捉島

(2) 日本の農業・林業・漁業の特徴を説明した文として正しいものを次から選びなさい。(　　　)

ア 日本の食料自給率は，近年ドイツ・イギリスを上回った。

イ 日本は，世界でも面積あたりの農産物の収穫量が少ない国である。

ウ 日本の木材輸入量は，年々増加している。

エ 日本の漁業は，とる漁業から育てる漁業へと移りつつある。

(3) 右のグラフのＡ～Ｄはおもな工業地帯(域)の工業出荷額の内訳を示しています。Ａにあてはまるものを次から選びなさい。　(　　　)

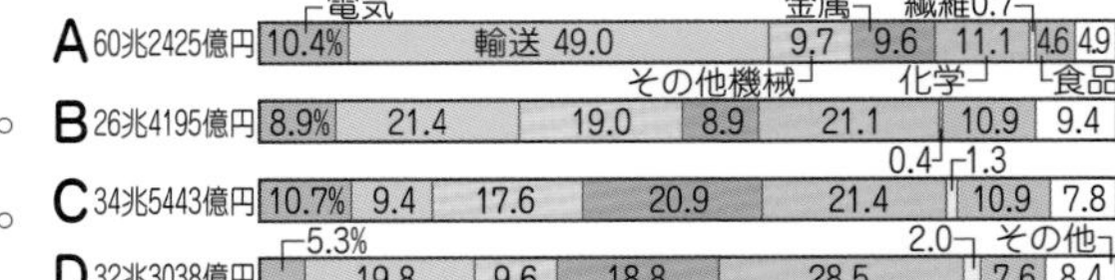

ア 京浜工業地帯　**イ** 阪神工業地帯

ウ 瀬戸内工業地域　**エ** 中京工業地帯

(4) 右の表はにわとり(ブロイラー)・豚・肉用牛・乳用牛の飼育頭数(羽数)の上位３道県を示しています。肉用牛にあてはまるものを選びなさい。　(　　　)

	１位	２位	３位
ア	北海道	栃木県	熊本県
イ	北海道	鹿児島県	宮崎県
ウ	鹿児島県	宮崎県	北海道
エ	宮崎県	鹿児島県	岩手県

(2021年)　(「データでみる県勢2022」より)

4 次の問いに答えなさい。　(1)②は８点，ほか７点×２(22点)〈大阪改〉

(1) 次の文は日本の所得税と消費税について述べたものです。

> 直接税である所得税には，所得が多くなるにつれて税率が高くなる，(Ａ)とよばれるしくみが設けられている。間接税である消費税は所得にかかわらず同じ税率をかけるので，所得が少なくなるにつれて(Ｂ)という傾向がある。

① Ａにあてはまる語句を書きなさい。　(　　　)

② Ｂに適する内容を，「所得」「税負担」の２語を用いて簡単に書きなさい。

(　　　)

(2) 次の文は日本国憲法の条文の一部です。｛　　｝から正しいものを選びなさい。(　　　)

> 内閣総理大臣は，｛ **ア** 国会　**イ** 衆議院 ｝議員の中から国会の議決で，これを指名する。

得点力UP! 入試特集

時間 45 分

勉強した日　月　日

得点　/100点

チャレンジテスト③

解答 p.24

1 **次の地図Ⅰは，中心の東京からの距離と方位が正しく示された地図です。また地図Ⅱは，緯線と経線が直角に交わった地図です。あとの問いに答えなさい。なお，地図Ⅱ中の緯線と経線は30度ごとに引かれています。** 7点×3(21点)〈神奈川改，長崎改〉

(1) 次の文の(　　)にあてはまる方位を八方位で書きなさい。(　　　)

地図Ⅰと地図Ⅱのタンザニアは，東京から見てほぼ(　　)の方位に位置している。

(2) 次の文の(　　)にあてはまるものを，あとから選びなさい。(　　　)

地図ⅡのAで示した地点に対して，地球の中心を通った反対側の地点は，地図ⅡにBで示した地点である。Aで示した地点が北緯35度，東経140度であるとすると，Bで示した地点は(　　)である。

ア 南緯35度，西経40度　**イ** 南緯35度，西経140度
ウ 南緯55度，西経40度　**エ** 南緯55度，西経140度

(3) 地図Ⅱのバンクーバーにある学校に，長崎から電子メールを日本時間の1月11日午前9時に送信しました。この電子メールが受信されたときの現地の日時を，午前・午後も明らかにして書きなさい。ただし，バンクーバーの標準時は地図ⅡのXの経線を基準とし，また送受信時間は考えないものとします。(　　　　　)

2 **右の資料は，長崎県とその周辺の地域の地図をもとにして緑さんが作成したものの一部で，➡は海流を示しています。➡の海流として最も適切なものをⅠ群から選びなさい。また，この海流は暖流・寒流のどちらか，Ⅱ群から選びなさい。** 6点×2(12点)〈京都〉

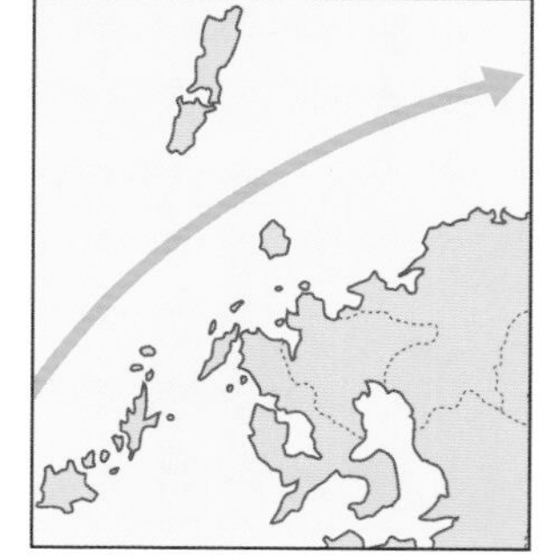

Ⅰ群(　　　)　Ⅱ群(　　　)

Ⅰ群　**ア** 千島海流(親潮)　**イ** 対馬(つしま)海流
　　　ウ リマン海流
Ⅱ群　**カ** 暖流　**キ** 寒流

3 中世について，次の問いに答えなさい。 6点×2（12点）

(1) 次の資料は，農民同士の結びつきについて生徒がまとめたものです。A・Bにあてはまる語句の組み合わせとして正しいものを，あとから選びなさい。〈愛知改〉

> 結びつきを深めた農民の中には，（ A ）を求めて右の碑文のように宣言する者もいた。また，浄土真宗の信仰で結びつく（ B ）が起こり，守護大名をたおして農民などの自治が行われた。

〈碑文〉

〈碑文に記された宣言〉
正長元年ヨリサキ者カンヘ四カンカウニヲヰメアルヘカラス

（　　　）

ア　A借金の帳消し，B一向一揆　　イ　A借金の帳消し，B島原・天草一揆

ウ　A身分の解放，B一向一揆　　エ　A身分の解放，B島原・天草一揆

(2) 北条(ほうじょう)氏の政治について，右の資料は，武家社会の慣習をまとめた法律の一部です。この法律を何といいますか。〈和歌山改〉

（　　　　　）

> 一　諸国の守護(しゅご)の仕事は，御家人の京都を守る義務を指揮・催促(さいそく)すること，謀反人(むほんにん)や殺人などの犯罪人を取り締まることである。（一部要約）

4 次の文は近世についてまとめたものです。あとの問いに答えなさい。 7点×3（21点）〈岐阜〉

> 関ヶ原の戦いに勝利した徳川家康は，全国支配の実権をにぎり，幕府の権力を確立させた。幕府は，大名の配置を工夫し，例えば外様大名に対しては，領地を（　　）こともあった。その後幕府は財政難などによって幕藩体制が揺らいだときには，a幕府の力を回復させるための諸政策を行った。
> b19世紀半ばのペリー来航によって社会は動揺し，その後幕府は崩壊した。

(1) （　　）にあてはまる文を，右の資料を参考に，「江戸」の語句を用いて簡単に書きなさい。

（　　　　　　　　　　）

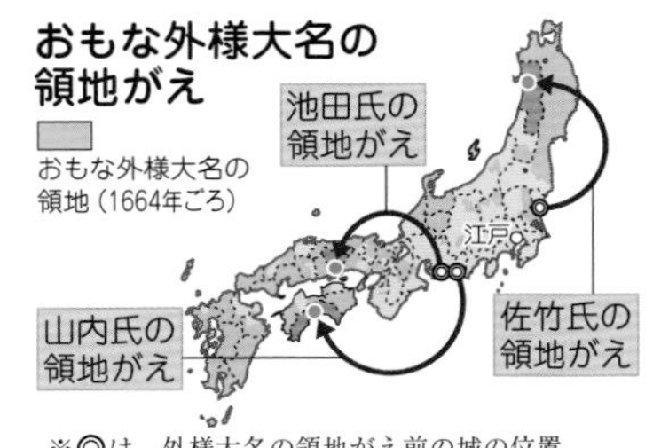

※◎は，外様大名の領地がえ前の城の位置，●は，領地がえ後の城の位置をそれぞれ示す。

(2) aについて，商工業者が株仲間をつくることを奨励するなど，商工業者の力を利用して幕府を立て直そうとした老中の名前を書きなさい。（　　　　）

(3) bについて，次のできごとを年代の古い順に並べなさい。

（　　→　　→　　）

ア　大老の井伊直弼が，幕府に反対した大名や武士，公家を処罰した。

イ　坂本龍馬が仲立ちをし，長州藩と薩摩藩が同盟を結んだ。

ウ　幕府は日米和親条約を結び，下田と函館の2港を開いた。

5 次の問いに答えなさい。　5点×4（20点）〈大阪改，宮崎〉

(1) 一定の年齢に達したら納税額や性別で制限されることなく，すべての国民が選挙権を得る原則を，次から選びなさい。（　　）

ア 普通選挙　**イ** 平等選挙　**ウ** 秘密選挙　**エ** 直接選挙

(2) 日本国憲法で保障されている参政権にあたるものを，次から選びなさい。（　　）

ア 団体行動権　**イ** 刑事補償請求権　**ウ** 裁判を受ける権利

エ 最高裁判所裁判官の国民審査権

(3) 参議院について述べた文を，次から選びなさい。（　　）

ア 選挙は小選挙区比例代表並立制で行われる。

イ 議員定数は465名である。

ウ 議員の任期は６年であり，３年ごとに議員定数の半数が改選される。

エ 任期の途中で，議院が解散されることがある。

(4) 美咲さんは，司法権の独立について，具体的な例で説明したいと考えています。司法権の独立の具体的な例として適切なカードを次から選びなさい。（　　）

ア ある裁判官が，裁判に関わっていない法務大臣の意見に従って判決を下した。	**イ** ある裁判官が，世論の意見に従って判決を下した。	**ウ** ある地方裁判所の裁判官が，最高裁判所長官の命令に従って判決を下した。	**エ** ある裁判官が，憲法と法律に基づき，自分の良心に従って判決を下した。

6 次の問いに答えなさい。　7点×2（14点）

(1) 市場価格の動きについて，次の文の（　）にあてはまる語句の組み合わせとして正しいものを，あとから選びなさい。〈群馬改〉

（　　）

右の資料では，価格をXにした場合（ A ）が上回り，商品が（ B ）という状況になる。そのため，一般的にこのような場合では，需要量と供給量が一致するように市場価格が（ C ）する。

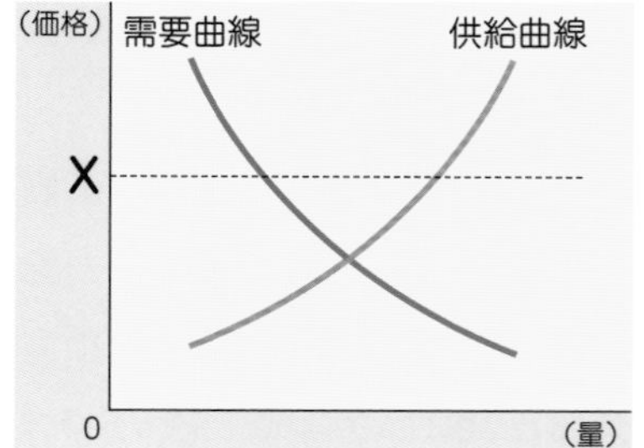

ア A需要量　B不足する　C上昇　**イ** A供給量　B売れ残る　C下落

ウ A供給量　B売れ残る　C上昇　**エ** A需要量　B不足する　C下落

(2) 一般に，物価が下がり続ける状態を何といいますか。〈北海道改〉

（　　　）

←この「解答と解説」は取りはずして使えます。

わからないを わかるにかえる

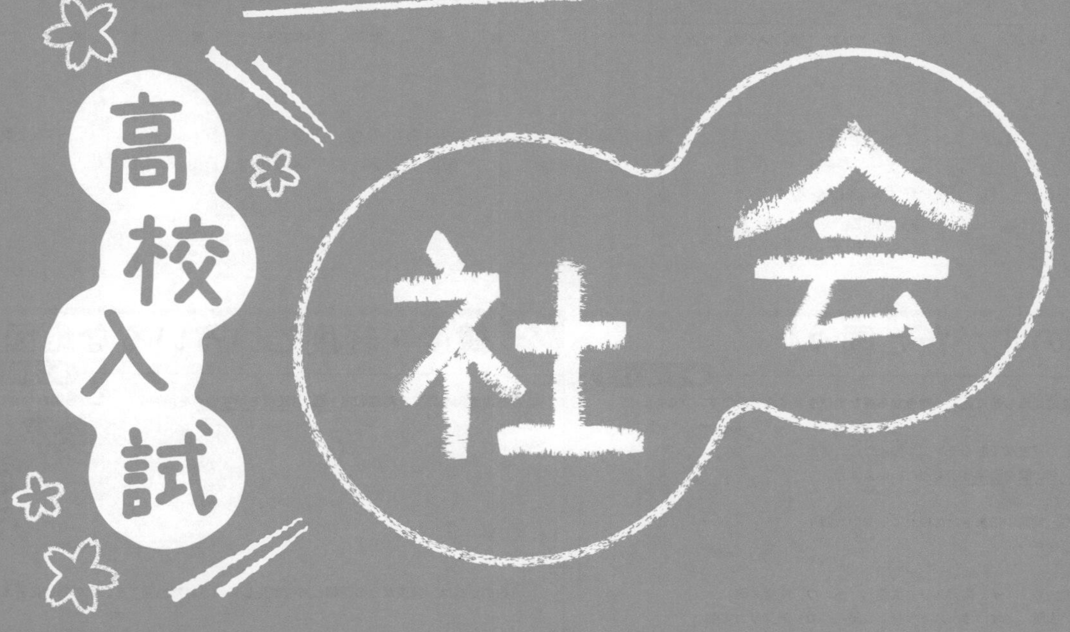

解 

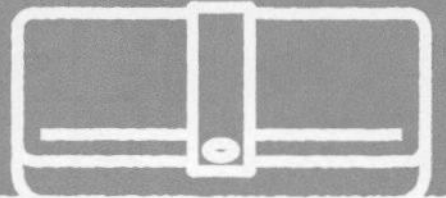

BUNRI

1 世界の地理

▶本冊 p.6

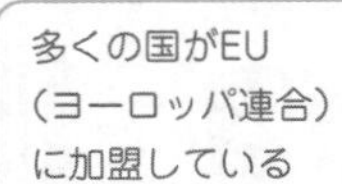

大陸名・海洋名と州名，またそこにある国の名前を結びつけよう！

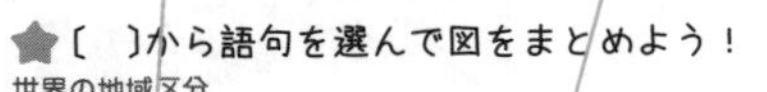

まちがえた語句は解答で確認！

世界の地域区分

〔　アジア　ヨーロッパ　アフリカ　北アメリカ　南アメリカ　オセアニア　〕

- 多くの国がEU（ヨーロッパ連合）に加盟している
- ロシア連邦はヨーロッパ州とアジア州の両方にまたがっている
- アメリカ合衆国・カナダ・メキシコなど。多くの民族が住む
- 経済的に不安定な国が多い地域。すべての国と地域がAU(アフリカ連合)に加盟
- オーストラリアやニュージーランドのほか太平洋の島々をまとめた地域
- 流域面積世界一のアマゾン川流域に熱帯林が広がる

緯度と経度

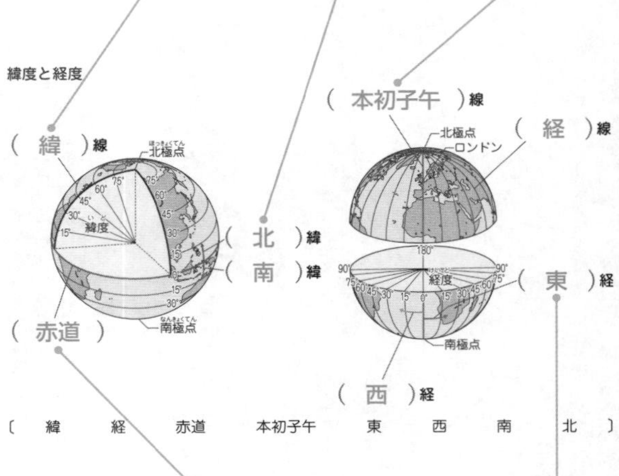

〔　緯　経　赤道　本初子午　東　西　南　北　〕

- 赤道と平行な線
- 日本は北緯
- 経度０度の線。イギリスのロンドンを通る
- 緯度０度の線。アフリカ・東南アジア・南アメリカを通る
- 日本は東経

1 世界のすがたと国々

▶本冊 p.9

1 右の資料は，陸地が最も多く見える向きから見た地球を表す略地図です。次の問いに答えなさい。〈京都改，兵庫改〉

(1) ウランバートルが首都であるモンゴルのように，国土が海に面していない国を漢字３字で何といいますか。

海に囲まれた国は島国　（ 内陸国 ）

(2) 六大陸のうち，地図中にまったく現れていない大陸を次から２つ選びなさい。

南極とオーストラリアがない（ ウ ）（ オ ）

ア 北アメリカ大陸　イ 南アメリカ大陸　ウ 南極大陸
エ ユーラシア大陸　オ オーストラリア大陸　カ アフリカ大陸

(3) 図中Xの大洋を何といいますか。

（ 大西洋 ）太平洋ではない。「大」と「太」の字も間違えないように注意！

2 右の地図の■は，2022年にサミットに参加した７か国(アメリカ・イギリス・イタリア・カナダ・ドイツ・日本・フランス)を示しています。世界を６つの州に区分したとき，日本以外の国が属する州の名前を２つ書きなさい。〈石川〉

日本はアジア州　（ヨーロッパ州）（北アメリカ州）

3 右の表は，世界の国の中で2019年における面積の広い国を上位５位まで示したものです。A・Bにあてはまる国を〔　〕からそれぞれ選びなさい。〈北海道〉

順位	1位	2位	3位	4位	5位
国名	A	カナダ	アメリカ合衆国	B	ブラジル
面積(千km^2)	17,098	9,985	9,834	9,600	8,516

（「世界国勢図会2021/22」より）

A（ロシア連邦）
B（ 中国 ）

〔　中国　フィリピン　メキシコ　ロシア連邦　ドイツ　〕

解答のコツ　地図に見える州・大陸の名前をイメージしよう。

2 緯度・経度といろいろな地図

▶本冊 p.11

1 右の地図を見て，南緯40度・西経120度を示す地点を地図中ア～エから選びなさい。〈鳥取〉

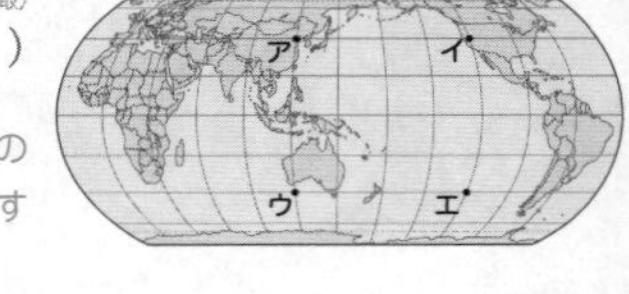

（ エ ）

赤道の南側で，本初子午線の西側(経度180度の東側)を探す

2 右の資料は，東京からの距離と方位が正しく示された地図です。次の問いに答えなさい。〈北海道改，宮崎改〉

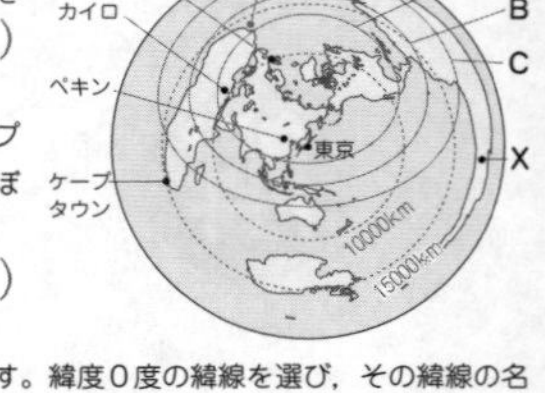

(1) 東京から見て，Xの都市のおよその方位を漢字１字で書きなさい。　（ 東 ）

(2) 地図中ロンドン・カイロ・ペキン・ケープタウンの４つのうち，東京からの距離がほぼ同じくらいの都市を２つ書きなさい。

（ロンドン）（ カイロ ）
どちらも約10000 km

(3) 地図中A～Cは３つの緯線を示しています。緯度０度の緯線を選び，その緯線の名前も書きなさい。

緯線（ B ）　名前（ 赤道 ）

(4) 地図中東京からカナリア諸島に最短距離で向かう場合の経路について，正しいものを次から選びなさい。

日付変更線は，ほぼ経度180度にそって引かれている(→本冊p.12)　（ イ ）

ア 東京から南南東の方向に進み，途中でアフリカ州を通過する。
イ 東京から北北西の方向に進み，途中でユーラシア大陸を通過する。
ウ 東京から10000 km以内でカナリア諸島に到達する。
エ 途中で日付変更線を通過する。

解答のコツ　まずは赤道，本初子午線の位置を地図上で確認！

3 時差の計算

▶本冊 p.13

1 右の地図中の地点Aが2月1日午前7時のとき，1月31日午後10時である地点をア～エから選びなさい。〈東京〉

Aは東経135度の明石　（ イ ）

午前7時－前日午後10時＝9時間

9×15=135，経度差は135度なので，

0度の地点を選ぶ

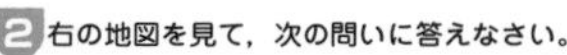

2 右の地図を見て，次の問いに答えなさい。

(1) Xの線を何といいますか。〈福井〉

（日付変更線）

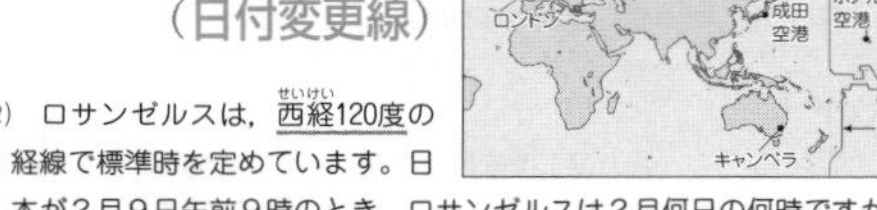

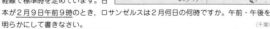

(2) ロサンゼルスは，西経120度の経線で標準時を定めています。日本が2月9日午前9時のとき，ロサンゼルスは2月何日の何時ですか。午前・午後を明らかにして書きなさい。〈千葉〉

経度差135＋120＝255(度)，　2月（ 8日 午後4 時）

時差は255÷15＝17(時間)。日本時間から17時間戻そう

(3) ロンドンが3月8日正午のとき，キャンベラは同日の午後10時です。キャンベラの標準時子午線の経度を，東経・西経を明らかにして書きなさい。〈山口〉

ロンドンは本初子午線が通る　（東経150度）

時差10時間なので，経度差は150度

(4) 右の表は，成田空港からハワイのホノルルの空港までの航空機の時刻表です。成田空港からホノルルの空港までの所要時間を書きなさい。なお，成田空港とホノルルの空港との時差は19時間とします。〈鳥取〉

航空機の時刻表

成田国際空港発	ホノルルの空港着
2月1日　午後8時	2月1日　午前8時

※時刻は現地時間

（ 7時間 ）出発時にホノルルは午前1時

解答のコツ 求める都市と基準の都市の東西の関係をつかもう！

4 世界の地形と自然のようす

▶本冊 p.15

1 右の地図を見て，次の問いに答えなさい。

(1) 地図中Xの山脈は，日本列島と同じ造山帯に属しています。この造山帯を何といいますか。〈高知〉

（環太平洋造山帯）

(2) 地図中Yの山脈を何といいますか。〈鹿児島〉

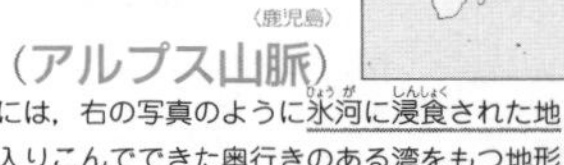

（アルプス山脈）

(3) 地図中Zには，右の写真のように氷河に浸食された地形に海水が入りこんでできた奥行きのある湾をもつ地形が広がっています。この地形を何といいますか。〈長崎〉

（フィヨルド）

(4) 地図中▒の地域には広大な針葉樹林が見られます。この針葉樹林帯の名前を，〔　〕から選びなさい。〈愛媛改〉

シベリアなどの高緯度に分布（ タイガ ）

〔 サバナ　ステップ　タイガ　サヘル 〕

サバナは熱帯の草原，ステップは乾燥帯の草原。サヘルは西アフリカ

(5) 地図中⟶はある海流のおおよその位置を示したものです。この海流の名前と，海水温による分類の組み合わせとして正しいものを，次から選びなさい。〈新潟〉

大西洋を北上する暖流。リマン海流は日本海沖の寒流　（ イ ）

ア　北大西洋海流，寒流　　イ　北大西洋海流，暖流

ウ　リマン海流，暖流　　エ　リマン海流，寒流

2 アフリカ大陸にある河川名と山脈名の組み合わせとして正しいものを，次から選びなさい。〈大阪〉

ア　ユーラシア大陸，ウ　南アメリカ大陸，エ　北アメリカ大陸（ イ ）

ア　ライン川－アルプス山脈　　イ　ナイル川－アトラス山脈

ウ　アマゾン川－アンデス山脈　　エ　ミシシッピ川－ロッキー山脈

解答のコツ 大陸ごとの代表的な山や河川の名前を思い出そう！

5 世界の気候のようす

▶本冊 p.17

1 次の資料を見て，あとの問いに答えなさい。〈長野改，富山改〉

資料1　資料2

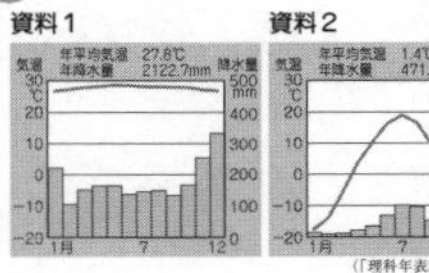

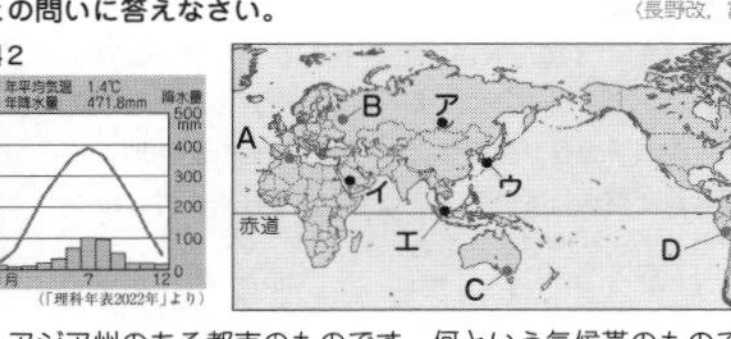

（「理科年表2022年」より）

(1) 資料1の雨温図は，アジア州のある都市のものです。何という気候帯のものですか。

気温が年間を通じて高い　（ 熱帯 ）

(2) 資料2の雨温図はいずれの都市の雨温図か，地図中ア～エから選びなさい。

冬の気温が低い冷帯(亜寒帯)にあたるところ　（ ア ）

(3) 次の①～④の雨温図にあてはまる都市を地図中A～Dからそれぞれ選びなさい。

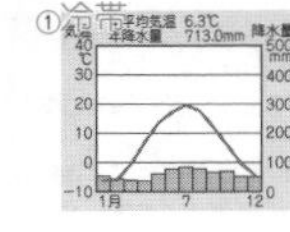

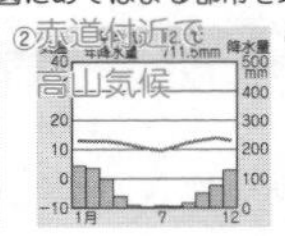

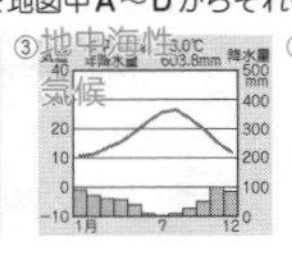

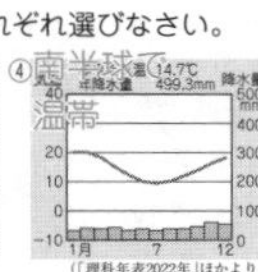

（「理科年表2022年」ほかより）

①（ B ）②（ D ）③（ A ）④（ C ）

2 パリは札幌よりも高緯度にありますが，右の資料のように，気温や降水量の冬と夏の差は札幌よりも小さくなっています。この理由について，次の文の｛　｝にあてはまる語句にそれぞれ○を書きなさい。〈香川〉

●パリは，気温や降水量の冬と夏の差が，ヨーロッパの大西洋岸を流れる｛ (暖流)　寒流 ｝と｛ 季節風　(偏西風) ｝の影響で，札幌よりも小さい。　北大西洋海流

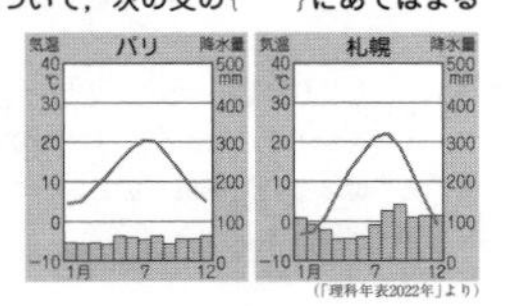

（「理科年表2022年」より）

解答のコツ 都市の位置から，おおよその気候区分を思い出しながら問題に取り組もう！

6 世界の宗教と人々の暮らし

▶本冊 p.19

1 世界の人々の暮らしについて，右の地図を見て，次の問いに答えなさい。

(1) 地図中A国で，最も多くの人が信仰している宗教は何ですか。〈兵庫〉

Aはインドネシア（イスラム）教

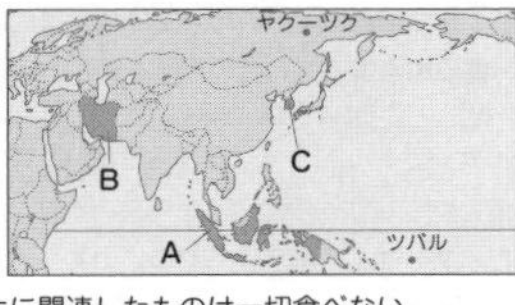

(2) (1)教徒の決まりごとについて，誤っているものを次から選びなさい。〈大分〉

（ ア ）

ア　牛肉や牛の骨からとったスープなど，牛に関連したものは一切食べない。

イ　ラマダーン(ラマダン)とよばれる時期には日の出から日没まで断食を行う。

ウ　女性ははだや頭髪をおおう衣服を着用することが多い。

エ　1日に5回，聖地メッカの方向に向かっていのりをささげる。

アはヒンドゥー教の戒律

(3) 地図中B・C国の特色ある衣装を，右からそれぞれ選びなさい。〈熊本〉

Bイラン，C韓国　B（ ア ）

ウはインドの服装　C（ イ ）

(4) 右の①はツバルで見られる住居，②はロシアのヤクーツクで見られる住居です。①・②が高床となっている理由について，次の文の（　）にあてはまる語句の組み合わせをあとから選びなさい。〈鳥取〉

①の地域は，（ a ）であり，住居の風通しを良くする必要があるから。

②の地域は，建物から出される熱で永久凍土がとけて，（ b ）ことを防ぐ必要があるから。

（ ウ ）

ア　a高温多湿　b建物が凍結する　　イ　a高温乾燥　b建物が傾く

ウ　a高温多湿　b建物が傾く　　エ　a高温乾燥　b建物が凍結する

解答のコツ 記号が示す位置から，宗教と気候を予想しながら問題文を読んでみよう！

7 世界の農業のようす

▶本冊 p.21

1 右の地図を見て，農業について答えなさい。

(1) ブラジルのアマゾン川流域では，森林を燃やし，その灰を肥料として作物を栽培する農業が伝統的に行われてきました。この農業を何といいますか。〈富山〉

（焼畑農業）

(2) スペイン・イタリア・ギリシャで行われている農業について，次の文の□に共通してあてはまる語句を漢字３字で書きなさい。〈千葉〉

これら３か国の□沿岸部では，夏に乾燥し，冬に雨が多くなるという気候の特徴を生かし，オリーブや小麦などを栽培する□式農業が行われている。

（ 地中海 ）

(3) インドネシア・ナイジェリア・ブラジルなどで見られる，ヨーロッパの植民地時代に開かれた大農園を何といいますか。〈島根改〉

ゴム・カカオ・コーヒーなどを栽培　（プランテーション）

2 東南アジアの国々の農業について，正しいものを次から選びなさい。〈宮城〉

（ イ ）

ア　牛や豚の飼育とともに小麦などを栽培する，混合農業が盛んに行われている。
イ　稲作が盛んに行われ，米を１年に２回収穫できる地域もある。
ウ　らくだや羊を飼育しながら，草や水を求めて移動する，遊牧が盛んに行われている。
エ　標高の高い場所では，リャマやアルパカの放牧が盛んに行われている。

アはヨーロッパ，ウは中央アジア・西アジア，エは南アメリカ

3 右の図はある農産物Xの生産量の多い上位４か国を示したものです。Xにあてはまる農産物を次から選びなさい。〈大阪〉

ブラジルが入るのはとうもろこし（ エ ）

ア　米　　イ　小麦
ウ　綿花　　エ　とうもろこし

農産物Xの生産量にしめる国別の割合
アメリカ合衆国 30.2%　中国 22.7　アルゼンチン 5.0　ブラジル 8.8　その他 33.3
(2019年)　（「世界国勢図会 2021/22」より）

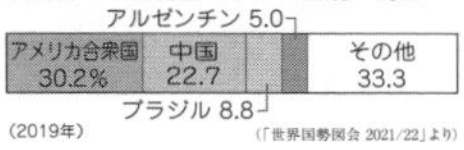

解答のコツ　各地で行われている特徴のある農業の名前を思い出そう！

8 世界の産業と資源・エネルギー

▶本冊 p.23

1 次の問いに答えなさい。

(1) 右の地図中の地点Xは，コンピューター産業や情報通信技術関連産業の中心となっている地域を示しています。この地域を何といいますか。〈新潟〉

アメリカ西海岸　（シリコンバレー）

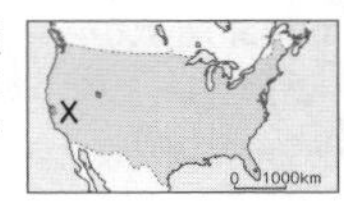

(2) タイと中国の産業の特徴として正しいものを次からそれぞれ選びなさい。〈富山改〉

タイ（ エ ）　中国（ ウ ）

ア　世界で最初に近代工業が発達した。
イ　北緯37度より南の地域はサンベルトとよばれ，先端技術産業が発達している。
ウ　沿海部に経済特区を設け，工業化を進めた結果，内陸部との経済格差が拡大した。
エ　ASEANに加盟しており，外国企業を積極的に受け入れてきた。

アはイギリスのこと。　イのサンベルトはアメリカの工業地域

2 次の問いに答えなさい。

(1) アフリカなどで産出するコバルトなど埋蔵量が少ない，または量はあっても経済的・技術的に取り出すことが難しい希少金属をカタカナで何といいますか。〈兵庫〉

（レアメタル）

(2) アフリカの国に多く見られる特定の品目に偏った輸出を行うモノカルチャー経済について，右の資料はこの例を示すある国の輸出統計です。Xにあてはまるものを次から選びなさい。〈栃木〉

鉱産資源を選ぶ　（ ア ）

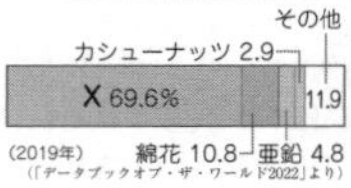

ア　金　　イ　石油製品　　ウ　自動車　　エ　機械類

X 69.6%　綿花 10.8　亜鉛 4.8　カシューナッツ 2.9　その他 11.9
(2019年)　（「データブックオブ・ザ・ワールド2022」より）

鉄鉱石は，ブラジルが産出国・輸出国の上位になる

(3) ある資源について，資料１は日本における輸入相手国の割合を，資料２は日本における自給率を示しています。この資源を〔　〕から選びなさい。〈青森改〉

（ 石炭 ）

〔　石油　　石炭　　鉄鉱石　〕

資料1 (2020年)
オーストラリア 59.6%　インドネシア 15.9　ロシア連邦 12.5　アメリカ合衆国 5.4　カナダ 5.2　その他 1.4　1億7373万t
（「データブックオブ・ザ・ワールド2022」より）

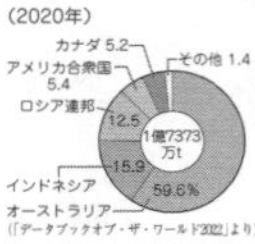

資料2
100%　80　60　40　20　0
1965　75　85　95　2005　15　20年
（「日本国勢図会 2021/22」ほかより）

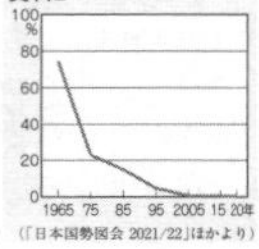

解答のコツ　地域ごとの産業のキーワードを思い出そう！資源は１位・２位の国を確認しよう。

9 国々の結びつきと貿易

▶本冊 p.25

1 次の問いに答えなさい。

(1) 右の地図の▒▒の10か国は1967年に結成された組織の加盟国です。この組織を何といいますか。〈茨城〉

（ ASEAN ）

東南アジア諸国連合が正式名称

(2) ヨーロッパ連合は1993年につくられ，2002年からは加盟国の多くで共通通貨（単一通貨）が使用されています。この通貨の名前をカタカナで書きなさい。〈大阪〉

デンマークなど，ユーロを導入していない国もある（ ユーロ ）

2 資料１はオーストラリアの輸出総額に占める，おもな輸出相手国への輸出額の割合の変化を示しています。この表から読み取れることについて述べた，次の文の（　）にあてはまる語句を，資料２も参考にして書きなさい。〈山口改〉

オーストラリアはイギリスの（ ① ）であったため，イギリスとの結びつきが強く，イギリスが最大の輸出相手国だった。しかし，近年は（ ② ）州の国々への輸出が中心になっていることがわかる。

①（ 植民地 ）②（ アジア ）

資料1　（「世界国勢図会2021/22」ほかより）

	1955年(%)	2019年(%)
1位	イギリス (36.9)	中国 (38.2)
2位	フランス (8.3)	日本 (14.7)
3位	日本 (7.6)	韓国 (6.3)
4位	アメリカ合衆国 (6.8)	イギリス (3.8)
	その他 (40.4)	その他 (37.0)

資料2　オーストラリアの国旗

3 右のグラフはそれぞれ韓国・ドイツ・カナダ・ブラジルのいずれかの国の輸出総額と，輸出総額に占める，中国・アメリカ合衆国・EUへの輸出額の割合を示しています。カナダにあたるものを次から選びなさい。〈愛媛〉

カナダはUSMCAを結んでいる（ ウ ）
アメリカとの貿易額が圧倒的に多い
アはドイツ，イは韓国，エはブラジル

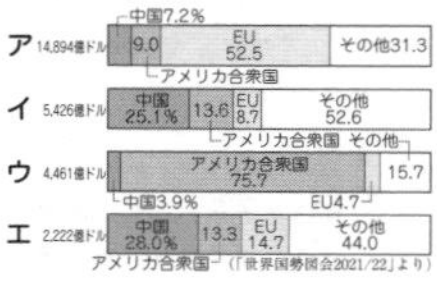

ア　14,894億ドル　中国7.2%　アメリカ合衆国 9.0　EU 52.5　その他31.3
イ　5,426億ドル　中国 25.1%　アメリカ合衆国 13.6　EU 8.7　その他 52.6
ウ　4,461億ドル　中国3.9%　アメリカ合衆国 75.7　EU4.7　その他 15.7
エ　2,222億ドル　中国 28.0%　アメリカ合衆国 13.3　EU 14.7　その他 44.0
（「世界国勢図会2021/22」より）

解答のコツ　各国が加盟する機構や団体・会議の名前を思い出そう！

10 世界の人々と人口

▶本冊 p.27

1 次の問いに答えなさい。

(1) 右の地図中X国の人口は約３億人で世界第３位です（2020年）。人口構成では，ヨーロッパ系が多く，その次にメキシコ・カリブ諸国などのスペイン語を話す地域からの移民が増加しています。このような移民を何というか，カタカナ６字で書きなさい。〈沖縄〉

Xはアメリカ合衆国　（ヒスパニック）

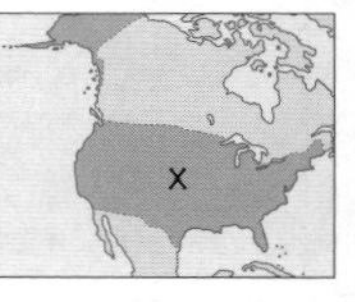

(2) ニュージーランドの先住民を，次から選びなさい。〈岐阜改〉

（ ア ）

ア　マオリ　　イ　イヌイット　　ウ　アボリジニ

イはカナダなど，ウはオーストラリアの先住民

2 右の資料は，世界の各州の人口と面積の割合をまとめたものです。A～Cにあてはまる州を〔　〕からそれぞれ選びなさい。〈佐賀改〉

A（ アジア ）
B（アフリカ）
C（オセアニア）

	A州	B州	C州	ヨーロッパ州	北アメリカ州	南アメリカ州	世界全体
人口	59.5%	17.2%	0.5%	9.6%	7.6%	5.5%	78.0億人
面積	23.9%	22.8%	6.5%	17.0%	16.4%	13.4%	1.3億 km²

(2020年)　（「データブックオブ・ザ・ワールド2022」より）

〔　アフリカ　　アジア　　オセアニア　〕

人口が最も多いのはアジア州，次いでアフリカ州

3 インドと中国の人口の推移を示した右の資料を見て，次の問いに答えなさい。〈群馬改〉

(1) 中国のグラフをア・イから選びなさい。

（ イ ）

人口の増加がにぶっている方を選ぶ

(2) (1)を判断できる理由を述べた次の文について，（　）にあてはまる語句を書きなさい。

●（一人っ子）政策によって，人口の増加がおさえられたため。

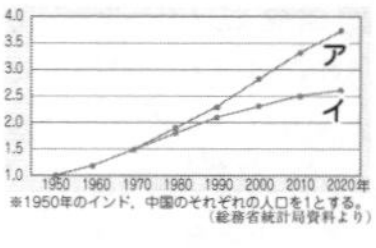

4.0　3.5　3.0　2.5　2.0　1.5　1.0　ア　イ
1950　1960　1970　1980　1990　2000　2010　2020年
※1950年のインド，中国のそれぞれの人口を1とする。
（総務省統計局資料より）

解答のコツ　表やグラフは数値の大きいものから順にあてはめよう！

 ▶本冊 p.28

1 (1) アルプス・ヒマラヤ造山帯
(2) B
(3) 位置b
気候帯熱帯
(4) ①ア
②ウ
(5) 例アルジェリアではイスラム教徒が多く，イスラム教では豚を食べることが禁じられているから。

解説 (1) ヨーロッパ州にあるのがアルプス山脈，インド北部にあるのがヒマラヤ山脈。環太平洋造山帯と区別しておこう。
(2) 日本の標準時子午線が，兵庫県明石市を通る東経135度であることから，東経90度～180度の間にあるとわかる。
(3) 写真から稲を栽培している地域であること，雨温図から年間を通して気温が高い熱帯の気候であることを読み取ろう。bは稲作が盛んなタイにあたり，乾季と雨季をもつ熱帯のサバナ気候の地域である。aは温帯の地中海性気候，cは乾燥帯，dは赤道に近いが，アンデス山脈のあたりに位置することから高山の気候の地域。
(4) Xは中国，Yはインド。インドでは英語が準公用語。
(5) 北アフリカや西アジアではイスラム教徒が多い。牛を神聖なものとするヒンドゥー教と混同しないようにしよう。

2 (1) ア
(2) ①オーストラリア
②ＥＵ
③アメリカ合衆国
(3) 12月28日午後6時40分

解説 (1) 図1は北アメリカ，図2はヨーロッパ，図3はオーストラリア。比較的高緯度で栽培されていることから，小麦。
(2) ①オーストラリアが最も人口が少ない。②ＥＵは面積がほかより狭く，人口密度の高い地域である。③アメリカの人口はおよそ3億人で，3つの地域の中では最も面積が大きい。
(3) ロサンゼルスと日本の時差は（120＋135）÷15＝17（時間）なので，出発時の日本の時刻は12月28日午前6時10分になる。これに飛行時間の12時間30分をたして求める。

3 D国エ
国名アルゼンチン

解説 Aイタリア，B南アフリカ共和国，Cインド。ア人口が圧倒的に多いことからインド。ウ国内総生産が多いことから先進国と考えられ，イタリア。残りのうち，南アフリカは鉱工業が盛んなので第2次産業の割合が高いイとわかる。したがってアルゼンチンは第1次産業の割合が比較的高いエ。

2 日本の地理

ポイント整理 ▶本冊 p.32

何から勉強する 日本の範囲と，地域の名前・都道府県の名前をしっかり覚えておこう！

領土・領海・領空が日本の主権の及ぶ範囲

択捉島・国後島・色丹島・歯舞群島

暖流と寒流の名前と位置を覚えよう

三陸海岸のようすで，海岸線が複雑に入り組んでいる。三重県の志摩半島など，各地にある

★〔 〕から語句を選んで図をまとめよう！

まちがえた語句は解答で確認！

日本の領域

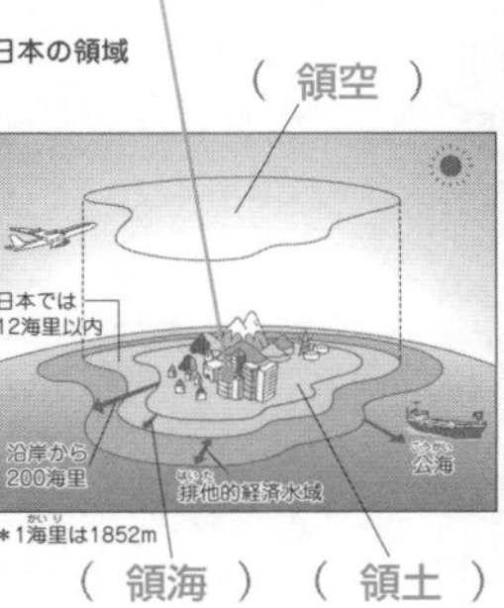

＊1海里は1852m

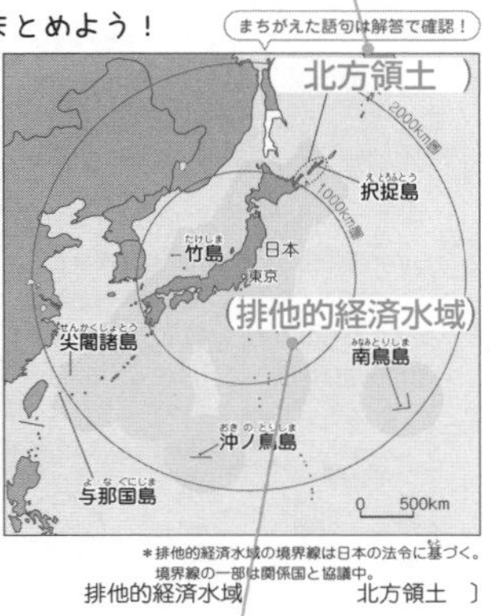

＊排他的経済水域の境界線は日本の法令に基づく。境界線の一部は関係国と協議中。

〔 領土　領海　領空　排他的経済水域　北方領土 〕

日本の地形

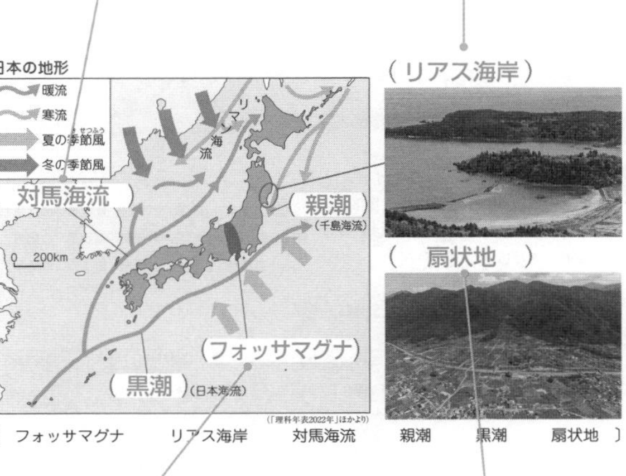

（『理科年表2022年』ほかより）

〔 フォッサマグナ　リアス海岸　対馬海流　親潮　黒潮　扇状地 〕

資源を沿岸の国だけが利用できる範囲。領海ではないので，どの国の船でも通行はできる

日本の東西の地質を大きく分ける，みぞ状の地形

山のふもとで，扇形に土砂が堆積してできた地形

11 日本の位置・範囲と日本の地形

▶本冊 p.35

1 右の地図を見て，次の問いに答えなさい。

(1) 地図中■の島は日本の北端の島です。島の名前を〔　〕から選びなさい。〈茨城改〉

(択捉)島

〔 与那国　択捉　沖ノ鳥　南鳥 〕

(2) A～Dは県庁がおかれている都市を示しています。このうち都市の名前が県の名前と異なるものを選び，その都市名を書きなさい。〈北海道改〉

(金沢市)

B金沢市は石川県の都市。

2 日本の領域について，次の資料を見て，あとの問いに答えなさい。〈静岡改〉

図1 日本の領域の模式図

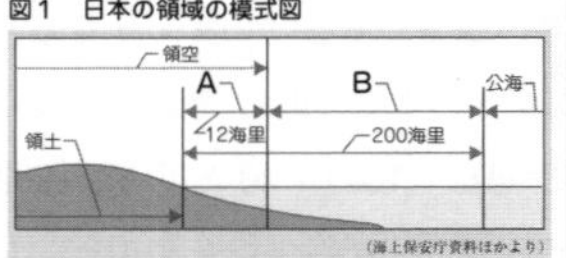

図2

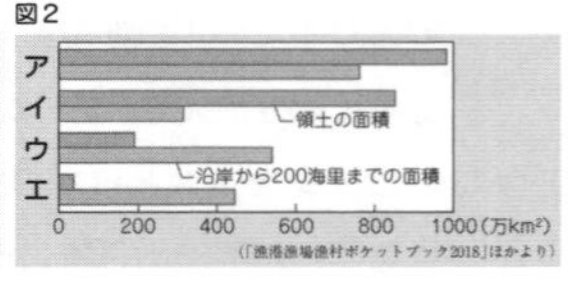

(1) 図1のA・Bをそれぞれ何といいますか。

A(領海) B(排他的経済水域)

(2) 図2のア～エは，日本・アメリカ合衆国・ブラジル・インドネシアのいずれかを示しています。日本にあてはまるものを選びなさい。

日本は領土の面積の10倍以上の排他的経済水域をもつ (エ)

3 日本の地形について，次の問いに答えなさい。

(1) 日本列島に沿うようにあり，海底の鉱産資源が豊富にあると考えられている深さ200 mまでの平坦な地形を何といいますか。〈和歌山〉

(大陸棚)

(2) 日本アルプスの東側の，本州を東西に分けるみぞ状の地形を何といいますか。〈栃木改〉

日本の地質を東西に大きく分けている境 (フォッサマグナ)

解答のコツ 地方名・都道府県名・県庁所在地名は完璧に！

12 日本の気候と災害

▶本冊 p.37

1 右の地図を見て，次の問いに答えなさい。

(1) 次の①・②の雨温図が示す都市はどこですか。地図のA～Dからそれぞれ選びなさい。〈福岡〉

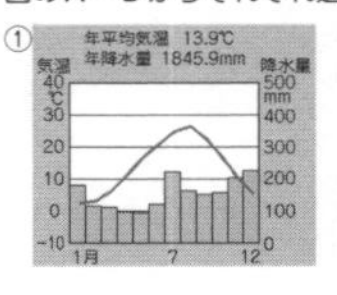

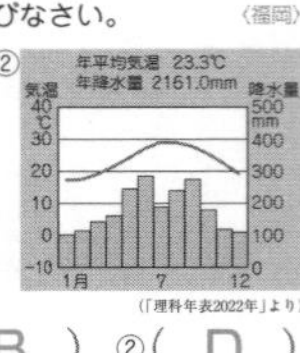

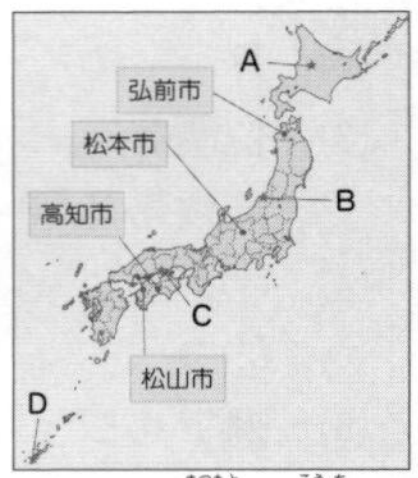

①(B) ②(D)

①冬の降水量が多い　②冬も15℃以上

(2) 次のグラフは，■の都市のいずれかにあてはまる雨温図です。松本市と高知市の雨温図を次からそれぞれ選びなさい。〈山梨〉

松本市(イ) 高知市(ウ)

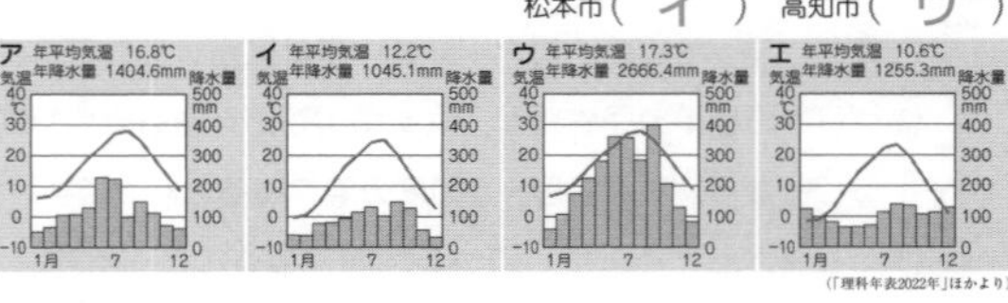

ア松山市　エ弘前市

2 災害に備えて作成された右の地図を見て，次の問いに答えなさい。〈佐賀改〉

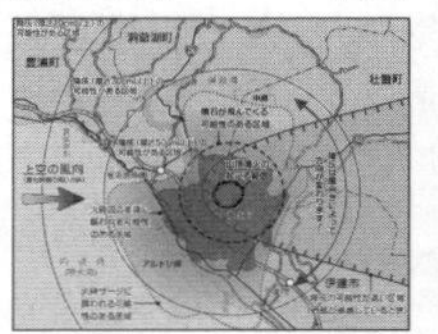

(1) このような地図を一般に何といいますか。

(ハザードマップ)

地域の災害に合わせてつくられている

(2) この地図からわかることを次から選びなさい。

ア・イは読みとれない (ウ)

ア 避難経路と避難場所　イ 津波の浸水範囲

ウ 火山の噴出物の影響が及ぶ範囲

解答のコツ よく出る瀬戸内の気候と日本海側の気候を確実に見分けられるようにしよう！

13 日本の農業・漁業のようす

▶本冊 p.39

1 農業について，次の問いに答えなさい。

(1) 右の資料のア～エは，東北，関東，中部，中国・四国のいずれかの地方を示しています。東北にあてはまるものを選びなさい。〈秋田〉

米が最も多いものを選ぶ (イ)

アは関東，ウは中部，エは中国・四国

主な農産物の生産割合の比較

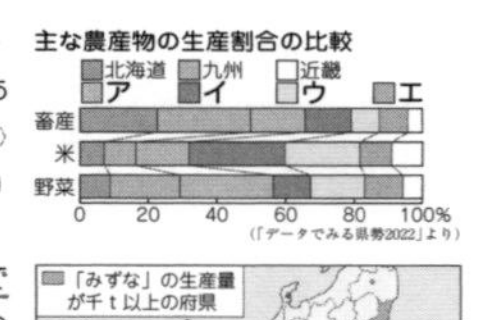

(2) 右の地図の■の府県のように大都市の近くで野菜の栽培が盛んな理由は何ですか。次の文の(　)にあてはまる語句を書きなさい。〈群馬改〉

●野菜を(新鮮)なうちに，市場に出荷できるから。　近郊農業のこと

(3) 右の表は，キャベツ・レタス・いちご・みかん・ぶどうの生産量が多い上位3県を示しています。ぶどうにあてはまるものをア～オから選びなさい。〈沖縄〉

ぶどうは山梨・長野で多い (イ)

	ア	イ	ウ	エ	オ
1位	長野県	山梨県	和歌山県	栃木県	群馬県
2位	茨城県	長野県	愛媛県	福岡県	愛知県
3位	群馬県	山形県	静岡県	熊本県	千葉県

（2019年）（「日本国勢図会2021/22」より）

アはレタス，ウはみかん，エはいちご，オはキャベツ

2 次の問いに答えなさい。

(1) 右の地図のように，青森県八戸や宮城県石巻など，水揚量の多い漁港が太平洋側に多い理由について，次の文の(　)にあてはまる語句を書きなさい。〈山口改〉

●親潮と黒潮のぶつかる(潮目〔潮境〕)があるから。

三陸沖が潮目になっている

(2) 稚魚や稚貝をある程度まで育てて海や川に放流し，大きくなってから漁獲する漁業を何といいますか。〈和歌山〉

いけすやいかだなどで育てる養殖業と間違えやすい(栽培漁業)

解答のコツ 米と果樹は栽培が盛んな道県をしっかりおさえる！

14 日本の工業・商業のようす

▶本冊 p.41

1 右の地図の■が示す地域には，工業地帯・工業地域が帯状に形成されました。この地域の名前を何といいますか。〈埼玉16〉

(太平洋ベルト)

京浜工業地帯・中京工業地帯・阪神工業地帯・瀬戸内工業地域・北九州工業地域など

2 次のグラフは中京・瀬戸内・北九州の工業地帯・工業地域のいずれかの製造品出荷額の割合の変化を示しています。瀬戸内にあてはまるものを選びなさい。〈岐阜〉

瀬戸内工業地域は今も昔も化学工業が盛ん (ウ)

ア 1970年 1.9兆円／2018年 10.3兆円（金属・機械・化学・食料品・せんい・その他）

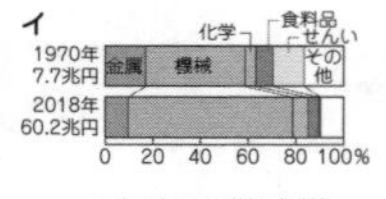

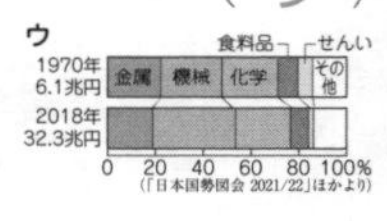

ア北九州工業地域　イ中京工業地帯

3 右の地図を見て，次の問いに答えなさい。〈鹿児島〉

(1) 次の表は，地図中の地方の業種別製造品出荷額を示したものです。中部地方にあてはまるものを表から選びなさい。中部地方は輸送用機械の製造が盛ん (イ)

	石油製品・石炭製品製造業	鉄鋼業	電気機械器具製造業	輸送用機械器具製造業
ア	663	1,783	870	5,264
イ	826	3,633	6,956	33,867
ウ	2,837	4,408	4,703	7,505
エ	3,359	3,476	1,008	6,575

（2018年　単位：十億円）（「日本国勢図会2021/22」より）

ア九州，ウ近畿，エ中国・四国

(2) 右の表は地図中A～Dのいずれかの県の産業別人口の割合を示したものです。Dにあてはまるものを表から選びなさい。沖縄は観光業が盛ん

アはC，イはB，ウはA (エ)

	第1次産業	第2次産業	第3次産業
ア	2.7	26.5	70.8
イ	1.7	23.6	74.7
ウ	6.3	31.1	62.6
エ	4.0	15.4	80.7

（2017年　単位：%）（「データでみる県勢2022」より）

解答のコツ 数字が一番大きい項目に注目してみよう！

15 日本と世界の結びつき

▶本冊 p.43

1 右の資料を見て，次の文の（　）にあてはまる語句をあとの〔　〕からそれぞれ選びなさい。〈佐賀改〉

成田(なりた)国際空港は日本有数の“貿易港*1”である。資料1は資料2の名古屋(なごや)港と成田国際空港におけるおもな輸出品を示す。この2つの貿易港の輸出品を比較(ひかく)すると（①）は（②）に比べて，重量が（③）ものが多く取り扱われている。

*1貿易が許可されている港。船舶が入港する港だけではなく，空港も含む
*2カメラ・双眼鏡など

①（名古屋港）
②（成田国際空港）
③（重い）

〔　成田国際空港　名古屋港　軽い　重い　〕

資料1

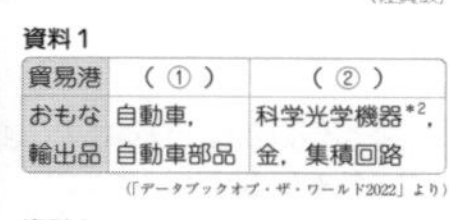

貿易港	（①）	（②）
おもな輸出品	自動車，自動車部品	科学光学機器*2，金，集積回路

（「データブックオブ・ザ・ワールド2022」より）

資料2

2 貿易について，次の問いに答えなさい。

(1) 貿易に関する国際機関である世界貿易機関の略称(りゃくしょう)を次から選びなさい。〈大阪〉

ア国連食糧農業機関，イ国際通貨基金，ウ非政府組織（エ）

ア　FAO　　イ　IMF　　ウ　NGO　　エ　WTO

(2) 日本は，かつて原料の多くを輸入し，工業製品を輸出することを行ってきました。このような貿易を何といいますか。〈滋賀〉

（加工貿易）

(3) 右の表は，日本と表中の3か国それぞれとの輸出入額と日本の輸出入総額を示しています。正しいものを次から選びなさい。〈長崎改〉

（イ）

	貿易相手国				総額
	アメリカ	オーストラリア	中国	その他	
日本からの輸出額	126,122	12,954	150,819	394,110	684,005
日本の輸入額	74,369	38,211	174,931	390,860	678,371

（2020年　単位：億円）（「日本国勢図会2021/22」より）

ア　3か国のうち，日本との貿易額が最大なのはアメリカである。×中国

イ　日本から中国への輸出額は日本からオーストラリアへの輸出額の5倍以上ある。○

ウ　3か国からの日本の輸入額の合計は，輸入総額の2分の1を超える。×5割以下

解答のコツ 選択肢の文は，あてはまらないところに×をつけて消していこう！

16 九州地方のようす

▶本冊 p.45

1 次の文を読んで，あとの問いに答えなさい。〈神奈川改，三重〉

九州は，北部で産出する豊富な（　）を利用して，日本の重工業の発展に大きな役割を果たしてきた。現在では，時代の変化に対応し，火山やきれいな水などを利用して，多様な産業を発展させている。

(1) （　）にあてはまる語句を次の〔　〕から選びなさい。

（石炭）　筑豊炭田などで多く採掘されていた

〔　ボーキサイト　天然ガス　石油　石炭　〕

(2) ──部について，熊本県にあるカルデラをもった火山の名前を次から選びなさい。

（ア）

ア　阿蘇山(あそさん)　イ　雲仙岳(うんぜんだけ)　ウ　桜島(さくらじま)　エ　霧島山(きりしまやま)

イ長崎県，ウ鹿児島県，エ鹿児島県・宮崎県

2 右の資料は，九州地方南部のシラスの分布を示したものです。次の文の（　）にあてはまる語句を書きなさい。〈大分〉

九州地方南部には，シラスとよばれる（　）が積もって形成された台地が広がっている。シラス台地は水はけがよく，稲作には向いていないため，畑作や畜産が盛んである。

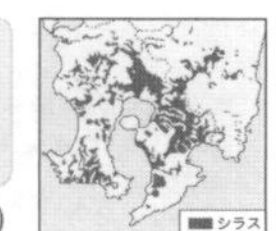

（火山の噴出物〔火山灰〕）

3 九州地方の産業について，次の問いに答えなさい。

(1) 右の資料は，北海道・秋田県・和歌山県・鹿児島県いずれかの農業産出額(がく)とその内訳を示しています。鹿児島県を示すものをA～Dから選びなさい。〈福岡改〉

	産出額	米	野菜	畜産	果実	その他
A	4,890億円	4.3%	10.9	66.0	2.2	16.6
B	1,109億円	6.9	13.0	4.4	66.7	9.0
C	1,931億円	56.3	14.6	18.7	4.4	4.0
D	12,558億円	10.0	15.5	58.5	0.6	15.4

（2019年）（「データでみる県勢2022」より）

畜産が多い。Dは米も多い北海道（A）

(2) 九州地方で現在，空港周辺や高速道路沿いを中心に進出しているのはどのような分野の工場ですか。次から選びなさい。〈徳島改〉

軽いので航空機などで輸送しやすい（ウ）

ア　鉄鋼　　イ　石油化学　　ウ　IC（集積回路）　　エ　造船

解答のコツ グラフは，数値や割合が大きい部分に注目！自然環境・工業のようすを思い出そう。

17 中国・四国地方のようす

▶本冊 p.47

1 中国・四国地方について，次の資料を見て，あとの問いに答えなさい。〈群馬改，富山改〉

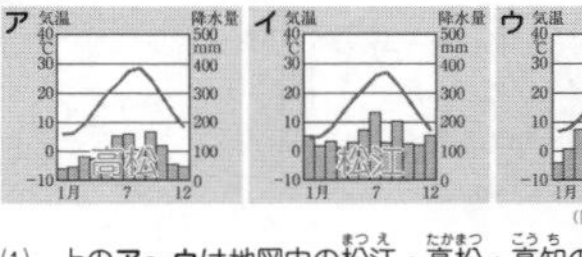

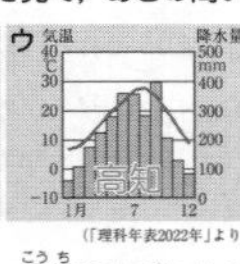

（「理科年表2022」より）

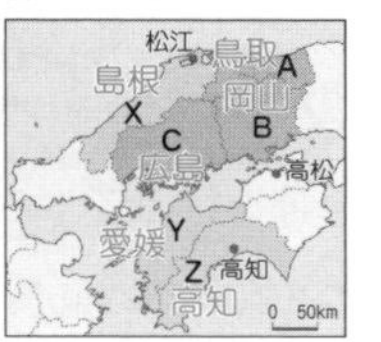

(1) 上のア～ウは地図中の松江(まつえ)・高松(たかまつ)・高知(こうち)のいずれかの気温と降水量を示しています。高松のものを選びなさい。

（ア）

瀬戸内の気候

(2) 次の文は，地図中A～Cのいずれかの県の産業や都市の特徴(とくちょう)を説明したものです。①～③にあてはまるものを選びなさい。

① 海上交通の便がよい水島地区にコンビナートがつくられ工業が発展した。

岡山県（B）

② 国の出先機関や企業(きぎょう)の支店が集まる県庁所在地は，この地方の経済の中心である。

広島県（C）

③ 農業に不向きな沿岸部の土地でも作物の生産が行われ，その技術は乾燥(かんそう)地の緑化に役立てられている。

鳥取県（A）　鳥取砂丘でメロンやらっきょうがつくられている

(3) 右の資料は地図中X～Zのいずれかの県の農業産出額の割合について示したものです。Y・Zにあてはまるグラフをそれぞれ選びなさい。

愛媛　Y（イ）
高知　Z（ア）

米，野菜，果実，畜産などの農業産出額の割合

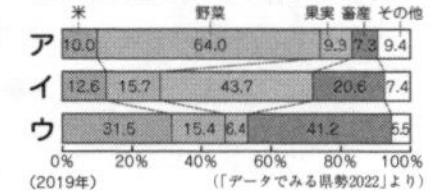

（2019年）（「データでみる県勢2022」より）

2 1998年に完成した神戸市と淡路(あわじ)島を結ぶ橋の名前を次から選びなさい。〈徳島改〉

↓広島－愛媛間↓　　岡山－香川間　（明石海峡大橋）

〔　因島(いんのしま)大橋　来島海峡(くるしまかいきょう)大橋　瀬戸(せと)大橋　明石海峡(あかしかいきょう)大橋　〕

解答のコツ 「愛媛はみかん」など，地域や都道府県ごとの農業・工業で盛んなものを思い出そう！

18 近畿地方のようす

▶本冊 p.49

1 右の表を見て，次の問いに答えなさい。〈長崎改，愛知改〉

(1) 表から読み取れることについて，次の文の｛　｝にあてはまる語句に○をそれぞれ書きなさい。

●大阪府は他の3県と異なり｛　夜間　（昼間）｝人口が｛（夜間）　昼間　｝人口より多い。

通勤・通学者が多いため

	昼間人口（万人）	夜間人口（万人）	企業数（万社）
大阪府	922.4	883.9	28.7
兵庫県	529.4	553.5	15.6
奈良県	122.8	136.4	3.5
和歌山県	94.6	96.4	3.7

（「データでみる県勢2022」より）

(2) 表の和歌山県について，次の文の（　）にあてはまる語句を〔　〕から選びなさい。

この県は，南側を流れる（①）の影響(えいきょう)を受け，気候が温暖である。また山の斜面では，温暖な気候を利用した（②）の栽培(さいばい)が盛んで，生産量は全国有数である。

〔　黒潮(くろしお)　親潮(おやしお)　みかん　さくらんぼ　〕

①（黒潮）
②（みかん）

親潮とは寒流の千島海流のこと

2 次の表は右の地図中A～Dの府県の農業産出額，海面漁業生産額，製造品出荷額，小売業商品販売額を示しています。Aの府県にあてはまるものを表から選びなさい。〈福島〉

ア奈良，ウ大阪，エ兵庫　（イ）

	農業産出額	海面漁業生産額	製造品出荷額	小売業商品販売額
ア	403	0	21,494	12,477
イ	1,106	422	107,685	19,897
ウ	320	40	172,701	103,252
エ	1,509	485	163,896	57,265

（単位：億円）（「データでみる県勢2022」より）

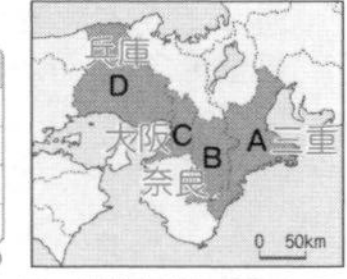

三重県の志摩半島はリアス海岸で漁業が盛ん。中京工業地帯に属する

3 右の写真は，京都市で歴史的な景観を守るため，地域の特性に応じて建築物への制限や規制が加えられているようすです。制限・規制の内容について，次の文の（　）にあてはまる語句を書きなさい。〈静岡改〉

●建築物の（高さ）や形が制限されている。

解答のコツ 大阪・神戸などの大都市の影響や，京都・奈良の文化財のようすを思い出そう！

19 中部地方のようす

▶本冊 p.51

1 中部地方について，次の資料を見て，あとの問いに答えなさい。 〈兵庫改〉

県名	人口(千人)	農業産出額(億円)			製造品出荷額(億円)	
		米	野菜	果物	情報通信機械器具	輸送用機械器具
愛知	7,546	298	1,010	190	2,027	266,844
①	3,635	198	607	234	2,764	42,907
②	2,202	1,501	317	86	737	2,450
③	2,050	473	818	743	10,879	4,040
岐阜	1,980	229	323	55	994	11,596
石川	1,133	299	97	34	1,868	1,730
富山	1,036	452	56	24	77	1,584
④	810	61	110	595	1,315	1,060
⑤	767	309	81	9	88	2,016

(「データでみる県勢2022」より)

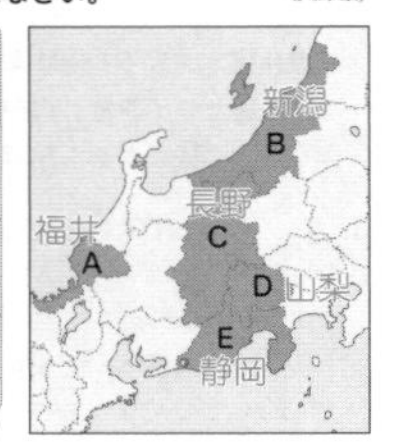

(1) 表の①～⑤の県の位置を地図のA～Eからそれぞれ選びなさい。

①(E) ②(B) ③(C) ④(D) ⑤(A)

ほかの県と比較して，数字が大きい項目に注目しよう！

(2) 表の①～⑤の県にあてはまるカードを次からそれぞれ選びなさい。

①(イ) ②(エ) ③(ア) ④(オ) ⑤(ウ)

ア 中部地方で最も広く，夏の冷涼な気候を利用した抑制栽培が盛ん。	イ 製紙工業のほか，オートバイなどの輸送機械やピアノなど楽器の生産が盛ん。	ウ 眼鏡のフレームづくりが，国内生産量の9割を占める地場産業に発展した。
エ 県庁所在地は日米修好通商条約で開港され，現在は政令指定都市として発展。	オ 扇状地の水ははけのよさを生かして，ぶどうなどの果樹の栽培が盛ん。	各県のキーワードを覚えておく！

2 右の資料は北陸の地場産業が見られる地域を示しています。この地域で地場産業が見られる理由について，次の文の(　)にあてはまる語句をそれぞれ書きなさい。 北陸地方は冬期の積雪が多い 〈福井改〉

●(冬)の間は積雪で農作業が難しく，農業以外の(副)業が行われるようになったため。

0 100km
▲漆器 △金物・刃物 ■織物 ○たんす・仏壇 ●和紙 □薬

解答のコツ 中部地方は自然・工業・農業のようすが複合的に出やすい！ 各地域の特徴を要チェック。

20 関東地方のようす

▶本冊 p.53

1 関東地方について，右の地図を見て，次の問いに答えなさい。 〈青森〉

(1) 関東地方の台地をおおっている，火山灰が堆積した赤土を何といいますか。

(関東ローム)

(2) 東京や横浜などの大都市で，都市部の気温が周辺よりも高くなる現象を何といいますか。

(ヒートアイランド現象)

2 次の表は，関東地方の昼間人口と夜間人口を示しています。表から読み取れることについて，あとの文の{　}にあてはまる語句にそれぞれ○を書きなさい。 〈静岡改〉

	群馬	栃木	茨城	千葉	埼玉	東京	神奈川
昼間人口(千人)	1,970	1,955	2,843	5,582	6,456	15,920	8,323
夜間人口(千人)	1,973	1,974	2,917	6,223	7,267	13,515	9,126

(2015年) (「データでみる県勢2022」より)

●東京都だけが，昼間人口が夜間人口より{ (多い) 少ない }。

これは，近隣の県から通勤や通学する人が{ (多い) 少ない }からである。

3 次の問いに答えなさい。

(1) 右の表は，北海道・秋田県・群馬県・富山県の農業生産額の内訳を示しています。群馬県を示すものを表から選びなさい。 〈神奈川〉

ア北海道，ウ秋田県，エ富山県 (イ)

	米	野菜	畜産	その他	合計
ア	1,254	1,951	7,350	2,003	12,558
イ	156	912	1,058	235	2,361
ウ	1,126	281	362	162	1,931
エ	452	56	84	62	654

(2019年 単位：億円) (「データでみる県勢2022」より)

(2) 右のグラフは神奈川県・群馬県・千葉県の工業生産額と内訳を示しています。神奈川県を示すものをア～ウから選びなさい。 〈岐阜〉

イ千葉県，ウ群馬県 (ア)

県別の工業生産額と内訳

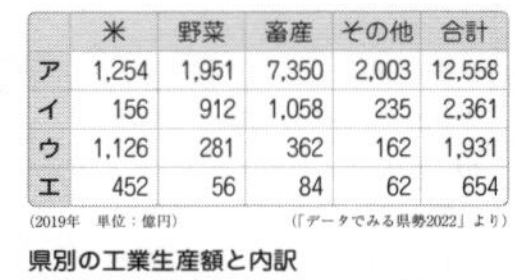

(2019年) (「データでみる県勢 2022」より)

解答のコツ 東京・横浜など大都市の出題では，人やものが中心部に向かって移動することをふまえて考えよう！

21 東北地方のようす

▶本冊 p.55

1 次の文を読んで，あとの問いに答えなさい。 〈栃木改，兵庫改〉

東北地方は，中央に(①)山脈がはしっている。平野や盆地には人口が集中し，農業などが盛んである。三陸沖は寒流と暖流がぶつかる(②)で条件の良い漁場である。近年は，[A]沿いを中心に[B]などの工業団地も形成されている。

(1) (　)にあてはまる語句をそれぞれ書きなさい。

①(奥羽) ②(潮目〔潮境〕)

(2) [　]にあてはまる語句の組み合わせを次から選びなさい。

高速道路が多く整備されてきている (イ)

ア A－鉄道，B－鉄鋼　イ A－高速道路，B－電子部品

2 右の地図を見て，次の問いに答えなさい。

(1) 地図の ⟶ は，夏にふく北東風を示しており，この風がふくと東北地方に冷害が発生することもあります。この風を何といいますか。 〈高知〉

夏に気温が高くならず，農産物の生育が悪くなることを冷害という (やませ)

(2) 秋田県について，正しいカードを次から選びなさい。 〈三重改〉

(エ)

ア りんごの生産が盛ん。観光客が集まるねぶた祭も開催されている	イ 中尊寺金色堂が国宝に，南部鉄器が伝統的工芸品に指定されている	ウ さくらんぼの生産が盛ん。天童将棋駒は伝統的工芸品である	エ 角館の武家屋敷の町なみや，竿燈まつりが観光客に人気である

ア青森県，イ岩手県，ウ山形県

3 右の表はりんご・西洋なし・ももの収穫量の上位3県を示しています。①～③にあてはまる県を次からそれぞれ選びなさい。 〈山口改〉

①(ア) ②(ウ) ③(イ)

ア 青森県　イ 福島県

ウ 山形県　エ 秋田県

	りんご	西洋なし	もも
1位	①	②	山梨県
2位	長野県	新潟県	③
3位	岩手県	①	長野県

(「データでみる県勢2022」より)

解答のコツ 米・果樹栽培と，伝統的な祭りのようすを県別に思い出しながら，資料を見よう！

22 北海道地方のようす

▶本冊 p.57

1 右の地図を見て，次の文の(　)にあてはまる語句をそれぞれ書きなさい。 〈群馬改〉

札幌や旭川には，道路が直交する町なみが見られ，明治以降に(①)兵などが開発したことがわかる。また，稚内の「わっかない」という地名は，先住民である(②)の人々が使用していた言語が由来となっている。

屯田兵は北海道の開発と北方の警備を行った

①(屯田)

②(アイヌ(民族))

2 北海道の農業について，次の問いに答えなさい。 〈山口改〉

(1) 右の表は，都道府県別の収穫量で北海道が上位にある農作物を示しており，A～Dはたまねぎ・じゃがいも・てんさい・米のいずれかがあてはまります。てんさいと米にあてはまるものをそれぞれ選びなさい。

てんさいは国内では北海道のみで栽培される

稲作は新潟や東北でも盛ん

てんさい(A)

米(D)

各都道府県の農作物の収穫量の割合 (%)

	A	B	C	D
1位	北海道(100)	北海道(78.8)	北海道(63.1)	新潟(8.6)
2位		鹿児島(4.0)	佐賀(10.4)	北海道(7.7)
3位		長崎(3.8)	兵庫(7.5)	秋田(6.8)
全国の収穫量(千t)	3,912	2,399	1,334	7,763

(2019年，てんさいと米は2020年) (「日本国勢図会2021/22」より)

(2) 右の資料を見て，全国と比較した北海道の農業の特色について，次の文の{　}にあてはまる語句にそれぞれ○を書きなさい。

●北海道は全国と比べると，農家の規模が{ 小規模 (大規模) }な割合が高い。

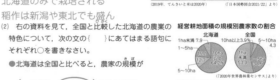

●全国よりも{ (畜産) 果樹栽培 }が盛んである。

解答のコツ 開発の歴史と，大規模農業，観光業のようすを思い出して資料を読み取ろう！

23 地形図の問題

▶本冊 p.59

1 右の地形図から読み取れることとして，正しいものを２つ選びなさい。〈山口〉

（ ア ）
（ ウ ）

ア　この地形図内には碁盤目状の区画が見られる。
イ　テレビ塔のすぐ北側には消防署がある。 ×
ウ　地形図上のＡからＢまでの長さを約３cmとすると，実際の距離は750ｍである。
エ　北海道庁はＣ(札幌駅)から見ると，南東の方角にある。 ×南西

（2万5千分の1地形図「札幌」）

２万５千分の１の地形図で１cmは250ｍとなる

2 次の地形図を見て，あとの問いに答えなさい。〈長崎改〉

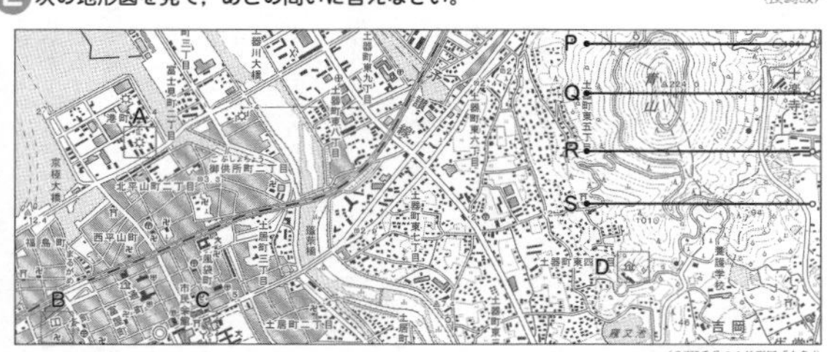
（2万5千分の1地形図「丸亀」）

(1) □Ａ～Ｄの範囲に見られる施設の組み合わせとして，正しいものを選びなさい。

Ａには工場，Ｂには図書館，Ｄには老人ホームなどがある（ ウ ）

ア　Ａ-発電所　イ　Ｂ-博物館　ウ　Ｃ-消防署　エ　Ｄ-警察署

(2) ●—○で示したＰ～Ｓに沿って断面図をかいたとき，右の図に示した断面図に最も近いものはどれですか。

最も高い地点の標高を比較しよう　（ Ｒ ）

解答のコツ
距離は選択問題での出題も多い。正確に計算しよう。
地図記号は，形の意味も確認すると覚えやすい！

合格プラスワン　地理

偏西風と季節風
偏西風は緯度約30度～60度間にふく西寄りの風。季節風(モンスーン)は冬は大陸から海へ，夏は海から大陸へふき，風向きが季節で変わる風。

火力・水力・原子力
主な発電方法。現在の日本では，火力発電の割合が，ヨーロッパなどと比べると高い。化石燃料を使う火力発電は地球温暖化への影響などの課題がある。

BRICS
急速な経済成長をしているブラジル・ロシア連邦・インド・中国・南アフリカ共和国の５か国。

河川
日本の川は急流で距離が短い。長さ世界一はナイル川，日本一は信濃川。流域面積世界一はアマゾン川，日本一は利根川。

鉱産資源
石油・石炭などの化石燃料，鉄鉱石・レアメタルなどの資源。日本ではあまりとれないので，ほとんどを輸入に頼っている。

三大都市圏
東京，京都・大阪・神戸(京阪神)，名古屋の都市圏。日本の人口のうちの多くが集中している。

まとめのテスト　2　日本の地理

▶本冊 p.60

1 (1) Ｃ
(2) ア
(3) ①イ　②ウ

解説 (1) 兵庫県。Ａ宮城県，Ｂ山梨県，Ｄ島根県。
(2) 志摩半島はリアス海岸になっていて，漁業が盛んである。**イ**流域面積が日本最大なのは関東地方を流れる利根川。**ウ**シラスが広がるのは九州地方の南部。**エ**3000ｍ級の山々が連なるのは，中部地方の中央高地。
(3) **ア**農業産出額は，東北地方や北海道地方の割合が大きくなる。**イ**製造品出荷額等は，中京工業地帯のある中部地方が最も大きい割合を占める。**ウ**人口の多い関東地方の割合が大きいことから，商品の販売額とわかる。

2 (1) ア
(2) ウ

解説 (1) ４つの都市のうち，ぶどう・ももの栽培が盛んな地域にあるのは，岡山市なので，瀬戸内の気候の特徴を選ぶ。
(2) **ウ**はほかのグラフよりも，比較的降水量が少なく温暖である。**ア**は冷帯(亜寒帯)に属し，冬の気温が低いことから札幌市，**イ**は冬の降水量が多いので日本海側にある福井市とわかる。残る**エ**は福岡市である。

3 (1) イ
(2) 中部地方Ｄ　近畿地方Ｃ

解説 (1) 写真は茶畑のようすである。**ア**は田，**ウ**は針葉樹林，**エ**は広葉樹林の地図記号である。
(2) Ａ旅客輸送数が最も多いことから東京・横浜を含む関東地方。Ｃ旅客輸送数が２番目に多いことから近畿地方。Ｄ製造品出荷額等が最も大きいので中部地方。Ｅ面積が広く，農業産出額が比較的大きいことから東北地方。残るＢが中国・四国地方である。

4 (1) 扇状地
(2) 例水はけがよい

解説 扇状地は，山のふもとに見られる扇形の地形。稲作にはあまり適さず，水はけのよさを利用して果樹栽培が盛んに行われることが多い。

5 (1) ア
(2) イ

解説 (1) 博物館の外観を表している。
(2) ５(cm)×25000＝125000(cm)。1250ｍである。距離計算は単位の換算にも気をつけよう。

3 原始から近世までの歴史

ポイント整理

▶本冊 p.64

? 何から勉強する　できごと(語句)の登場順をまず覚えよう。語句の意味はそのあとで大丈夫。

稲作の広まりで，弥生時代がスタート

平城京と平安京を区別しよう

全国に守護・地頭を設置

戦い方が変化

大阪城が拠点。太閤検地・刀狩・朝鮮出兵

商工業を活発化。長崎貿易を推進

★〔　〕から語句を選んで年表をまとめよう！　(まちがえた語句は解答で確認！)

時代	年	できごと
縄文	約1万数千年前	縄文土器がつくられる
弥生	紀元前4世紀	(稲作)が伝わる
古墳	5世紀	大和政権の勢力が広がる
飛鳥	593	聖徳太子(厩戸皇子)が摂政になる
飛鳥	645	(大化の改新)が始まる
奈良	710	都が(平城京)(奈良)に移る
奈良	743	墾田永年私財法が定められる
平安	794	都が(平安京)(京都)に移る
平安	1016	藤原道長が摂政になる…(摂関)政治
平安	1086	白河上皇の院政が始まる
平安	1167	平清盛が太政大臣になる
鎌倉	1192	(源頼朝)が征夷大将軍になる
鎌倉	1232	御成敗式目が定められる
鎌倉	1274	元寇が起こる(文永の役)
鎌倉	1334	建武の新政が始まる
室町	1392	足利義満が南北朝を統一する
室町	1467	(応仁の乱)が起こる
室町	15世紀末	ヨーロッパで大航海時代が始まる
室町	1543	(鉄砲)が種子島に伝来する
安土桃山	1577	織田信長の(楽市・楽座)(安土)
安土桃山	1590	(豊臣秀吉)の全国統一
安土桃山	1600	関ヶ原の戦いで(徳川家康)が勝利
江戸	1603	江戸幕府ができる
江戸	1615	武家諸法度が定められる
江戸	1635	徳川家光が参勤交代を制度化
江戸	1641	幕府の外交の体制「鎖国」が完成
江戸	1716	(徳川吉宗)の享保の改革
江戸	1772	(田沼意次)が老中になる
江戸	1787	松平定信の(寛政)の改革
江戸	1825	異国船打払令
江戸	1841	水野忠邦の(天保)の改革

文化：石器　金属器　飛鳥文化　天平文化　国風文化　鎌倉文化　北山文化　東山文化　南蛮文化　桃山文化　元禄文化　化政文化

〔 応仁の乱　平安京　源頼朝　稲作　大化の改新　摂関　平城京 〕

〔 寛政　徳川吉宗　豊臣秀吉　楽市・楽座　徳川家康　鉄砲　天保　田沼意次 〕

中大兄皇子と中臣鎌足が中心 ➡中国の唐にならう政治(律令制)へ

藤原氏が権力を独占

有力な守護大名が争う ➡戦国時代へ

座(同業者組合)を廃止し，商工業を活発化

信長➡秀吉➡家康。それぞれ区別しておく！

享保➡寛政➡天保の順に改革。3つとも倹約(節約)を推進

24 縄文時代から古墳時代までの社会

▶本冊 p.67

1 次の資料を見て，あとの問いに答えなさい。（富山改）

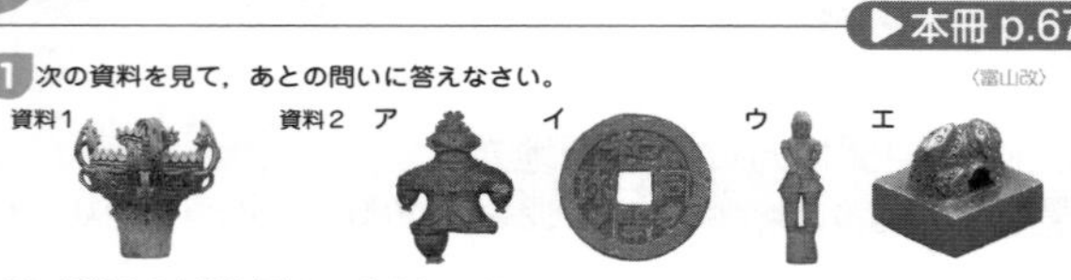

(1) 資料1の土器を何といいますか。
厚手で文様がある　(縄文土器)

(2) 古墳がつくられた時代に関連するものを資料2から選びなさい。
ア縄文時代の土偶，イ飛鳥・奈良時代の貨幣，エ弥生時代の金印　(ウ)

2 次の資料を見て，あとの問いに答えなさい。

右の資料は，弥生時代に米などの穀物をたくわえていたとされる倉庫を復元したものである。稲作が盛んになったころ日本には小さな国が生まれ，中国に使いを送る国もあった。

(1) ――部について，このような倉庫を何といいますか。
(高床倉庫)

(2) このころの日本について，次の文の{ }にあてはまる語句に○を書きなさい。
●1世紀半ば，倭の奴国の王は中国の皇帝から{ (金印)　銅鏡 }をあたえられた。
後漢の皇帝からおくられたもので，今の福岡県で出土した

3 右の資料は埼玉県にある古墳とその出土品です。次の問いに答えなさい。

(1) 資料1のような古墳が大和政権の広がりにともない，各地の豪族によってつくられました。このような古墳を，その形から何といいますか。（埼玉16）
(前方後円墳)

(2) 資料2は資料1から出土した鉄剣です。鉄剣に刻まれたワカタケルの人物名に続く語句を漢字で書きなさい。（兵庫）
(大王)　大和政権の王を大王という

解答のコツ　よく出る土器や建物は写真と名前・順番を結びつけておこう！

25 飛鳥時代から平安時代の政治と社会

▶本冊 p.69

1 聖徳太子は，家柄にとらわれず，有能な人を役人に取り立てるために，新しい制度を定めました。この制度を何といいますか。（山形）
冠位十二階，十七条の憲法の内容をおさえよう　(冠位十二階)

2 次の文を読んで，あとの問いに答えなさい。（福井改）

中大兄皇子は，中臣鎌足などとともに，新しい政治のしくみをつくる改革を始めた。この改革を大化の改新という。天智天皇(中大兄皇子)の没後には，あとつぎをめぐる争いである□に勝って即位した天武天皇のもとで改革が推進された。

(1) ――部がめざした改革について，次の文の(　)にあてはまる語句を書きなさい。
●豪族が支配する土地と人民を(公地・公民)とする方針を定め国家が直接支配するようにした。　国家が土地と人民を直接支配すること

(2) □にあてはまる語句を書きなさい。
(壬申の乱)

3 次の文は，右の資料について述べたものです。①・②の税の名前を書きなさい。（埼玉16）

奈良時代，人々は口分田の面積に応じて(①)を負担し，国や郡などの倉庫に納めた。このほかに一般の男子は，特産物や布を(②)や庸などの税として課され，都に運んだ。木簡には，周防国(山口県)から(②)として塩二斗が納められたと記されている。

①(租)　②(調)

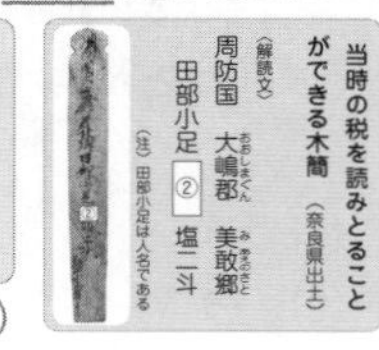

当時の税を読みとることができる木簡（奈良県出土）
（解読文）周防国 大嶋郡 美敢郷 田部小足 ② 塩二斗
（注）田部小足は人名である

4 平安時代に藤原氏が実権をにぎるためにとった方法について，次の文の(　)にあてはまる語句をそれぞれ書きなさい。（千葉改）
●藤原氏は，(むすめ〔娘〕)を天皇のきさきとして その(子)を天皇の位につけることで，政治の実権をにぎった。
摂関政治という

解答のコツ　それぞれの時代の中心人物と，社会を支配するしくみをおさえておこう！

26 飛鳥時代から平安時代の文化

▶本冊 p.71

1 右の写真は法隆寺の釈迦三尊像です。次の問いに答えなさい。 〈岐阜改〉

(1) 右の仏像に代表される日本で最初の仏教文化を何といいますか。

法隆寺は聖徳太子が建立　（ 飛鳥文化 ）

(2) 法隆寺について，次の文の（　）にあてはまる語句を書きなさい。

●法隆寺の金堂・五重塔などは，現存する世界（ 最古 ）の木造建築とされている。

2 天平文化について，次の文を読んで，あとの問いに答えなさい。 〈鹿児島，静岡改〉

東大寺が平城京の近くに建てられ，このころ天平文化が花開いた。東大寺にある正倉院の宝物には，唐や新羅だけでなくインドなどの影響を受けたものもある。

ア 　イ　ウ

(1) ――部に最も関係の深いものを右から選びなさい。

ア埴輪，イ銅鐸　（ ウ ）

ウ正倉院の宝物

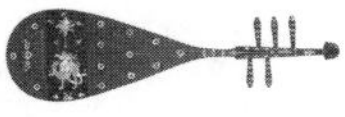

(2) 聖武天皇が国ごとに国分寺と国分尼寺を，都に東大寺を建てさせた政策の目的について，次の文の（　）にあてはまる宗教を書きなさい。

●（ 仏教 ）の力に頼って，国家を守ろうと考えたため。

3 平安時代の文化について，次の問いに答えなさい。

(1) 国風文化の特色の1つは，日本語の発音を表す文字が発達したことです。この文字の名前と，この文字を用いて紫式部が書いた長編小説名をそれぞれ書きなさい。〈静岡〉

文字（ 仮名文字 ）　長編小説（ 源氏物語 ）

清少納言の枕草子と間違えないようにしよう

(2) 右の写真の建物が建てられたころ広まった，「阿弥陀仏にすがれば死後に極楽浄土に生まれ変わることができる」という考えを何といいますか。〈石川〉

（ 浄土信仰 ）

解答のコツ 社会の変化のようすをふまえて，文化や文化財の特徴を思い出そう！

27 鎌倉時代から室町時代の政治

▶本冊 p.73

1 右の図を見て，次の①・②にあてはまる語句をそれぞれ書きなさい。 〈長野改〉

中世は図のように，御家人が将軍から領地の支配権を認めてもらうかわりに，領地に見合ったさまざまな働きをする①と②の関係とよばれる主従関係が成り立っていた。

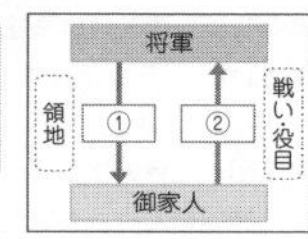

①（ 御恩 ）②（ 奉公 ）

2 鎌倉幕府と室町幕府について，次の問いに答えなさい。

(1) 右の資料は鎌倉幕府と室町幕府のしくみを示したものです。資料の説明として正しいものを，次から選びなさい。〈島根改〉

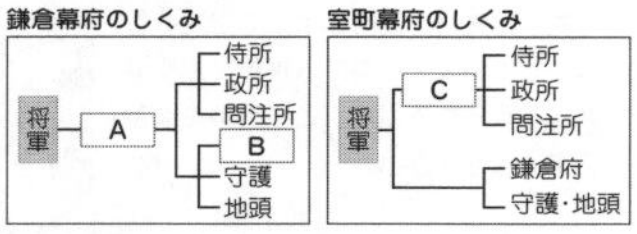

鎌倉幕府のしくみ

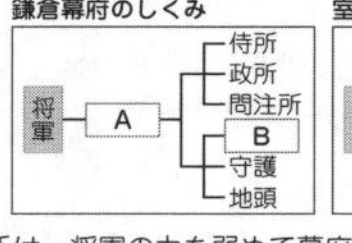

室町幕府のしくみ

将軍－C－侍所・政所・問注所／鎌倉府／守護・地頭

（ イ ）

ア　Aの管領の地位についた北条氏は，将軍の力を弱めて幕府の実権をにぎった。

イ　Bの六波羅探題は，承久の乱のあと，朝廷の監視のために設置された。

ウ　Cの執権は将軍の補佐役であり，有力な守護大名が任命された。

(2) この時代に起こった次のできごとを，年代の古い順に並べなさい。〈大阪改〉

（ エ → ウ → イ → ア ）

ア　京都と吉野に2つの朝廷が並び立った　　イ　建武の新政が始まった

ウ　鎌倉幕府が滅亡した　　エ　源頼朝が全国に守護・地頭を置いた

ア・イ　建武の新政が崩れたあと，南北朝の動乱が起きた

3 次の文の□にあてはまる戦乱の名を書きなさい。また，Xにあてはまる内容をあとから選びなさい。 〈岐阜改〉

15世紀中ごろから，実力のある者が力をのばして上の身分の者に打ち勝つ下剋上の風潮が広がった。その転機となった□は，8代将軍の足利義政のあとつぎ問題や，（ X ）などが原因であり，戦乱は京都から全国に広がった。

鎌倉時代の承久の乱と間違えやすい　戦乱（ 応仁の乱 ）　X（ イ ）

ア　朝廷と幕府の対立　　イ　有力な守護大名の対立　　ウ　御家人の幕府への不満

解答のコツ 鎌倉時代と室町時代の幕府のしくみは近いところが多い！　違うところに注意して考えよう。

28 鎌倉時代から室町時代の社会

▶本冊 p.75

1 中世の社会について，次の問いに答えなさい。 〈和歌山改，鳥取改，大阪改〉

(1) 右下の文中の（　）に共通してあてはまる語句を書きなさい。

（ 定期市 ）

この絵は，店先に商品が並び，人々が集まる（　）のようすがえがかれています。寺社の門前や交通の要地で（　）が開かれ，中国の銅銭を用いて商品が取り引きされていました。

(2) (1)のころの日本の農業について，最も適切なものを，次から選びなさい。

ア弥生時代，イ江戸時代　（ ウ ）

ア　石包丁を使って稲の穂をかり取っていた。

イ　備中ぐわや千歯こきなどの新しい農具の発明により，生産力が向上した。

ウ　牛馬による耕作や，米と麦などの二毛作が広まった。

(3) 京都や奈良などで質屋や高利貸しを営んだ金融業者を，次からすべて選びなさい。

（ ウ，エ ）

ア　馬借　　イ　問　　ウ　酒屋　　エ　土倉

(4) 15世紀に起こった土一揆について，次の文の（　）にあてはまる語句を書きなさい。

●土一揆の中には，（借金の帳消し）を認める徳政令を求めるものもあった。

土倉や酒屋をおそうこともあった。正長の土一揆が有名

2 次の問いに答えなさい。

(1) 中国(明)との貿易について，次の文の（　）にあてはまる語句を書きなさい。〈鳥取〉

明は，密貿易や海賊行為を行う（ ① ）と区別するため，正式な貿易船に対し，右の資料の合札をあたえた。そのため，日明貿易のことを（ ② ）貿易ともいう。

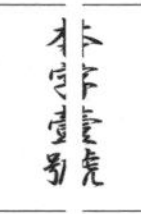

①（ 倭寇 ）②（ 勘合 ）

足利義満が始めた

(2) 15世紀初めに尚氏が建て，中継貿易で栄えた国を何といいますか。〈栃木改〉

今の沖縄。日本・朝鮮・中国・東南アジアと貿易した　（ 琉球王国 ）

解答のコツ 農業や手工業が鎌倉・室町時代を通して発展したことで，民衆が力をつけている！

29 鎌倉・室町時代の文化

▶本冊 p.77

1 次の問いに答えなさい。

(1) 宋からもたらされ，自分の力でさとりを得るという教えが武士の気風に合ったため，鎌倉幕府によって保護された仏教の宗派を，〔　〕から選びなさい。〈和歌山改〉

臨済宗や曹洞宗　（ 禅宗 ）

〔　禅宗　　浄土宗　　日蓮宗　　浄土真宗　〕

(2) 琵琶法師が各地をめぐって民衆に語った「祇園精舎の鐘の声」で始まる軍記物語を何といいますか。〈山口〉

（ 平家物語 ）

(3) 右の資料は，ある人物が室町時代にかいた水墨画の「秋冬山水図」の一部です。この水墨画をかいた人物を〔　〕から選びなさい。〈香川〉

（ 雪舟 ）

〔　歌川広重　　狩野永徳　　菱川師宣　　雪舟　〕

狩野永徳は安土桃山時代，歌川広重・菱川師宣は江戸時代

(4) 右の資料は，猿楽や田楽から生まれた舞台芸術です。これを何といいますか。また，この舞台芸術を大成させた人物を，〔　〕から選びなさい。〈群馬〉

舞台芸術（ 能 ）　人物（ 世阿弥 ）

〔　世阿弥　　兼好法師　　松尾芭蕉　　出雲の阿国　〕

兼好法師は徒然草，松尾芭蕉は俳諧，出雲の阿国はかぶきおどり

2 右の資料を見て，次の問いに答えなさい。 〈石川〉

(1) Aの建物の建築を命じた人物はだれですか。

（ 足利義政 ）

Aは銀閣，足利義満は金閣

A

B

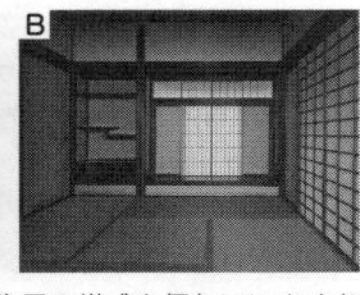

(2) BはAと同じ敷地にある建物の内部です。このような住居の様式を何といいますか。

畳，違い棚，障子に注目しよう　（ 書院造 ）

解答のコツ 作品・文化財⇔人物名を結びつけよう！

30 安土桃山時代の政治と文化

▶本冊 p.79

1 **織田信長は，安土城下の商人たちの税を免除して，自由な営業を認めました。このような政策を何といいますか。また，信長に関することとして正しいものを，次から選びなさい。** 〈山梨〉

政策（楽市・楽座） 信長に関すること（ イ ）

ア 明と勘合貿易を行った。 イ 長篠の戦いで勝利した。
ウ 諸国に刀狩令を出した。 エ 武家諸法度を制定した。

ア足利義満が始めた，ウ豊臣秀吉が出した，エ江戸幕府が出した

2 **豊臣秀吉の政策について，右の資料を見て，次の問いに答えなさい。**

(1) 秀吉は資料１と同じような検地を行い，その結果，土地の収穫量を表す基準が定められました。この基準を漢字２字で書きなさい。〈青森〉

（ 石高 ）

米の体積。こくだかと読む

資料１

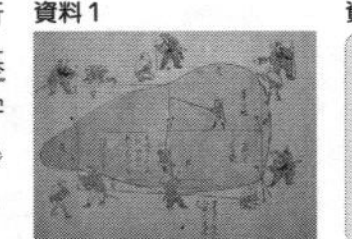

資料２

諸国の百姓が刀やわきざし，弓，やり，鉄砲，そのほかの武具などを持つことは，かたく禁止する。

(2) 資料２は秀吉の行った政策の一部を示しています。この政策を行った理由について，次の文の（ ）にあてはまる語句を書きなさい。〈長崎改〉

●農民の（ 一揆 ）を防止するため。

刀狩で，武器を取り上げた

(3) 資料１・２のような政策などにより，武士と百姓の身分の区別が進みました。このことを何といいますか。〈徳島改〉

（ 兵農分離 ）

3 **室町・安土桃山時代の文化について，次の問いに答えなさい。**

(1) キリスト教を日本に伝えた右の写真の人物は，その後２年余り，日本各地で布教活動を行いました。この人物はだれですか。〈静岡〉

カトリックのイエズス会の宣教師（ ザビエル ）

(2) 豊臣秀吉に仕えたことでも知られる，わび茶を大成した人物の名前を書きなさい。〈北海道〉

（ 千利休 ）

解答のコツ 織田信長と豊臣秀吉の政策の違いをおさえよう！

31 江戸幕府のしくみ

▶本冊 p.81

1 **江戸幕府について，次の問いに答えなさい。**

(1) 外様大名について，資料を見て，次の文の（ ）にあてはまる語句を書きなさい。

外様大名は，（ ① ）の戦いのころから新たに徳川氏に従った大名で，多くは九州や東北など江戸から（ ② ）場所に配置された。

主な大名の配置

①（ 関ヶ原 ）
②（離れた〔遠い〕）

将軍家の親戚が親藩，関ヶ原の戦い以前から徳川氏に従ったのが譜代

(2) 大名が１年ごとに江戸と領地で生活することなどを定めた制度を何といいますか。

３代将軍家光が制度化 （ 参勤交代 ）

(3) (2)の制度が藩の財政にあたえた影響について，次の文の｛ ｝にあてはまる語句に○を書きなさい。〈高知改〉

●多くの費用がかかり，藩の｛（財政を圧迫した） 経済が活性化された｝。

(4) 次の文の（ ）にあてはまる語句を，〔 〕からそれぞれ選びなさい。〈茨城改〉

●江戸幕府は（武家諸法度）を定めて，(2)などのきまりを整え，大名を統制した。

●百姓には（ 五人組 ）をつくらせて，年貢の納入や犯罪の防止に連帯で責任を負わせた。

〔 公事方御定書 武家諸法度 惣 五人組 〕

2 **江戸幕府のしくみについて，右の資料中Xは，非常の時など必要に応じて置かれた職です。この職を何といいますか。** 〈青森〉

（ 大老 ）

老中は政治の中心としていつも置かれた
主に譜代大名が任命された

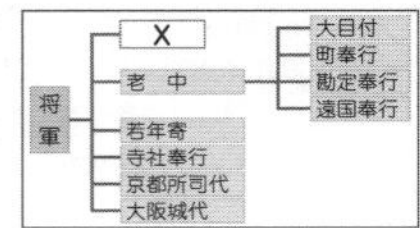

解答のコツ 大名・武士・百姓に分けて幕府の支配のようすを思い出そう！

32 江戸幕府の外交と貿易

▶本冊 p.83

1 **江戸幕府初期のできごとについて，正しいものを次から選びなさい。** 〈和歌山改〉

イ豊臣秀吉，ウ足利義満 （ ア ）

ア 朱印船貿易を進め，新たに来航したオランダ人やイギリス人との貿易も許可した。
イ 明の征服をめざして大軍を朝鮮に送った。
ウ 日明貿易を開始し，正式な貿易船に明からあたえられた勘合を持たせた。

2 **右の資料を見て，次の問いに答えなさい。**

(1) Aは江戸時代に幕府が大軍を送って鎮圧した一揆軍の旗です。この一揆を何といいますか。〈埼玉〉

（島原・天草一揆）

十字架から判断する

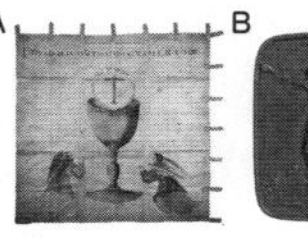

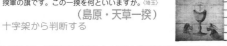

(2) (1)のあと，幕府はBを使用したキリスト教の取り締まりを強化しました。この取り締まりを何といいますか。

絵を踏ませてキリスト教徒かどうか確かめた （ 絵踏 ）

3 **江戸時代の外交について，次の問いに答えなさい。**

(1) 江戸時代に将軍の代替わりを祝うためなどに派遣された朝鮮からの使節を何といいますか。〈栃木〉

（朝鮮通信使）

(2) 右の図は，いわゆる鎖国の体制のもとでの結びつきを模式的に示したもので，ア～エは蝦夷地・清・朝鮮・琉球のいずれかにあたります。蝦夷地と琉球にあたる記号を選びなさい。〈愛媛改〉

蝦夷地（ イ ） 琉球（ ウ ）

ア朝鮮，エ清

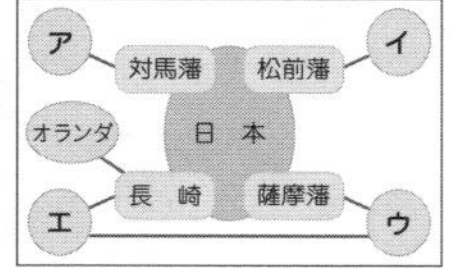

(3) 鎖国体制のもと，江戸幕府がオランダと貿易を行った，長崎にある埋め立て地を何といいますか。〈山口〉

（ 出島 ）

解答のコツ ４つの窓口の位置と名前，相手の国・地域の名前を思い出そう！

33 江戸時代の社会のようす

▶本冊 p.85

1 **江戸時代の農業について，次の文の（ ）にあてはまる語句を書きなさい。** 〈鹿児島〉

田畑を（ ① ）という利点があるAの備中ぐわや脱穀を効率的にするBの（ ② ）など新しい農具が広く使用されるようになって，作業の効率や生産性が上がった。

①（ 深く耕す ） ②（ 千歯こき ）
②簡単に脱穀ができる

2 **江戸時代の農村について，次の資料を見て，あとの問いに答えなさい。**

資料１

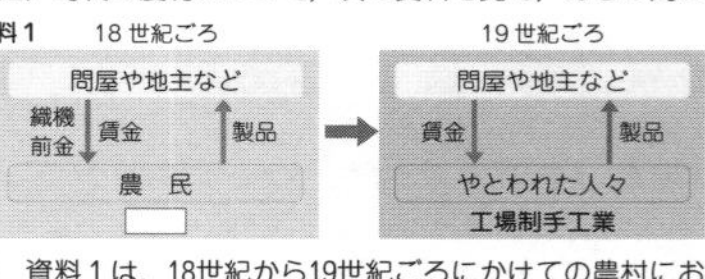

（生駒市教育委員会所蔵・写真提供）

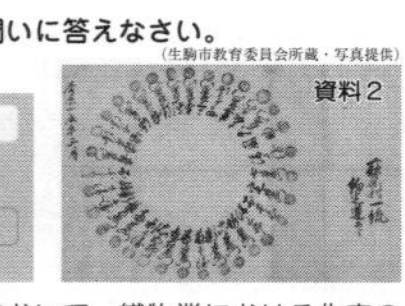

(1) 資料１は，18世紀から19世紀ごろにかけての農村において，織物業における生産の方法の変化について示したものです。□にあてはまる語句を書きなさい。〈三重〉

（問屋制家内工業）

(2) 資料２は，江戸時代に百姓一揆を起こす人々が署名した連判状です。人々が円形に名前を記した理由について，次の文の（ ）にあてはまる語句を書きなさい。

●一揆の（ 中心人物 ）を，わからなくするため。

3 **右の地図を見て，江戸時代の交通や商業について，次の問いに答えなさい。**

(1) ――は現在の東京から大阪を結ぶ新幹線のルートを示しています。この新幹線とほぼ同じルートを通る江戸時代の街道を次から選びなさい。〈山口改〉

東海道新幹線のルート （ ウ ）

ア 甲州道中 イ 中山道 ウ 東海道

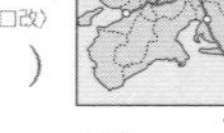

――は新幹線のルート

(2) 年貢米や特産物を販売するために諸藩が大阪に置いた施設を書きなさい。〈福井〉

（ 蔵屋敷 ）

解答のコツ 資料が，農業・工業・商業のどれに関連するものかおさえておこう！

34 江戸時代の社会の変化と改革

▶本冊 p.87

1 次の文の政策を行った人物を，〔　〕からそれぞれ選びなさい。〈千葉改，島根改〉

A　百姓一揆や打ちこわしの多発，大塩の乱などに衝撃を受けて，物価上昇を抑えるために株仲間を解散させたり，江戸に出ている農民を故郷の村へ帰らせたりした。

B　財政立て直しのために新田開発に力を入れ，米の値段の安定に努めた。また，大名には，参勤交代で江戸に滞在する期間を半減するかわりに，米を納めさせた。

A（水野忠邦）　B（徳川吉宗）

〔　徳川綱吉　徳川吉宗　水野忠邦　田沼意次　松平定信　〕

徳川綱吉は生類憐みの令を出した５代将軍

2 右の年表を見て，次の問いに答えなさい。

(1)　――部について，徳川吉宗が公正な裁判の基準を示すために定めた法律を何といいますか。〈愛媛改〉

（公事方御定書）

年	できごと
1603	徳川家康が征夷大将軍に任命される
1716	徳川吉宗が享保の改革を始める
1858	江戸幕府が日米修好通商条約を結ぶ

（1716〜1858：X）

(2)　次の文は，Xの期間のできごとについて述べたものです。年代の古い順に並べなさい。〈福島〉

（イ → ウ → エ → ア）

ア　老中の水野忠邦は，株仲間を解散させ，江戸に流入した人々を農村に帰らせた。
イ　老中の田沼意次は，商工業者による株仲間の営業権を認めて税を納めさせた。
ウ　老中の松平定信は，商品作物の栽培を制限し，ききんに備え米をたくわえさせた。
エ　大阪町奉行所の元役人の大塩平八郎は，人々の苦しい生活をみかねて乱を起こした。

3 右の狂歌のa・bが行った政治として正しいものを次からそれぞれ選びなさい。〈島根〉

a白河藩主（福島県）の松平定信　a（イ）　b（ウ）

> a 白河の清きに魚の住みかねて もとのにごりの b 田沼恋しき

ア　財政難を切り抜けるため，質の悪い貨幣を大量に発行した。
イ　凶作やききんに備えるため，米をたくわえさせた。
ウ　株仲間の結成を奨励し，営業税を納めさせ，収入の増加を図った。
エ　収入を増やすため，諸大名から一定の量の米を幕府に献上させた。

解答のコツ　人物と，その人の業績を結びつけておこう。似ているものとはっきり違うところを思い出そう。

35 江戸時代の文化

▶本冊 p.89

1 元禄文化と化政文化について，次の問いに答えなさい。

(1)　京都や大阪を中心に，元禄文化を代表する芸能の人形浄瑠璃の脚本家として活躍し，代表作に「曾根崎心中」などがある人物はだれですか。〈徳島〉

（近松門左衛門）

(2)　元禄文化，化政文化について適切に述べているものを，次からそれぞれ選びなさい。〈和歌山改〉

イは室町時代の東山文化についての説明

元禄文化（ア）　化政文化（ウ）

ア　松尾芭蕉の俳諧や，井原西鶴の武士や町人の生活をもとにした小説など，京都や大阪を中心とする上方で，町人の文化が栄えた。
イ　雪舟の水墨画や，東求堂に代表される書院造など，武家を担い手とする簡素で気品ある文化が発展した。
ウ　喜多川歌麿の美人画や，葛飾北斎や歌川広重の風景画など，江戸を中心に町人の文化が栄えた。

(3)　元禄文化，化政文化を代表するものを，次からそれぞれ選びなさい。〈富山〉

ア 　イ 　ウ 

元禄文化（イ）　化政文化（ア）

ウの「唐獅子図屏風」は桃山文化の作品

2 江戸時代の学問について，次の問いに答えなさい。

(1)　化政文化が栄えた時期に，ヨーロッパの知識や技術を用いて全国の海岸線を測量し，正確な日本地図の作成にあたった人物名を書きなさい。〈兵庫〉

（伊能忠敬）

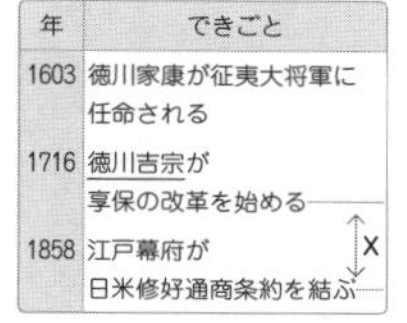

(2)　右の資料は，杉田玄白や前野良沢らが翻訳した書物の一部です。この書物の名前を書きなさい。〈大分〉

このような学問を，蘭学という（解体新書）

解答のコツ　２つの文化の順番と，代表的な人物を結びつけておこう！　資料が何を指すのかおさえておこう。

まとめのテスト　3　原始から近世までの歴史

▶本冊 p.90

1
(1)　墾田永年私財法
(2)　イ
(3)　エ
(4)　南蛮貿易

解説　(1)　聖武天皇のころは奈良時代で，班田収授法のもと，人々は口分田をあたえられていた。743年の墾田永年私財法で土地の私有が認められると，貴族や寺社の荘園が増えていくなど，公地・公民の原則が崩れていくことになった。

(2)　平等院鳳凰堂は，浄土信仰が盛んになるなか，藤原道長の息子，藤原頼通が11世紀半ばに建てたものである。保元の乱は12世紀半ば，源頼朝が全国に守護と地頭を置いたのは12世紀後半，桓武天皇が東北地方へ支配を広げたのは９世紀前半のできごと。

(3)　元寇（蒙古襲来）は，鎌倉時代後期に起きたできごと。後醍醐天皇を中心とした建武の新政は，鎌倉幕府がほろんだあとのできごと。**ア・イ・ウ**はすべて鎌倉時代に起きたことである。

(4)　ザビエルは1549年に日本にキリスト教を伝えた宣教師で，戦国時代のできごと。このころから，スペイン・ポルトガルとの貿易が盛んに行われ，キリスト教も広まっていった。南蛮貿易の影響を受けて，南蛮文化も栄えた。

2
(1)　魏志倭人伝
(2)　①イ
　②ア
(3)　例 正式な貿易船と，倭寇を区別するため。
(4)　Aエ
　Bウ
(5)　ウ

解説　(1)　中国の魏の歴史書，「魏志」の倭人伝に邪馬台国と卑弥呼の記述がある。

(2)　①**ア**征夷大将軍に任命された源頼朝と間違えないようにしよう。なお，征夷大将軍はもともとは平安時代に東北の平定のためにつくられた役職である。**ウ**関白になった武士には，豊臣秀吉がいる。②**イ**徳川家康。**ウ**足利義満の勘合貿易。

(3)　資料２は倭寇のようす。勘合は，割り札になっていて，合わせることで正式な貿易船とわかった。

(4)　Aは対馬藩。Bは薩摩藩。

(5)　徳川家光は，「鎖国」の完成と参勤交代の制度化がよく出る。**ア**松平定信の寛政の改革。**イ**豊臣秀吉の太閤検地。**エ**田沼意次の政治。

4 近代から現代までの歴史

▶本冊 p.94

? 何から勉強する　できごとの順番を，同じ時期に起こったこととあわせて覚えよう！

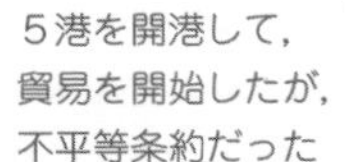

5港を開港して，貿易を開始したが，不平等条約だった

満州をめぐって対立が深まった。ポーツマス条約を結んだ

このときは，満25歳以上の男子のみに選挙権

広島が6日，長崎が9日

国際社会に復帰

このあと，冷戦の終結を宣言

★〔　〕から語句を選んで年表をまとめよう！　まちがえた語句は解答で確認！

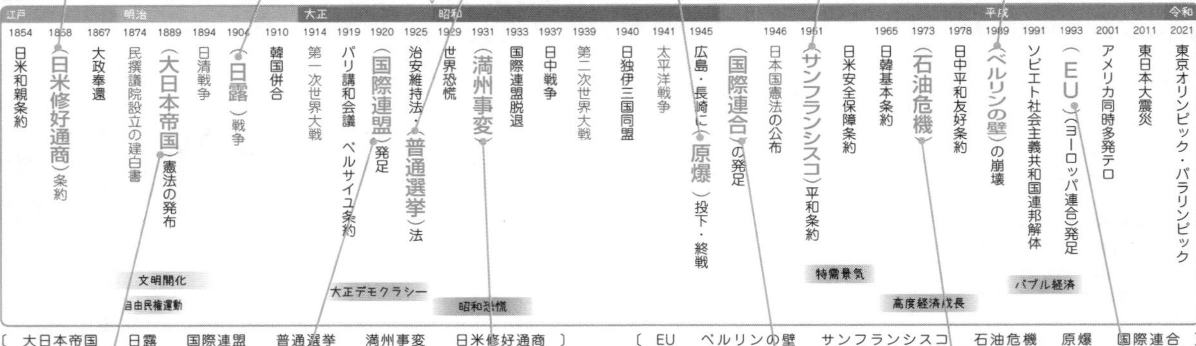

江戸　明治　大正　昭和　平成　令和
1854 日米和親条約
1858 (日米修好通商)条約
1867 大政奉還
1874 民撰議院設立の建白書
1889 (大日本帝国)憲法の発布
1894 日清戦争
1904 (日露)戦争
1910 韓国併合
1914 第一次世界大戦
1919 パリ講和会議　ベルサイユ条約
1920 (国際連盟)発足
1925 治安維持法・(普通選挙)法
1929 世界恐慌
1931 (満州事変)
1933 国際連盟脱退
1937 日中戦争
1939 第二次世界大戦
1940 日独伊三国同盟
1941 太平洋戦争
1945 広島・長崎に(原爆)投下・終戦
(国際連合)の発足
1946 日本国憲法の公布
1951 (サンフランシスコ)平和条約
日米安全保障条約
1965 日韓基本条約
1973 (石油危機)
1978 日中平和友好条約
1989 (ベルリンの壁)の崩壊
1991 ソビエト社会主義共和国連邦解体
1993 (EU)(ヨーロッパ連合)発足
2001 アメリカ同時多発テロ
2011 東日本大震災
2021 東京オリンピック・パラリンピック
文明開化
自由民権運動
大正デモクラシー
昭和恐慌
特需景気
高度経済成長
バブル経済

〔 大日本帝国　日露　国際連盟　普通選挙　満州事変　日米修好通商 〕

〔 EU　ベルリンの壁　サンフランシスコ　石油危機　原爆　国際連合 〕

ドイツやオーストリアの憲法を参考にした。天皇が主権をもつ

第一次世界大戦の反省からつくられた。このあと，国際協調が進む

南満州鉄道の爆破事件がきっかけ。この動きのなか「満州国」の建国が宣言された

第二次世界大戦後。安全保障理事会が置かれた

高度経済成長が終わった

ECから発展した

36 明治維新と文明開化

▶本冊 p.97

1 右の年表を見て，次の問いに答えなさい。

年	できごと
1858	a 日米修好通商条約が結ばれる
1872	群馬県に(b)ができる
1873	c 徴兵令が出される

(1) aの条約には，日本にとって不利な内容が含まれていました。日本に関税自主権がないことのほかに，不利であった内容は何ですか。〈山形〉

（領事裁判権を認めたこと。）

(2) aで開国したあとのできごとを，年代の古い順に並べなさい。

（ ウ → ア → エ → イ ）

ア 桜田門外の変　イ 大政奉還　ウ 安政の大獄　エ 薩英戦争

安政の大獄を起こした井伊直弼が，桜田門外の変で暗殺された

(3) bは明治政府の富国強兵政策のもと，フランスの技術や機械を導入して建設された官営模範工場で，右の写真はその一部のようすを示しています。この工場を何といいますか。〈和歌山改〉

「殖産興業」の政策の1つ（富岡製糸場）

(4) cと同じ年に，政府は土地の所有者に地価の3％にあたる額を税として現金で納めさせる税制の改革を始めました。この改革を何といいますか。〈高知〉

政府の財政を安定させるために行われた　（ 地租改正 ）

2 文明開化について，次の問いに答えなさい。〈滋賀改〉

(1) 右の錦絵にえがかれたものから，文明開化のようすを示す特徴的なものを2つ書きなさい。

（ 洋服 ）
（れんがづくりの建物）

ほか，馬車，ガス灯，人力車など

(2) 文明開化のころに，欧米の「自由」や「権利」についての思想を日本に紹介し，社会に影響を与えた人物を，〔　〕から2人選びなさい。

中江兆民はルソーの思想を伝えた（ 中江兆民 ）（ 福沢諭吉 ）

〔 中江兆民　吉野作造　福沢諭吉　吉田松陰　小林多喜二　本居宣長 〕

解答のコツ 原因と結果をふまえて，できごとの順番を思い出そう！

37 自由民権運動と立憲政治

▶本冊 p.99

1 次の歴史上の人物が話している内容について，あとの問いに答えなさい。〈青森改〉

私は，外交政策をめぐる対立から，1873年に(　)らと政府を去り，明治政府を専制政治であると批判した。そして，国民が政治に参加できる道を開くべきだと主張し，1874年に政府に対して意見書を提出し，国会の開設を求めた。

(1) (　)にあてはまる人物を，〔　〕から選びなさい。

上の「私」は，板垣退助　（ 西郷隆盛 ）

〔 伊藤博文　木戸孝允　西郷隆盛　大久保利通 〕

(2) ――部について，この人物たちが政府に提出した意見書を何といいますか。

（民撰議院設立の建白書）

(3) この人物の行動のあと全国に広がった，議会の開設や憲法の制定を求める運動を何といいますか。

（自由民権運動）

2 右の年表を見て，次の問いに答えなさい。〈熊本〉

年	できごと
1885	a 内閣制度ができる
1890	b 第1回帝国議会が開催される

(1) aについて，初代内閣総理大臣はだれですか。

憲法草案も作成した　（ 伊藤博文 ）

(2) bについて，次の(　)にあてはまる数字を書きなさい。

1890年に第1回衆議院議員総選挙が行われた。このときの有権者の資格は，直接国税(①)円以上を納める満(②)歳以上の男子のみであったため，有権者は，総人口の約1％に過ぎなかった。

①（ 15 ）②（ 25 ）

普通選挙の実現は1925年，女性の選挙権は1945年

3 次のできごとを年代の古い順に並べなさい。〈茨城改〉

（ ウ → イ → ア ）

ア 大日本帝国憲法が発布され，法律の範囲内での自由が認められた。

イ 大隈重信を党首とする立憲改進党がつくられた。

ウ 板垣退助らが民撰議院設立の建白書を政府に提出した。

解答のコツ 人物の名前と，おもな業績を結びつけて思い出そう！

38 日清・日露戦争

▶本冊 p.101

1 右の年表を見て，次の問いに答えなさい。

年	できごと
1875	樺太・千島交換条約
1883	鹿鳴館ができる
1894	a日清戦争
1904	日露戦争
1905	b講和条約が結ばれる
1911	辛亥革命

(1) aについて，日清戦争の講和条約は，結ばれた都市の名前から何といいますか。〈愛媛改〉

（下関条約）

(2) bについて，この条約の内容として正しいものを，次から2つ選びなさい。〈和歌山改〉

（ア）（イ）

ア 樺太の南半分を得た。　イ 韓国における優越権が認められた。
ウ 樺太をゆずり，千島列島を領有した。　エ 巨額の賠償金を得た。

ポーツマス条約の内容。ウ樺太・千島交換条約，エ下関条約

(3) Xの時期の外交を示した右の表の①～④には，次のア～エのできごとが，1つずつあてはまります。①と③にあてはまるできごとを，それぞれ選びなさい。〈秋田〉

時期		できごと
日清戦争	直前	①
	直後	②
日露戦争	前	③
	後	④

①（ウ）③（ア）

ア 日英同盟　イ 関税自主権の確立
ウ 領事裁判権の撤廃　エ 三国干渉

②にはエ，④にはイがあてはまる

2 右の風刺画を見て，次の問いに答えなさい。

(1) 不平等条約の改正を求める世論が一層高まるきっかけとなった，資料1の事件を何といいますか。〈山口改〉

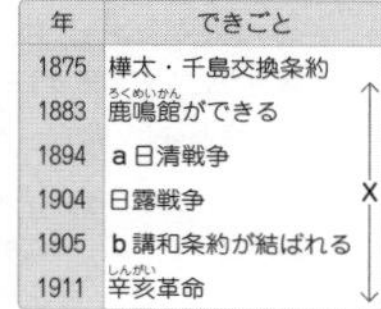
資料1

（ノルマントン号事件）

領事裁判権の撤廃を求める世論が高まった

(2) 下の図は，資料2にかかれた日露戦争直前の国際情勢を示したものです。図中のX・Yにあてはまる国名をそれぞれ書きなさい。〈山梨〉

X（ロシア）Y（イギリス）

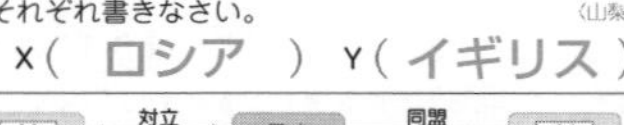

資料2

解答のコツ 年表をヒントにして，条約や戦争の順番や関連するものを思い出そう！

39 日本の産業革命と近代文化

▶本冊 p.103

1 次の問いに答えなさい。

(1) 次のグラフは，1899年の日本の輸出総額に占める品目別の割合を示しています。右の文を読んで，A・Bにあてはまる品目をあとからそれぞれ選びなさい。〈山口改〉

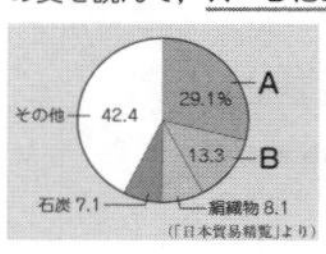

・政府は1872年に富岡に官営模範工場をつくり，欧米の技術を導入し（A）の増産と品質向上に努めてきた。
・（B）は，1890年には生産量が輸入量を上回り，日清戦争後には外国に輸出されるようになった。

A（エ）B（ア）

ア 綿糸　イ 機械類　ウ 絹織物　エ 生糸

(2) 写真は，地図中Xに設立された施設で，明治日本の産業革命を支えた文化遺産として，その一部が2015年に世界遺産に登録されました。この施設の名前を書きなさい。〈沖縄〉

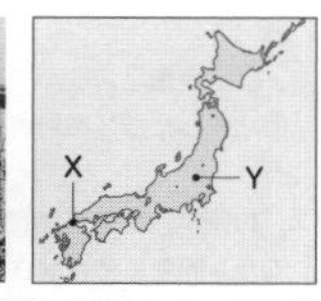

筑豊炭田で石炭（八幡製鉄所）

(3) 地図中Yの鉱山から流出する鉱毒の被害は，大きな社会問題となりました。この鉱山を何といいますか。〈青森〉

（足尾銅山）

栃木県出身の田中正造が，銅山の操業停止と被害民の救済に努めた

2 次の文の①にあてはまる人名を書きなさい。また，②にあてはまる人名を，あとから選びなさい。 イは江戸時代，ウは政治家，エは明治時代の文学者〈茨城改〉

明治時代，欧米の文化を取り入れた新しい文化が生まれ，西洋画を学んだ（①）が「湖畔」などをかいた。一方，日本の伝統の価値も見直され，（②）とフェノロサが協力して日本美術のよさを海外に広め，横山大観などの画家に影響をあたえた。

①（黒田清輝）②（ア）

ア 岡倉天心　イ 菱川師宣　ウ 大隈重信　エ 森鷗外

解答のコツ 産業の発展も，政治のようすと関連づけるとわかりやすくなる！

40 近代の世界のようす

▶本冊 p.105

1 右の年表を見て，次の問いに答えなさい。

年	できごと
1688	a名誉革命が起こる
1776	bアメリカで独立宣言が発表される
1789	（c）が始まり，人権宣言が発表される
1825	dイギリスで鉄道が開通する

(1) aについて，この革命が起こった国を次から選びなさい。また，この翌年に出された，議会と国王の関係を定めたものを何といいますか。〈茨城〉

国（ウ）
翌年に出されたもの（権利章典）

ア アメリカ　イ スペイン
ウ イギリス　エ ドイツ

イギリスの議会政治が確立した

(2) bのあとにアメリカで起こったできごとについて，次の文の正誤の組み合わせとして正しいものを下から選びなさい。〈長崎〉

（イ）

A リンカン大統領が，奴隷を解放しようとする政策を進めた。
B クロムウェルらを中心としたピューリタン革命により，共和政が実現した。

ア A＝正　B＝正　イ A＝正　B＝誤
ウ A＝誤　B＝正　エ A＝誤　B＝誤

Bは名誉革命以前に，イギリスで起こったできごと

(3) 右の資料は，cの始まりとなったバスチーユ牢獄の襲撃をえがいたものです。cの革命を何といいますか。〈青森〉

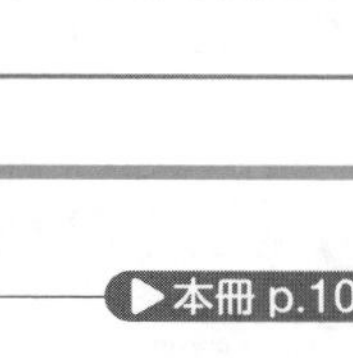

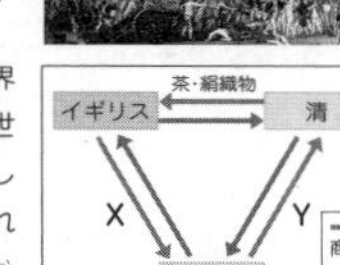

（フランス革命）

(4) dについて，産業革命が進展したイギリスは，「世界の工場」とよばれるようになりました。右の資料は19世紀前半のイギリス・インド・清の貿易関係の一部を示したものです。X・Yにあてはまる商品を次からそれぞれ選びなさい。〈長崎改〉

茶・絹織物
イギリス　清
X　Y
インド
商品
銀

（注）イギリスが商品Xをインドに輸出し，代金として銀を受け取り，清から輸入した茶・絹織物の代金として銀を支払っていることを示す。

Yアヘン戦争のきっかけ X（ア）Y（ウ）

ア 綿織物　イ 陶磁器　ウ アヘン

解答のコツ 年表をヒントにして，同じころのできごとを思い出そう！

41 第一次世界大戦

▶本冊 p.107

1 第一次世界大戦について，次の問いに答えなさい。

(1) 右の図は，第一次世界大戦前のヨーロッパの国際情勢を示したものです。図中A・Bにあてはまる国名をそれぞれ書きなさい。〈山梨〉

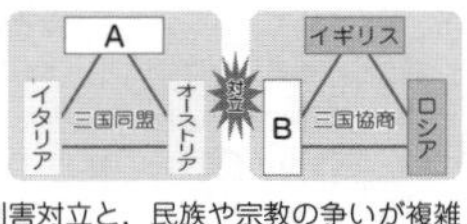

A（ドイツ）B（フランス）

(2) 第一次世界大戦前のバルカン半島は，列強の利害対立と，民族や宗教の争いが複雑にからみあい紛争が絶えなかったことから，何とよばれていましたか。〈山口〉

サラエボ事件はバルカン半島で起こった（ヨーロッパの火薬庫）

(3) 第一次世界大戦中から戦後にかけて，ロシアでは戦争や皇帝の専制に対する不満などにより革命が起き，ソビエト政府が成立しました。この動きに対して，アメリカ・イギリスなどとともに，日本が軍隊を派遣したことを何といいますか。〈岡山〉

シベリア出兵は米騒動にも影響している（シベリア出兵）

2 次の文を読んで，あとの問いに答えなさい。〈宮城〉

1919年，第一次世界大戦で降伏したドイツに関することがらを中心にまとめられた条約が結ばれました。その翌年，平和のための国際組織の設立を（　）が提案したことをきっかけとして，国際連盟が設立されました。

(1) ――線部について，この条約を何といいますか。

ドイツにばく大な賠償金が課せられた（ベルサイユ条約）

(2) （　）にあてはまる人物を，次から選びなさい。（イ）

ア コロンブス　イ ウィルソン　ウ レーニン　エ ガンディー

3 右の資料を見て，次の文のAにあてはまる国名と，Bにあてはまる語句を漢字3字で書きなさい。

●資料の人物は，A（インド）がイギリスから独立することをめざして，非暴力・B（不服従）の運動を行うことを主張し，独立に貢献した。

解答のコツ 図から，第一次世界大戦前・後の国際情勢の変化を思い出そう！

42 大正デモクラシー

▶本冊 p.109

1 次の問いに答えなさい。

(1) 日本で初めての本格的な政党内閣を組織した人物はだれですか。〈大阪〉

大臣の大部分が，立憲政友会の党員だった　（ 原敬 ）

(2) 次の文の(　)にあてはまる語句を書きなさい。〈愛媛改〉

（ 米騒動 ）

(1)が首相となった年に，日本では米の安売りを求める民衆の運動が，全国で発生した。このできごとは一般に(　)とよばれる。

2 大正デモクラシーについて，次の問いに答えなさい。

(1) 民本主義を唱え，大正デモクラシーに影響をあたえた人物はだれですか。〈和歌山〉

（ 吉野作造 ）

(2) 部落差別に苦しんできた被差別部落の人々が，人間としての平等を求めて，1922年に結成した団体を何といいますか。〈和歌山〉

（全国水平社）

(3) 1925年の普通選挙制の実現によって選挙権があたえられたのはどのような人たちですか。簡単に書きなさい。〈山形〉

年齢と性別を明確に答えよう　（(満)25歳以上の男子〔男性〕）

3 次の問いに答えなさい。

(1) 右のカードについて，青鞜社を結成した人物として正しいものを，次から選びなさい。〈石川〉

（ イ ）

ア 津田梅子　イ 平塚らいてう　ウ 市川房枝

> 女性の地位を高めようとする動きがあるなかで，女性だけで結成された青鞜社が，雑誌「青鞜」を発行した。

(2) 都市化が進んだ大正時代のようすとして適切なものを，次から選びなさい。〈岡山改〉

イは昭和の第二次世界大戦後，ウは明治時代のようす（ ア ）

ア 映画が人気となり，ラジオ放送が始まった。
イ 電気冷蔵庫と電気洗濯機が普及した。
ウ れんが造りの建物が建ち，牛鍋が流行した。

解答のコツ 活動の中心となった組織や人物を思い出そう！

43 第二次世界大戦

▶本冊 p.111

1 次の資料を見て，あとの問いに答えなさい。

> 社会主義国のソ連は，アメリカから広がった(①)の影響をほとんど受けずに，「(②)」とよばれた計画経済を推進していた。

各国の鉱工業生産の変化
(1929年=100とした場合の指数の変化)
ソ連　イギリス　日本　フランス　アメリカ　ドイツ
1929　1930　1931　1932　1933　1934　1935(年)
(「明治以降本邦主要経済統計」より)

(1) 上の文は1931年ごろのソ連の工業化のようすについて説明したものです。右のグラフを参考にして，(　)にあてはまる語句をそれぞれ書きなさい。〈鳥取〉

①(世界恐慌) ②(五か年計画)

(2) (1)①に対応するために各国が行った政策のうち，アメリカとドイツの政策として適切なものを，次からそれぞれ選びなさい。〈富山改〉

アはイギリスなどが行ったブロック経済　アメリカ(イ) ドイツ(ウ)

ア 本国とインドなどの植民地との関係を密接にし，外国の商品に高い関税をかけた。
イ 農業や工業の生産量を制限して価格を調整し政府が積極的に公共事業をおこした。
ウ 民族と国家の利益を最優先する軍国主義的な独裁政治を行った。

2 右の年表を見て，次の問いに答えなさい。

年	できごと
1925	普通選挙法が公布される
1932	a 政党政治がとだえる ↑c↓
1939	b 第二次世界大戦が始まる
1941	太平洋戦争が始まる

(1) aについて，1932年に海軍の将校らが起こした事件を何といいますか。〈山形〉

二・二六事件ではない（五・一五事件）

(2) bについて，右の地図は第二次世界大戦が始まる前年のヨーロッパの国々を示したものです。日本が結んだ三国同盟の相手国を，地図から2つ選びなさい。　ドイツ・イタリアと結んだ

(A)(D)

(3) 次のア～エは，cの時期に起きたできごとです。年代の古い順に並べなさい。〈栃木〉

(ウ → エ → イ → ア)

ア 日中戦争が起こる。1937年　イ 日本が国際連盟を脱退する。1933年通告
ウ 世界恐慌が起こる。1929年　エ 満州事変が起こる。1931年

解答のコツ 年表をヒントに，戦争に向かっていくようすを思い出そう！

44 戦後の日本

▶本冊 p.113

1 右の年表を見て，次の問いに答えなさい。

年	できごと
1945	a 民主的な国づくりが始まる
1951	b サンフランシスコ平和条約が結ばれる

(1) aについて，第二次世界大戦後の農村と経済の面における民主化について，下の表のA・Bにあてはまる語句を，それぞれ書きなさい。〈長野〉

A(農地改革) B(財閥)

	〈戦前〉		〈戦後の民主化〉
[農村]	地主・小作の関係	→	(A)の結果，自作農が大幅に増加した
[経済]	(B)による経済の独占	→	(B)が解体される

(2) 次の文はbについてまとめたものです。(　)にあてはまる人名を書きなさい。〈埼玉16〉

(吉田茂)

> 1951年，日本はアメリカなど48か国とサンフランシスコ平和条約を結んだ。それと同時に，アメリカと日米安全保障条約を結んだ。右の資料はサンフランシスコ平和条約の調印のようすで，中央で署名しているのは，日本の首席全権として出席した(　)首相である。

サンフランシスコ平和条約で，日本は独立を回復した

2 次の問いに答えなさい。

(1) 第二次世界大戦後の，アメリカ合衆国を中心とする資本主義諸国(西側陣営)と，ソ連を中心とする社会主義諸国(東側陣営)の対立を何といいますか。〈山口〉

冷たい戦争ともよばれた　(冷戦)

(2) 次の文の(　)にあてはまる語句を書きなさい。〈福井〉

●(特需)景気とよばれた朝鮮戦争に伴う好景気で活気を取り戻した日本経済は，やがて高度経済成長をむかえた。

(3) 次の文を，時期の古い順に並べなさい。〈秋田〉

(ウ → ア → イ)

アとイは1956年のできごとで，アの結果イが実現した

ア 日ソ共同宣言に調印し，ソ連との国交を回復した。
イ 国際連合への加盟が認められた。
ウ アメリカなど48か国とサンフランシスコ平和条約を結んだ。

解答のコツ 戦前の社会のようすも思い出しながら解こう！

45 現代の日本と世界

▶本冊 p.115

1 右の年表を見て，次の問いに答えなさい。

年	できごと
1964	a 東京オリンピックが開催される
1975	(b)が初めて開催される
1989	c 冷戦の終結が宣言される

(1) aについて，この年を含む1955年から1973年までの間，日本の経済が年平均で10%程度の成長を続けたことを何といいますか。〈青森〉

(高度経済成長)

1973年の石油危機で終了

(2) bは，日本を含む世界の主要な先進国の首脳が参加した会議で，以後，毎年1回開催され，国際協調が進められてきました。この名前をカタカナで書きなさい。〈青森〉

(サミット)

主要国首脳会議ともよばれる

(3) cについて，翌年，ヨーロッパでは東西に分かれていた2つの国がまとまって1つになりました。その現在の国名を書きなさい。〈福井〉

1989年にベルリンの壁が崩壊　(ドイツ)

(4) c以降に起きた世界のできごととしてあてはまるものを，次から選びなさい。〈福岡〉

(ウ)

ア 国際連合が成立する　イ 石油危機が発生する
ウ 湾岸戦争が起こる　エ アジア・アフリカ会議が開催される

アは1945年，イは1973年，ウは1991年，エは1955年

2 次の会話文の(　)にあてはまる条約名を，〔　〕からそれぞれ選びなさい。〈茨城改〉

> 生徒：周辺の国々との国交正常化はいつごろ進んだのですか。
> 先生：1965年には(①)を結び，国交を正常化しました。
> 生徒：その他の国とはどうですか。
> 先生：1972年には首相が相手国を訪問して共同声明に調印し，国交を正常化しました。そして1978年にはその国との間で(②)に調印しました。

①(日韓基本条約) ②(日中平和友好条約)

〔 日中平和友好条約　日韓基本条約　日ソ中立条約 〕

解答のコツ 地理や公民の内容も思い出しながら取り組もう！

まとめのテスト 4 近代から現代までの歴史 ▶本冊 p.116

1 (1) アヘン戦争
(2) 大日本帝国憲法
(3) ロマン主義
(4) 義和団
(5) ア
(6) ウ

解説 (1) イギリスがアヘンを清に密輸したこと(三角貿易)がきっかけで起きた。当時の江戸幕府は，水野忠邦が老中で，アヘン戦争での清の敗北は，天保の改革に影響した。
(2) 写真は初代内閣総理大臣の伊藤博文。岩倉使節団には，ほかに大久保利通，木戸孝允なども参加していた。このとき条約改正は達成できなかったものの，この欧米諸国を視察して回った人々を中心に，近代化政策が進められた。
(3) 日清戦争に前後して，ロマン主義が盛んになった。日露戦争前後の時期には夏目漱石や森鷗外も活躍。
(4) 義和団事件の鎮圧のために，列強の各国が軍を派遣。事件の鎮圧後にロシア軍が中国の満州に残ったことで日本と利害が対立した。
(5) **イ**自由民権運動は明治時代のできごと。**ウ**第二次世界大戦後の高度経済成長期のころのようす。**エ**江戸時代のようす。

2 (1) エ
(2) ブロック
(3) ア
(4) 石油危機〔オイル・ショック〕
(5) ベルリンの壁

解説 (1) 第一次世界大戦の反省があったことをおさえる。**ア**や**ウ**は反対のはたらき，**イ**が深刻な国際問題として取り上げられるようになったのは，第二次世界大戦後のことである。
(2) 本国と植民地との間で行った経済政策。アメリカのニューディール政策や，世界恐慌のころすでにソ連で実施されていた五か年計画と混ざらないように気をつけよう。
(3) 朝鮮戦争の影響を受けた特需景気が，日本の戦後復興を加速させた。
(4) 西アジアで起きた第四次中東戦争の影響で石油価格が高くなって，経済が打撃を受けたできごと。
(5) ベルリンを西と東に分ける壁が取りこわされた。

3 ①(満)25歳以上の男子〔男性〕
②(満)20歳以上の男女

解説 大正デモクラシーの風潮のなか成立した普通選挙法は男性のみに選挙権があった。女性の選挙権は第二次世界大戦後に確立。

5 現代社会と私たち① ポイント整理 ▶本冊 p.120

何から勉強する まずは，日本国憲法の特徴と内容を確認しよう！ いろいろな制度の基になる。

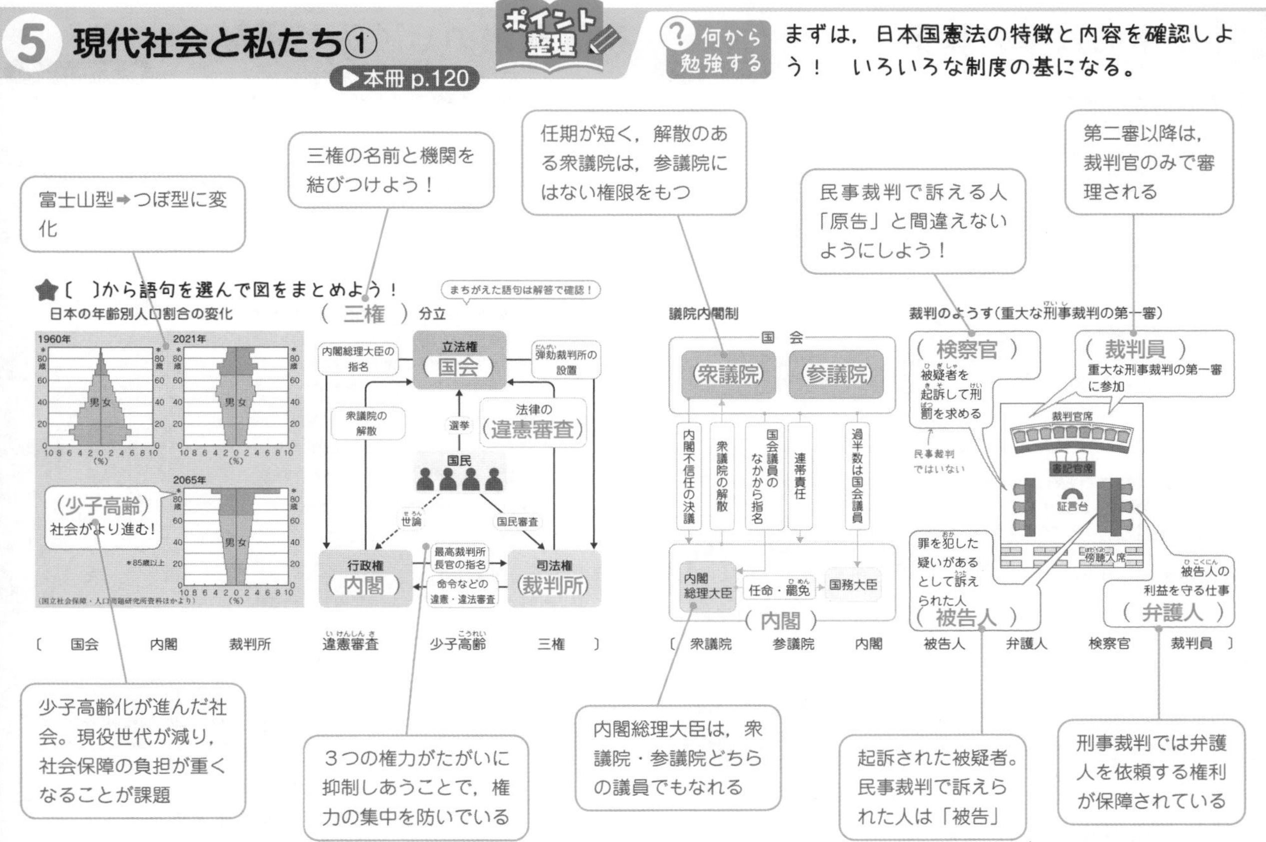

46 私たちの社会とルール

▶本冊 p.123

1 右の図は，現代社会をとらえる見方や考え方についてまとめたものです。Aにあてはまる語句を次から選びなさい。〈山梨〉

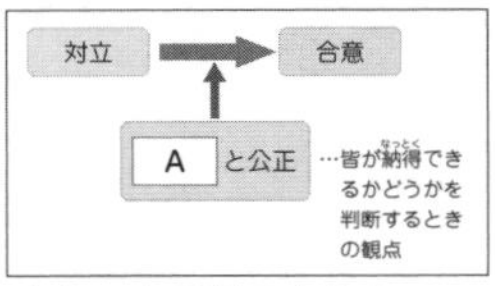

対立 → 合意
A と公正 …皆が納得できるかどうかを判断するときの観点

ア 調整
イ 効率
ウ 効果
エ 妥協

（ イ ）

「効率」と「公正」をセットで覚えよう！

2 次の文は「効率」と「公正」の考え方について述べたものです。「公正」の考え方について述べた文として適切なものを2つ選びなさい。〈京都〉

ア，エは「効率」の考え方　（ イ ）（ ウ ）

ア なるべく少ない労力で利益が最大になるような合意の内容にする。
イ 一部の関係者が不当に不利益をこうむることがないような合意の内容にする。
ウ 合意に達する過程で，関係者のすべてが話し合いに参加するようにする。
エ 関係者のお金や時間を無駄なく使える内容にする。

3 次の文を読んで，あとの問いに答えなさい。〈茨城改〉

意見が対立したとき，立場などの違いによってたがいに歩み寄れないこともある。そこで，できるだけ多くの人の意思を反映するために，挙手や投票などで賛成者の多い意見を採決する□（の原理）によって最終的な決定をくだすことが多い。決定をくだす際には，事前に十分な話し合いを行うことが大切である。

(1) □にあてはまる語句を書きなさい。

（ 多数決 ）　全員の賛成で決定することは全会一致

(2) ――部の理由として，次の文の｛　｝にあてはまる語句にそれぞれ○を書きなさい。

●｛（少数）　多数｝意見を尊重し，
その人の｛ 義務　（権利）｝を侵害しないようにするため。

解答のコツ 多数決と少数意見の尊重は一緒に覚えておこう！

47 日本国憲法

▶本冊 p.125

1 政治権力から国民の人権を守るために，憲法によって政治権力を制限するという考えを何といいますか。〈岩手改〉

憲法は国民ではなく，政府の権力を制限　（ 立憲主義 ）

2 日本国憲法について，次の問いに答えなさい。〈大阪改〉

(1) 日本国憲法の基本原理について，「基本的人権の尊重」と「国民主権」のほか，あと1つは何ですか。

戦争を放棄し，戦力をもたないこと　（ 平和主義 ）

(2) 人権に関わるできごとをまとめた次のカードを年代の古い順に並べなさい。

ア 国際連合が発足して，世界人権宣言が採択された。	イ フランス革命が起こり，フランス人権宣言が発表された。	ウ 第一次世界大戦後，ドイツでワイマール憲法が制定された。

国際連合は，第二次世界大戦のあとにできた（ イ → ウ → ア ）

(3) 次の文は，日本国憲法の改正の手続きについての条文を説明したものです。（　）にあてはまる語句をそれぞれ書きなさい。

憲法の改正は，各議院の総議員の（ A ）以上の賛成で，国会が国民に対して発議を行う。改正案について，国民投票で（ B ）の賛成が得られると憲法は改正される。

A（ 3分の2 ）　B（ 過半数 ）

憲法と法律では手続きが異なる

3 次の問いに答えなさい。

(1) 日本国憲法において，天皇が内閣の助言と承認に基づいて行う儀礼的な仕事を何といいますか。〈山口〉

法律の公布，国会の指名に基づく内閣総理大臣の任命など　（ 国事行為 ）

(2) 日本がかかげてきた，核兵器を「持たず，作らず，持ちこませず」という原則を何といいますか。〈北海道〉

1972年の沖縄返還に先立って国会で決議された　（非核三原則）

解答のコツ 憲法や人権思想の発展は，歴史も一緒にチェック！

48 基本的人権の尊重

▶本冊 p.127

1 次のカードは日本国憲法の基本的人権に関する条文の一部をまとめたものです。自由権・社会権に関係の深いカードを，それぞれ2枚ずつ選びなさい。〈愛知改〉

A 経済活動の自由 何人も，公共の福祉に反しない限り，居住，移転及び職業選択の自由を有する。（第22条）	B 労働基本権 勤労者の団結する権利及び団体交渉その他の団体行動をする権利は，これを保障する。（第28条）	C 経済活動の自由 財産権は，これを侵してはならない。（第29条）
D 生存権 すべて国民は，健康で文化的な最低限度の生活を営む権利を有する。（第25条）	E 刑事補償請求権 何人も，抑留又は拘禁された後，無罪の裁判を受けたときは，法律の定めるところにより，国にその補償を求めることができる。（第40条）	F 平等権 すべて国民は，法の下に平等であって，人種，信条，性別，社会的身分又は門地により，政治的，経済的又は社会的関係において，差別されない。（第14条）

Eは人権を守るための権利の1つ

自由権（ A ）（ C ）　社会権（ B ）（ D ）

2 右の図は，人権が制限を受ける例を示しています。次の問いに答えなさい。〈岩手改〉

他人の名誉を傷つける行為

(1) 私たちが社会生活を営むために，他人の人権を侵害しないように人権を一部制限する原理を何といいますか。

（公共の福祉）

(2) 図の例で制限されている人権を次から選びなさい。

（ イ ）

ア 労働基本権　イ 表現の自由　ウ 財産権の保障

3 右の資料にその考え方が反映されている新しい人権の名前を，〔　〕から選びなさい。〈群馬改〉

（自己決定権）

〔 自己決定権　プライバシーの権利　知る権利　環境権 〕

解答のコツ 「最低限度の生活」など，キーワードをチェック！

49 政治のしくみと選挙

▶本冊 p.129

1 次の文が説明する選挙の原則を何といいますか。また，（　）にあてはまる数字を書きなさい。〈東京改〉

選挙権は，かつては納税額や性別によって制限されていたが，現在は一定の年齢以上のすべての国民に保障されている。2015年の公職選挙法の改正により，選挙権年齢が満（　）歳以上に引き下げられた。

選挙の原則（ 普通選挙 ）
満18歳以上のすべての男女が選挙権をもつ　数字（ 18 ）

2 右の図はある衆議院議員選挙で使用された投票用紙を模式的に示したものです。次の問いに答えなさい。〈愛知改〉　小選挙区比例代表並立制の選挙

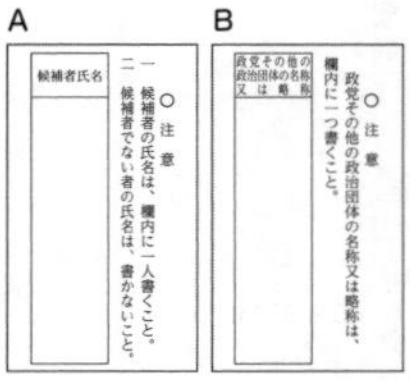

A：候補者氏名　○注意 一、候補者の氏名は，欄内に一人書くこと。二、候補者でない者の氏名は，書かないこと。
B：政党その他の政治団体の名称又は略称　○注意 政党その他の政治団体の名称又は略称を，欄内に一つ書くこと。

(1) Aを利用する選挙制度について，次の文の｛　｝にあてはまる語句にそれぞれ○を書きなさい。　小選挙区制

●各選挙区の当選者数は｛（1人）　複数｝であるため，一般にほかの選挙制度と比べて｛ 少数派　（多数派）｝が形成されやすい。

(2) Bを利用する選挙制度を何といいますか。

政党名を書いている（比例代表制）

3 次の問いに答えなさい。

(1) 次の文の（　）にあてはまる語句をそれぞれ漢字1字で書きなさい。〈北海道〉

●一般に，内閣を組織して政権を担当する政党を（ 与 ）党，
政権を担当しない政党を（ 野 ）党という。

(2) 右の資料は，参議院の選挙区で議員1人あたりの有権者数が最も多い選挙区と最も少ない選挙区を示しています。ここからわかる選挙の課題を何の格差といいますか。〈佐賀改〉

第25回参議院議員選挙（2019年）（人）
宮城 971,259
福井 323,488
（総務省ホームページより）

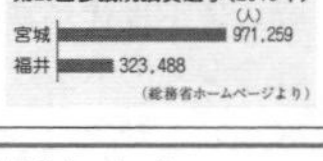

（ 一票 ）の格差

解答のコツ 衆議院議員の選挙のしくみをまず覚えよう！ ほかの選挙は衆議院と異なる部分をチェック。

50 国会と内閣のしくみ

▶本冊 p.131

1 次の問いに答えなさい。

(1) 国会について，（　）にあてはまる語句をそれぞれ書きなさい。〈静岡〉

●国会は，国権の（　最高　）機関であって，
国の唯一の（　立法　）機関である。

(2) 予算の審議・議決以外の国会の仕事を次からすべて選びなさい。〈福岡改〉

（　イ，ウ　）

ア　法律の違憲審査　　イ　内閣総理大臣の指名
ウ　条約の承認　　エ　最高裁判所長官の指名

アは裁判所，
エは内閣の仕事

2 次の問いに答えなさい。

(1) 国会の信任に基づいて内閣が組織され，国会に対して連帯して責任を負う制度を何といいますか。〈栃木〉

（議院内閣制）

(2) 内閣の仕事としてあてはまるものを次からすべて選びなさい。〈和歌山改〉

（　ウ，エ　）

ア　憲法改正の発議　　イ　裁判官の弾劾裁判　　ウ　最高裁判所長官の指名
エ　天皇の国事行為への助言　　オ　法律の違憲審査

ア，イは国会，オは裁判所の仕事

3 右の図は法律ができるまでの流れを示したものです。次の問いに答えなさい。〈富山改〉

(1) Xにあてはまる語句を書きなさい。

法律案は，（　内閣　）
内閣か議員が提出できる

(2) （　）にあてはまる数字を書きなさい。

（　3　）分の（　2　）以上

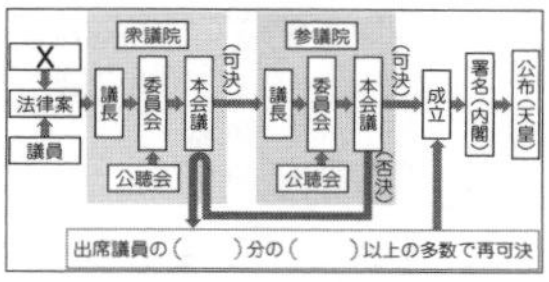

X　法律案　議員　衆議院　議長　委員会　公聴会　本会議　可決　参議院　議長　委員会　公聴会　本会議　否決　可決　成立　署名（内閣）　公布（天皇）
出席議員の（　）分の（　）以上の多数で再可決

(3) 衆議院と参議院の議決が異なるときに，□のように衆議院の優越が認められます。これは衆議院議員の任期が参議院より短いほかに衆議院に何があるからですか。

（　解散　）があるから。

解答のコツ　国会は法律をつくる機関，内閣は政治を行う機関。仕事の内容と関係をチェック！

51 裁判所のしくみと三権分立

▶本冊 p.133

1 次のカードは，司法についてまとめたものです。司法権の独立に関するカードを選びなさい。〈愛媛〉

ア	イ	ウ	エ
1つの事件について3回まで裁判を受けられる三審制がとられている。	裁判官が出す令状がなければ，原則として警察は逮捕することができない。	裁判所は，裁判に関して，国会や内閣などから干渉されない。	一部の刑事裁判では，裁判員制度が取り入れられている。

公正な裁判のため，裁判官は憲法・法律にのみ拘束されている　（　ウ　）

2 裁判について，次の問いに答えなさい。

(1) 裁判を慎重に行い，人権を守るため，同一の事件について3回まで裁判を受けることができるしくみを何といいますか。〈三重〉

新たなことがわかった場合は再審の請求もできる（　三審制　）

(2) 右の図は，ある裁判の法廷のようすを示しています。罪を犯した疑いがあるとして訴えられたXの人を何といいますか。また，この裁判にあてはまるものを，次から選びなさい。〈埼玉16〉

検察官・裁判員がいることに注目　X（　被告人　）
裁判（　ウ　）

ア　民事裁判の第一審　　イ　民事裁判の第二審
ウ　刑事裁判の第一審　　エ　刑事裁判の第二審

3 右の図は日本の政治のしくみを示したものです。次の問いに答えなさい。〈山口〉

(1) 図のようにそれぞれの権力を抑制し，均衡を保つしくみを何といいますか。

（三権分立）

(2) 法律の違憲審査を示すものを図のア～エから選びなさい。

違憲審査は裁判所の権限　（　ウ　）

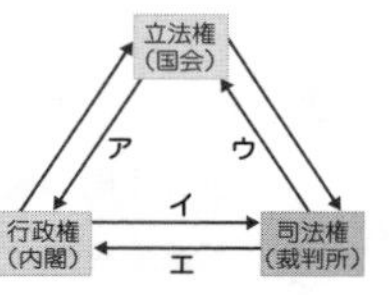

解答のコツ　民事裁判と刑事裁判では法廷のようすが異なる！

52 地方自治のしくみ

▶本冊 p.135

1 次の文の□にあてはまる語句を漢字4字で書きなさい。〈沖縄〉

地方自治は，住民が身近な地域の問題解決に主体的に参加することができるため，私たちの意思を行政に反映することを学ぶ場でもある。このことから「地方自治は□の学校」とよばれる。

（民主主義）

2 次の問いに答えなさい。〈栃木〉

(1) 地方公共団体が独自に制定できる法を何といいますか。

（　条例　）

(2) 地方公共団体の住民の政治参加について，正しいものを次から選びなさい。

アは満18歳以上，イは選挙管理委員会に請求する　（　エ　）

ア　地方議会の議員を選ぶ選挙権年齢は，満20歳以上と定められている。
イ　地方議会の解散は，有権者の3分の1以上の署名により，首長に請求する。
ウ　都道府県知事の被選挙権年齢は，満25歳以上と定められている。　ウは満30歳以上
エ　事務の監査請求には，有権者の50分の1以上の署名が必要である。

3 資料を見て，次の問いに答えなさい。

(1) 資料1は，ある年の徳島県と東京都の歳入の内訳を示しています。①～③にあてはまる語句を次からそれぞれ選びなさい。〈徳島改〉

①（　地方税　）②（地方交付税交付金）
③（国庫支出金）

〔　地方税　国庫支出金　地方交付税交付金　〕

資料1

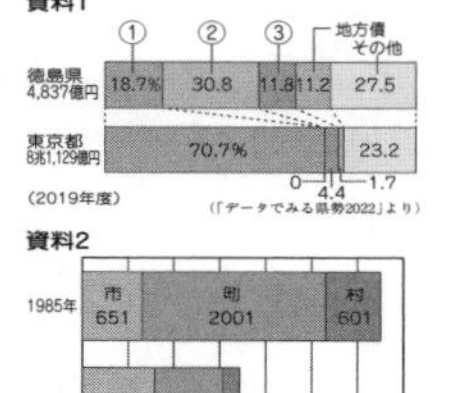

(2) 資料2について，次の文の（　）にあてはまる語句を書きなさい。〈長崎改〉

●全国の市町村数が変化した要因は，国からの後おしもあって，全国的に（市町村合併）が行われたためと考えられる。

資料2

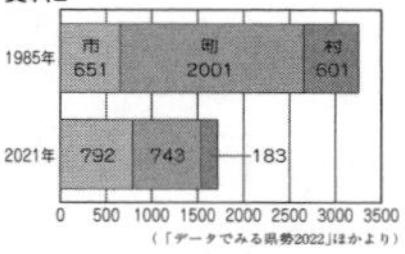

1985年　市 651　町 2001　村 601
2021年　792　743　183
0　500　1000　1500　2000　2500　3000　3500
（「データでみる県勢2022」ほかより）

解答のコツ　直接請求権の数字と請求先もチェックしよう！

合格プラスワン　歴史

古代文明
ナイル川流域のエジプト文明，ティグリス・ユーフラテス川流域のメソポタミア文明，インダス川流域のインダス文明，黄河・長江流域の中国文明がある。

戦国大名
戦国時代に，下剋上の風潮が広がるなかで成長した大名。城の周辺に城下町をつくり，領国で独自の分国法を定めた。

ナポレオン
フランス革命のころ，他国との戦争で活躍したフランスの軍人。その後，フランス皇帝になるも，1815年に失脚した。

インド大反乱
19世紀半ば，植民地支配を進めるイギリスへの反発が原因。反乱の鎮圧後，インドへの植民地支配は強まった。

日英同盟
三国干渉や義和団事件への出兵でロシアとの対立が深まるなか，イギリスと利害が一致して結ばれた。日本はこれを理由に第一次世界大戦に参戦。

大政翼賛会
日中戦争の長期化で挙国一致のために政党が解散して合流した。この前に国家総動員法も制定。

1 (1) フランス革命
(2) 基本的人権の尊重
(3) 閣議
(4) エ
(5) ア

解説 (1) イギリス名誉革命で出された権利章典や，アメリカ独立戦争で出された独立宣言と間違えないようにしよう。
(4) 経済活動の自由で保障される。ほかはすべて社会権。
(5) **イ**は国会，**ウ**は内閣，**エ**は衆議院が行う。

2 3(割)

解説 夫婦のみが約20%，一人ぐらしが約10%。

3 (1) 生存権
(2) ウ
(3) ウ

解説 (2) **ア**はどのような人にとっても使いやすいデザイン。**イ**は発展途上国の製品について，公正な取引を行うこと。**エ**は病院で治療を受ける前に，その治療の十分な説明を受けること。
(3) ほかに，知る権利，自己決定権も新しい人権にあたる。

4 (1) ①18　②30
(2) イ
(3) 例地方公共団体間の地方税の収入の格差を是正するため。

解説 (1) ①は2016年に引き下げられた。②被選挙権は衆議院議員・地方議会議員・市区町村長が満25歳以上，参議院議員・都道府県知事が満30歳以上。
(2) **イ**内閣総理大臣は国会議員のなかから指名する。つまり，衆議院議員・参議院議員どちらの議員が内閣総理大臣になってもよい。
(3) 地方税などの自主財源が少ない地方公共団体と人口が多く自主財源が多い地方公共団体があり，その収入の格差をならすために地方交付税交付金が配分されている。収入の格差について書いていればよい。

5 (1) 国民審査
(2) 例権力の集中を防ぐため。

解説 (1) 衆議院議員選挙と同時に行われ，国民が最高裁判所の裁判官に対して信任するかどうか投票できる。不信任が過半数だとその裁判官は辞めなければならない。
(2) 3つの権力がたがいに抑制し合うことで権力の集中を防ぐ。

5 現代社会と私たち②

ポイント整理

▶本冊 p.138

何から勉強する？ まずお金や物資の流れを，普段の買い物などを思い浮かべながらおさえよう！

★〔 〕から語句を選んで図表をまとめよう！（まちがえた語句は解答で確認！）

資本主義経済では，家計・企業・政府の間でお金が循環！

家族や個人など，私たちが消費生活を営む単位

曲線の名前を取り違えないように気をつけよう

集めた税を使って，公共サービスや社会保障を行う

需要量と供給量が一致したときの価格を均衡価格という

経済活動のしくみ

(企業)　(家計)　(政府)（国や地方公共団体）

労働力・資金／賃金・利子／財・サービス／代金／公共事業のための補助金／代金／税金／財・サービス／労働力／賃金／税金／社会保障などの公共サービス

価格の決まり方

需要＞供給→価格は(上がる)

(供給)曲線　(需要)曲線　均衡価格　(価格)高い　安い　少ない　多い(数量)

供給＞需要→価格は(下がる)

〔 企業　政府　家計　供給　需要　上がる　下がる 〕

第一次世界大戦後にできた国際連盟と間違えやすい

紛争地域で停戦をうながしたり，選挙の監視をしたりする

(国際連合)の役割

安全保障理事会
平和と安全を守る
常任理事国はアメリカ・イギリス・フランス・中国・ロシアの5か国

(PKO)
(平和維持活動)
日本の自衛隊も貢献

地域主義

組織	参加国
(EU)(ヨーロッパ連合)	フランス・ドイツ・イタリアなど，ヨーロッパの国々
(ASEAN)(東南アジア諸国連合)	タイやインドネシアなど，東南アジアの国々
(APEC)(アジア太平洋経済協力)	日本やアメリカなど，太平洋をとりまく国々

地球温暖化のしくみ

(温室効果)ガス　地球の熱が反射して逃げない　太陽光

〔 EU　ASEAN　APEC　国際連合　PKO　温室効果 〕

アルファベットの略称と正式名称を結びつけよう

化石燃料(石油・石炭など)を燃やすと出る，二酸化炭素などをまとめていう

53 消費生活と流通

▶本冊 p.141

1 価格の決まり方について，次の問いに答えなさい。

(1) 右の図を見て，次の文の（　）にあてはまる語句を〔　〕からそれぞれ選びなさい。〈長野改〉

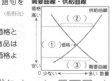

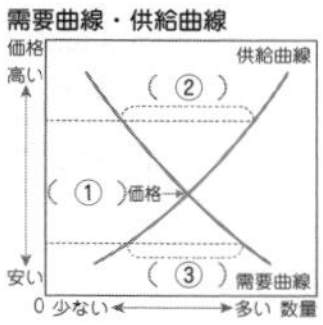

需要曲線・供給曲線

需要量と供給量が一致するときの価格を（①）価格という。市場の価格が（①）価格より高ければ，商品は（②）の状態となる。また，市場の価格が（①）価格より低ければ，（③）の状態となる。

①（ 均衡 ）②（ 売れ残り ）③（ 品不足 ）

〔 公共　売れ残り　均衡　寡占　品不足 〕

(2) 商品の生産・販売において企業間の競争を避ける取り決めをすることは法律で禁じられています。公正で自由な競争を促すこの法律名を〔　〕から選びなさい。〈長崎改〉

（独占禁止法）

〔 消費者基本法　独占禁止法　製造物責任法　消費者契約法 〕

2 右の資料のA・Bにあてはまる経済活動を次からそれぞれすべて選びなさい。〈滋賀〉

A（ ア，オ ）

B（ イ，ウ ）

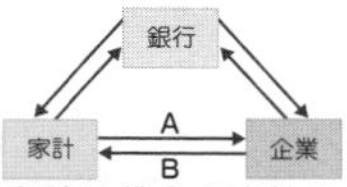

ア 労働　イ サービス　ウ 賃金

エ 税金　オ 代金

家計の労働に企業は賃金を，企業のサービスに家計は代金を支払う

3 次の問いに答えなさい。〈茨城〉

(1) 商品が生産者から消費者に届くまでの一連の流れを何といいますか。

（ 流通 ）

(2) 商品につけられているバーコードから情報を読み取り，本部で商品の在庫などを管理するしくみを次から選びなさい。

（ エ ）

クーリング・オフは訪問販売などで一定期間内に契約を解除できる制度

ア クレジットカード　イ クーリング・オフ

ウ 電子マネー　エ POSシステム

解答のコツ 商品が市場に少なくなれば価格は上昇，多くなれば価格は下落する傾向がある。

54 生産と労働

▶本冊 p.143

1 次の問いに答えなさい。

(1) 企業の説明として，誤っているものを次から選びなさい。〈大分〉

競争が弱まると価格は上昇しやすくなる　（ イ ）

ア 国や地方公共団体が経営する企業を公企業という。

イ 企業間の競争が弱まると，商品の価格や質は低下する。

ウ 日本の大多数の企業は，中小企業である。

エ 資本主義経済では，私企業の生産活動が中心となっている。

(2) 新たな技術や高度な知識で，革新的な事業を行う中小企業を何といいますか。〈栃木〉

（ベンチャー企業）

(3) 右の図は，株式会社のしくみを示したものです。株主は，持っている株式の数に応じて株式会社の利益の一部を受け取ることができます。このことを示すXにあてはまる語句を次から選びなさい。〈山梨〉

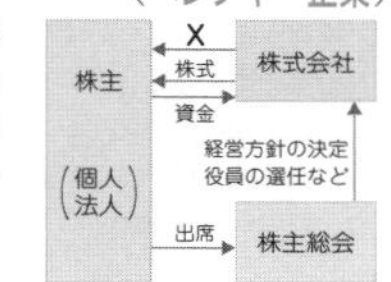

ウは銀行への預金に対してつく　（ エ ）

ア 賃金　イ 貯蓄　ウ 利子　エ 配当

2 労働について，次の問いに答えなさい。

(1) 資料1の文は，ある法律の内容の一部をまとめたものです。この法律を何といいますか。〈兵庫〉

労働条件について定める（労働基準法）

資料1

1日の労働時間は8時間以内，1週間の労働時間は40時間以内，1週間で最低1日は休日としなければならない。

(2) 労働者が労働条件の改善等について集団で交渉できるように制定された法律を何といいますか。〈愛媛改〉

団体交渉について定める（労働組合法）

(3) 資料2は，ある授業で作成した「つくってみたい企業」の企画書の一部です。（　）にあてはまる仕事と生活の両立という意味の語句を書きなさい。〈山口改〉

（ワーク・ライフ・バランス）

資料2

労働環境（　）の実現のために，以下の取り組みを実施する。
① 労働時間の短縮。
② 男女とも育児休業や介護休業をとりやすくする。

解答のコツ 企業の大部分をしめる株式会社のしくみを確認！

55 財政のしくみと社会保障

▶本冊 p.145

1 日本の税について，次の問いに答えなさい。〈静岡改，埼玉16〉

(1) 右の表は，所得税の税率を示したものです。このように，所得が上がるにつれて税率が上がる制度を何といいますか。

（ 累進課税 ）

課税される所得額	税率
〜 195万円以下	5％
195万円超 〜 330万円以下	10%
330万円超 〜 695万円以下	20%
695万円超 〜 900万円以下	23%
900万円超 〜 1,800万円以下	33%
1800万円超 〜 4,000万円以下	40%
4000万円超 〜	45%

（2022年現在）（国税庁資料より）

(2) 消費税の特徴について，所得全体に占める税負担の割合に着目して，次の文の｛　｝にあてはまる語句に○を書きなさい。

●低所得者ほど，所得に対する税負担の割合が｛ 低く　（高く） ｝なる。

(3) 次のうち，間接税にあたるものをすべて選びなさい。

ア・イは直接税。オは借金　（ ウ，エ ）

ア 所得税　イ 法人税　ウ 消費税　エ 酒税　オ 公債金

2 右のグラフは政府の一般会計予算のうち，歳出の内訳を示したものです。X・Yにあてはまる項目を次からそれぞれ選びなさい。〈大阪改〉

最近の最も多い歳出は社会保障関係費

X（ イ ）

Y（ ア ）

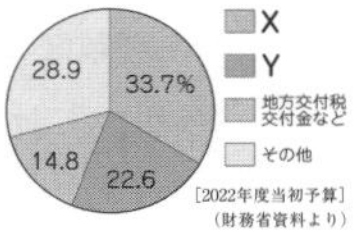

X 33.7%、Y 22.6、地方交付税交付金など 14.8、その他 28.9

〔2022年度当初予算〕（財務省資料より）

ア 国債費　イ 社会保障関係費

ウ 公共事業関係費　エ 防衛関係費

3 次の図は日本の社会保障制度の概要を示しています。A〜Cにあてはまる語句を〔　〕からそれぞれ選びなさい。〈神奈川改〉

Aは医療保険が含まれている

A	B	公的扶助	公衆衛生
・医療（健康）保険 ・C ・介護保険　など	・在宅サービスの提供 ・施設サービスの提供 ・子育ての支援　など	・生活保護制度　など	・感染症予防 ・公害対策 ・廃棄物処理　など

（厚生労働省「戦後社会保障制度史」より）

A（ 社会保険 ）B（ 社会福祉 ）C（ 年金保険 ）

〔 社会福祉　社会保険　年金保険 〕

解答のコツ 所得税の累進課税と，間接税の逆進性は，どちらも低所得者への影響をおさえておこう！

56 景気と金融のしくみ

▶本冊 p.147

1 右の図は一般的な景気変動のようすを模式的に示したもので，A，Bは好景気または不景気のどちらかです。次の文の｛　｝にあてはまる語句に○を書きなさい。〈福岡改〉

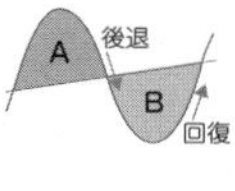

●Bのときは，一般的に所得や消費が低迷して物価が｛ 上昇　（下落） ｝し続ける状況になりやすく，政府は公共事業などの歳出を｛ 減らす　（増やす） ｝政策を行う。

公共事業を増やすと仕事が増えるので景気が上向く

2 お金の流れについてまとめた右の図を見て，次の問いに答えなさい。〈宮崎改〉

(1) Aの日本の中央銀行を何といいますか。

（ 日本銀行 ）

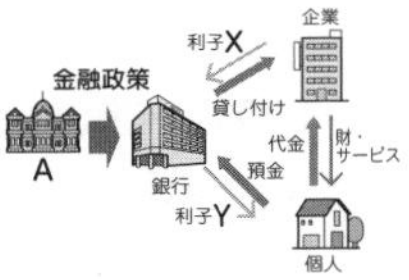

(2) X，Yのうち利子率が高いのはどちらですか。

預金より貸し付けの利子の方が高い（ X ）

(3) 図の金融政策について，次の文の□にあてはまる語句は「売る」，「買う」のどちらですか。

Aは一般の銀行などの金融機関と国債などを売買することで，金融機関の資金量を増減させようとする。例えば，景気が悪いときに，Aは国債を□。

景気が悪いときは国債を買い，市場の資金量を増やす（ 買う ）

3 次の問いに答えなさい。

(1) 異なる通貨と通貨を交換する比率を何相場（レート）といいますか。〈千葉改〉

（ 為替相場 ）

(2) 右の図は日本の通貨とアメリカの通貨の(1)を示しています。A〜Dにあてはまる語句や数字を〔　〕からそれぞれ選びなさい。〈青森改〉

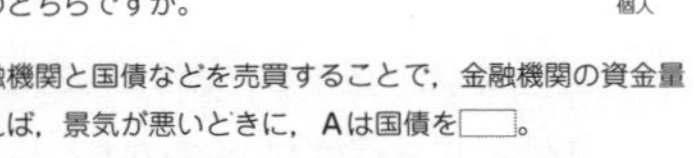

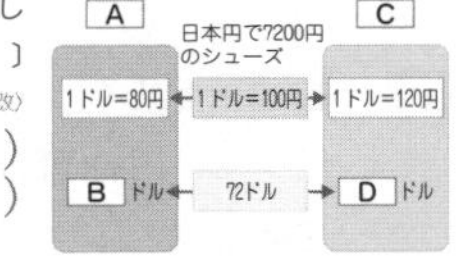

7200÷80　A（ 円高 ）B（ 90 ）

7200÷120　C（ 円安 ）D（ 60 ）

〔 円安　円高　60　90 〕

解答のコツ 景気が悪いときはお金の量や仕事を増やす対策を行う。好景気のときはその逆の対策になる。

57 国際社会のしくみと環境

▶本冊 p.149

1 国際連合について，次の問いに答えなさい。

(1) 右の表は，安全保障理事会である決議案が否決された採決の結果です。否決されたのは常任理事国が何をもっているからですか。〈愛媛改〉

(拒否権)

賛成 13か国	内訳	常任理事国３か国 非常任理事国10か国
反対 ２か国	内訳	常任理事国２か国

(2) 右のグラフのbにあてはまる州を〔　〕から選びなさい。〈福岡改〉

(アフリカ州)

〔 南北アメリカ州　アジア州　アフリカ州 〕

1950年から1960年に独立した国が増えたため

国際連合の加盟国数の変化

1945年：9｜4｜14｜22｜2
1950年：16｜4｜16｜22｜2
1960年：23｜26｜26｜22｜2
1970年：29｜42｜27｜26｜3
a b c d e
0 50 100 150か国
(国際連合広報センターホームページより)

(3) 次のうち，子どもの権利に関する条約に基づいて，子どもたちの命と健やかな成長を守るために活動している機関を選びなさい。〈富山改〉

ア世界遺産の管理・登録などを行っている　(イ)

ア 国連教育科学文化機関(UNESCO)　イ 国連児童基金(UNICEF)
ウ 世界保健機関(WHO)　エ ヨーロッパ(欧州)連合(EU)

2 右の図は，国際的な協定，会議・機構に参加している国や地域をまとめたものです。□にあてはまる協定・会議または機構の略称をアルファベット大文字でそれぞれ書きなさい。〈北海道〉

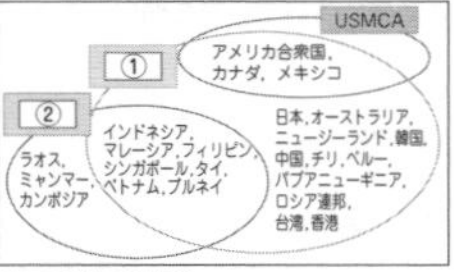

①(APEC)
②(ASEAN)

①アジア太平洋経済協力，②東南アジア諸国連合

3 環境問題について，次の問いに答えなさい。

(1) 二酸化炭素など，地球温暖化の原因とされる気体をまとめて何といいますか。〈栃木改〉

京都議定書やパリ協定で削減をめざしている　(温室効果ガス)

(2) 持続可能な社会について，次の文の(　)にあてはまる語句を書きなさい。〈岐阜改〉

◆資源を繰り返し活用し，廃棄物を減らす社会を(循環型)社会という。

解答のコツ 国際連合の機関と，地域の協定・機構の略称を混ざらないように区別して覚えておこう！

合格プラスワン　公民

ワイマール憲法
1919年にドイツで制定された憲法で，世界で初めて生存権を保障した。

直接民主制
国民や住民が直接政治について話し合って決める。人数が多くなると難しいことも。⇔間接民主制

請願権
行政機関に苦情や要望を伝えられる権利。人権侵害に対する保障を求められる請求権とは異なる。

消費者の権利
アメリカのケネディ大統領が提唱。安全を求める権利，知らされる権利，選択する権利，意見を反映させる権利の４つ。

グローバル化
ものや資本などが国境を越えて移動すること。日本では，工場の海外移転による産業の空洞化や食料自給率の低下などの課題が生じた。

四大公害病
高度経済成長期に発生。イタイイタイ病，水俣病，四日市ぜんそく，新潟水俣病の４つ。

まとめのテスト2　5 現代社会と私たち

▶本冊 p.150

1 (1) 法律　独占禁止法
機関　公正取引委員会

(2) Aイ　Bエ　Cウ　Dア

(3) 例所得が多くなるほど，税率が高くなる課税方法。

解説 (1) 製造物責任法(PL法)は，製品の欠陥によって損害を受けた場合に，被害者が製造者の過失を証明しなくても損害賠償を求められることを定めた法律。経済社会理事会は，国際連合のなかの組織。

(2) 価格は，需要量が供給量を上回る(＝供給量が需要量を下回る)と上昇し，需要量が供給量を下回る(＝供給量が需要量を上回る)と下落する。旬は一般的に生産量が増える時期のこと。12月は供給量が多いにもかかわらず価格が上がっているので，需要量が供給量を上回っていると考えられる。

2 (1) 115

(2) Bイ　Cウ

解説 (1) 直前に「１ドルが100円から15円の円安が進んだ」と書かれている。円の価値が下がっているので，100＋15=115 と求められる。

(2) 円安になると，日本からの輸出には有利になるが，輸入には不利になる。

3 (1) ア

(2) ウ

(3) ウ

解説 (1) ほかはすべて好景気のときの政策である。イ・エは市場に流れる資金の量を減らす，日本銀行による金融政策。ウは行き過ぎた消費をおさえるための財政政策である。

(2) ア～オのうち，40歳以上の人のみが加入するのは介護保険である。

(3) 正規雇用者の割合が減り，非正規雇用者の割合が増えてきた。以前よりも女性の社会進出が進んできているが，女性の労働問題については，30代の，いわゆる子育てをする世代で労働力人口比率が下がっていることもおさえておこう。

4 (1) ア

(2) NGO

解説 (1) アはフェアトレードの取り組み。イ児童の労働を禁止し，児童が教育を受けられるように支援することが大切。ウ化石燃料は再生可能エネルギーではない。エ飢餓問題は衛生環境の改善だけでは解決しない。

(2) PKO(平和維持活動)やNPO(非営利組織)と間違えないように注意しよう。

チャレンジテスト①

▶本冊 p.154

1 (1) b

(2) ア

解説 (1) 本初子午線は，イギリスのロンドンを通る経線。この経線に東西の位置が最も近いものを選ぶ。南北の位置は関係ないので注意しよう。

(2) 緯線と経線が直角に交わる地図は，高緯度になるにつれて，引き延ばされ実際の面積よりも大きく表示される。そのため，図面上で同じ面積ならば，赤道付近のものが実際は一番大きい。赤道はアフリカ中央部や東南アジア，南アメリカ北部を通る緯線。

2 (1) ヨーロッパ

(2) ①a奈良　b平

②ウ

(3) イ → ア → ウ

解説 (1) アルプス山脈，EUなどから考えよう。

(2) ①a平城京が置かれたのは奈良。平安京と間違えないようにしよう。b東大寺は源平の争乱のなかで焼け落ちた。

(3) モンテスキューなどの思想が，1775年のアメリカ独立戦争やフランス革命に影響したので，**イ**が最も先。日本国憲法の公布は，第二次世界大戦後の1946年のできごと。

3 (1) 水戸市〔宇都宮市〕

(2) エ

(3) 近郊農業

解説 (1) 関東地方の県で，東北地方と接しているのは，茨城県・栃木県・群馬県。群馬県は中部地方にも接しているので，茨城県か栃木県の県庁所在地を答えよう。

(2) Cは高松市。比較的降水量が少なく温暖な瀬戸内の気候の地域なので**エ**。ほかはA札幌市で，冷帯(亜寒帯)に属すため，**イ**。B仙台市で，降水量が夏に多く冬に少ない太平洋側の気候なので，**ウ**。D那覇市で，年間を通して温暖で降水量が多い**ア**となる。

(3) 新鮮な野菜を大消費地に早く届けられる。

4 (1) 東南アジア

(2) ヒスパニック

(3) イ → ウ → ア

解説 (1) ASEANに関する記述。文章が不自然でないように考えよう。

(2) カタカナ6字もヒント。

(3) **ア**岩倉使節団は，明治時代の初めに派遣。**イ**遣隋使は聖徳太子が活躍した飛鳥時代に派遣。**ウ**安土桃山時代に派遣された天正遣欧使節。キリシタン大名をヒントにしよう。

チャレンジテスト②

▶本冊 p.156

1 (1) エ

(2) ア

(3) 例20歳未満の人口割合が，徐々に減ってきているから。

解説 (1) 年間の気温が高く，降水量も多い熱帯雨林気候の雨温図なので，**エ**のシンガポール。**イ**・**ウ**の日本や中国沿岸部は温暖湿潤気候。**ア**は乾燥帯の地域。

(2) 第二次世界大戦後，日本の人口ピラミッドは富士山型→つりがね型→つぼ型と変化した。

(3) 「20歳未満」の指定があるので，この世代の割合の変化のようすを書けばよい。

2 (1) ウ → ア → エ → イ

(2) ウ

解説 (1) 長文をじっくり読まずにキーワードを探そう。**ア**聖徳太子などから飛鳥時代，**イ**平清盛から平安時代の終わりごろ，**ウ**卑弥呼から弥生時代，**エ**大宝律令は平城京に都を移す直前。戸籍制度は奈良時代に引き継がれている。

(2) ラジオ放送は大正時代に始まった。**ア**1950年代半ば以降の高度経済成長期に普及。**イ**日中戦争は1937年で昭和時代のできごと。**エ**不平等条約改正のための欧化政策は明治時代。

3 (1) イ

(2) エ

(3) エ

(4) イ

解説 (1) **ア**南鳥島は東端，**ウ**沖ノ鳥島は南端，**エ**択捉島は北端。

(2) **エ**養殖業や栽培漁業が盛んになっている。**ア**日本の食料自給率はほかの先進国と比較すると低い。**イ**日本の農地面積はせまいが，多くの人手や肥料を使う集約的農業で面積あたりの収穫量は多い。**ウ**木材輸入量は近年減少している。

(3) 輸送機械が多いので**エ**中京工業地帯。Bは**ア**京浜工業地帯，Cは**イ**阪神工業地帯。Dは**ウ**瀬戸内工業地域。

(4) **ア**乳用牛，**ウ**豚，**エ**にわとり(ブロイラー)。

4 (1) ①累進課税

②例所得にしめる税負担の割合が高くなる

(2) ア

解説 (1) ①低所得の人の負担を軽減するしくみ。②文が不自然にならないように組み立てよう。間接税で，所得が減ると税負担の割合が高くなることを逆進性という。

(2) 憲法には内閣総理大臣は衆議院・参議院の区別なく，国会議員の中から選ぶと書かれている。

チャレンジテスト③

▶本冊 p.158

1 (1) 西

(2) ア

(3) 1月10日午後4時

解説 (1) 地図Ⅰは中心からの方位が正しい地図なので，見た目の通りに答える。

(2) 緯度は数字を変えないまま北緯を南緯に変える。経度は180から140を引いた数字にして東経を西経に変える。

(3) 東経と西経の間なので，経度の差をたして求める。120＋135＝255，255÷15＝17より，時差は17時間。午前９時から17時間を引くと午後４時。このとき１日日付が戻っているのを忘れないようにしよう。

2 Ⅰ群 イ

Ⅱ群 カ

解説 対馬沖を流れている暖流の対馬海流である。**ア**太平洋側を北から流れてくるのが寒流の千島海流(親潮)，**ウ**日本海側を北から流れてくるのが寒流のリマン海流。なお，太平洋側を南から流れてくるのは暖流の日本海流(黒潮)である。

3 (1) ア

(2) 御成敗式目〔貞永式目〕

解説 (1) 資料は15世紀前半，室町時代に起きた正長の土一揆の碑文。文中の「ヲヰメ」が借金を指し，借金の帳消しを宣言している。また，同じ時代に浄土真宗(一向宗)の信仰と結びついた一揆が一向一揆。

(2) 鎌倉時代に執権をつとめた北条泰時がつくった法律で，それまでの武士の慣習をまとめたもの。

4 (1) 例江戸から遠い地域に移す

(2) 田沼意次

(3) ウ → ア → イ

解説 (1) 関ヶ原の戦いのころから従った外様大名の多くは，江戸から離れたところに配置された。

(2) 商工業を奨励したのは田沼意次の政治。享保の改革・寛政の改革・天保の改革はいずれも財政の引き締めを行った。

(3) **ア**安政の大獄。日米修好通商条約など幕府の政策への反対派を処罰した。**イ**薩長同盟。**ウ**ペリー来航の翌年に結ばれた。

5 (1) ア

(2) エ

(3) ウ

(4) エ

解説 (1) **イ**１人１票の原則，**ウ**投票先を知られない，**エ**直接立候補者に投票すること。

(2) 国民審査は，最高裁判所の裁判官がふさわしい人物かどうか審査できる制度。**ア**労働基本権の１つで，社会権にあたる。**イ**・**ウ**人権を守るための権利のうち請求権にあたる。

(3) **ア**・**イ**・**エ**はすべて衆議院の特徴。

(4) 裁判官は自らの良心に従い，憲法と法律にのみ拘束される。

6 (1) イ

(2) デフレーション

解説 (1) Xは需要量・供給量が一致する均衡価格よりも高いことに注目しよう。

(2) 物価が上がり続けるのはインフレーション。

2 1 0 9 8 7 6 5 4
＊ ＊ D C B A